高速铁路轨道工程丛书

轨道结构及其部件的测试和试验

练松良　黄俊飞　李新国　编著

科学出版社

北京

内 容 简 介

本书从铁路的发展及测试的基本理论和方法出发,对钢轨、轨枕、道床、轨道板的试验内容和方法,轨道结构参数(如道床参数、轨道刚度测试等),轨道结构的动力响应、振动、位移测试等进行了介绍;还对轨道几何形位的动静态测试、钢轨廓形、钢轨探伤、测力轮对等进行了介绍。最后简单介绍了当前智慧工务中的部分轨道监测内容和方法、测试中的部分数据处理和分析的方法与手段。

本书可作为轨道测试技术人员、铁道工程专业本科生和研究生的参考书籍。

图书在版编目(CIP)数据

轨道结构及其部件的测试和试验/练松良,黄俊飞,李新国编著. —北京:科学出版社,2024.7

(高速铁路轨道工程丛书)

ISBN 978-7-03-077497-2

Ⅰ. ①轨… Ⅱ. ①练… ②黄… ③李… Ⅲ. ①高速铁路–轨道(铁路)–测试 Ⅳ. ①U238

中国国家版本馆 CIP 数据核字(2024)第 009261 号

责任编辑:孙伯元 李 策 / 责任校对:崔向琳
责任印制:师艳茹 / 封面设计:无极书装

斜学出版社 出版

北京东黄城根北街 16 号
邮政编码:100717
http://www.sciencep.com

北京富资园科技发展有限公司印刷
科学出版社发行 各地新华书店经销

*

2024 年 7 月第 一 版　开本:720×1000　1/16
2024 年 7 月第一次印刷　印张:25 1/2
字数:510 000

定价:190.00 元
(如有印装质量问题,我社负责调换)

作 者 简 介

练松良(Lian Songliang)

男，1956年4月生，籍贯浙江象山，任同济大学教授、博导。1984年8月获得上海铁道学院铁道工程专业硕士学位。1997年5月～1998年5月于加拿大科学研究院地面运输技术研究中心进修一年，1998年加入上海市土木工程学会，1999年加入中国铁道学会。2004～2019年任《铁道学报》编委。国家自然科学基金评审专家，国家科技奖评审专家，教育部学位中心论文评审专家，上海市工程评标专家库专家等。

长期从事铁路轨道结构、轮轨关系的教学和科研工作，指导硕士研究生和博士研究生近50名，承担国家自然科学基金"轨道结构动力特性与列车速度关系的理论研究""提速线路轨道平顺性与车辆动力响应之间关系的研究""30吨以上轴重重载铁路轨道结构的动力响应及安全服役适应性研究"等课题；铁道部"高速铁路路桥过渡段轨道刚度合理匹配的试验研究""既有线提速200km/h关键技术的试验研究——轨道几何不平顺管理标准和养护技术的研究"等课题；上海市"上海地铁13号线下穿越自然博物馆环境振动治理相关研究""城市轨道交通高等级减振降噪集成技术与产业化应用"等纵向研究项目10余项；承担铁路和城市轨道交通的研究项目50余项，主要研究成果包括轨道交通减振降噪对策及控制技术综合研究等10余项。发表论文100余篇。出版著作《铁路曲线钢轨磨耗及其减缓措施》《轨道动力学》《浮置板轨道理论研究与实践》，主编教材《轨道工程》等，参编《轨道工程》和《高铁轨道》两部。

黄俊飞(Huang Junfei)

男，1977年10月生，籍贯浙江遂昌。2003年3月获得同济大学铁道工程专业硕士学位，现任上海睿而维科技有限公司董事长。长期从事与轨道交通运营安全及减振降噪相关的工作，参与了上海磁悬浮示范运营线工程、上海轨道交通3号线北延伸工程、同济大学高速磁悬浮试验线、上海轨道交通1~18号线轨道工程减振降噪等一系列重大工程建设项目，其研究成果广泛应用于国内城市轨道交通。参与上海申通地铁集团有限公司"钢弹簧浮置板轨道关键技术研究与应用"项目，并获得山东省科技进步奖二等奖；参与上海申通地铁集团有限公司"钢弹簧浮置板设计施工一体化研究"项目，并获得上海市科技成果奖。参与上海市"上海地铁13号线下穿越自然博物馆环境振动治理相关研究""城市轨道交通高等级减振降噪集成技术与产业化应用"等研究项目。发表论文6篇，拥有轨道交通病害监测的软件著作权10余项。

2003年4月~2006年4月，于上海申通地铁集团有限公司工作，2005年5月~2021年3月，从事轨道交通减振降噪技术及市场推广工作，后创立了上海睿而维科技有限公司，开创了轨道交通行业轨道结构"监测-诊断-维保"一体化服务理念先河，并获得2021年度上海市中小企业创新创业大赛"最具科技创新奖"和上海市青年创新创业大赛一等奖。

李新国(Li Xinguo)

男，1959年9月生，籍贯湖北潜江，任同济大学高级实验师。1989年12月获得上海铁道学院铁道工程专业工学学士学位。

长期从事铁道工程测试的实验教学和科研工作。参与国家自然科学基金委、铁道部等多家单位的铁道工程、桥梁工程和结构工程的纵、横向课题的实验研究项目。发表论文近10篇。在"城市轨道交通桥梁设计主要参数与预应力作用下变形的研究"项目中负责现场试验，并获得上海市科学技术进步奖二等奖，为第6完成人。其"轨道交通槽型梁研究"被上海市科学技术委员会确定为上海市科学技术成果，为第9完成人。参与"提速状态下铁路桥梁检定标准合理值的研究""沪宁线钢梁桥客车提速试验技术状态测试与分析"等课题，并分别通过了铁道部科学技术司和上海铁路局的鉴定。

"高速铁路轨道工程丛书"编委会

顾　问：陈政清　杜彦良
主　编：雷晓燕
副主编：赵国堂　高　亮　王　平　刘林芽
　　　　魏英杰　尹学军
秘书长：冯青松
编　委：杨国涛　王继军　蔡小培　陈　嵘
　　　　练松良　叶霞飞　谢伟平　罗文俊
　　　　陈华鹏　张鹏飞　罗　锟　王卫东
　　　　娄　平　陈进杰　岳祖润　农兴中
　　　　罗信伟　李　斌　李秋义　姚　力

"高速铁路轨道工程丛书"序

高速铁路具有速度快、运能大、安全性高、全天候运行、节能环保等优势，已成为航空、水运、公路、铁路四大交通中最经济、最有效、最环保的运输方式，是解决我国交通需求矛盾优先发展的方向。

进入21世纪以来，中国高速铁路发展迅猛，取得了举世瞩目的成就。截至2021年底，中国高速铁路运营里程突破4万公里，居世界第一。高速铁路的迅猛发展，缩短了人们的时空距离，改善了人们的生活水平，极大地促进了社会进步和经济发展。高速铁路的建设不仅带动了信息、材料、能源、制造等领域高新技术的进步与发展，还促进了制造业、建筑业、农业、能源工业、旅游业等行业的繁荣发展。在今后相当长的一段时期中，高速铁路对我国经济社会发展和城市化进程将发挥重要的促进和推动作用。

轨道工程是高速铁路、普速铁路、重载铁路、城市轨道交通及磁悬浮铁路中的重要基础设施，主要涉及轨道-路基系统，轨道-桥梁系统和轨道-隧道系统的结构设计、施工、建造、运维、安全保障及与环境协调技术。高速铁路轨道工程是支撑国家高速铁路和轨道交通建设、运维、保障安全与可持续发展的重要工程。当前我国高速铁路正从大规模设计、建造逐步转入检测维护、运营安全保障和运营品质提升。为进一步推动我国高速铁路轨道工程技术发展，引领国际轨道交通发展，亟须深入系统地总结我国高铁轨道工程的技术经验，解决建设和运营中诸多科技难题与挑战，厘清其中的关键科学技术问题，把握前沿发展方向，规划布局并推进关键基础理论和技术研究创新，更好地支撑轨道交通事业的快速发展。

"高速铁路轨道工程丛书"联合了国内相关领域的主要高等院校、科研机构和设计院等单位，围绕高速铁路轨道工程复杂系统的安全性、可靠性、耐久性、可维护性及与环境协调等工程科学与技术问题，系统总结和论述高速铁路轨道动力学理论、模型与算法，轨道交通环境振动与噪声预测、评估与控制技术，轨道结构服役性能检测与状态评估技术，轨道结构全寿命周期服役性能保持技术，以及轨道结构智能运维技术等关键科学问题，为高速铁路轨道工程设计、建设、运营、维护和可持续发展提供技术支撑。丛书将系统论述基本概念、理论模型、数值方法、实验技术、技术规范、检测与评估方法，以及工程实例，力求系统性、先进性、实用性和前瞻性。

希望该丛书的出版，对我国交通强国建设、人才培养起到积极的推动作用。

"高速铁路轨道工程丛书"编委会

2023 年 6 月

前　　言

　　交通的发达与否，是社会现代化的重要标志之一。近 40 年来，我国铁路、公路、航空、航海等都得到了极大的发展。我国铁路总里程从 1980 年的约 5 万 km，发展到 2020 年 12 月底的 14.63 万 km，其中高铁 3.79 万 km。在北京 1969 年修建第一条地铁后的近 20 年里，我国城市轨道交通基本没有发展，近 30 年来，我国城市轨道交通得到了极大的发展。城市轨道交通的发展，极大地方便了市民的出行，提高了市内交通的旅行速度和准点率，缓解了地面交通的压力。

　　高速铁路作为现代社会的一种先进交通工具，其速度可达到 300km/h 以上，其对线路、桥梁、隧道、轨道结构、接触网、车站等的要求都比普通速度铁路高得多。近几十年来，我国的高速铁路建设、运营、管理等各项技术都位于世界前列，为高速列车的运行提供了全方位的安全保障。

　　铁路轨道是由不同性能和强度的材料组成的一种工程结构物。为了保证不同材料组成的轨道结构能协同工作，除了需要对轨道结构部件受力进行理论计算，还需要对其进行各种试验研究，以使轨道结构部件在服役过程中能满足各种强度要求和寿命要求，保证整体轨道结构具有最佳工作状态。但不同的轨道部件结构形式和材料不同，因此其试验内容、方法也不同。

　　轨道承受列车的反复碾压，轨道结构会产生各种动力响应，工程技术人员为了掌握轮轨之间的动力响应，需要对轨道结构的各种参数(如道床密实度、轨道结构刚度等)进行测试，同时需要对列车荷载作用下的动力响应(如轮轨垂向力、横向力、轨道结构各部件的振动加速度和位移等)进行测试和分析，以确定轨道结构设计的合理性及轨道结构的动力应变水平，从而保证轨道结构的状态能满足列车运行的各项要求，同时保证轨道结构能达到设计要求的服役期限。当今铁路使用的轨道分为有砟轨道和无砟轨道，轨道几何形位的变化都需要检测，但两种轨道的结构形式不同，测试和检测的内容也有所不同。

　　如今，电测技术、光栅测试技术、数据传输技术得到了较大的发展，互联网、物联网也已在轨道检测中广泛应用，但是对于不同的轨道结构和列车运行状态，其轨道结构试验和测试内容、方法及测点的设置仍需要相应的专业背景和知识。对于测试数据的分析与判断，同样需要相应的专业知识，从而达到最好的试验与测试效果。在智慧交通、智慧工务大力发展的形势下，开展轨道结构测试的基本理论和技术研究是必然趋势。

  本书是作者长期以来对轨道结构部件研究的部分成果。本书的撰定也参阅了国内外已发表的关于轨道结构试验和测试的部分文献。为便于阅读，本书提供部分彩图的电子版文件，读者可自行扫描前言中的二维码查阅。

  本书由练松良、黄俊飞、李新国共同完成。上海工程技术大学的李再帗对本书的部分内容进行了校对工作，上海睿而维科技有限公司的黄俊豪为本书提供了部分资料，在此表示感谢。

  由于作者水平有限，书中难免存在不足之处，恳请读者批评指正。

部分彩图二维码

目 录

"高速铁路轨道工程丛书"序
前言
第1章 绪论 ·· 1
  1.1 铁路的发展 ·· 1
    1.1.1 世界铁路的发展 ··· 1
    1.1.2 我国铁路的发展 ··· 2
    1.1.3 高速铁路的发展 ··· 3
    1.1.4 重载铁路的发展 ··· 5
    1.1.5 城市轨道交通的发展 ··· 7
  1.2 轨道结构的形成和发展 ··· 8
  1.3 近代轨道结构的发展 ··· 13
    1.3.1 有砟轨道的类型和发展 ··· 13
    1.3.2 无砟轨道的类型和发展 ··· 16
  1.4 轨道结构的试验与检测 ··· 22
  参考文献 ·· 26
第2章 应变和振动测试基础及仪器仪表 ··· 27
  2.1 应变片基本构造和类型 ··· 27
    2.1.1 应变片基本构造 ··· 28
    2.1.2 应变片类型 ·· 31
    2.1.3 应变片粘贴 ·· 33
  2.2 应变片工作原理 ·· 35
    2.2.1 应变测试时的基本电桥 ··· 36
    2.2.2 应变测试时基本电桥的温度补偿 ······································· 38
    2.2.3 应变测试时基本电桥的应用 ··· 41
  2.3 应变仪的连接与工作 ·· 46
    2.3.1 静态应变仪的主要技术指标及仪器连接 ····························· 46
    2.3.2 动态应变仪的主要技术指标及仪器连接 ····························· 50
  2.4 振动测试传感器的工作原理 ·· 54
    2.4.1 压电式加速度传感器 ··· 54

2.4.2 压阻式加速度传感器 ………………………………………… 57
   2.4.3 电容式加速度传感器 ………………………………………… 58
   2.4.4 伺服式加速度传感器 ………………………………………… 60
   2.4.5 振动加速度传感器的主要技术指标 …………………………… 61
   2.4.6 振动加速度传感器的校准 …………………………………… 64
 2.5 位移传感器 ………………………………………………………… 68
 2.6 拉压力传感器 ……………………………………………………… 75
   2.6.1 拉压力传感器类型 …………………………………………… 75
   2.6.2 拉压力传感器技术指标 ……………………………………… 79
 参考文献 ………………………………………………………………… 81
第3章 轨道部件的试验与测试 …………………………………………… 82
 3.1 钢轨试验 …………………………………………………………… 82
   3.1.1 静载弯曲强度试验 …………………………………………… 82
   3.1.2 落锤试验 ……………………………………………………… 84
   3.1.3 弯曲疲劳强度试验 …………………………………………… 87
   3.1.4 轮轨硬度的匹配与钢轨硬度的测量 ………………………… 89
 3.2 扣件试验 …………………………………………………………… 92
   3.2.1 纵向阻力试验 ………………………………………………… 92
   3.2.2 扣压力试验 …………………………………………………… 95
   3.2.3 横向阻力和阻矩试验 ………………………………………… 99
   3.2.4 静动刚度试验 ………………………………………………… 102
   3.2.5 疲劳性能试验 ………………………………………………… 104
 3.3 钢轨胶接绝缘接头试验 …………………………………………… 107
 3.4 轨枕试验 …………………………………………………………… 109
   3.4.1 轨枕荷载弯矩的计算 ………………………………………… 109
   3.4.2 抗弯强度试验 ………………………………………………… 111
   3.4.3 预埋件抗拔力和抗扭测试 …………………………………… 117
   3.4.4 轨枕疲劳强度试验 …………………………………………… 118
 3.5 轨道板试验 ………………………………………………………… 119
   3.5.1 轨道板静载强度试验 ………………………………………… 119
   3.5.2 轨道板疲劳强度试验 ………………………………………… 126
 3.6 道床阻力和下沉的模型试验 ……………………………………… 134
   3.6.1 轨排模型纵横向阻力试验 …………………………………… 134
   3.6.2 道砟下沉试验 ………………………………………………… 138
 参考文献 ………………………………………………………………… 143

第 4 章 现场轨道结构参数和动力测试 …… 145
4.1 轨道基本参数测试 …… 145
4.1.1 道床密实度测试 …… 145
4.1.2 道床纵横向阻力测试 …… 150
4.1.3 道床系数和轨道刚度测试 …… 154
4.1.4 轨道整体刚度测试 …… 157
4.2 地面轮轨力测试 …… 162
4.2.1 轮轨垂向力测试 …… 163
4.2.2 轮轨横向力测试 …… 175
4.2.3 轮轨纵向力测试 …… 179
4.3 轮轨冲角的地面测量 …… 182
4.4 钢轨支座反力及扣件受力测试 …… 184
4.4.1 剪力法 …… 185
4.4.2 测力垫板法 …… 187
4.4.3 扣件螺栓受力测试 …… 190
4.5 轨枕应力和弯矩及道床应变测试 …… 192
4.5.1 轨枕应力和弯矩的测试 …… 192
4.5.2 道床应变测试 …… 193
4.6 无缝线路长钢轨纵向力的测定 …… 195
4.6.1 长钢轨温度力测试方法 …… 195
4.6.2 横向力法测试钢轨温度力 …… 197
参考文献 …… 202

第 5 章 轨道结构的动态位移和振动测试 …… 204
5.1 轨道结构动态位移测试 …… 204
5.1.1 钢轨位移测试 …… 204
5.1.2 轨枕位移测试 …… 207
5.1.3 温度变化对轨排横向位移影响的测试 …… 208
5.1.4 轨道结构特殊部位位移测试 …… 210
5.2 轨道结构振动特性测试 …… 210
5.2.1 落轴试验 …… 210
5.2.2 落锤和锤击试验 …… 214
5.2.3 激振器激振试验 …… 217
5.2.4 浮置板轨道结构及隔振器阻尼比的测试 …… 220
5.3 车内振动和噪声测试 …… 228
5.3.1 车辆运行平稳性评价指标 …… 228

5.3.2　车辆运行振动加速度测量 ································· 230
　　5.3.3　车厢内噪声评价标准 ······································· 232
　　5.3.4　车厢内噪声测试 ··· 233
5.4　现场轨道结构及隧道壁的振动测试 ································ 235
　　5.4.1　轨道结构振动加速度范围 ································· 235
　　5.4.2　测试地点对轨面平顺度的要求及测点布置 ············ 236
　　5.4.3　测试结果分析 ·· 239
5.5　地面环境振动与噪声测试 ··· 244
　　5.5.1　环境振动噪声标准 ··· 245
　　5.5.2　环境振动测试 ·· 246
　　5.5.3　高架浮置板轨道结构环境噪声测试与分析 ············ 251
参考文献 ·· 245

第 6 章　轨道轨面不平顺的测量及钢轨探伤和测力轮对　255
6.1　轨道几何形位不平顺的测量与分析 ································ 256
　　6.1.1　轨道几何形位动态不平顺的测量 ·························· 257
　　6.1.2　轨道动态不平顺的谱分析及轨道质量评价 ············ 262
　　6.1.3　轨道几何形位不平顺的静态测量 ·························· 265
6.2　轨面不平顺的测量与分析 ··· 270
　　6.2.1　轨面不平顺和粗糙度测量仪器 ····························· 270
　　6.2.2　轨面不平顺度(粗糙度)计算和评价标准 ················ 276
6.3　钢轨磨耗及轨面廓形测量 ··· 280
　　6.3.1　钢轨磨耗标准及测量 ··· 280
　　6.3.2　车轮钢轨廓形测量 ·· 281
　　6.3.3　钢轨廓形全断面动态测量 ··································· 283
6.4　钢轨探伤 ··· 286
　　6.4.1　钢轨内部伤损探伤 ·· 287
　　6.4.2　钢轨表面疲劳裂纹深度检测 ································ 294
6.5　测力轮对 ··· 295
参考文献 ·· 303

第 7 章　轨道状态监测与智慧工务管理　305
7.1　轨道现场监测内容 ··· 306
　　7.1.1　无缝线路 ·· 306
　　7.1.2　道岔 ··· 308
　　7.1.3　长大桥梁上无缝线路 ··· 308
　　7.1.4　高架车站无砟道岔 ·· 309

7.1.5	轨道交通浮置板工作状态监测	309
7.2	轨道现场监测参考规范和标准	310
7.3	轨道监测装置及指标	312
7.3.1	无缝线路钢轨轨温及附加温度力的监测	312
7.3.2	无缝线路长钢轨静力指标	314
7.3.3	道岔尖轨及心轨监测指标	316
7.3.4	桥梁监测指标	317
7.4	长期监测分类	319
7.5	高速铁路综合监测技术	321
7.6	工务基础设施状态检测与监测系统	324
7.7	光纤光栅和视频测试方法及监测平台	328
7.7.1	测试原理	328
7.7.2	状态监测平台	330
7.7.3	轨道主要光纤传感器监测点举例	330
7.7.4	视频感知技术	332
7.7.5	数据采集传输子系统	333
7.8	基于"BIM+GIS"的运营城市轨道交通安全监测	333
7.9	CRTS Ⅱ 无砟轨道监测实例	335
7.10	浮置板轨道监测实例	340
参考文献		346

第8章 试验数据的处理与分析 347

8.1	测试数据的采集	347
8.2	测试数据的一般性处理与分析	349
8.3	测试数据的相关性分析	351
8.4	功率谱计算	354
8.4.1	相关函数和功率谱的计算	354
8.4.2	导纳的计算	356
8.4.3	相干函数的计算	358
8.5	1/3 倍频程分析	359
8.6	测试信号滤波	364
8.7	测试信号的时频分析	368
8.7.1	短时傅里叶变换	368
8.7.2	小波变换分析	370
8.7.3	希尔伯特-黄变换	376
参考文献		391

第1章 绪　　论

　　人类的活动离不开交通运输，在发明机械动力之前，所有的地面交通运输都是靠人力或畜力完成的，当时的旅行速度也就是人走和马跑的速度。由于没有机械动力，运输能力处于相当低的水平。随着生产力的发展和机械动力的发明，人们渴望速度更快、运输量更大的运输工具，因此发明了新型地面运输工具。在航运、铁路、公路、航空四大运输体系中，铁路的历史仅次于航运。铁路曾经、现在及将来依然是许多国家的主要交通工具。

　　为了适应社会和经济发展的需要，满足货物和旅客安全、准确、快速、方便、舒适的要求，各国铁路部门纷纷进行了大规模的现代化技术改造，同时改革运输组织工作，积极采用高新技术，在重载、高速运输和信息技术方面取得了新的突破。而且，现代管理、优质服务以及铁路的区域联网、洲际联网，为铁路增添了新的活力，使铁路运输在陆上运输中仍发挥着骨干作用，在现代化运输方式中居于重要地位。

1.1　铁路的发展

1.1.1　世界铁路的发展

　　希腊是第一个拥有路轨运输的国家，至少 2000 年前就存在马车沿着轨道运行的运输方式。

　　16 世纪，随着英国采矿业的兴起，出现了以两根平行木材作为轨道，使用马匹或人力拉动的运输工具。17 世纪初，角铁逐步代替了木材，"铁路"的称呼由此而来。经过多年的改进，角铁替换为钢轨，"铁路"变成了"钢路"，但是人们还是习惯上将其称为"铁路"。

　　1825 年 9 月 27 日，第一列由 Stephenson 设计的机车牵引的列车，以 24km/h 的速度从英国达林顿行驶到斯托克顿，铁路运输事业从此诞生。

　　铁路的初期发展阶段大约在 1830 年到 1900 年前后。这一阶段以蒸汽机的发明和钢轨生产技术的进步为代表，解决了铁路发展的动力和钢轨制造等关键问题，促进了铁路的发展。

第二阶段大约在 1900 年到 1950 年前后。在这一阶段，铁路技术的进步主要是围绕机车技术的进步和钢轨断面的改进两个方面进行的，首先是电力机车的出现，为铁路的发展提供了清洁的动力。高架电缆在 1888 年发明，而首条使用高架电缆的电气化铁路在 1892 年启用。第二次世界大战后，以柴油和电力驱动的机车逐渐取代蒸汽机车。

第三阶段是从 1950 年开始至今。这一阶段是高技术铁路的飞跃发展时期，特别是 1964 年 10 月 1 日，世界上第一条高速铁路——日本东海道新干线的问世，向世人展示了高技术铁路的发展前景。从 20 世纪 60 年代到现在，高技术铁路以其高速度、高运输效率、低运行成本和特有的安全舒适性，在水陆海空运输中独占鳌头。

1.1.2 我国铁路的发展

我国第一条铁路是淞沪铁路，此铁路曾修筑两次。第一次在 1872 年，美国驻上海领事馆副领事 O. B. Bradford 发起组织吴淞道路公司，修筑这条铁路。第二次是由盛宣怀主持的铁路总公司修建，作为沪宁铁路的一段，于 1897 年 2 月重新开工，1898 年 8 月完成工程。1904 年 10 月并入沪宁线，改名淞沪支线。到 20 世纪末，上海市已将此线路轨道拆除，在其线位上修建高架铁路——城市轨道交通 3 号线[1,2]。

我国自建的第一条标准轨距运货铁路，起自唐山，止于胥各庄(今河北省唐山市丰南区)，长 9.7km，现为北京至沈阳铁路的一段。唐胥铁路于 1881 年 5 月开工兴建，并聘请矿务局英籍工程师 C. W. Kinder 监修，1881 年 6 月 9 日，自唐山起至胥各庄(今丰南区)一线的唐胥铁路开始铺轨，采用 1435mm 的轨距和 15kg/m 的钢轨，11 月 8 日正式通车，如图 1-1 所示。

京张铁路是由我国杰出的铁路工程师詹天佑主持修建的第一条铁路。铁路始发站为丰台，与原有的京奉铁路(今北京至沈阳)接轨。1905 年 9 月开工，1909 年 10 月 2 日建成通车，此铁路是首条由中国人自行设计、投入营运的铁路。

100 多年来，我国铁路经历了曲折漫长的过程。到 1949 年可以通车的铁路里程为 21989km，列车平均旅行速度仅 43km/h。1949 年后，我国修建铁路有了统筹的规划和统一的标准。

至 1981 年年底，全国大陆铁路营业里程为 50181km，另有地方铁路里程为 3725km。在这些铁路线中共有隧道 4493 座，长度总计 2010km，最长的隧道长 7.032km；共有桥梁 28945 座，长度总计 1344km。1949 年前，黄河上只有两座铁

图 1-1 唐胥铁路通车现场

路桥梁，长江上则没有铁路桥梁。至 1981 年，跨黄河的铁路桥梁共有 16 座，跨长江的铁路桥梁共有 7 座。

1997 年 4 月 1 日至 2004 年 4 月 18 日，我国铁路进行了五次大提速。在 2007 年 4 月 18 日进行了第六次提速，速度 120km/h 以上的线路延展长度达到 22000km，其中有 5300km 的线路达到速度 200km/h，广深、秦沈、胶济等线的列车运行最高速度达到了 250km/h。我国铁路占世界铁路总里程的 10%，2016 年旅客发送量达 25 亿人次，货物发送量达 33.6 亿 t，均为世界第一。

2015 年，我国铁路里程已达到 12.1 万 km，提前完成了在 2004 年通过的《中长期铁路网规划》中提到的 2020 年的铁路里程达 12 万 km 的目标，在 2016 年通过的《中长期铁路网规划》中，明确我国打造以"八纵八横"为主干的高速铁路网。此规划的最大亮点是在原"四纵四横"客运专线基本建成的条件下，提出打造以沿海、京沪等"八纵"通道和陆桥、沿江等"八横"通道为主干，以城际铁路为补充的高速铁路网，实现相邻大中城市间 1～4h 交通圈、城市群内 0.5～2h 交通圈。

1.1.3 高速铁路的发展

世界铁路界对铁路速度的定义为：常速为 100～120km/h；中速或准高速为 120～160km/h；快速为 160～200km/h；高速为 200～400km/h；超高速为 400km/h 以上。国际铁路联盟(International Union of Railways，UIC)将高速铁路定义为：通过改造原有线路使其设计速度达到 200km/h，新建线路设计速度达到 250km/h 以上的铁路。我国将高速铁路定义为：新建设计开行 250km/h(含预留)及以上动车组列车，初期运营速度不低于 200km/h 的客运专线铁路。

高速铁路是近代科技发展的产物，近代高速铁路的发展可分为三个阶段。

第一阶段(1964年至1990年)：日本东海道新干线在1959年4月5日破土动工，1964年7月竣工，1964年10月1日正式通车。东海道新干线全长515.4km，运营速度高达210km/h，它的建成通车标志着世界高速铁路新纪元的到来。随后，法国、意大利、德国纷纷开始修建高速铁路。1972年，继东海道新干线建成之后，日本又修建了山阳、东北和上越新干线；法国修建了东南法国高速列车(train à grande vitesse，TGV)线、大西洋TGV线；意大利修建了罗马至佛罗伦萨高速铁路。

第二阶段(1990年至20世纪90年代中期)：法国、德国、意大利、西班牙、比利时、荷兰、瑞典、英国等欧洲大部分发达国家，大规模建设本国或跨国界高速铁路，逐步形成欧洲高速铁路网络。

第三阶段(20世纪90年代中期至今)：亚洲(韩国、中国)、北美洲(美国)、大洋洲(澳大利亚)均掀起了建设高速铁路的热潮。

法国第一条TGV是1981年开通的巴黎至里昂线。此后仅几个月，TGV的旅客流量就超过了法国航空。1972年的试验运行中，TGV创下了318km/h的高速轮轨速度。当下的纪录是2007年创下的574.8km/h高速轮轨速度。

德国的城际特快列车(inter city express，ICE)是目前高速铁路中起步最晚的项目。ICE的研究开始于1979年，其内部制造原理和制式与TGV有很大的相似之处，最高速度是1988年创下的409km/h。ICE起步较晚和进展比较落后的一个重要原因是德国人在高速轮轨和磁悬浮的两线作战。德国的常导高速磁悬浮一直是其铁路方面科研的重点，1971年最早的TR1型磁悬浮面世之后，至今已经有8个型号。上海浦东磁悬浮线路采用就是TR8型。

美国在引进TGV技术的基础上，研制了具有美国特色的高速列车Acela。该列车连接波士顿、纽约、费城和华盛顿，是美国唯一一条高速铁路。

与一些发达国家相比，我国高速铁路起步较晚，但发展速度快、建设规模大、运输能力强，许多领域已步入世界先进行列。

2006年11月10～16日，我国铁路第六次大提速进行了综合牵引试验，既有线提速技术达到了世界先进水平。2007年4月18日，第六次大提速正式实施，在京哈、京沪、京广、陇海、沪昆、胶济、广深等既有繁忙干线大量开行具有自主知识产权的200～250km/h"和谐号"高速动车组列车。这标志着我国铁路进入高速时代。

秦皇岛至沈阳高速铁路自1998年8月开工建设，至2003年10月投入运营，为我国高速铁路发展积累了经验。2008年8月，我国第一条设计速度为350km/h，穿越松软土地区的北京至天津高速铁路投入运营。2011年6月，全长1318km，运营列车运行试验速度最高达486.1km/h的北京至上海高速铁路投入使用。2012年12月，世界上第一条穿越高寒季节性冻土地区的哈尔滨至大连高速铁路建成运营。同期，全长 2298km，世界上运营里程最长、跨越温带亚热带、多种地形地质区域和众多水系的北京至广州高速铁路全线通车。2014 年 12 月 26 日，全长 1777km，世界上一次建设里程最长，穿越沙漠大风区的兰州至乌鲁木齐高速铁路投入运营。2015 年 12 月 30 日，海南环岛高铁西段开通运营，标志着全长 653km 的全球第一条环岛高铁全线贯通，也是迄今为止世界上最南端高速铁路。2010 年 12 月 3 日，我国自主研发的"和谐号"CRH380D 高速动车组列车在京沪高铁枣庄至蚌埠段试验运行最高速度达 486.1km/h，如图 1-2 所示。

图 1-2　我国 CRH380D 高速列车

1.1.4　重载铁路的发展

重载铁路的特征为行驶列车牵引总重大，行驶车辆轴重大，行车密度大，并且主要用于运输大宗货物，尤其是原材料，如铁矿石、煤炭、石油、粮食等。

1978 年，第一届国际重载大会在澳大利亚珀斯召开，1985 年，国际重载运输协会正式成立。重载铁路的定义伴随重载运输与时俱进、不断发展。国际重载运输协会理事会分别在 1986 年、1994 年和 2005 年修订了重载铁路标准，1994 年的标准(3 选 2)为：列车牵引重量至少达到 5000t，轴重达到或超过 25t，在长度至少为 150km 的线路上年运量不低于 2000 万 t。2005 年的标准(3 选 2)为：列车牵引重量不小于 8000t，轴重达 27t 以上；在长度不小于 150km 的线路上年运量不低于 4000 万 t。

苏联铁路最初为了在日常运输中疏通区间堵塞，将合并列车作为恢复正常行车的临时调整措施，即将 2～3 列列车联挂合并在一起，迅速通过困难的区间或区段[3]。美国是世界上重载运输最发达的国家，70%以上的铁路线路实现了重载运输，2002 年美国煤炭运输周转量高达 3466 亿 t，重载运输使得运行成本比原来下降了 65%[4]。澳大利亚重载运输也取得了辉煌的成绩，2001 年 6 月 21 日，澳大利亚必和必拓(BHP)公司在纽曼山至海德兰港的矿石运输铁路线上，开行了由 8 台 AC6000 型机车牵引的 682 辆货车编组的重载列车，列车全长 7353m，总重

99734t，载重 82000t，创造了世界纪录。巴西卡拉齐重载铁路采用列车固定编组循环运输系统，每列重载列车由 3 台机车和 204 辆轴重为 30t 的货车组成，每辆货车净载重为 105t，每列重载列车牵引质量可达 24480t，目前巴西的货车轴重已达 32.5t。南非理查兹湾(Richards Bay)运煤专线于 1976 年 4 月 1 日正式开通，初期由 7E 交流电力机车牵引 75 节轴重 18.5t 的 CCL1 型敞车。1979 年、1982 年和 1985 年先后将车辆轴重增加到 20t、22t 和 26t，牵引机车由 7E 型换为轴重 29.25t 的 11E 型；牵引车辆数量由 75 节增加到 176 节(2×88 节)，后增至 200 节，列车长度 2.5km，牵引质量达 22000t。目前南非重载运输的列车编组达 220 辆，轴重提高到 33t。

  我国重载铁路的运输量和运输密度均位于世界前列。我国重载技术的发展综合考虑重载铁路发展的实际情况，逐步提高车辆轴重，加快提高货运能力，使重载铁路向大运量、各系统综合协调、高安全性、高可靠性的方向发展。我国重载铁路运输发展大致经历了改造既有线开行重载列车、改造繁忙干线开行 5000t 重载混编列车、新建大秦铁路开行重载单元列车、大秦铁路开行 2 万 t 列车四个主要阶段。车辆轴重主要由普通线路上运行的 21t、23t 轴重通用货车，运煤专线主要运行的 25t 轴重专用货车，逐步向 27t 和 30t 轴重发展。

  于 1992 年年底建成的大同至秦皇岛双线电气化重载运煤专线，全长 653km，建成初期开行重载单元列车。由于当时技术条件不够完善，万吨列车曾出现断钩现象。实际运营列车质量基本在 5000~6000t。到 2002 年，大秦铁路用了 10 年的时间达到了年运量 1 亿 t 的目标。2006 年 3 月，大秦线正式开行了轴重达 25t 的 C80 货车编组 2 万 t 重载组合列车，使我国铁路重载运输技术水平跨入了世界先进行列。从 2002 年的 1 亿 t 到 2007 年的 3 亿 t，大秦铁路仅用了 4 年的时间就实现了年运量的飞跃。2010 年 12 月 26 日，大秦铁路年运量已经突破了 4 亿 t。朔黄线也开行了万吨列车，提高了晋煤外运的能力。图 1-3 为大秦线和谐型机车牵引的 2 万 t 重载组合列车。

图 1-3 大秦线和谐型机车牵引的 2 万 t 重载组合列车

1.1.5 城市轨道交通的发展

1843 年，英国人 Charles Pearson 提出修建地下铁道的建议。1860 年，英国伦敦开始修建世界上第一条地铁，采用明挖法施工，为单拱砖砌结构，如图 1-4 所示。1863 年 1 月 10 日伦敦地铁建成通车，线路长 6.4km，用蒸汽机车牵引，如图 1-5 所示。1879 年电力驱动机车的成功研制，使地下客运环境和服务条件得到空前的改善，地铁建设显示出强大的生命力。

图 1-4　伦敦地铁的明挖法施工　　图 1-5　伦敦地铁最早的蒸汽机车地铁列车

美国纽约于 1867 年建成第一条地铁。2020 年，纽约地铁线路共 31 条，总长度约 443.2km，其中地下隧道 258km，共设置车站 504 座。法国巴黎为举办"凡尔赛展览会"而修建的巴黎第一条地下铁道从巴士底通往马约门，全长约 10km，它为巴黎地铁网络的不断发展和完善打下了基础。德国柏林的第一条地铁开通于 1902 年。西班牙也是欧洲较早修建地下铁道的国家之一。1919 年，马德里的第一条地铁线路开始运行，现在已发展到 12 条地铁主线和 1 条支线。

1925 年至 1949 年，由于经历了第二次世界大战，各国都着眼于自身的安危，地铁建设处于低潮，但仍有东京、大阪、莫斯科等少数城市在此期间修建了地铁。日本东京的第一条地铁线路于 1927 年建成通车。

截至 2018 年年底，全球共有 72 个国家和地区的 493 座城市开通城市轨道交通线路，运营里程超过 26100km，车站数超过 26900 座。其中，56 个国家和地区的 179 座城市开通地铁，总里程达 14219.36km，车站数超过 10631 座；20 个国家和地区的 53 座城市开通轻轨，总里程达 1293.68km，车站数为 1077 座；58 个国家和地区的 400 座城市开通有轨电车，其中 236 座城市的有轨电车总里程达 10609.05km，车站数超过 15200 座。目前，世界各国的轨道交通仍处于快速发展的阶段。

北京于 1965 年开始修建以战备为目的的第一条地铁，1971 年开始运营。1984 年，北京二号线投入运营。在随后的 20 多年里，我国轨道交通发展缓慢。我国经济的腾飞带动轨道交通发展,近20多年来,随着我国经济的快速发展,城市轨道交通也飞速发展,修建轨道交通的城市越来越多。中国轨道交通网统计,截至2020年6月30日,我国已有38座城市开通运营城市轨道交通线路181条,总里程6113km,车站3960座;同时,还有在建线路216条(段),总里程5900km,车站3470座。2020年全国城市轨道交通新增开通规模超过1000km,2025年末运营规模将超过10000km,城市轨道交通运营里程已经位居世界第一。

1.2 轨道结构的形成和发展

最早的轨道,两条凹槽的道路可追溯到2400年前的古希腊和古罗马时代。现代铁路的起源可追溯到16世纪的德国和英格兰[5]。Haarmann指出,最早的木槽道路起源于德国,当时是用榫头和钉子将木槽拼接起来,车辆既可以在一般道路上行走,也可以在木槽上行走。后来,这种木槽道路引进英格兰和德国的矿山中,大约在1630年,木槽轨道用横向木条连接固定,用于运输煤炭,这样一匹马拉货的重量是普通道路的4倍。由于木槽很容易被磨损,后来在木条上钉铁皮,但铁皮太薄弱,很容易破损。在1767年,铸铁产量上升,使得铸铁轨的使用成为可能。Reynolds为了克服木条上的铁皮容易破损的缺点,轨道使用长5ft(1ft=0.3048m),宽4.5in(1in=2.54cm),高1.25in的铸铁轨,每根铸铁轨有三个螺栓孔,铸铁轨形状类似于现在的槽钢,凹槽朝上,并用钉子固定,车轮在凹槽内行走。

到了16世纪,木制轨道彻底兴起,煤炭行业的运输大量采用木制轨道,如图1-6所示。矿洞中环境潮湿,煤炭超重,木轨承受的压力很大,因此在木轨表面加装了铁皮,但轨道的耐用性并没有得到太大的改善。

图1-6 早期矿车的木制轨道

18世纪的英国发明家亚伯拉罕·达比以木头作为龙骨,并在上面铺设了一层铁板。金属轨的应用大大延长了轨道和木条的使用寿命,并且大大减小了车辆的运行阻力。由于凹槽形铸铁轨受力并不十分合理,在1776年,约翰·科尔引进了L形铸铁轨,再搭配上特殊形状的车轮,新一代轨道——"铁轨"就此诞生。L形铸铁轨有垂直边,提高了轨道的导向性能,如图1-7所示。当时的L形铸铁轨下用纵向木条承垫,在纵向木条腐烂后,横向塞入木条,或者用石块塞入L形铸铁轨下，这样就形成了横向轨枕支承的结构。从 1800 年开始，马拉车辆铁路的铸铁轨长度为 1yd(1yd=0.9144m)，两端支承于石枕上，如图 1-8 所示。

图 1-7　早期的 L 形铸铁轨轨道　　　图 1-8　支承在石枕上的 L 形铸铁轨轨道

直至 1789 年，Jessop 引进了铸铁梁轨和有轮缘的车辆轮，从此结束了车辆既可以在普通道路上行走，又可以在轨道上行走的历史，至此道路和铁路开始分离。当时采用的轨距为 1435mm。Jessop 轨为鱼腹式，即铸铁轨的支座处轨高较小，在两支点之间轨高较大，在支座处轨底较宽，以便于铸铁轨在石枕上稳定安放。Jessop 轨长 3~4ft，轨头宽度 1.725in。当时车轮轮缘有在轨头内侧的，也有在轨头外侧的，还有在轨头两侧的。研究发现，当车轮轮缘在轨头外侧时，车辆很容易脱轨，所以将车轮轮缘改为在轨头的内侧。当时的轮缘高度为 1in，现在的车轮轮缘也在 1in 左右。

铸铁轨长度只有 4ft，所以接头较多，且铸铁较脆，容易断裂。在 19 世纪初，炼铁技术得到了较大的发展。Nixon 在 1803 年生产了宽 1.25in，高 2in 的矩形截面锻铁轨，轨枕为纵向支承。随后的几年里，Birkenshaw 生产出了截面更为复杂的鱼腹式 T 形锻铁轨，这种铁轨轨头呈圆弧形，轨腰较厚，并用铸铁支座支承。1825 年，在英国斯托克顿到达林顿的第一条公共铁路线上，Stephenson 使用的就是这种锻铁轨，如图 1-9 所示。T 形截面轨长 15ft，铸铁座间距 3ft，所以一根 T 形轨由 6 个支座构成连续梁，减少了铁轨的接头数量，提高了铁轨和支座的承载力。这种铁轨的质量为 35lb/yd(17.36kg/m)。

T 形轨的下缘较薄，张拉应力较大，在轨座处由于接触应力较大而极易磨损。1835 年，Manby 和 Locke 开发了一种双头轨(bullhead rail)，三年后，Robert Stephenson 将此种钢轨应用于伦敦至伯明翰的铁路上，如图 1-10 所

图 1-9　在斯托克顿到达林顿线路上使用的鱼腹式 T 形锻铁轨

示。双头轨也采用轨座形式，钢轨接头放在一轨座中，没有接头夹板。原设计时考虑铁轨铺设完成后，在轮载作用下轨头磨损，然后翻转铁轨，但在使用时发现，由于铁轨与轨座之间存在磨损和腐蚀，铁轨翻转后轨面很不平整，因而无法使用；而原轨头由于磨损，在轨座中也无法固定。这种钢轨在线路上固定困难，影响列车提速，但英国直到第二次世界大战后才在正线上淘汰此种类型的双头轨。现在英国的一些尚在运营的旧线路(旅游线)上仍采用此种双头轨，如图1-11所示。

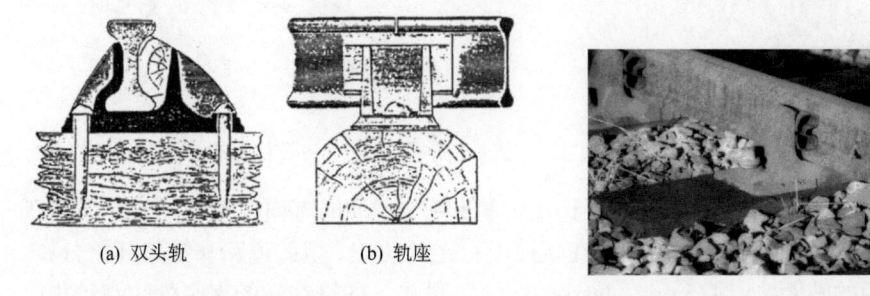

(a) 双头轨　　(b) 轨座

图1-10　双头轨和轨座　　　　图1-11　英国铁路尚在使用的双头轨轨道

由美国Stricland设计，1835年在Susquehanna-Wilmington线路上使用的π形轨，如图1-12(a)所示。19世纪40年代，在Baltimore-Ohio铁路上也使用过类似的铁轨，这种铁轨的质量为42lb/yd(20.83kg/m)。这种π形轨引入欧洲使用后，发现木枕表面很容易压溃，随后对其进行了改进。1849年，英国Barlow设计生产出了如图1-12(b)和(c)所示的π形轨，在英格兰和法国铁路中，这种铁轨铺设里程达1000mi(1mi=1.609344km)。但此种铁轨轨头在磨损后，很容易产生轨头纵向劈裂而无法继续使用，所以这类铁轨的使用时间较短。

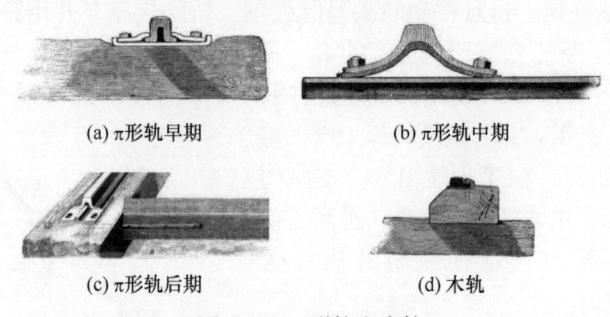

(a) π形轨早期　　(b) π形轨中期

(c) π形轨后期　　(d) 木轨

图1-12　π形轨和木轨

在这同一时期，美国使用了如图1-12(d)所示的木轨，在Saratoga和Schenectady的铁路上使用了这种木轨铁路，并一直使用到19世纪末。虽然这种轨道结构缺点多，但由于此类轨道设计简单，铺设方便，在欧洲一些国家也使用过类似的轨道结构，如德国和奥地利等，但使用时间很短。

1830年，随着美国铁路的兴建，钢轨问题成为首要问题，Robert L. Stevens 考察了英格兰生产的钢轨，在其熟悉了英格兰许多铁路部门使用的 Birkenshaw T形铁轨以后，认为这种铁轨的铸铁轨座成本和养护费用较高，并不适用于美国的铁路。此外，将钢轨从英格兰运输到美国，运输成本也较高。Stevens 在T形轨下缘加一轨底，从而取消了 Birkenshaw T形铁轨的铸铁轨座。这种钢轨首次铺设于美国的新泽西铁路，应用较为成功。这种钢轨的截面与现代的钢轨截面类似，只是在轨枕支承处将轨底加宽，以减小轨座压力，如图1-13所示。1831年以后，这种称为"Best Friend of Charleston"的钢轨广泛应用于美国铁路，此时也是美国第一次引进使用蒸汽机车。

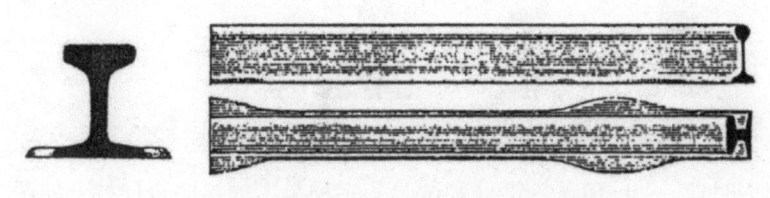

图1-13　1830年Stevens首次设计的钢轨

Stevens 首次设计的钢轨轨底宽度呈周期性变化，轧钢机不能适应，而且使用这种钢轨的轨枕间距不能改变。后来，Stevens 将钢轨设计成通长为等截面，使用后发现，这种钢轨性能非常优良，而且可随意改变轨枕间距。与此同时，Stevens 还设计了一种"hook-headed spike"的道钉(俗称钩头道钉)，固定钢轨非常方便，直至现在，在木枕线路上还广泛使用这种钩头道钉。

最初 Stevens 钢轨质量为42lb/yd(20.83kg/m)，钢轨长度为16ft(4.88m)。当时还采用石枕，石头破损后用木头代替，发现效果良好。在1840年以后，部分美国铁路公司的铁路，如 Philadelphia-Wilmington-Baltimore 铁路、Baltimore-Ohio 铁路和英国的许多铁路都使用这种 Stevens 钢轨。大约在1838年，欧洲大陆的 Leipzig-Dresden 铁路上首先使用这种钢轨。这种钢轨截面合理，重量较轻，容易固定在横向枕木上，而且这种钢轨的垂向和横向都有较大的弯曲刚度，因此许多欧洲铁路都使用这种钢轨，如在1840年后德国铁路将工字截面的轨道结构作为主要的轨道结构系统。横向轨枕轨道稳定性很好，所以这种轨道结构一直沿用至今。

200多年来钢轨形状的演变过程如图1-14所示。随着钢轨截面的不断改进，铁路部门企图取消轨枕，典型的例子就是1865年在德国 Braunschweig 铁路上使用的 Scheffler 钢轨，如图1-15所示。该钢轨也是T形轨，用螺栓固定在纵向铸铁座上，铸铁座直接放置在道砟上，但使用结果很不理想，钢轨很容易断裂，螺栓孔也很容易产生裂纹。

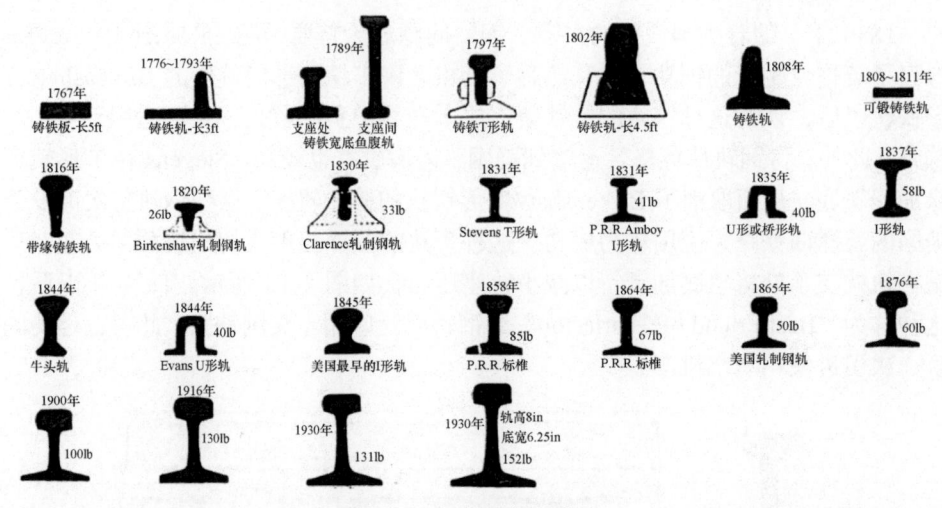

图 1-14　钢轨形状的演变

在同一时期，Scheffler 等设计和试验了多种类型的纵向金属枕，如图 1-16 所示，还开发了多种类型的横向金属枕，如图 1-17 所示。这些金属枕在使用过程中，由于产生腐蚀、扣件螺栓孔四周开裂等问题而被淘汰。但在第二次世界大战后不久，德国使用这些横向金属枕铺设了 3000km 以上的主要干线轨道。

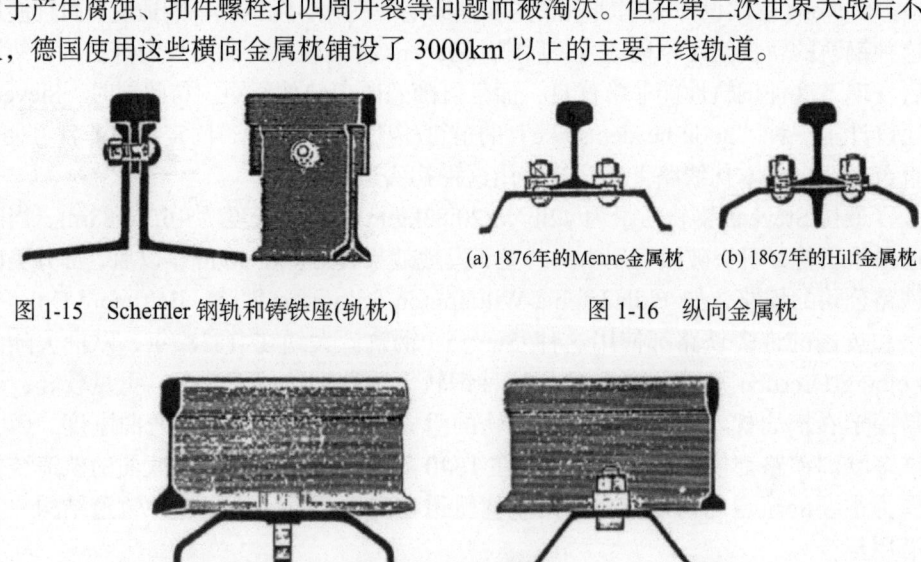

图 1-15　Scheffler 钢轨和铸铁座(轨枕)

图 1-16　纵向金属枕

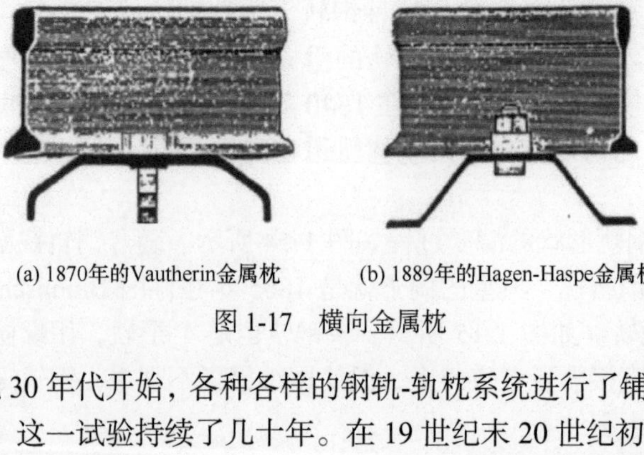

(a) 1876年的Menne金属枕　(b) 1867年的Hilf金属枕

(a) 1870年的Vautherin金属枕　(b) 1889年的Hagen-Haspe金属枕

图 1-17　横向金属枕

自 19 世纪 30 年代开始，各种各样的钢轨-轨枕系统进行了铺设试验，自轧钢方法发明以来，这一试验持续了几十年。在 19 世纪末 20 世纪初，横向轨枕中的

Stevens 工字型钢轨结构形式已明显占主要地位。至今这种轨道结构仍是世界铁路的主要轨道结构形式。

在研制钢轨和钢枕的时期,轨道上主要使用的是木枕。但在 20 世纪 30 年代后,混凝土的使用越来越广泛,铁路开始将研制的混凝土枕替代木枕,钢轨和横向混凝土轨枕的有砟轨道结构在世界铁路中得到了广泛的应用。随着铁路的发展,车辆速度的提高和轮载的增大,一些经济发达的国家积极研制开发了适合不同运输条件、不同列车运行工况的轨道结构,主要有高速客运专线轨道结构、货运重载线路轨道结构、普通客货混运线路轨道结构、少维修轨道结构(如日本的梯子式轨道结构)及减振降噪型轨道结构(轨下基础低刚度轨道结构)等。

1.3 近代轨道结构的发展

1.3.1 有砟轨道的类型和发展

世界各国的铁路发展水平不一,营业里程长短不一,但轨道的主体结构没有太大的差异,传统的有砟轨道结构仍是当前常速铁路的主要结构形式。近几年来无砟轨道发展势头强劲,但所占总里程数仍较少。我国也不例外,高速铁路大多采用无砟轨道,而常速铁路中有砟轨道结构占 99%以上。城市轨道交通的地面线也大多采用有砟轨道,以便路基下沉时能较方便地调整轨面标高。在目前的有砟轨道结构中,木枕和混凝土枕占大多数,其次是钢枕、胶木枕等。

木枕是最早使用(石枕的使用时间较短,可忽略),且到目前为止仍在大量使用的轨枕类型。木枕对材质有相应的要求,如木质较软的木材不适合作为枕木,目前应用于轨枕的木材有榆木、桦木、栎木、楮木、枫香、杨木、落叶松、马尾松、云南松、云杉、冷杉、铁杉及其他适用的阔叶树种。目前在森林资源丰富的国家,如美国和加拿大等,其轨枕仍以木枕为主。我国由于经济的发展,木材需求量极大,而森林资源相对匮乏,从 20 世纪 50~60 年代以来,一直发展混凝土轨枕,目前在新线建设中已取消木枕的使用。

木枕轨道主要是由钢轨、铁垫板、钩头道钉等组成的。一般情况下,钩头道钉铁垫板混合式扣件的扣压力较小,扣件纵向阻力不足,因此需要防爬器;钩头道钉的轨距固定能力较弱,因此需要轨距拉杆;在曲线外轨上还需要安装轨撑,以防列车通过曲线时产生过大的横向力导致钢轨翻倒,木枕轨道如图 1-18 所示。随着列车速度和轴重的提高,钩头道钉+铁垫板的混合式扣件系统的轨道结构稳定性难以达到要求,因此采用螺旋道钉+铁垫板形式,在铁垫板上装置弹条的分开式扣件系统,以增加轨道结构的稳定性。

图 1-18　木枕轨道

1949 年以后，我国的经济快速发展，铁路工作者开始研究合适的轨枕材料。用钢材制作的轨枕性能良好，但我国当时的钢产量极低，远远不能满足国民经济的发展需求，因此采用钢枕的方法并不可取，而混凝土料源广泛，制造方便，因此我国在 20 世纪 50 年代末开始研制混凝土轨枕，到 21 世纪初，我国主要有三种型号的混凝土轨枕，即Ⅰ型、Ⅱ型和Ⅲ型，现在主要应用的是Ⅲ型混凝土轨枕。近 20 年来，桥枕、岔枕也采用混凝土枕，大大提高了轨道结构的稳定性。

混凝土轨枕轨道主要由钢轨、轨下胶垫、轨距挡块、弹条(或扣板)、螺栓等部件组成。在列车荷载作用下，有砟轨道的下沉和变形速率较快，需要经常养护维修，而目前世界各国的有砟轨道维修养护设备都按照整体式横向轨枕设计，因此目前此类轨枕的应用比例最高，如图 1-19 所示。除了整体式混凝土轨枕轨道，还有双块式混凝土轨枕轨道，如法国的混凝土轨枕就是双块式混凝土轨枕，两混凝土短枕间用钢管连接，如图 1-20 所示。奥地利的框架式轨枕，轨枕盒中的道砟增大了轨道的纵横向阻力，如图 1-21 所示。日本的梯子式纵向轨枕，增大了轨枕与道床的接触面积，提高了轨道结构的稳定性，如图 1-22 所示。

图 1-19　整体式混凝土轨枕轨道 　　　　图 1-20　双块式混凝土轨枕轨道

图 1-21　奥地利的框架式轨枕　　　　　图 1-22　日本的梯子式纵向轨枕

对于整体式混凝土轨枕，轨枕越长，轨下截面的荷载正弯矩越大；轨枕越短，枕中截面的荷载负弯矩越大。为了保证轨枕受力均衡，对于 1435mm 标准轨距的轨道，一般轨枕长度为 2.4~2.8m，我国Ⅰ、Ⅱ型轨枕的长度为 2.5m，Ⅲ型轨枕的长度为 2.6m。混凝土轨枕的刚性较木枕大，除了道床提供给轨道结构弹性，一般还在轨下铺设刚度为 60~120kN/mm 的轨下胶垫，对于常速铁路和重载铁路，轨下胶垫的刚度大一些，城市轨道交通的轨下胶垫的刚度小一些。目前混凝土轨枕使用的扣件类型较多，但用得最多的是潘得路(PANDROL)E 型弹条扣件。

在铁路发展的早期，混凝土技术尚未成熟，制造混凝土轨枕具有一定的难度，因此钢枕广泛应用于木枕容易被白蚁和腐蚀类侵蚀的热带铁路上。钢枕的主要优点是耐火烧，防虫蛀，生产过程简单，承受荷载大，可提供较大的纵向阻力和横向阻力，牢固保持轨距；可通过电焊进行破损修补；回收率高，废钢回收率高达 70%。

1884 年法国提出了钢枕方案，当时在欧洲发展最快。使用钢枕较多的有德国、法国、瑞士及南美洲部分国家。德国使用钢枕最多时钢枕线路占所有线路的 40%，占世界钢枕线路 10%左右。胶济铁路是中国较早大规模使用钢枕的铁路，到 1950 年，在胶济铁路某些地段，还能见到这种钢枕。

钢枕用 U 形钢板锻造，将轨枕两端弯曲，阻止道砟被挤出，形成中空的贝壳状，在空腔内充填道砟，轨道的纵向阻力和横向阻力较大，结构稳定，在枕顶的轨座处设置有轨底坡和螺栓孔，以便固定钢轨。钢枕的材料性能较好，耐腐蚀，使用寿命可达 30 年以上。钢枕轨道和钢枕如图 1-23 所示。

德国在近代开发了工字钢的 Y 形钢枕，Y 形钢枕轨道如图 1-24 所示。这类钢枕有三个钢轨支点，由于其具有 Y 形斜面，轨道的横向阻力较大，结构较为稳定。但此类轨枕轨道的线路养护维修机械与普通的横向轨枕不同，因此其推广受到了一定的限制。

(a) 钢枕轨道 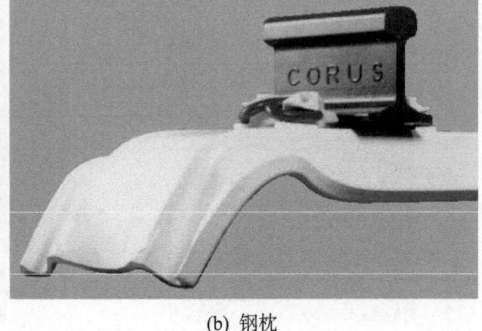　　　　　　　　　　　(b) 钢枕

图 1-23　钢枕轨道和钢枕[6]

传统的铁路轨枕通常采用混凝土轨枕和木枕。木枕易腐蚀、断裂，使用寿命短，维修养护难。混凝土轨枕重量大，施工难，列车通过时振动大，不适合大跨度桥梁。1978年，聚氨酯合成轨枕在日本研发成功[7]。1980年，日本新干线开展合成轨枕的上线试验，使用寿命为 50 年，适用于钢结构明桥面和道岔区。2006年，我国成功研制合成轨枕，并在 2007 年实现产业化，推向城市轨道交通市场，如图 1-25 所示。

图 1-24　德国的 Y 形钢枕轨道 　　　　　　图 1-25　玻纤增强聚氨酯轨枕

1.3.2　无砟轨道的类型和发展

英国于 1969 年研究并试铺了 PACT 型无砟轨道，如图 1-26 所示。PACT 型无砟轨道为就地灌注的钢筋混凝土道床，钢轨直接与道床相连接，轨底与混凝土道床之间铺设连续带状橡胶垫板，钢轨为连续支承。1959 年，德国在希埃思坦隧道和汉斯坦堡隧道中第一次试铺了板式无砟轨道，如图 1-27 所示。此外，1967年德国铁路还在厄尔达车站修建了板式无砟轨道试验段。这种板式无砟轨道能适应速度为 250km/h 以上的高速列车。

图1-26 英国的PACT型无砟轨道 　　　　图1-27 德国的旧型号板式无砟轨道

德国Max-Bögl公司在1996年开始研发FF Bögl预制板板式轨道系统，如图1-28所示。这种板式轨道是横向预应力的预制板，C45或C55钢纤维混凝土，纵向接头由螺栓连接。路堤、路堑、隧道和桥梁中都可使用这种轨道结构。

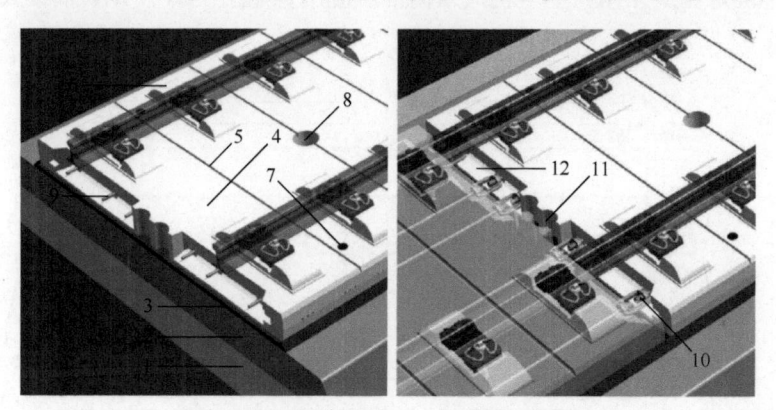

图1-28 德国FF Bögl预制板板式轨道
1. 防冻保护层；2. 沥青层；3. 后浇筑胶层；4. 预应力板；5. 设计的横向裂缝；6. 轨座；7. 轨面调整孔；
8. 注胶孔；9. 纵向钢筋；10. 连接器和螺母；11. 卡入式窄缝；12. 安装连接器的宽缝

Rheda型轨道是长枕埋入式轨道结构，也是当前德国应用较为成功的一种无砟轨道。1972年，德国铁路在Rheda车站试铺，轨下基础是由整体混凝土轨枕和现浇钢筋混凝土板组合而成的，如图1-29所示。为了使轨枕与整体道床有最好的结合，在20世纪90年代末，德国开发了Rheda2000型无砟轨道结构，如图1-30所示。

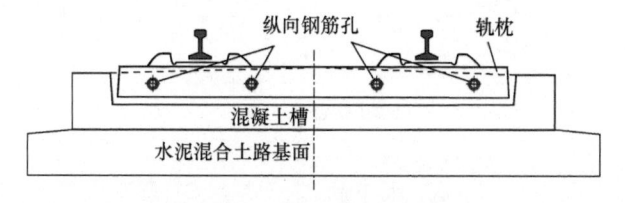

图1-29 Rheda型无砟轨道

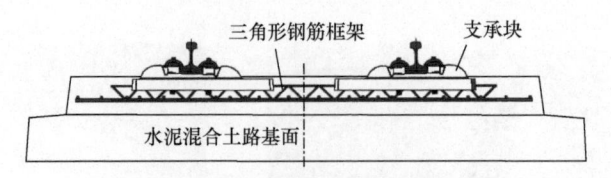

图 1-30 Rheda2000 型无砟轨道结构

经过几十年的开发和研究，德国已经成功研发了 Rheda 型、Bögl 型、Zubin 型、ATD 型、Getrac 型、BTD 型、SATO 型、FFYS 型、Walter 型、Heitkamp 型等十几种无砟轨道结构形式。德国无砟轨道的主要结构形式为轨枕埋入式和 Bögl 板式无砟轨道。初期铺设的 Rheda 型和 Bögl 板式无砟轨道都经历了 30 年的运营考验，轨道状态始终良好。

从 20 世纪 60 年代中期以来，日本成功研制开发了无砟板式轨道。A 型板式轨道已标准定型，并作为基本轨道结构推广应用，如图 1-31 所示。框架式板式轨道如图 1-32 所示。

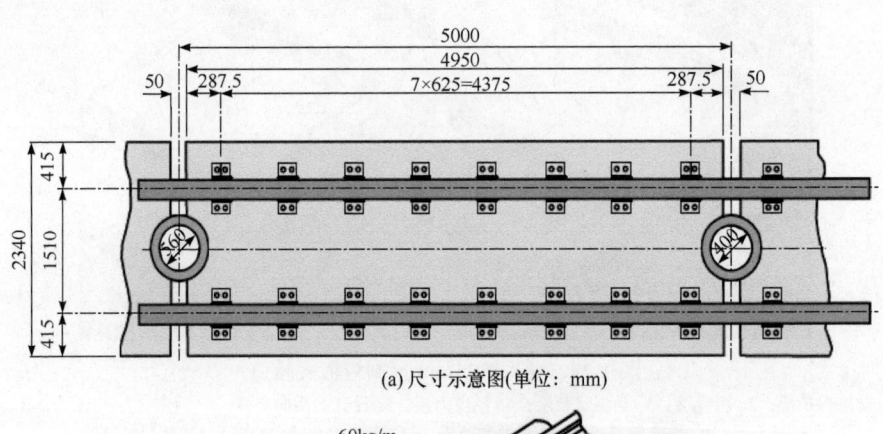

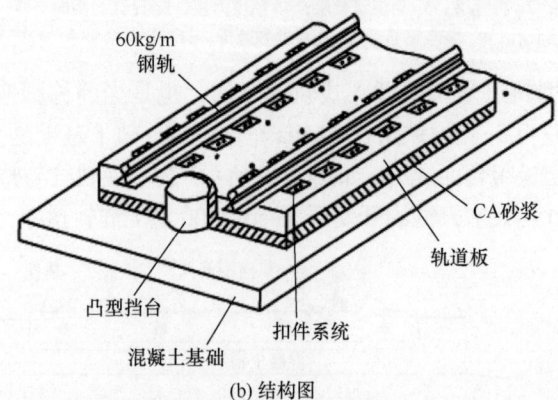

图 1-31 日本新干线 A 型板式轨道

图 1-32　日本框架式板式轨道

2006 年，我国启动了客运专线无砟轨道技术再创新工程[8]，在前期近 50 年的研究实践基础上，结合引进国外技术，系统开展了高速铁路无砟轨道结构设计方案、设计理论和方法、工程材料、轨道结构及接口设计技术、制造施工装备及工艺、养护维修技术等研究，结合我国气候环境条件，形成了 CRTS I 型、CRTS II 型板式和双块式无砟轨道建造成套技术。我国自主研究开发的 CRTS III 型板式轨道，进一步完善了我国无砟轨道技术体系，为高速铁路无砟轨道大规模建设奠定了基础。

CRTS I 型轨道分为板式轨道和枕式轨道，板式轨道是引进日本的 A 型板式轨道，枕式轨道是引进德国的 Rheda2000 型枕式轨道，根据我国的地质、气候运行条件，对轨道的结构和材料进行改进和优化，以中国铁路无砟轨道系列命名。

CRTS II 型轨道也分为板式轨道和枕式轨道。板式轨道是引进德国的 Bögl 板加以改进的，枕式轨道是从德国引进的旭普林轨道结构，其施工特点是以现场浇筑混凝土道床的方式，将预制的双块混凝土轨枕通过机械振动嵌入均匀连续的钢筋混凝土道床内，如图 1-33 所示。

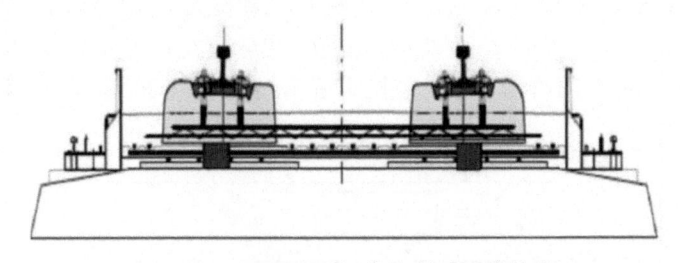

图 1-33　CRTS II 型(旭普林)枕式无砟轨道

CRTS III 型板式轨道是我国引进的国外无砟轨道，使用过程中发现，受气候及地质条件差异等的影响，引进的无砟轨道出现了高温上拱、低温断裂、结构层离缝失效、大跨梁端限位结构破损等问题，在环境适应性、结构耐久性和可维修性等方面存在不足。2009年以来，我国开展了新型无砟轨道结构的研发，系统开展了设计理论及关键参数、轨道结构及其与下部基础接口设计技术、自密实混凝土等工程材料、轨道板制造技术、轨道结构施工关键技术、室内外试验、运营线路长期监测和养护维修技术等的研究，形成了CRTSⅢ型板式无砟轨道设计、制造、施工、养修等成套技术。CRTSⅢ型板式无砟轨道系统由钢轨、扣件、预制轨道板、自密实混凝土层、隔离层及设置限位凹槽的钢筋混凝土底座等部分组成，如图1-34所示。

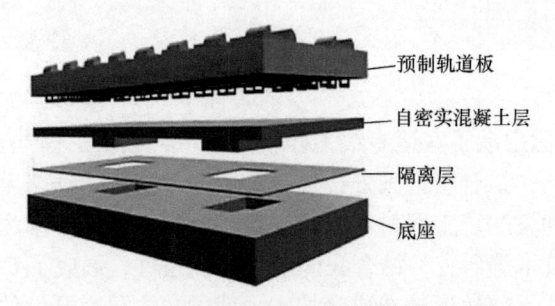

图1-34　CRTSⅢ型板式无砟轨道结构示意图

CRTSⅢ型无砟轨道的灌注自密实混凝土形成的凸台构成限位结构，复合结构与底座之间设置隔离层，底座限位凹槽四个侧面设置弹性缓冲垫层，并与设置凹槽的底座形成凸凹限位结构，受力体系合理，结构稳定可靠。复合轨道板和底座均分段设置，可适应温暖、寒冷、严寒等不同气候条件，环境适应能力强。复合轨道板与底座之间设置隔离层，限位凹槽周边设置弹性缓冲垫层，可协调层间变形差异，缓和层间冲击，并可提供特殊条件下的可修复性。

为减少轨道养护维修的次数，近几十年来，我国在城市轨道交通建设中，大量采用了无砟轨道结构。城市轨道交通的无砟轨道可分为无枕式道床(整体灌注式道床)和轨枕式整体道床(包括短枕和长枕两种)。短枕式整体道床轨道建筑高度低，短枕预制，道床现浇，如图1-35所示。由图可见，横坡坡度为3%。此外，为了减少振动和噪声，还专门研制了弹性短枕式道床、塑料短枕式道床、短木枕式道床。

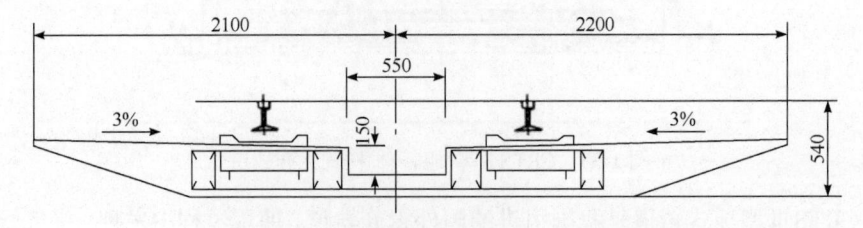

图1-35　短枕式整体道床轨道(单位：mm)

长枕式整体道床轨道类似于 Rheda 型轨道结构,但长轨枕预留 5 个圆孔,道床用纵向筋穿过,加强其与道床的连接,如图 1-36 所示。

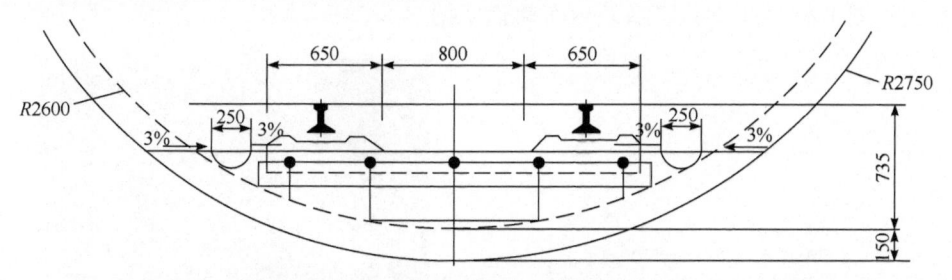

图 1-36 长枕式整体道床轨道(单位:mm)

弹性支承块式无砟轨道结构由钢轨及其扣件、橡胶靴套、块下胶垫、混凝土道床板及混凝土底座等组成,如图 1-37 所示。

图 1-37 弹性支承块式无砟轨道结构

浮置板轨道结构适用于一些有特殊减振要求的地段,投资成本较其他轨道结构高。目前世界上浮置板轨道结构主要用于城市轨道交通,如图 1-38 所示。

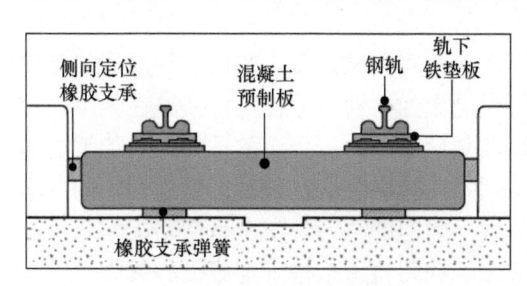

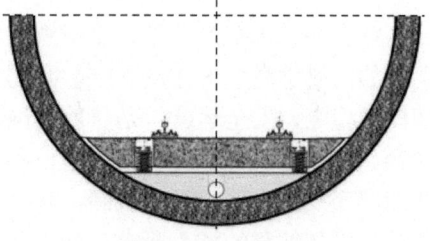

(a) 橡胶弹簧浮置板轨道　　　　　　(b) GERB钢弹簧浮置板轨道

图 1-38 浮置板轨道结构

现代有轨电车轨道一般与地面道路路权共享，因此将钢轨嵌入路面中，此类轨道结构的钢轨一般采用槽形轨，如图 1-39 所示。图 1-40 为国外有轨电车轨道实拍，图 1-41 为上海松江有轨电车轨道实拍。

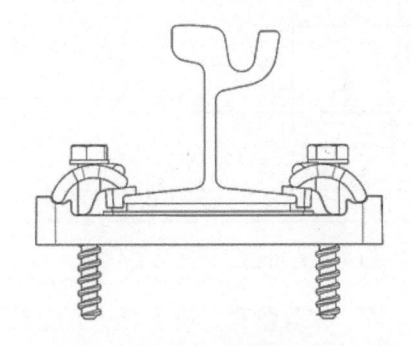

图 1-39　槽形轨

图 1-40　国外有轨电车轨道

图 1-41　上海松江有轨电车轨道

1.4　轨道结构的试验与检测

在当前我国高速铁路、重载铁路、常速铁路和城市轨道交通蓬勃发展的环境下，如何科学高效地建设和维护我国规模庞大的运营线路，实现铁路在全生命周期内的稳定、安全运营，是目前我国铁路领域面临的一个至关重要且亟待解决的问题。保证高质量轨道结构的建设和探明铁路轨道结构在长期运营过程中的动态性能演变及服役安全控制机制，是解决这一问题的关键。安全是铁路运输永恒的主题，更是铁路的核心要求。深入研究保障铁路轨道结构安全服役的关键理论，揭示其长效工作的科学规律，成为确保我国大规模铁路路网高效运营的重大基础性工作，其迫切性和必要性不言而喻。

根据国家和铁路行业标准对轨道结构和部件进行试验和检测，以保证轨道结构及其部件的质量达到相应的标准和设计要求,所以试验和检测是监管轨道质量的重要手段。在轨道结构投入运行后,也需要通过轨道试验和检测,找到和分析轨道结构存在的问题,及时消除影响列车运行品质和安全的轨道结构隐患。无论是新线建设,还是列车运行后既有轨道出现的问题,都需要通过试验和检测确认轨道结构的质量水平和轨道结构产生问题的根源,所以轨道结构试验和检测是保证轨道结构良好状态的一种必要手段,也是铁路管理、设计、施工、研究单位常用的研究方法。

根据轨道结构及其部件的质量和状态需求确定试验目的,不同的轨道部位和部件,采用不同的试验方法和试验过程。轨道结构和部件的试验及检测主要内容包括轨道结构强度检测、动力性能检测、行车安全检测和轨道几何形位检测。

1) 轨道结构强度检测

轨道结构强度检测分为室内试验和室外试验,根据试验内容可分为整体试验和部件试验。

在进行室内整体试验时,利用实尺轨道模型施加荷载,测试轨道各部分的应力,以验证轨道结构受力分布的合理性和承载能力。

为了验证轨温变化条件下有砟轨道长钢轨的胀轨跑道变化过程,可在实验室内进行实尺轨道的胀轨试验。国外曾采用蒸汽对钢轨加热进行胀轨试验,后来采用电加热,以分析不同温差、不同轨道纵横向阻力和不同轨道框架刚度对长钢轨胀轨跑道的影响。

室内部件试验主要为钢轨焊接接头强度试验,包括静载、疲劳和落锤试验,钢轨应急夹板接头的抗弯强度试验,扣件试验有扣压力、纵向阻力和横向阻力、扣件及轨下垫层动静刚度试验及轨距扩大疲劳试验等,轨枕试验有轨枕抗弯强度、轨座抗压用螺栓孔抗拔力试验等;道床试验主要有道床顶面用不同深度层的应力分布试验、荷载作用下道床的弹性下沉试验、疲劳荷载作用下道砟的塑性变形积累试验及道砟抗剪试验等。

无砟轨道试验包括轨道板的抗弯静载和疲劳强度试验、扣件螺栓的抗拔试验等。

轨道现场试验包括列车荷载作用下钢轨应力测试、轨枕的抗弯强度试验、轨枕的纵横向阻力及轨道刚度试验、不同道床深度的应力强度测试以及道岔各部位的应力强度测试等。

2) 动力性能检测

动力性能检测以测试振动加速度为主。在列车运行条件下,分别进行车上测试和地面测试。车上测试主要是测试车体、转向架、轮对轴箱的振动加速度,此测试既能根据不同轨道状态分析车辆的动力响应,又能分析不同车辆结构的动力响应,测试主要由车辆部门完成,且与轨道结构关系密切。地面测试主要是测试钢轨、轨枕和道床的振动加速度,对于无砟轨道,测试钢轨、轨道板和基础的振动加速度，以分析钢轨与轨枕之间的振动传递特性和衰减规律；有时也测试轨道旁地面振动加速度，以分析列车通过时地面环境振动强度的水平。

部分动力测试可在实验室内进行，在试验时，铺设实尺轨道结构，对钢轨、轨枕、道砟测试参数和动力响应。对于无砟轨道，轨道板、基础在外部激励条件下，测试轨道各部件的振动响应及其传递和衰减规律，为优化轨道结构的设计参数提供试验依据。根据试验的目的和要求，试验时的外部激励有落轴、落锤、锤击和激振器激振。

在对扣件动力特性进行评价时，一般进行落锤或锤击试验，以研究扣件振动衰减特性，其中常用的方法就是用扣件振动加速度的导纳来评价其振动衰减特性，有时采用对比法分析试验扣件的实际隔振效果。

在列车荷载作用下，轨道各部位的动态位移大小揭示了轨道结构的动态稳定性和轨道结构的动刚度。在列车运行条件下，主要测试钢轨的垂向位移、轨头轨底横向位移；利用轨底两侧的动态垂向位移，计算轨底坡的动态位移；对于浮置板或普通板无砟轨道，也需要测量其垂向位移和横向位移，以评价轨道结构的稳定性是否达到轨道结构的设计要求或标准。

3) 行车安全检测

行车安全是铁路运输的永恒主题，也是铁路部门最为关注的问题。

目前，部分轨道检测车装有测力轮对，测力轮对属于车辆检测部门的业务范畴，轨道结构状态与测力轮对的测试结果关系密切，轨道结构状态的变化直接影响测力轮对的动力响应。目前测力轮对的连续测量技术已日趋成熟，也是世界各国在进行轨道和车辆运行状态测试评价时的重要技术手段。测力轮对法是将安装有传感器的测力轮对替换原来的普通轮对，可实现列车运行条件下对轮对垂向力和横向力的实时监控，从而分析列车运行的安全性。测力轮对测得的数据是沿轨道方向的连续随机函数，因此可通过横向力与垂向力计算求得车辆在轨道上行驶时的各点脱轨系数和轮重减载率，脱轨系数和轮重减载率也是沿轨道方向的随机函数。随着经济和技术的发展，采用测力轮对法来评价列车的运行品质更加普遍。

测力钢轨法也称为轮轨力的地面定点测试方法，该方法主要是将传感器粘贴在钢轨上，通过采集设备数据获取列车通过钢轨时的动态响应，从而获得轮轨力。测力钢轨法主要有剪力法、轨腰压缩法、弯矩差法和轨底应力差法等。测力钢轨法是在地面定点测试，因此由测得的横向力和垂向力计算所得的脱轨系数和轮重减载率也是地面的定点数据。测力钢轨法在选择地面测试点时应充分考虑选点的代表性和测试的目的及意义。

4) 轨道几何形位检测

轨道几何状态的优劣直接影响列车运行的平稳性和安全性，我国在近20年的高速铁路建设中，对轨道几何形位测试、控制技术和理论的掌握达到了一个崭新的高度，保证了高速铁路的高品质运行。

轨道几何形位测试分为静态测试和动态测试。静态测试是在无列车荷载条件下的轨道几何状态测量。在轨道几何形位测量仪发明出来之前，道尺、弦线和木尺是常用的轨道几何形位测量工具，在当前的高速铁路建设中，这些手工测量的轨道几何形位测量精度已无法满足要求。国内目前在铁路建设中广泛采用CPⅢ精测网轨道精调系统，可保证铺设后线路线形和轨道几何形位具有较高的精度。控制网不易损坏，易保留，在后期运营维护时可利用此控制网保证线路线形和轨道几何形位的定位精度。CPⅢ精测网由全站仪、轨道几何形位检测仪和控制基标组成。全站仪控制线路的绝对方向和高程，轨道几何形位检测仪控制相对偏差，控制基标提供基准点，从而达到高精度控制轨道几何形位的目的，如图1-42所示。

图1-42 轨道几何形位检测仪与全站仪

轨道动态几何形位检测是在轨道上有动态列车荷载条件下，测量轨道几何形位的相对偏差。采用轨道几何形位检查车(简称轨检车)，测量在列车运行条件下的轨道动态几何形位。轨检车的检测项目包括轨距、轨向、高低、水平、曲率、三角坑等轨道几何形位，同时还可检测车体水平和垂向振动加速度、轴箱振动加速度，以及道岔、道口、桥梁等地面具有显著特征的标志物的测设。我国从20世纪50年代开发出GJ-1型轨检车至今，已开发出GJ-6型轨检车，目前高速铁路设有速度为380km/h，极限速度为425km/h的被称为"黄医生"的高速综合检测列车，如图1-43所示。高速综合检测列车车身上密布30多个摄像头，以及300多个传感器，在它通过的线路上，各类微小的瑕疵都会被发现。目前，我国共有12组高速综合检测列车。

图 1-43 "黄医生"高速综合检测列车

轨道静态几何形位与动态几何形位数据之间相互关联,但也并非呈线性关系,这与轨下基础的刚度分布有关,若轨下基础刚度分布不均,则二者几何形位相差较大,且关联性也较差,因此保证轨道基础刚度的均匀性也是保证轨道质量的一个重要因素。

自铁路诞生以来,轨道检测就同时存在,但随着时代和技术的进步,从手工发展到机械,直到目前的自动化检测设备,检测仪器和设备的进步保证了轨道各个方面的检测效率和质量。

参 考 文 献

[1] 张龙, 陆吴宝, 陈渭清, 等. 上海铁路志第二节, 淞沪铁路, 上海市地方志办公室[DB/OL]. https://www.shtong.gov.cn/difangzhi-front/book/detailNew?oneId=1&bookId=68716&parentNodeId=68925&nodeId=66877&type=-1[2021-2-2].

[2] 张龙, 陆吴宝, 陈渭清, 等. 上海铁路志第三节, 与淞沪铁路联轨的支线, 上海市地方志办公室[DB/OL]. https://www.shtong.gov.cn/difangzhi-front/book/detailNew?oneId=1&bookId= 68716& parentNodeId=68925&nodeId=66878&type=-1[2013-4-15].

[3] 吴凤. 苏联铁路开行重载列车概况[J]. 中国铁路, 1986, (9): 3-7.

[4] 李庆生, 孙海富. 中国重载铁路发展及技术标准[J]. 工程建设标准化, 2015, (4): 53-56.

[5] Kerr A D. Railroad Track Mechanics and Technology[M]. Oxford: Pergamon Press, 1978.

[6] 尚德如, 崔兵兵. 轧制钢枕的应用探讨[J]. 现代城市轨道交通, 2016, (5): 89-91.

[7] 荆蓉, 黄承, 张兴刚, 等. 玻纤增强聚氨酯泡沫轨枕性能及其在国铁线路中的应用[J]. 聚氨酯工业, 2020, 35(5): 1-3.

[8] 王继军, 姚力, 王梦. 中国高速铁路无砟轨道的发展及应用[J]. 高速铁路技术, 2020, 11(4): 33-35.

第 2 章　应变和振动测试基础及仪器仪表

在国防军工、土木桥梁、航空航天、机械动力、车辆舰船、交通运输、冶金石化、水工水利等工程领域，结构强度分析是一项常规工作。采用有限元理论对结构的应力-应变进行分析是一个重要方面，但试验验证结构的应力-应变分布和强度大小也是必不可少的，只有这样才能全面掌握结构的应力强度分布和工作状态，从而确保结构在设计荷载条件下安全运行。

应变片可以测量应变、应力、弯矩、扭矩、加速度、位移等物理量。在我们生活中的各个领域都有应变片测试的应用实例，如电子秤等。现在各行各业都提出智能化管理、智能化运行、智能化维修养护，这些都离不开应力-应变的测试。

振动加速度是工程结构的主要测试内容之一。通过对结构振动加速度进行测试，分析结构的振动能量分布和振动强度，可以评估工程结构的振动强度和对环境的影响，同时为结构采取减振措施提供技术依据。

振动速度也是结构振动测试的内容之一，但目前在国内的结构动力性能分析中，利用振动速度分析结构动力特性的方法较少，因此在实际工程结构动力测试中也较少测试结构的振动速度。

在动荷载作用下，若结构的动态位移较大，则会直接影响结构的正常使用和运行，因此需要对结构的动态位移进行测试，并据此采用相应的措施来保证结构的动态位移在允许的安全范围内。

2.1　应变片基本构造和类型

目前，应变片可分为电阻应变片、半导体应变片和光学应变片。

电阻应变片的工作原理是基于应变效应，即导体或半导体材料在外界力的作用下产生机械变形时，其电阻相应地发生变化，这种现象称为"应变效应"。

半导体应变片是用半导体材料制成的，其工作原理是基于半导体材料的压阻效应。

光学应变片一般采用直径不超过 4~9μm 的布拉格光栅玻璃纤维制造。纤维芯被直径大约为 125μm 的纯玻璃覆盖层所包围。基于布拉格光栅的应变片有以下优势：

(1) 对电磁场不敏感。
(2) 可用于可能发生爆炸的环境。
(3) 高振动负载情况下，材料(玻璃)不会产生故障。
(4) 可以测量较大的应变，一般电阻应变片的最大应变为数百微应变，而光学应变片可测量的最大应变为 $7000\mu\varepsilon$。
(5) 连接线较少，因此对测试物体产生的干扰较小。

2.1.1 应变片基本构造

由敏感栅等构成的用于测量应变的元件，使用时将其牢固地粘贴在构件的测点上，构件受力后由于测点发生应变，敏感栅也随之变形而使其电阻发生变化，再由专用仪器测得其电阻的大小变化，并转换为测点的应变[1-4]。金属电阻应变片品种繁多，形式多样，常见的有丝式电阻应变片和箔式电阻应变片。

箔式电阻应变片是基于应变-电阻效应制成的，用金属箔作为敏感栅。

应变片很好地利用了导体的物理特性和几何特性，当导体在弹性极限内受外力拉伸时，不会被拉断或产生永久变形，但会变窄变长，其端电阻变大；相反，当导体被压缩时，其会变宽变短，其端电阻变小。通过测量应变片的电阻，可演算出其覆盖区域的应变。应变片的敏感栅是由一条窄导体条曲折排列而成的一组平行导线，这样的布置方式可以累积基线方向的微小变形，以形成一个较大的电阻变化量累计值。应变片的测量对象只是其所覆盖区域的变形量，足够小的应变片可在有限元应力分析中使用。

金属电阻应变片的电阻随着机械变形(伸长或缩短)而发生变化，两者呈线性关系，这种现象称为金属丝的应变效应，如图 2-1 所示。

(a) 金属丝的应变效应　　(b) 应变片的基本结构

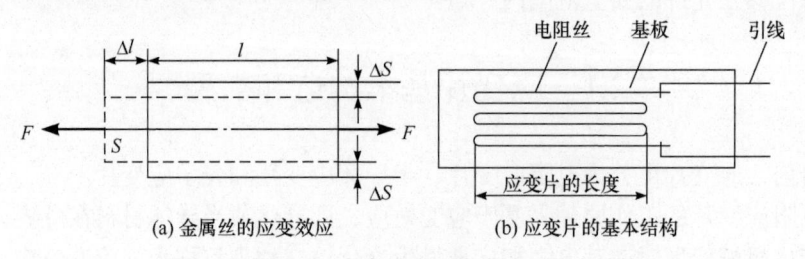

图 2-1　金属丝的应变效应和应变片的基本结构

一根长度为 l，截面面积为 S，电阻率为 ρ 的金属丝，在未受力时，其原始电阻 R 为

$$R = \rho \frac{l}{S} \tag{2-1}$$

式中，R——电阻，Ω；

ρ——电阻率，$\Omega\cdot mm^2/m$；

l——电阻丝长度，m；

S——电阻丝截面面积，mm^2。

在金属丝受到拉力或压力 F 作用，即受到拉伸或压缩后，电阻变化率为

$$\frac{\Delta R}{R}=\frac{\Delta \rho}{\rho}+\frac{\Delta l}{l}-\frac{\Delta S}{S} \tag{2-2}$$

式中，$\frac{\Delta l}{l}$——金属丝长度的相对变化量，即应变；

$\frac{\Delta S}{S}$——金属丝面积的相对变化量；

$\frac{\Delta \rho}{\rho}$——电阻率的相对变化量，由于变化量较小，一般可以忽略不计。

根据材料的变形特点，可设 $\frac{\Delta l}{l}=\varepsilon$，$\frac{\Delta S}{S}=-2\upsilon\varepsilon$，因此有

$$\frac{\Delta R}{R}=(1+2\upsilon)\varepsilon=K\varepsilon \tag{2-3}$$

式中，υ——金属丝材料的泊松比；

K——金属丝灵敏系数，$K=1+2\upsilon$。

金属丝材料的泊松比 υ 是一个定值，一般为 0.2~0.4，因此 K 也是一个常数，金属丝的灵敏系数 K=1.4~1.8，当栅丝材料进入塑性区，泊松比为 0.5 时，灵敏系数最大，即 K=2.0。但由试验可知，一些材料制成的应变片灵敏系数超过了 2.0，说明金属丝变形后的电阻率发生了变化。需要说明的是，单根金属丝的灵敏系数与敏感栅丝的敏感系数是不同的，应由试验加以确定。

金属丝应变片一般由直径为 0.015~0.05mm 的镍铬或康铜金属绕成栅状或用金属箔腐蚀成栅状，箔式应变片敏感栅是由厚度为 0.004~0.10mm 的金属箔利用光刻技术制成的。箔式应变片有如下优点：①利用光刻技术能制成各种复杂形状的应变花；②横向应变较小；③允许通过的电流较大，散热性好；④可提高相匹配的电桥电压，从而提高输出灵敏度；⑤疲劳寿命长，蠕变小；⑥应变片生产效率高。箔式应变片的缺点是电阻的离散性较大。目前，在应力-应变测量中箔式应变片应用较多。

在构件表面粘贴应变片后，应变片的电阻相对变化量为 ε_i(指示应变)，其与机械实际应变 ε_g 之间的加载特性曲线如图 2-2 所示。由图可见，加载和卸载的应变路径并不重合。在同一机械应变条件下，卸载时的 ε_i 应大于加载时的 ε_g，二者之间的最大差值 $\Delta\varepsilon_m$ 称为应变片的机械滞后值。造成滞后的原因是敏感栅、基底和黏结剂在承受机械应变后存在残余变形，一般应变片在粘贴后需加载、卸载几

次再开始测试，以消除滞后效应，提高测试精度。

除此之外，应变片还包括横向灵敏系数、温度特性、频响特性等性能。横向灵敏系数是指应变片对垂直于其主轴方向应变的响应程度，它对主轴方向应变的量测准确性有一定的影响。可通过改进电阻应变片的形状等减小横向灵敏系数，如箔式应变片和短接式应变片的横向灵敏系数接近于零。应变片的温度特性是指金属电阻丝的电阻随温度变化，以及电阻丝和被测试件材料因线膨胀系数不同而引起阻值变化所产生的虚假应变，又称应变片的热输出。由此引起的测试误差较大，可在量测线路中接入温度补偿片来消除这种影响。在进行动态量测时，应变片的响应时间约为 2×10^{-7}s，可认为应变片对应变的响应是立刻的，其工作频响随不同的应变片标距而异，当 l 为 100mm 时，频率 F 在 25kHz 左右。

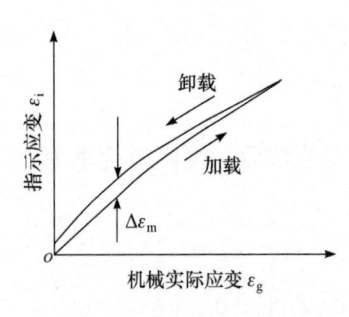

图 2-2 应变片的机械滞后

对于已粘贴的应变片，在温度保持恒定、构件上没有应变的情况下，应变片的指示值也会发生变化，这种现象称为零点漂移。温度恒定，承受的应变也恒定，但随着时间的增长，应变逐渐变化，这种现象称为蠕变。零点漂移和蠕变的大小是衡量应变片稳定性的重要指标。

应变片保持线性输出的最大应变取决于金属电阻丝的材料性质和黏结剂的性能，一般情况下为 1%～3%。电阻应变片的电阻为应变片的初始电阻 R_0，有 60Ω、120Ω、200Ω、350Ω、600Ω 和 1000Ω 等类型，其中最常用的是 120Ω。

电阻应变片的基本构造如图 2-3 所示。为使电阻丝更好地感受构件的变形，一般将电阻丝做成栅状，以增大电阻丝的有效长度。基底使电阻丝和被测构件之

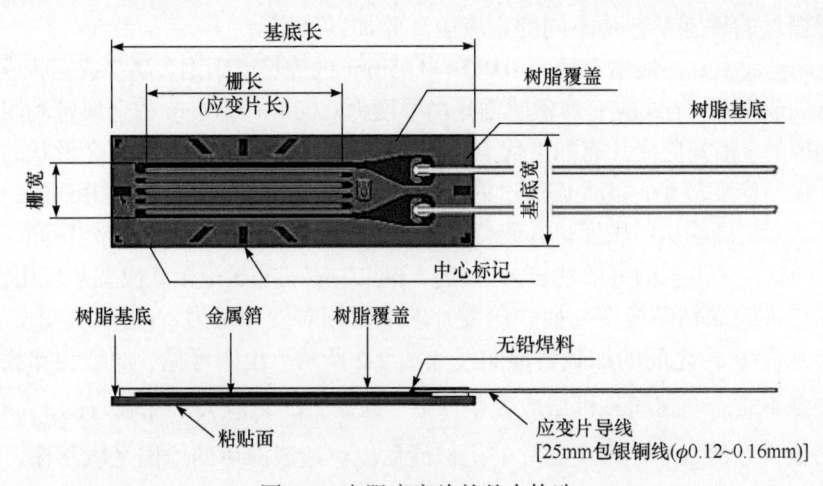

图 2-3 电阻应变片的基本构造

间绝缘，并使栅丝定位，能有效将构件的应变传递给栅丝。覆盖层保护电阻丝免受划伤，并避免栅丝间短路。端部用低阻值、粗于栅丝的镀锡铜丝导线引出，并与量测导线连接传输信号。黏结剂将应变片固定在被测构件上，保证构件的应变可以有效地传递给应变片，黏结剂常分为环氧树脂类和酚醛树脂类两类。

2.1.2 应变片类型

目前应用的电阻应变片按基底材料分类，可分为纸基应变片和胶基应变片；按敏感栅形式分类，可分为丝式应变片和箔式应变片，以及具有专门用途的应变片、应变花等；按栅丝端头的连接方式分类，可分为回绕式应变片(图 2-4)和短接式应变片两种(图 2-5)。回绕式应变片较为常用，其制作简单，性能稳定，成本低廉，易粘贴，但其应变的横向效应较大；短接式应变片两端用直径比栅丝直径大 5~10 倍的镀银丝短接，其优点是克服了应变片的横向效应，但制造工艺复杂。

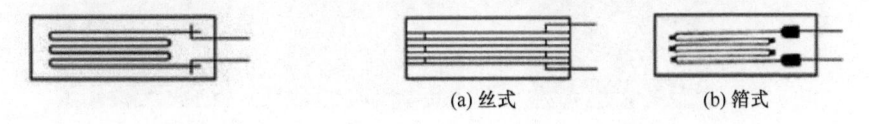

图 2-4　回绕式应变片　　　　图 2-5　短接式应变片

电阻应变片基本结构和原理大多相同，都是由敏感栅、基底、盖层、黏结剂和引线等构成的。其中，丝式电阻应变片敏感栅的栅丝直径一般为 0.015~0.05mm，敏感栅的纵向轴线称为应变片轴线，根据用途不同，栅长可为 0.2~200mm。基底和盖层用以保持敏感栅和引线的几何形状及相对位置，并将被测件上的应变迅速准确地传递到敏感栅上，因此基底厚度应很小，一般为 0.02~0.04mm，用于测量应变时，将其牢固地粘贴在被测构件的测点上，构件受力后在测点发生应变，并传给敏感栅，进而使敏感栅的应变与测点的应变同步，覆盖层起保护敏感栅的作用。基底和覆盖层用专门的薄纸制成，称为纸基；基底和覆盖层用各种黏结剂和有机树脂膜制成，称为胶基。

针对不同的需求，如高精度要求、高温要求、高湿要求等，也有相应的应变片可供选择。

应变片出厂时，应根据每批电阻应变片的电阻、灵敏系数、机械滞后等指标与其名义值的偏差程度，将电阻应变片分成若干等级标注在包装盒上；在使用时，应根据试验量测的精度要求选取所需电阻应变片的规格等级。除了绕丝式电阻应变片，还有各种不同基底、不同丝栅形状、不同金属电阻材料的应变片。图 2-6 所示的普通单轴应变片(基底长×宽=(6~110)mm×(3~7)mm)，短基底应变片多用于金属材料的测量，长基底应变片多用于混凝土、岩石、木材等大颗粒材料的测量。

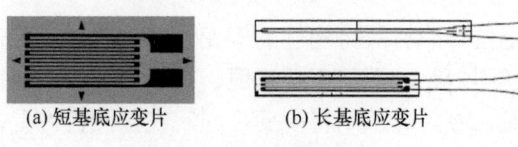

(a) 短基底应变片　　　(b) 长基底应变片

图 2-6　普通单轴应变片

直角应变花用于同时测量 X 轴和 Y 轴的应变，而在处理应变时通常要用到这两个数值。应变花是由几个固定角度的应变片组成的，通常有两片直角、三片直角、等腰三角、伞形、扇形等。应变花的优点是可以测量多个方向的应变和应力，然后通过应变花的计算功能计算出这个平面的主应变及其方向。双轴直角应变花如图 2-7 所示，45°三轴应变花如图 2-8 所示。

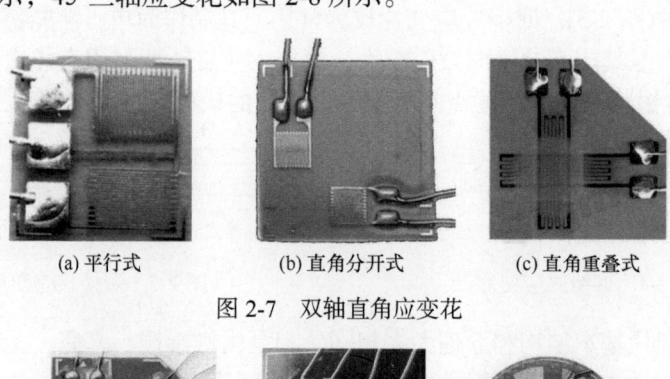

(a) 平行式　　　(b) 直角分开式　　　(c) 直角重叠式

图 2-7　双轴直角应变花

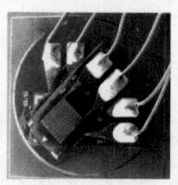

(a) 扇形分开式　　　(b) 扇形重叠式　　　(c) 盘片式

图 2-8　45°三轴应变花

对于结构需要计算主应力方向的测试，如大应力梯度或薄板、窄焊缝残余应力测量等，采用 60°三轴应变花能较好地应对这一问题。目前，60°三轴应变花有较多类型可供选择，如图 2-9 所示。

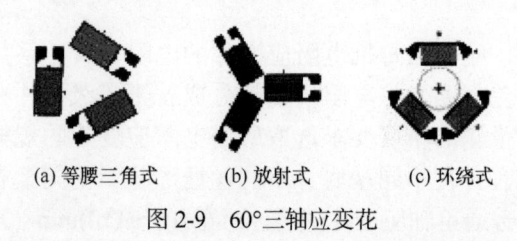

(a) 等腰三角式　　　(b) 放射式　　　(c) 环绕式

图 2-9　60°三轴应变花

当圆形构件受到纯扭转时，其主应力方向与轴线成 45°；当梁受纯弯曲时，在中和轴位置没有弯曲应力，只有剪应力，45°就是主应力方向，通过测量主应力，可计算得到构件所受的剪应力，利用图 2-10 所示的应变花能方便地测量主应力，有时用直角应变花也能得到同样的效果。将应变片做成圆盘状，用于流体压力测量，如图 2-11 所示。

图 2-10　测量圆轴剪切或扭矩应变片　　　　图 2-11　全桥圆盘应变片

2.1.3　应变片粘贴

应变片粘贴质量的好坏对测量数据的影响极大，因此粘贴技术要求十分严格，要求测点平整、清洁、干燥。黏结基底材料的电绝缘性、化学稳定性及工艺性能应良好，粘贴强度高(剪切强度不低于 3～4MPa)，温湿度影响小。选用的应变片规格与型号应尽量相同，粘贴前后的电阻保持不变，粘贴干燥后，敏感栅对地绝缘电阻一般不低于 500 MΩ，应变线性好，滞后、零点漂移、蠕变等要小，以保证结构的应变能正确传递给应变片。

通常，大多数应变片都是用胶水粘贴在试样表面的。只要被测件材料可与胶水黏合，即可进行测量。安装后，应施加涂层以保护应变片和导线免受各种环境条件的影响。胶水粘贴是否可用取决于胶水的工作温度范围，一般最高工作温度为 300℃。应变片粘贴步骤如下。

1) 准备

在粘贴应变片前需要准备的材料有电阻应变片、棉签、应变片黏结剂(502 胶水用得较多)、丙酮、无水乙醇、704 硅胶、焊锡丝、胶带等；需要准备的工具有数字万用表、台钳、兆欧表、镊子、专用夹具、热风机、烙铁等。

贴片前，对待用的应变片进行外观检查和阻值测量。外观检查可凭肉眼或借助放大镜进行，目的在于观察敏感栅有无锈斑、是否排列整齐、均匀；检查应变片表面有无缺陷、气泡、霉斑、锈点等；检查基底和覆盖层有无损坏，引线是否完好。用 JM3840 四分之一桥测量应变片电阻，目的在于检查敏感栅是否存在断路和短路，并进行阻值分选。对于共用温度补偿的一组应变片，阻值相差不得超过±0.5%。同一次测量的应变片，灵敏系数必须相同。

用于混凝土表面应变测试的应变片最重要的影响因素来自于测量栅丝长度，其对测量结果有决定性的影响。根据应变片获得的是测量栅丝材料应变的算术平均值，因此在混凝土表面使用短栅丝应变片时，只能获得混凝土材料的部分应变。测试混凝土的应变片栅丝长度至少是颗粒(石子)的5倍，最长应变片长度可达150mm。

2) 测点表面处理

对钢铁等金属构件进行测点表面处理时，首先清除表面油漆、氧化层和污垢，然后磨平或锉平凸处，并用细砂布磨光，通常此工艺称为"打磨"，打磨光洁度应达▽5左右。对于非常光滑的构件，则需要用细砂布沿45°方向交叉磨出一些纹路，以增强黏结力。打磨面积约为应变片面积的5倍。打磨完毕后，用划针轻轻划出贴片的准确方位。表面处理的最后一道工序是清洗，即用洁净棉纱或脱脂棉球蘸丙酮或其他挥发性溶剂对贴片部位进行反复擦洗，直至棉球上看不到污垢。

对于混凝土构件，需要用环氧树脂胶打底，比例为环氧树脂：邻苯二甲酸二丁酯：乙二胺=100：(10～15)：(8～10)，或环氧树脂：聚酰胺=100：(90～10)。胶层厚度为0.05～0.1mm，硬化后用0#砂皮磨平。

3) 粘贴

粘贴应变片时首先在测点位置用铅笔等画出十字定位线，纵线应与应变片上的轴线标志对准。贴片工艺随所用黏结剂不同而异，用502胶贴片的过程为：① 待清洗剂挥发后，先在贴片位置滴一滴502胶水，将应变片背面胶水涂匀；②用镊子拨动应变片，调整位置和角度，将应变片的标志线与测点十字线对齐，并放好，如图2-12所示；③定位后，在应变片上垫一层聚氨乙烯或四氟乙烯薄膜，用手指轻轻挤压出多余的胶水和气泡，注意应变片的位置不要产生滑动，用手指轻压应变片1～2min，待胶水初步固化后即可松开。粘贴好的应变片应保证位置准确、黏结牢固、胶层均匀、无气泡和整洁干净。

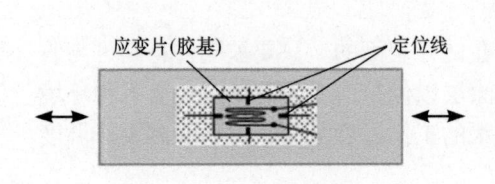

图2-12 应变片的定位

4) 固化处理

固化处理时，在室温15℃以上，湿度60%以下的条件下放置1～2天，使黏结剂达到强度要求，保证应变的准确传递。此外，还可用加热温度不超过50℃的人工加温固化黏结剂，烘烤时应适当控制距离和温度，防止温度过高而烧损应变片。

5) 粘贴质量检查

粘贴质量检查时，借助放大镜检查应变片有无气泡，粘贴是否牢固，有无损伤，位置是否准确；用万能电表检查应变片阻值，保证阻值与应变片的名义阻值相同；用兆欧表检查应变片与构件表面的绝缘电阻，要求在 $500 M\Omega$ 以上，绝缘好坏取决于应变片的基底，粘贴不良或固化不充分的应变片往往绝缘电阻较低。连接应变仪，要求零点漂移小于 $2\mu\varepsilon/15min$。

6) 导线焊接

黏结剂初步固化后，即可进行导线焊接。常温静态测量可使用双芯多股铜质塑料线作为导线，动态测量使用三芯或四芯屏蔽电缆作为导线(防磁场干扰)。应变片和导线间的连接最好通过接线端子，焊点确保无虚焊，粘贴导线引出接线端子(现在部分应变片自带引出导线，不需要接线端子)，保证接线端子与构件表面绝缘，并用电烙铁焊接引出线和导线，如图 2-13 所示。引出线最好与试件绑扎固定，一般测试时测点较多，导线两端根据测点的编号做好标记，以便处理数据时仪器数据通道与构件上的实际测点对应，避免混乱。

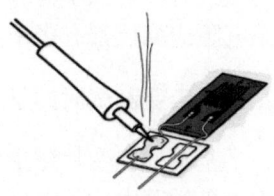

图 2-13 导线与接线端子的焊接

7) 防潮处理

应变片受潮会降低绝缘电阻和黏结强度，严重时会使敏感栅锈蚀。酸、碱及油类浸入甚至会改变基底和黏结剂的物理性能，为了防止大气中游离水分和雨水、露水的浸入，在特殊环境下防止酸、碱、油等杂质侵入，对已充分干燥、固化，并已焊接好导线的应变片，立即涂上防护层，在应变片检查合格后将石蜡、松香、凡士林的混合物(将混合物热熔去除水分)涂在应变片上用防潮剂密封，并用布条捆扎导线。需要注意的是，使用防潮剂后应不影响构件应变的传递。对于钢筋上的应变片，防潮处理后要用胶带捆扎，引出导线也要做好捆扎保护，以防混凝土浇筑时损坏，如图 2-14 所示。

(a) 钢筋上粘贴应变片　　(b) 应变片防潮密封　　(c) 胶带捆扎

图 2-14 钢筋应变片的密封

2.2 应变片工作原理

粘贴在构件上的应变片将应变转化为应变片的电阻变化率($\Delta R / R = K\varepsilon$)，电阻变化率与所感受的机械应变($10^{-6} \sim 10^{-2}$)处于同一量级，变化量微小，难以直接检测。为了便于测量，须将应变片的变化量转换为电压或电流信号，并经过放大器将信号放大，然后由指示仪表或记录器输出相应的应变数值。这一过程是由应变片测量电路和电阻应变仪完成的，因此正确地组成应变片测量电路是电阻应变测量的关键。

根据电阻应变仪工作频率范围不同，电阻应变仪可分为静态电阻应变仪和动态电阻应变仪。静态电阻应变仪本身带有读数和指示器，目前也可用计算机控制静态电阻应变仪和记录测试数据，测试时仪器自动平衡电桥；动态电阻应变仪可测量具有一定频率荷载的结构动力响应应变。一般情况下，静态电阻应变仪和动态电阻应变仪都有多个通道，以适应多点应变测量。

2.2.1 应变测试时的基本电桥

基本的应变片测量电路是惠斯通电桥电路，如图 2-15 所示，由应变片或电阻作为各桥臂组成的电桥，称为测量电桥或应变电桥，根据所使用的供桥电源的性质，可分为直流电桥和交流电桥，两种电桥的转换原理和基本公式相似。近年来，直流电桥应变仪有了新的发展，且得到了普遍应用。

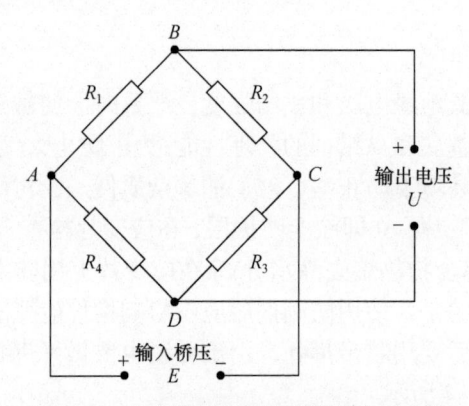

图 2-15 应变测量使用的惠斯通电桥电路

电桥各桥臂的 R_1、R_2、R_3、R_4 可以全部是应变片，也可以是部分应变片，其余为固定电阻。若四个电阻都为应变片，则称为全桥电路；若 R_1、R_2 为应变片，R_3、R_4 为精密无感电阻，则称为半桥电路。在应变测量中，这两种电路是最常用的。

惠斯通电桥四个电阻组成的电路，AC 端的供桥电源电压为 E，则通过 ABC 和 ADC 的电流如式(2-4)所示：

$$I_1 = \frac{E}{R_1 + R_2}, \quad I_2 = \frac{E}{R_3 + R_4} \tag{2-4}$$

AB 端和 AD 端的电压如式(2-5)所示：

$$U_{AB} = I_1 R_1 = \frac{R_1}{R_1 + R_2} E, \quad U_{AD} = I_2 R_4 = \frac{R_4}{R_3 + R_4} E \tag{2-5}$$

桥路 BD 端的输出电压 U 如式(2-6)所示：

$$U = U_{AB} - U_{AD} = \left(\frac{R_1}{R_1 + R_2} - \frac{R_4}{R_3 + R_4} \right) E = \frac{R_1 R_3 - R_2 R_4}{(R_1 + R_2)(R_3 + R_4)} E \tag{2-6}$$

由式(2-6)可知，当电阻之间的关系满足 $R_1R_3 = R_2R_4$ 时，电桥的输出电压为零，电桥处于平衡状态。

为了使电桥在结构加载前处于平衡状态，即 $U = 0$，可通过选定桥臂的电阻，使电桥的输出电压为零。桥臂上的应变片电阻与固定电阻难免有差异，加之接触电阻和导线电阻的存在，难以满足 $R_1R_3 = R_2R_4$，为此需要在电路中对电阻进行调整。

对于四个桥臂的电阻变化(图 2-16)，变化量分别为 ΔR_1、ΔR_2、ΔR_3、ΔR_4，此时电桥的电压变化量如式(2-7)所示：

$$\Delta U \approx \frac{\partial U}{\partial R_1}\Delta R_1 + \frac{\partial U}{\partial R_2}\Delta R_2 + \frac{\partial U}{\partial R_3}\Delta R_3 + \frac{\partial U}{\partial R_4}\Delta R_4 \tag{2-7}$$

由式(2-7)可得

$$\frac{\partial U}{\partial R_1} = \frac{R_2}{(R_1+R_2)^2}E, \quad \frac{\partial U}{\partial R_2} = -\frac{R_1}{(R_1+R_2)^2}E$$

$$\frac{\partial U}{\partial R_3} = \frac{R_4}{(R_3+R_4)^2}E, \quad \frac{\partial U}{\partial R_4} = -\frac{R_3}{(R_3+R_4)^2}E$$

式(2-7)可写为如下形式：

$$\Delta U = \left[\frac{R_1R_2}{(R_1+R_2)^2}\left(\frac{\Delta R_1}{R_1} - \frac{\Delta R_2}{R_2}\right) + \frac{R_3R_4}{(R_3+R_4)^2}\left(\frac{\Delta R_3}{R_3} - \frac{\Delta R_4}{R_4}\right)\right]E \tag{2-8}$$

当电桥的四个桥臂电阻都为 R 时，可得 ΔU 如式(2-9)所示：

$$\Delta U = \frac{E}{4R}(\Delta R_1 - \Delta R_2 + \Delta R_3 - \Delta R_4) \tag{2-9}$$

将式(2-3)代入式(2-9)，可得

$$\Delta U = \frac{KE}{4}(\varepsilon_1 - \varepsilon_2 + \varepsilon_3 - \varepsilon_4)$$

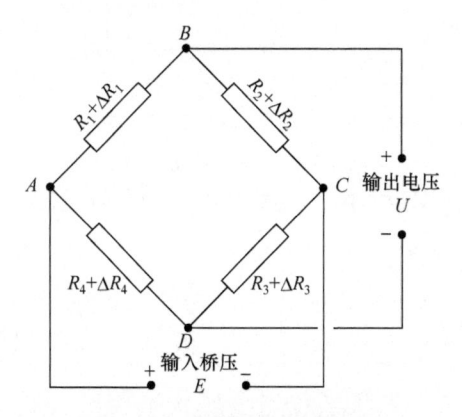

图 2-16 各桥臂的可调电阻

2.2.2 应变测试时基本电桥的温度补偿

1. 电桥中的温度补偿

粘贴在被测件表面上的应变片所测量的应变中，除了荷载引起的机械应变，还有温度变化引起的温度应变。在应变测量中，这一因素不能忽视，为准确测量荷载引起的机械应变，温度应变必须消除。

在图 2-17 所示的半桥电路中，荷载引起的机械应变电阻变化量为桥臂的 ΔR_1，在温度变化条件下，桥臂 1 和桥臂 2 的材料相同，温度变化应变电阻均为 $\Delta R'$，由于是相邻桥臂，同号应变相互抵消，有了补偿片，桥臂 1 的温度应变被抵消，最后桥臂 1 输出的应变只是荷载引起的机械应变，如式(2-10)所示：

$$\Delta U = \frac{E}{4R}(\Delta R_{1\varepsilon} + \Delta R_{1t} - \Delta R_{2t}) = \frac{E}{4R}\Delta R_{1\varepsilon} = \frac{KE}{4}\varepsilon_1 \qquad (2\text{-}10)$$

式中，$\Delta R_{1\varepsilon}$——荷载作用下桥臂 1 应变片的电阻变化量；

ΔR_{1t}、ΔR_{2t}——温度变化条件下桥臂 1 和桥臂 2 应变片的电阻变化量，$\Delta R_{1t} = \Delta R_{2t}$。

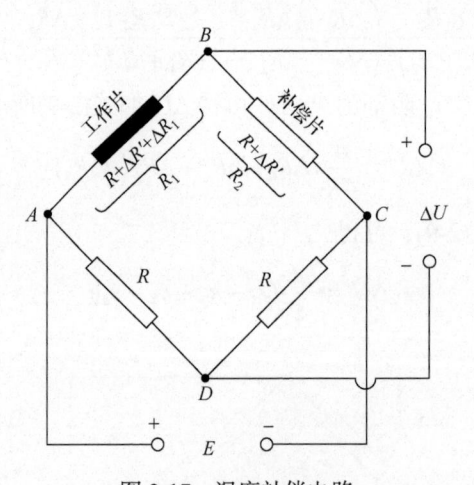

图 2-17 温度补偿电路

自补偿法是在荷载作用方向上粘贴工作片，在荷载作用垂直方向上粘贴补偿片，如图 2-18 所示，则有

$$\frac{\Delta R_1}{R_1} = \left(\frac{\Delta R_1}{R_1}\right)_\varepsilon + \left(\frac{\Delta R_1}{R_1}\right)_t, \qquad \frac{\Delta R_2}{R_2} = \left(\frac{\Delta R_2}{R_2}\right)_\varepsilon + \left(\frac{\Delta R_2}{R_2}\right)_t$$

$$\left(\frac{\Delta R_1}{R_1}\right)_t = \left(\frac{\Delta R_2}{R_2}\right)_t$$

由此可得

$$\Delta U = \frac{E}{4R}(\Delta R_{1\varepsilon}+\Delta R_{1t}-\Delta R_{2\varepsilon}-\Delta R_{2t})=\frac{E}{4R}(\Delta R_{1\varepsilon}-\Delta R_{2\varepsilon})=\frac{KE}{4}(1+\upsilon)\varepsilon_1 \quad (2\text{-}11)$$

式中，υ——材料的泊松比。

图 2-18　自补偿应变片粘贴方法

2. 测试中应用的基本电桥

目前，在应变测试中可供选择的基本电桥类型主要有全桥、相邻桥臂半桥、对边桥臂半桥和单桥臂 1/4 桥四种类型，如图 2-19 所示。

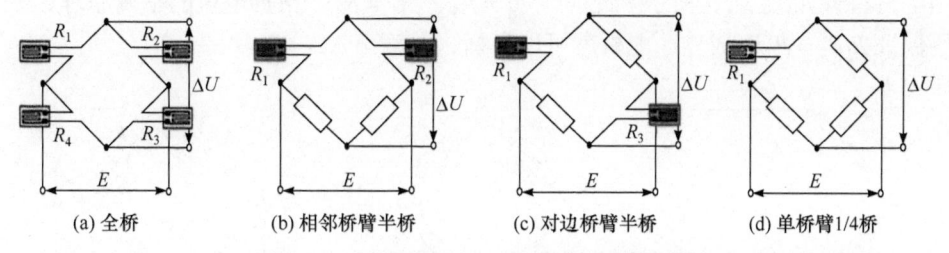

(a) 全桥　　(b) 相邻桥臂半桥　　(c) 对边桥臂半桥　　(d) 单桥臂1/4桥

图 2-19　应变测量的主要四种类型组桥方式

对于全桥，测试时 R_1 和 R_3 应变同号，R_2 和 R_4 应变同号，即当测试组桥的 1、3 桥臂为拉应变时，2、4 桥臂为压应变；相反，当测试组桥的 1、3 桥臂为压应变时，2、4 桥臂为拉应变。变若相邻桥臂的应变同号，且大小相等，则输出电压变化为零。对于温度变化，引起四个应变片的应变变化是同号，因此不会对输出电压产生影响。

对于相邻桥臂半桥，R_1 和 R_2 应变异号，即桥臂 1 为拉应变时，桥臂 2 为压应变，此时的输出电压变化为 $\Delta U = \frac{E}{4R}[\Delta R_1-(-\Delta R_2)]$（拉为正，压为负）。在此桥路中，温度引起的应变同号，相互抵消，因此不需要温度补偿片。

对于对边桥臂半桥，R_1 和 R_3 应变同号，即桥臂 1 为拉应变时，桥臂 3 也应为拉应变，此时的输出电压变化为 $\Delta U = \frac{E}{4R}(\Delta R_1+\Delta R_3)$。在此桥路中，温度引起的应变同号，相互叠加，因此需要在桥臂 2、4 上使用温度补偿片，以抵消温度引起的应变，避免影响测试结果。此桥臂需要补偿片，也就是全桥，所以一般在使用时大多采用相邻桥臂半桥，对边桥臂半桥用得较少。

对于单桥臂 1/4 桥，只是在一些简单的条件下应用，此时的温度变化会影响测试结果。因此，在大多数情况下，桥臂 1 为工作片，桥臂 2 需要一个温度补偿片，也就是相邻桥臂半桥。若此时桥臂 2 只有温度应变，无荷载应变，则测得的应变是桥臂 1 的单点应变，与图 2-19(b)不同，桥臂 1 和桥臂 2 都有荷载引起的机械应变，测得的应变是两个点的应变之和。

在测量同一个构件的应变时，贴片和组桥有多种方法可供选择，输出量的大小和换算方法也根据贴片和组桥的不同而不同。

3. 不等边电桥的应用

在实际测量工作中，大多数情况下直接用荷载进行标定，有时需要将多个工作片和应变片加以串联，以突出测试目标的机械应变，消除一些温度和其他无关的机械应变(如荷载偏心引起的应变差)，将工作片和补偿片加以串联或并联构成的电桥桥臂如图 2-20 所示。此时，$R_1 \neq R_3$，$R_2 \neq R_4$，根据电桥的平衡原理，只要保证 $R_1R_3 = R_2R_4$ 成立，电桥就可以平衡，使输出 $\Delta U = 0$。

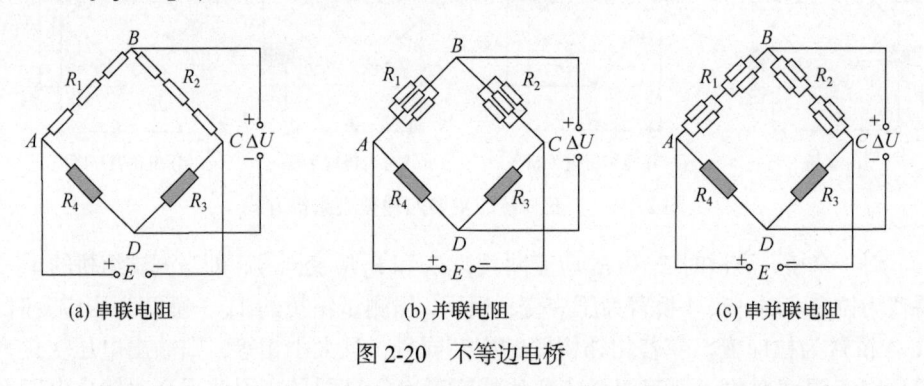

(a) 串联电阻　　　　　(b) 并联电阻　　　　　(c) 串并联电阻

图 2-20　不等边电桥

4. 电桥的平衡

在测量应变时，有时测点与数据采集器之间有较长的距离，此时应变片桥臂上的导线电阻在其桥臂电阻中占有一小部分的比例，当导线所处的环境温度发生变化时，会引起该桥臂上的电阻发生一定的变化，相当于对应的应变片电阻发生变化，从而影响测量结果，此时构件无上荷载，电桥的输出电压不为零。为减小其影响，一般的做法是将相邻桥臂上的导线引出来，使其与应变片桥臂的引线具有相等的长度，并处于相同的外界温度环境中，同时还要调节电位器 R_S 使电桥重新平衡，如图 2-21 所示。R_S 滑动接触点的位移与应变的大小成正比。为适应不同灵敏系数的电阻应变片，根据式(2-9)，可调节电位器 R_K 以改变供桥电压 E，使 R_S 上所刻的应变值适用于不同灵敏系数 K 的电阻应变片。在使用电阻应变仪时，应将 R_K 旋钮置于相应应变片灵敏系数 K 的位置。

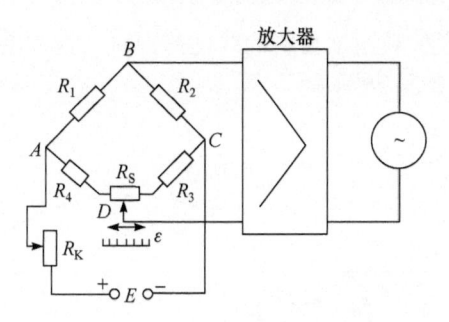

图 2-21 电桥输出的零位测定法

由于实际测量桥路受接触电阻、导线电阻的影响，即使选用电阻相同的电阻应变片，布置与连接方式均合理，各桥臂的阻值也会存在一定的差异。此外，电桥中分布的电容和电感，对电桥的平衡也有影响，因此电桥中还设置了电阻调平衡电路和电容调平衡电路。以往的仪器都是人工调平，现在的仪器都用计算机自动调平，且调平的电阻范围更大，降低了调平的难度。

5. 测试信号的标定

每台动态应变仪上都给出了标准应变信号的标定电阻和标准尺度,在试验前,调平电阻后，调整好应变仪的放大倍率，用记录仪(现在采用计算机记录)记录测试波形，在试验前做一标定，在试验后再做一标定，这一方法称为内标定，两者对比使用。测试波形如图 2-22 所示。

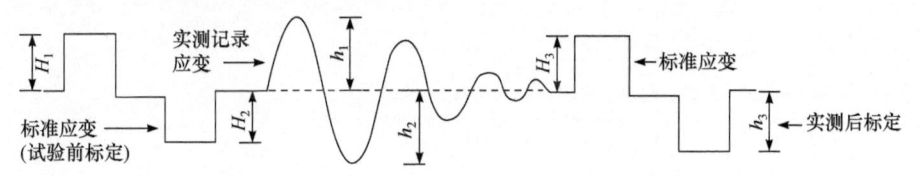

图 2-22 动态应变仪实测波形和标准标定曲线

在日常测试中，用标准的物理量对测试电信号进行标定，称为外标定。采用此种方法时，部分机械误差等可自动消除，因为标定时与测试时的电桥、线路和仪器状态是一致的，所以将标准物理量标定得到的波幅量值与实际测得的波形幅值相比，即可得到实际被测信号的物理量。如测量力，一般用标准荷载或砝码标定，然后根据标定值对未知荷载作用下的信号波形进行计算，得到测试荷载的大小，有些位移传感器也用此方法加以标定。

2.2.3 应变测试时基本电桥的应用

目前，在土木工程领域中，工程结构中应用最多的材料是钢和混凝土，在荷载较小时，这两种材料都表现出应力与应变之间的线性关系，两者只是系数，即弹性模量的不同。但当荷载超出材料的线性范围时，钢和混凝土会表现出不同的特性，如图 2-23 和图 2-24 所示。

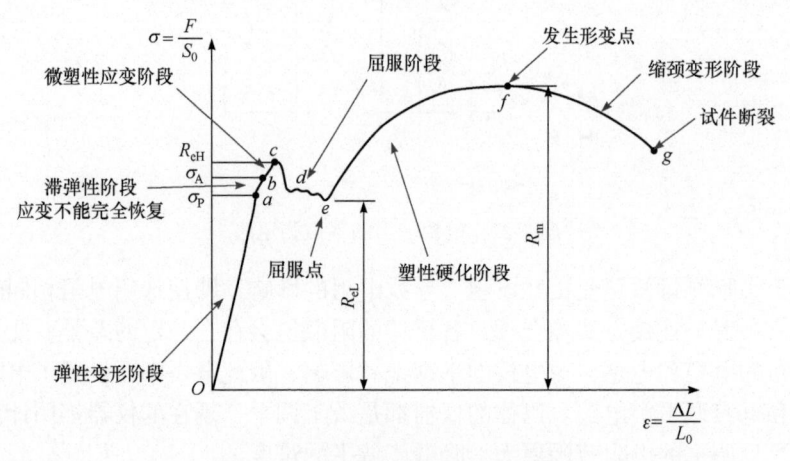

图 2-23　钢材拉伸的应力-应变曲线

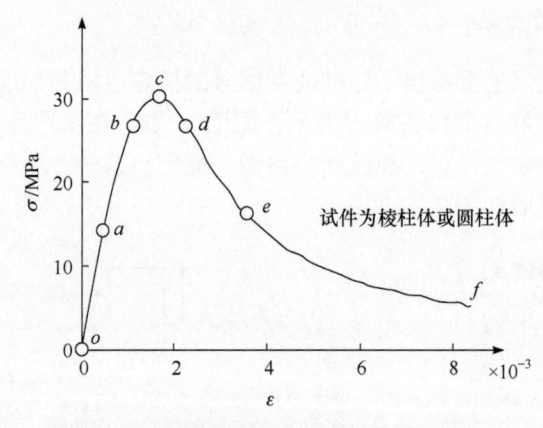

图 2-24　混凝土轴心受压的应力-应变曲线

使用一般材料时，其应力水平都应在 a 点以下，以保证材料的强度和线性。但对于混凝土材料，由于其 a 点的数值较小，为了充分发挥材料性能，需要使应力水平达到 b 点。但 ab 段有较弱的非线性，在使用时 ob 段也可近似看成线性的，从而提高材料的利用率。

1. 简单的拉压应变测试

对于杆件的拉伸试验应变测试，贴片的方式多种多样。可根据不同的测试精度要求，选择不同的贴片和组桥方式。基本的一些贴片和组桥方式如图 2-25 所示。

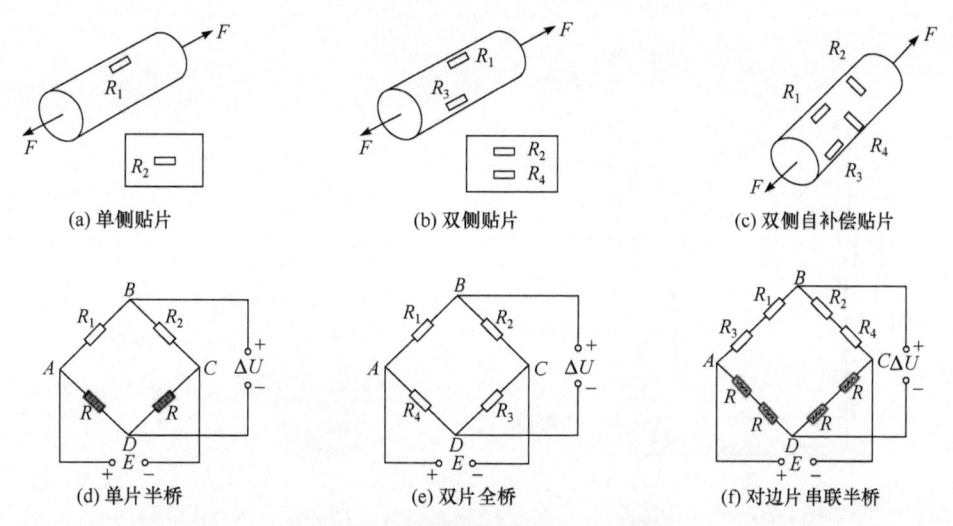

(a) 单侧贴片　　　　　(b) 双侧贴片　　　　　(c) 双侧自补偿贴片

(d) 单片半桥　　　　　(e) 双片全桥　　　　　(f) 对边片串联半桥

图 2-25　单向拉伸杆件的贴片与组桥

对于图 2-25(a)所示的杆件上只粘贴一片应变片，另外在与杆件相同的材料上粘贴补偿片，组成如图 2-25(d)所示的半桥，测得的为实际荷载引起的应变，且测得的应变 ε_r 就是杆件的实际应变 ε，即 $\varepsilon_r = \varepsilon$。一般情况下，荷载作用点有一定的偏心，但此方法测得的应变无法消除杆件弯曲带来的影响，即只是杆件此点的应变，并非杆件的平均应变。若此桥路中 R_2 为普通电阻，则为 1/4 桥，不能消除温度引起的应变。

对于图 2-25(b)所示的杆件上双侧贴片，另外在与杆件相同的材料上粘贴两片补偿片，组成如图 2-25(e)所示的全桥，测得的应变为实际应变的 2 倍，即 $\varepsilon_r = 2\varepsilon$，实际应变 $\varepsilon = \varepsilon_r/2$ 为杆件两侧应变的平均值。此组桥方法能消除温度应变，也能消除荷载偏心引起弯曲带来的影响。

对于图 2-25(c)所示的杆件上贴片，在杆件的一侧竖向、横向各贴一片，杆件的另一侧也如此，组成如图 2-25(e)所示的全桥。此种贴片和组桥方法可以消除温度应变，测得的应变为 $\varepsilon_r = 2(1+\upsilon)\varepsilon$，可消除弯曲带来的影响。若组成图 2-25(f)所示的半桥，则也可消除温度应变和弯曲的影响，测得的应变为 $\varepsilon_r = (1+\upsilon)\varepsilon$。

由上述分析可知，同样的贴片，不同的组桥方式，可得到不同的应变放大倍率。

2. 应变式拉压传感器的贴片和组桥

在工程结构试验中，拉压传感器是基本的荷载测量仪表，应变式拉压传感器是常用的传感器之一。图 2-26 为压力传感器，图 2-27 为拉力传感器，有时拉力传感器也可用于测量压力。试验时需要有不同大小的荷载，因此要根据试验荷载的大小选择不同量级的拉压传感器。

图 2-26 压力传感器　　　　　　　图 2-27 拉力传感器

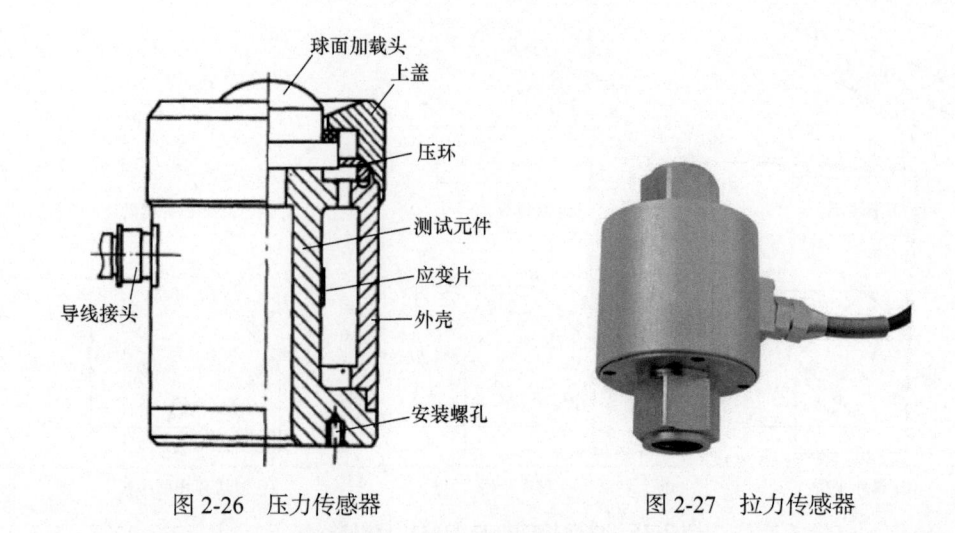

一般此类传感器的敏感元件形状有实心圆柱体、空心圆柱体和方形柱体等，大多数情况下采用空心圆柱体，通过改变空心圆柱体的壁厚，可以得到需要的量程和灵敏度。

以拉压力为测试目的的试验，荷载偏心或精度偏差会造成敏感元件扭转，进而造成干扰荷载测量精度下降，而圆筒形的传感元件具有较好的抗弯和抗扭性能，测试时偏心和扭转产生的应变可通过图 2-28 所示的应变片组桥加以消除，此时输出的应变为 $\varepsilon_r = 2(1+\upsilon)\varepsilon$。此类传感器可根据荷载和应变的理论关系，由测得的应变计算出被测荷载的大小，但大多数情况下，还需要对传感器进行外标定，利用标定的荷载-应变曲线可直接确定被测荷载的大小。

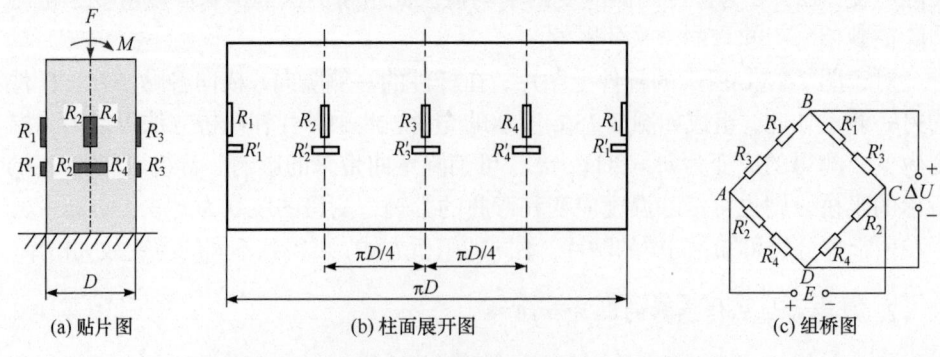

图 2-28 应变式拉压传感器的基本贴片和组桥方式

3. 等强度梁的应变测量

对于一端固定的等强度梁，当其自由端有荷载作用时，其长度方向上任意点的应力相等，如式(2-12)所示：

$$\sigma = \frac{6Fl}{b_{\max}h^2} \tag{2-12}$$

式中，符号意义见图 2-29。

由式(2-12)可知，梁上各点的应力大小与应变片的位置无关，而梁宽、梁高和梁长是常数，因此应力大小与荷载大小呈线性关系。

等强度梁的形状、贴片及组桥如图 2-29 所示。等强度梁具有结构简单、加工方便和灵敏度高等优点，多用于小荷载的计量，如部分电子秤就是利用等强度梁的原理。等强度梁上作用标准荷载，输出的应变可用于标定仪器，还可将等强度梁作为位移传感器使用，通过标定可得到位移和应变之间的线性关系曲线，根据现场测得的应变，可得到相应的位移。

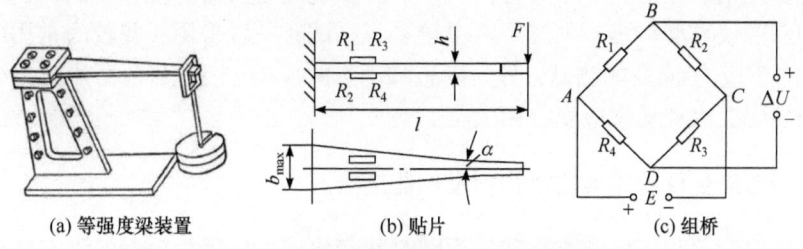

图 2-29 等强度梁的形状、贴片及组桥图

此种贴片和组桥方法可以消除温度应变，测得的应变为 $\varepsilon_r = 4\varepsilon$。在等强度梁上下两面纵向贴 2 片、横向贴 2 片，共 8 片组桥，组桥方式不同，其灵敏系数也不同，测试时必须根据贴片和组桥方式，消除干扰因素，准确计算等强度梁的应变。

4. 荷载作用下梁体的应变测量

简支梁的强度试验一般采用图 2-30 所示的支承状态，此时梁中部 l 范围内为纯弯矩，即 $M = aP$，若为等截面梁，则中段梁底的应力大小相等。对该梁底的拉应力和梁顶的压应力进行测试，根据梁顶和梁底的弯曲应力大小分析梁承受弯矩的能力。

在试验时，一般采用如图 2-30 所示的贴片和组桥，此时 R_2 补偿应变片贴在与梁体相同的材料上，以保证两种材料的线膨胀系数一致，消除 R_1 的温度应变效应。一般静态强

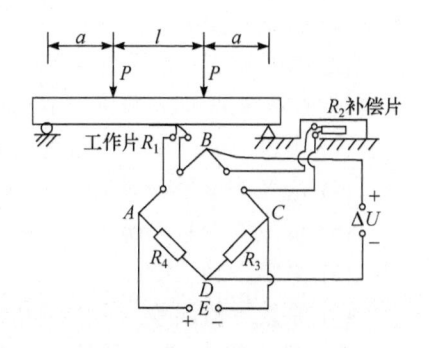

图 2-30 简支梁的强度试验

度测量采用多点测量,以往是一片工作片需要一片补偿片。现在的仪器通过计算机软件可多点共用一个补偿片,如钢结构,由于其材料的导热性较好,一片补偿片可连续补偿 10 片工作片,混凝土材料的散热性能差,一片补偿片的连续补偿工作片不宜超过 5 个(如要求高精度,最好还是采用单点补偿),减少贴片和接线的工作量,在测量时,按点轮流采集数据,补偿片也轮流使用。

在动态测量时,一片工作片需要一片补偿片,以确保测量的精度。每个测点占用一个仪器通道,每个通道输出一个时域信号波形,通过标定值,可将时域信号的应变换算为物理量,以达到分析动态条件下的物理量时域函数波形。

2.3 应变仪的连接与工作

应变片粘贴在构件上检查合格后,下一步就是与仪器连接和测试,目前国内使用的应变仪类型较多,生产厂家也较多,测试时一般采用一些较为常用的仪器设备。对于应力-应变的测试,分为静态和动态两大类,因此目前所用的主要仪器分为静态应变仪和动态应变仪两大类。

2.3.1 静态应变仪的主要技术指标及仪器连接

静态应变仪利用电学方法测量不随时间变化或变化极为缓慢的静态应变。静态应变仪由测量电桥、放大器、显示仪表和读数机构等组成,现在显示、读数、存储等都由计算机完成。贴在被测构件上的电阻应变片连接于测量电桥上。构件受载变形时,测量电桥有电压输出,经放大器放大后由显示仪表显示出相应的应变值,并转换为数字量存储或显示于计算机。

静态应变仪的技术指标包括应变仪的性能和适用范围,各生产厂家的指标内容和适用范围也有所不同,主要指标如下。

(1) 测量点数:不同型号的仪器,测量点数或通道数不同,一般根据测试需要选择仪器的通道数。

(2) 程控状态下的采样速率:用每秒采样点数来表示,一般不小于 n 点/s,或采样速率(连续采样),单位为 Hz/通道。

(3) 测试应变范围:一般范围为 $±19999\mu\varepsilon$。

(4) 应变测量分辨率/显示分辨率:一般要求在 $1\mu\varepsilon$ 以下。

(5) 应变测量基本误差:测量值的 $±0.1\% ± 2\mu\varepsilon$。

(6) 系统不确定度:小于 $5\% ± 3\mu\varepsilon$。

(7) 系统示值误差:不大于 $0.5\% ± 3\mu\varepsilon$。

(8) 稳定性和零点漂移:稳定性一般不大于 $3\mu\varepsilon / 2h$,温度漂移不大于

±3με/℃，不同型号的仪器有一定的差别。

(9) 灵敏度变化：测量值的 ±0.1%±2με。

(10) 预调平衡范围：一般要求 ±15000με。

(11) 应变片灵敏系数可调范围：$K=1.8\sim2.6$，一般情况下为 2.0。

(12) 适用应变片电阻范围：60~1000Ω，一般情况下为 120Ω。

(13) 电桥平衡范围：一般要求为 ±1%应变计阻值，单位为 Ω。

(14) 长导线电阻修正范围：一般要求为 0~100Ω。

(15) 电桥激励电源：一般为 2.0~2.5VDC。

(16) 测试电桥：单臂、半桥、全桥。

(17) 输出电压范围：最大输出电流，电压稳定度。

(18) 电压测量：满度值 ±5000mV，±500mV。

(19) 测量结果修正系数范围：手动状态下为 0.0000~9.9999。

(20) 电源电压：有交流、直流，也有交流直流互换，功率大小不同。现在有些仪器的采集箱由电源控制模块统一供电，解决了野外现场测试时仪器供电困难的问题。

(21) 工作环境温度/极限工作温度湿度条件：相对湿度，仪器储存温度条件。

连接应变仪的计算机运行系统，一般采用 Windows 2000/XP/7/8 操作系统，其具有用户界面友好、操作简便灵活等优点。计算机可通过 Wi-Fi 或者百兆网与仪器进行通信，对采集器进行参数设置(量程、传感器灵敏度等)、清零、采样、停止等操作，并实时传送采样数据。

根据《电阻应变仪检定规程》(JJG 623—2005)，静态应变仪各级别的技术指标如表 2-1 所示。

表 2-1 静态应变仪各级别的技术指标

准确度级别	示值误差	灵敏系数(K)示值误差	稳定度	
			零点漂移(4h)	示值稳定性(4h)
0.1	±(0.1%red±1με)	±0.1%	±1με	±0.02%
0.2	±(0.2%red±2με)	±0.2%	±2με	±0.05%
0.5	±(0.5%red±3με)	±0.5%	±3με	±0.10%
1.0	±(1.0%red±3με)	±0.5%	±3με	±0.20%

注：red 为仪器示值。

现在的应变仪带有通用串行总线(universal serial bus，USB)接口，方便可靠。同一台计算机可控制多台应变仪器同时工作，仪器间的通信距离可达 200m，采样频率为 2Hz，高速 ARM(advanced RISC machine)处理器配合自主研发的软硬件信号处理技术，提高了系统的稳定性，大大增强了现场抗干扰能力，内置 Q-FAN 温度控制系统，进一步减小温度对测量结果的影响。配有大容量电子硬盘，采样过程中可无须计算机参与，直接将测试数据储存到仪器中，交直流供电，并且可以同时接入不同的传感器，对力、荷重、压力、扭矩、位移等进行测量。

各型号应变仪的数据采集、读取、显示、处理的软件有所不同，通常可进行一些后续数据处理。图 2-31 和图 2-32 是目前市面上常见的两类静态应变仪。

图 2-31　TST3826-1 无线静态应变仪　　图 2-32　YJZ 系列智能数字静态应变仪

应变片通过导线与应变仪采集箱相连，部分温度、位移、荷载等应变式传感器也可与应变仪采集箱连接，如图 2-33 所示，但连接前必须了解传感器的一些工作参数和连接桥路方式。

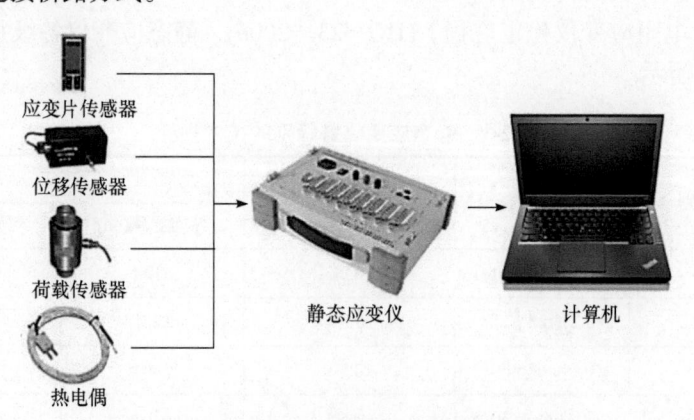

图 2-33　传感器、静态应变仪和计算机的连接

应变片与仪器连接时，有 1/4 桥、半桥和全桥三种连接方式，与仪器采集箱的连接如表 2-2 所示。表中，R_g 为工作应变片电阻；R_d 为补偿应变片电阻。

表 2-2 各种桥路的应变片与仪器采集箱的连接

用途	现场实例	与采集箱的连接	输入参数
1/4 桥,多通道共用补偿片;适用于简单的拉压或弯曲应变			灵敏系数、导线电阻、应变计电阻
半桥,1 片工作片,1 片补偿片;适用于简单的拉压或弯曲应变			灵敏系数、导线电阻、应变计电阻
半桥,2 片工作片;适用于简单的拉压和弯曲应变,环境温度变化大			灵敏系数、导线电阻、应变计电阻、泊松比
半桥,2 片工作片;适用于弯曲应变,能消除拉压应变;温度自补偿			灵敏系数、导线电阻、应变计电阻
全桥,4 片工作片;适用于拉压应变			灵敏系数、导线电阻、应变计电阻、泊松比

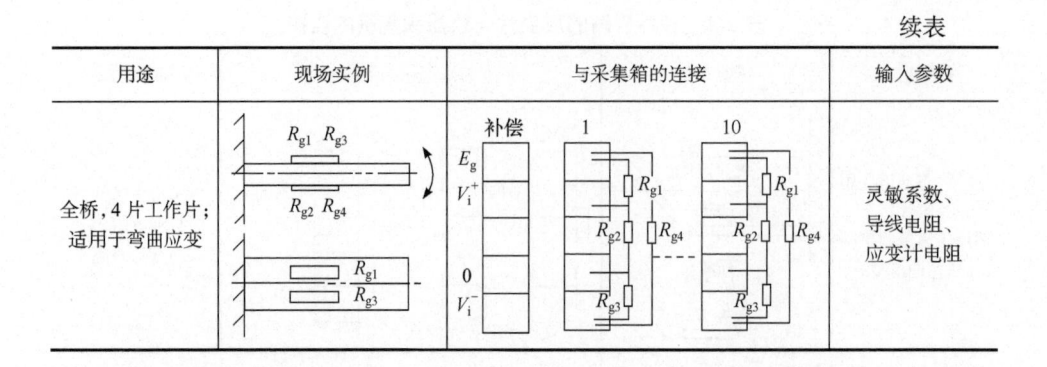

用途	现场实例	与采集箱的连接	输入参数
全桥，4片工作片；适用于弯曲应变	R_{g1} R_{g3} / R_{g2} R_{g4} / R_{g1} R_{g3}	补偿 1 … 10，E_g、V_i^+、V_i^-、0，R_{g1}、R_{g2}、R_{g4}、R_{g3}	灵敏系数、导线电阻、应变计电阻

在测试时，一般情况下，同一排桥路中 1/4 桥、半桥、全桥不能混接，除非按照应变仪的说明要求才可进行 1/4 桥与半桥、半桥与全桥的混接。

不同型号的静态应变仪，其操作方法有所差别，需根据仪器说明书正确操作。注意仪器及被测试件应正确接地，确认工作环境，温度为 0～40℃，湿度为 30%～85%。避免阳光直射，无强磁场干扰和腐蚀性气体。

2.3.2 动态应变仪的主要技术指标及仪器连接

动态应变仪用于测量随时间变化的动态应变，可广泛应用于各工程领域中各种结构性能的测试和分析。以前动态应变仪与光线示波器(如 SC-16 光线示波器)和磁带记录仪(如 Teac SR-50C 14 轨立体声开盘磁带记录仪)配合使用，现在都用计算机编程控制，并用计算机记录、显示和存储数据。

动态应变仪由电桥、振荡器、放大器、相敏检波器及低通滤波器等组成。电桥用于将应变片的电阻变化转换成电流或电压信号；振荡器用于产生正弦波交流电压，作为电桥的工作电压，并通过信号电压对其进行调幅，输出调幅电压信号，并送入放大器，同时它也可为相敏检波器提供参考电压。由于电桥输出的信号非常微弱，放大器将电桥送来的调幅电压进行不失真放大。相敏检波器不仅具有检波器的功能，还能完成辨别被测信号相位(如应变信号的拉伸或压缩性质)的任务，实现解调。通过相敏检波后，波形中还包含载波及其高次谐波，因此需要通过低通滤波器滤掉被测应变信号以外的高频成分，以得到信号的原形。

一般测试用的动态应变仪工作频率在 5kHz 以下，也有高于 5kHz 的高频响应动态应变仪，如 YCD-1 型超动态应变仪，其响应频率带宽为 0～300kHz，主要用于爆破的冲击波测量。应变片还有一个响应频率问题，应变片在黏合层和基片中的传播速度为 1000m/s，黏合层和基片的总厚度一般为 0.05mm，所需时间为 $5×10^{-8}$s，因此可忽略不计。一般应变片基底短，响应频率高，如长为 3mm 的应变片，其响应频率为 50kHz 以上，也即应变片的响应频率必须高于应变仪的响应频率。

若应变的测量时间较长,应变变化频率较高,则要考虑应变片的疲劳寿命问题。应变片的疲劳寿命与应变幅值的大小有关,以在±1000με条件下考虑应变片的疲劳寿命为例,一般电阻应变片在常温下的疲劳寿命为$10^5\sim 10^6$次,动态应变片的疲劳寿命可达$10^7\sim 10^8$次。

动态应变仪的技术指标包括应变仪的性能和适用范围,与静态应变仪相同,目前动态应变仪生产厂家和仪器类型也较多,各生产厂家的指标内容和适用范围也有所不同,主要指标如下。

(1) 测量点数:应变仪能够测量的点数,也称为通道数,一般有4、8、16、32通道。

(2) 适用应变片电阻:可以测量应变片或应变片式传感器的电阻。

(3) 电桥电源:与应变测量相关的电桥桥路的电源,分别用电压或电流、直流或交流表示。加载脉冲的电桥电源表示脉冲幅度,加载交流桥压电源则表示频率。

(4) 采样速度:动态数字式应变仪对测试的连续信号的数字化速度,频率为10～50kHz。

(5) 平衡调整范围:应变仪对初始不平衡的调整范围。

(6) 平衡调整精度:平衡调整的精度换算成输入应变表示。

(7) 测量范围:满足性能指标的测量范围。

(8) 初始值记忆范围:可记忆的初始值范围。

(9) 传感模式:表示应变片测量时的测量方法(1/4桥、半桥、全桥等)、温度测量时的热电偶种类等,测量对象的区别和设置。

(10) 频率响应范围:在满足性能指标的前提下,对正弦波变化的输入能够做出响应的频率范围,表示−3dB输出的(约输出的70%)频率。

(11) 初始测量模式:应变测量即使在空载的状态下也会有初始不平衡值(也称初始值),测出此初始值并记忆。

(12) 直接测量模式:含有初始不平衡值成分,直接测量到的输出值。

(13) 实际测量模式:将直接测量值减去记忆的初始值而得到的实际输出值,因此测出的是初始值之后的变化部分。

(14) 精度:指定条件下的误差界限值,用表示值或测量范围的百分比表示,即%red(表示值,reading)或%F.S.(测量范围,full scale)。

(15) 分辨率:可测量到的最小变化量。

(16) 非线性:放大器的输出或者显示器的显示值等,基点与最大值之间的两点连线和实测曲线的最大偏差,用最大测量值的百分比表示。

(17) 稳定性:随温度、时间等变化的零点或灵敏度的变化。

(18) 信噪比：设置的灵敏度所规定的输出和噪声的比值，单位为 dB。
(19) 灵敏度：规定条件下的输入所得到的输出(电压、电流、显示值)。
(20) 使用温度/湿度范围：满足性能指标，可以使用的温度以及湿度的范围。

根据《电阻应变仪检定规程》(JJG 623—2005)，动态应变仪各级别的精度技术指标如表 2-3 所示。

表 2-3 动态应变仪各级别的精度技术指标

准确度级别	示值误差	非线性误差	标定值误差	衰减误差	信噪比	稳定度 零点漂移(2h)	稳定度 示值稳定性(2h)
0.2	±(0.2%red±2με)	±0.05% F.S.	±(0.2%red±1με)	±0.2%	≥50dB	±2με	±0.05%
0.5	±(0.5%red±3με)	±0.10% F.S.	±(0.5%red±1με)	±0.5%	≥40dB	±3με	±0.10%
1.0	±(1.0%red±3με)	±0.20% F.S.	±(1.0%red±2με)	±1.0%	≥30dB	±3με	±0.20%

与静态应变仪相同，动态应变仪的生产厂家和仪器型号也较多，图 2-34 为 TST5920 电阻动态应变仪，图 2-35 为 YE3818D 电阻动态应变仪。

图 2-34 TST5920 电阻动态应变仪

图 2-35 YE3818D 电阻动态应变仪

根据《电阻应变仪检定规程》(JJG 623—2005)，动态应变仪的检定内容包括外观和开关状态、示值误差、非线性误差、衰减、频响误差、低通滤波器滤波特性、零位漂移和示值稳定性等。检定仪器说明书中所规定的接线、预热是否正常，检查形状状态，然后进行零位平衡和灵敏度调定。

在检定示值误差时，用标准模拟应变量校准器给出的标准应变值，通过应变仪和从计算机读取的应变数值，与标准应变值相比较计算系统的示值误差。

在检定非线性误差时，用标准应变的 0%、20%、40%、60%、80%、100%为检定点与读取的相应数值计算非线性误差。

在检定标定值误差时，用仪器自带的内标定值，与同级标准模拟应变量校准器给出的应变值相比较计算得出其标定值误差。

在检定衰减(增益)误差时，将仪器调至零位，用标准模拟应变量校准器给出的标准应变值，在不同衰减(增益)挡下读取应变值，与标准值比较不同衰减(增益)挡下的误差。

在检定稳定度时，将仪器调至零位，在不同时间间隔下读取数值(在开始的 1h 内每隔 15min 读取一次数值，以后每隔 30min 读取一次数值)，与零位值比较计算仪器的示值稳定性。

在检定频率响应误差时，不同桥压的动态应变仪，其频率响应误差的检定方法不同，应由专门的频率响应测量仪给出参考频率，用不同的频率产生信号，从被检应变仪中读数，计算频率，并与信号频率比较计算频率响应误差。

在对带有低通滤波器滤波特性的应变仪进行检定时，检定方法与频率响应误差检定方法相同。

应变片通过导线与应变适配器相连，有些加速度、位移、荷载等应变式传感器，也可与应变适配器(桥盒)、动态应变仪和计算机连接，如图 2-36 所示，在连接前必须了解传感器的一些工作参数和连接桥路方式。不同厂家生产的不同型号的仪器，1/4 桥、半桥、全桥的接线方法也有所不同，应变片导线与应变适配器(桥盒)连接时，应按照动态应变仪说明书接线方法进行。

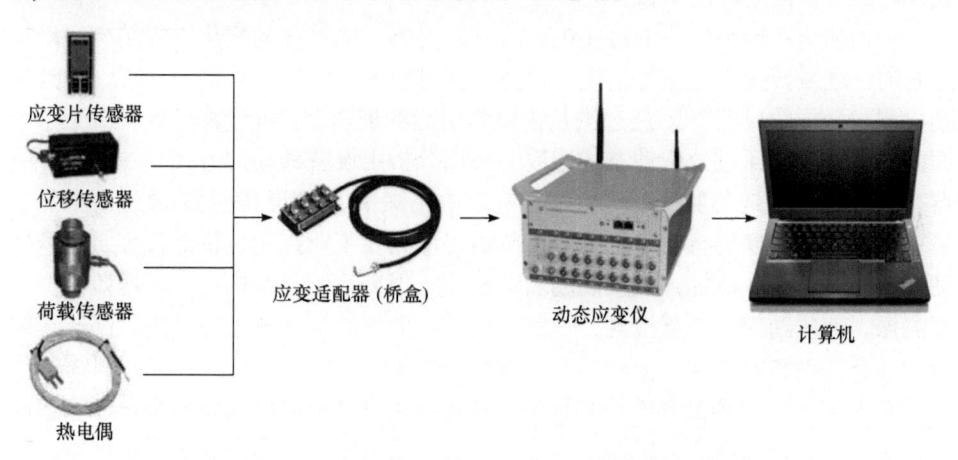

图 2-36　传感器、动态应变仪和计算机的连接

使用动态应变仪时，一般接通电源后，系统即可正常工作，为保证精确测量，仪器需要预热 30min。检查所有连接线和连接点，必须牢固可靠，导线与接线端子用焊锡焊牢。放置仪器的位置必须合理，仪器不得倾斜或倒置。移动仪器时，不得产生激烈的振动和冲击。系统必须具有良好的接地，若接地不良，则信号容易产生漂移，影响仪器的稳定性。仪器使用完毕后，应拆除连接线，保持仪器整洁，装箱放置于干燥处。若长期不用，则一般每季度对仪器通电一次，时长为 2~4h。

以前在应力-应变动态测量时，在现场距离测点 25m 左右处搭棚直接控制仪器和测试进度,部分采用遥测系统。采用遥测系统时,传感器将被测物理量(如应变、压力等)转换成电信号,用于调制副载波振荡器,再由输出的调频信号对射频振荡器进行调制,经过两次调制的信号,再由天线以电磁波方式发射出去。接收机经天线收到信号后,也须经过两次解调,才能恢复成原模拟量信号,然后接入记录器和显示装置。近几年来,随着互联网技术的发展,采用计算机互联网技术,利用检测软件即可远程对检测点的计算机进行控制,并通过检测计算机远程互联网传输检测信号,大大提高了现场动力测试效率。

2.4 振动测试传感器的工作原理

一般认为,在低频范围内,振动强度与位移成正比;在中频范围内,振动强度与速度成正比;在高频范围内,振动强度与加速度成正比。振动位移反映结构在空间位置的变化,振动速度反映能量的变化,振动加速度反映冲击力的大小变化。在轨道结构测试中,以测量钢轨、轨枕(轨道板)、道床和基础的振动加速度及位移为主,而速度测试极少。

振动加速度传感器是通过压电、应变、电感、电容等的变化,将结构振动加速度的物理量转变为电信号的电子设备,经过放大、传输、采集、处理,达到振动检测和分析的目的[5,6]。通过测量由重力引起的加速度,可计算设备相对于水平面的倾斜角度。通过分析动态加速度,可以分析出设备移动的方式。加速度传感器有两种,一种是角加速度传感器,它是由陀螺仪(角速度传感器)改进而来的,另一种是线加速度传感器。加速度传感器可应用在工业控制、仪器仪表,手柄振动和摇晃、玩具、鼠标,汽车制动启动检测、报警系统,结构物、环境监视,工程测振、地质勘探、地震检测,铁路、桥梁、大坝的振动测试与分析,高层建筑结构动态特性和安全保卫振动侦察等方面。根据牛顿第二定律 $F=ma$,只需测量作用力 F 就可以得到已知质量物体的加速度,通过这个简单的原理来设计加速度传感器。因此,加速度传感器的本质是通过作用力使传感器内部敏感部件发生变形,通过测量其变形并用相关电路转化成电压信号输出,进而得到相应的加速度信号。

加速度传感器通常由质量块、阻尼器、弹性元件、敏感元件和适调电路等部分组成。根据传感器敏感元件的不同,常见的加速度传感器可分为压电式、应变式、压阻式、电容式、电感式、伺服式等类型。下面对主要类型的加速度传感器进行介绍。

2.4.1 压电式加速度传感器

压电效应是指某些电介质在受到某一方向的外力 F 作用而发生形变(包括弯

曲和伸缩形变)时，由于内部电荷的极化，在其材料表面产生电荷 Q 的现象。当外力作用方向改变时，电荷的极性也随之改变，在撤去外力后，晶体又恢复到不带电的状态。晶体受力所产生的电荷量与外力的大小成正比($Q=dF$，d 为系数)。

压电式加速度传感器是基于压电多晶的各类压电陶瓷和压电单晶中石英晶体的压电效应工作的，同时在它的两个表面上产生符号相反的电荷，输出与加速度成正比的电荷或电压。压电式加速度传感器的优点是频带宽、灵敏度高、信噪比高、结构简单、工作可靠和重量轻等；缺点是某些压电材料需要采取防潮措施，而且输出的直流响应差，需要采用高输入阻抗电路或电荷放大器来克服这一缺陷。

压电式加速度传感器的压电元件一般由两片压电片组成。在压电片的两个表面上镀银层，并在银层上焊接输出引线，或在两个压电片之间夹一片金属，引线就焊接在金属片上，输出端的另一根引线直接与传感器基座相连。在压电片上放置一个比重较大的质量块，然后用一硬弹簧或螺栓、螺帽对质量块预加荷载。整个组件装在一个厚基座的金属壳体中，为了隔离试件的任何应变传递到压电元件上，避免产生假信号输出，一般要加厚基座或选用刚度较大的材料制造，如图 2-37 所示。

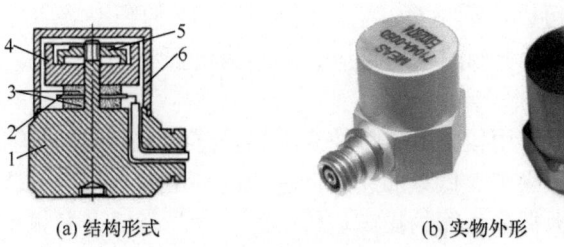

(a) 结构形式　　　　　　　(b) 实物外形

图 2-37　压电式加速度传感器
1. 基座；2. 电极；3. 压电晶片；4. 质量块；5. 弹性元件；6. 外壳

压电常数是衡量材料压电效应强弱的参数，它直接关系到压电输出的灵敏度。压电材料的弹性常数、刚度决定压电器件的固有频率和动态特性。对于一定形状、一定尺寸的压电元件，其固有电容与介电常数有关；而固有电容又会影响压电式加速度传感器的频率下限。

在压电效应中，机械耦合系数等于转换输出能量(如电能)与输入能量(如机械能)之比的平方根，它是衡量压电材料机电能量转换效率的一个重要参数。

压电材料的绝缘电阻可减少电荷泄漏，从而改善压电式加速度传感器的低频特性。压电材料开始丧失压电特性的温度称为居里点温度。

压电材料的放电时间常数不仅决定传感器的低频响应，而且决定放电时间，这在工业现场进行多点测量时比较重要。放电时间常数应兼顾低频响应和放电时间。基座应变、环境温度变化等环境干扰引起的输出通常在 5Hz 以下，当测试信号频率在 5Hz 以上时，应将集成电子压电(integrated electronics piezo-electric，IEPE)传感器内置电路芯片下限截止频率设置在 5Hz 以上，以消除压电式加速度传感器的热电等环境干扰引起的噪声输出。

加速度传感器所需要的频率响应取决于需要测量的振动频率。一个加速度传感器应具有足够高的固有振动频率，以捕捉测量所需要的所有频率。压电式加速度传感器高频响应特性如式(2-13)所示：

$$f_\text{r} = \frac{1}{2\pi}\sqrt{\frac{k}{m}} \tag{2-13}$$

式中，k——敏感元件的刚度，N/m；

m——质量块的质量，kg。

在确定敏感元件的刚度时，质量块越重，谐振频率越低。同时，大的质量块产生高的机械增益，传感器的灵敏度越高，它的信噪比越大；相反，小的质量块产生低的机械增益，传感器的灵敏度越低，输出越小，频率范围越宽，可以测量的频率信号越宽。

当传感器发生共振时，其灵敏度就会降低。而频率响应就是描述灵敏度和频率的特性曲线。通常可以这么估算：上限频率为+10%的频率响应，大约为谐振频率的 1/3；上限频率为+5%的频率响应，大约为谐振频率的 1/5，频率响应曲线如图 2-38 所示。

低频加速度传感器采用较大的质量块来提高传感器敏感元件的输出，这将降低来自于放大器的电子噪声。低频加速度传感器的输出电压越高，越有利于在测量低幅值信号时克服数据采集器的噪声。折中的方法是降低谐振频率响应。

一般来说，加速度传感器的有效带宽是固有频率的 1/3，微机电系统(micro electro mechanical system，MEMS)加速度传感器的有效带宽比较窄(大约十几千赫兹)，而集成电路压电(integrated circuits piezoelectric，ICP)加速度传感器的有效带宽较大，因此 MEMS 加速度传感器更适用于低频振动的测量(如手机等移动设备)，ICP 加速度传感器更适用于高频振动的测量。

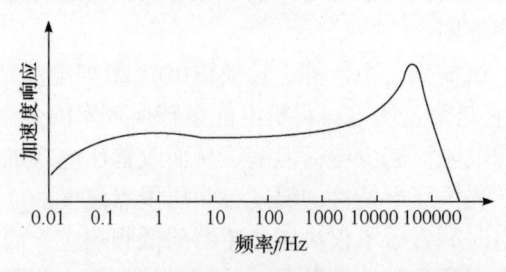

图 2-38 振动加速度传感器频率响应基本曲线

加速度传感器安装到被测物体表面有四种典型的安装方式，即螺栓连接、磁吸连接、黏结连接和手持探针式，如图 2-39 所示。不同连接方式会影响加速度传感器的可测量频率。一般而言，连接越松，可测量频率越低。在加速度传感器中添加任何质量块，如黏接式或磁式安装基座，都可能会影响加速度传感器的精度和可用频率范围。螺柱连接是迄今为止最好的安装方式，但需要在被测物体上钻孔，通常适用于永久安装的情况。

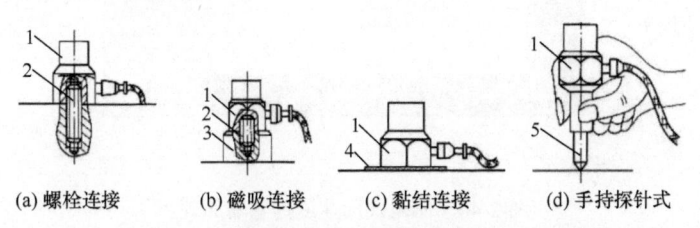

图 2-39 加速度传感器与被测物体表面的连接
1. 加速度传感器；2. 双头螺栓；3. 磁钢；4. 黏结剂；5. 探剂

如今的大型精密系统对质量和体积大小都非常关注，传统的大块头压电式加速度传感器将逐步失去市场。随着新材料及新加工技术的开发，利用激光等各种微细加工技术制成的硅加速度传感器，具有体积非常小、互换性及可靠性较高等优点，正在逐步取代传统的压电式加速度传感器。压电式加速度传感器的功能已经突破传统的功能，其输出不再是单一的模拟信号，而是经过微型计算机处理后的数字信号，有的压电式加速度传感器如集成后的压电式加速度传感器本身带有控制功能，也就是数字传感器，这是一大发展趋势。

2.4.2 压阻式加速度传感器

压阻式加速度传感器的结构是将一质量块固定在悬臂梁的一端，而悬臂梁的另一端固定在传感器基座上，悬臂梁的上下两个表面都贴有应变片并组成惠斯通电桥，质量块和悬臂梁的周围填充硅油等阻尼液，用以产生必要的阻尼力。质量块的两侧是限位块，限位块的作用是保护传感器在过载时不致损坏。被测物的运动导致与其固连的传感器基座运动，基座又通过悬臂梁将此运动传递给质量块。悬臂梁的刚度很大，因此质量块也会以同样的加速度运动，其产生的惯性力与加速度成正比。此惯性力作用在悬臂梁的端部使之发生形变，从而引起其上的应变片电阻发生变化。在恒定电源的激励下，由应变片组成的电桥会产生与加速度成比例的电压输出信号。压阻式加速度传感器原理如图 2-40 所示。

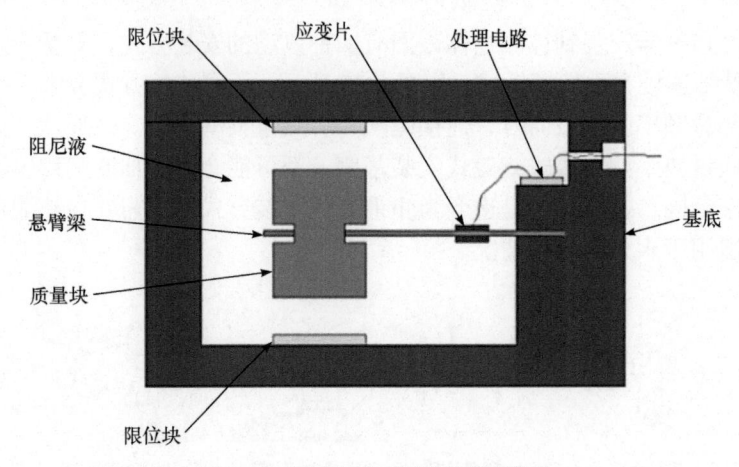

图 2-40 压阻式加速度传感器原理

压阻式加速度传感器的测量范围可达到±1000g。然而，它的固有频率一般较低，使用频率的上限仅为几百赫兹。某些产品的频率上限可达 1~2kHz，但是仍比压电式加速度传感器的频率上限低得多。压阻式加速度传感器的价格比压电式加速度传感器低得多。

现代压阻式加速度传感器采用 MEMS 技术，利用单晶硅材料的压阻效应制成。单晶硅在受到应力作用后，其电阻率就会发生变化，硅的压阻效应与晶体的取向有关。压阻式加速度传感器具有体积小、功耗低等特点，易于集成在各种模拟和数字电路中，广泛应用于汽车碰撞试验、测试仪器、设备振动监测等领域。

在压阻式加速度传感器中，应变传感器被直接应用到挠曲元件悬臂梁上，因此半导体硅既是挠曲元件又是传感元件。挠曲元件的刚度大，频率范围广，同时具有尺寸小、灵敏度高(压阻式加速度应变传感器的灵敏系数是金属应变传感器的25~50 倍)、信噪比大、线性和稳定性好等特点。如果进行适当的温度补偿，工作温度可达–20~120℃。

压阻式加速度传感器的输出阻抗低，输出电平高，内在噪声低，对电磁和静电干扰的敏感度低，因此易于进行信号调理。它对底座应变和热瞬变不敏感，在承受大冲击加速度作用时零点漂移很小。压阻式加速度传感器的一个最大优点就是工作频带很宽，并且频率响应可以低到零频(直流响应)，因此可以用于低频振动的测量和持续长时间的冲击测量，如军工冲击波试验。压阻式加速度传感器的灵敏度通常比较低，因此非常适合冲击测量，广泛应用于汽车碰撞测试、运输过程中振动和冲击的测量、颤振研究等。

2.4.3 电容式加速度传感器

电容式加速度传感器是基于电容原理的极距变化型电容传感器。电容式加速度传感器也是目前比较通用的加速度传感器。在某些领域无可替代，如安全气囊、手机移动设备等。电容式加速度传感器采用 MEMS 工艺，在大量生产时费用较低，从而保证较低的成本。

电容式加速度传感器原理如图 2-41 所示。一个质量块固定在弹性梁的中间，质量块的上端面是一个活动电极，它与上固定电极组成一个电容器 C_1；质量块的下端面也是一个活动电极，它与下固定电极组成另一个电容器 C_2。当被测物的振动导致与其固连的传感器基座振动时，质量块将由于惯性而保持静止，因此上固定电极、下固定电极与质量块之间将会产生相对位移。这使得电容 C_1 和 C_2 的值一个变大，另一个变小，从而形成一个与加速度大小成正比的差动输出信号。电容式加速度传感器实物如图 2-42 所示。

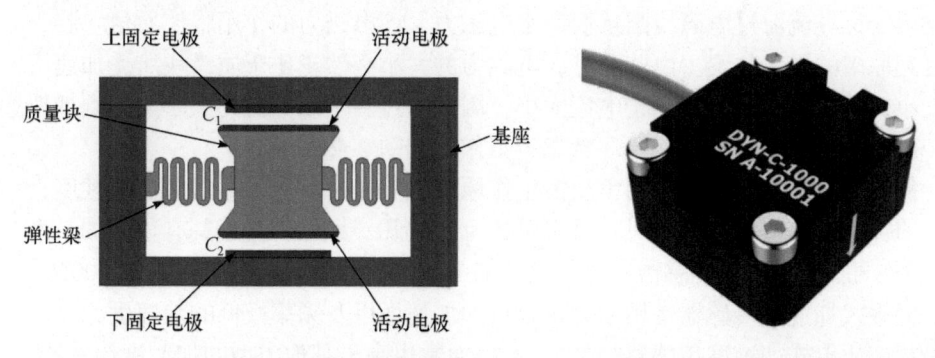

图 2-41　电容式加速度传感器原理

图 2-42　电容式加速度传感器实物

MEMS 电容式加速度传感器的整个敏感元件由黏在一起的三个单晶硅片构成。其中上、下硅片构成两个固定电极，中间硅片通过化学刻蚀形成由柔性薄膜支撑的具有刚性中心质量块的形状，薄膜的厚度取决于该加速度传感器的量程。另外，在薄膜上还有刻蚀出的小孔，当薄膜随质量块运动时，空气流经小孔从而产生所需的阻尼力。采用 MEMS 技术得到了这种一体化的结构，敏感元件用静电键合工艺构成平板电容器，具有频响范围宽、低频直至零频、性能稳定、结构坚固、使用方便等特点。

MEMS 电容式加速度传感器内置电子电路，可提供高电平、低阻抗输出。其设计的加速度测量值较小，非常适用于运动及稳态加速度、低频低加速度的测量，且可耐受高加速度的冲击。例如，电梯的加速及减速、飞机的颤振、飞行器的发射与飞行、发动机监测、颤振等测试，汽车悬架和制动器试验等均需测量持续时间长、加速度小的振动，这些试验过程中经常会出现高加速度的冲击，但其后主要测量的是加速度很微小的振动。变电容式加速度传感器不仅可以抗高加速度冲击，还具有在冲击之后快速恢复的能力，这使得其可以用于高加速度的测量。

变电容式加速度传感器具有较好的低频特性且具有直流响应，与其他类型的加速度传感器相比,其灵敏度更高,环境适应性更好,尤其是受温度的影响比较小;不足之处为信号的输入与输出呈非线性关系,量程有限,受电缆的电容影响较大;其通用性不如压电式加速度传感器,且成本也比压电式加速度传感器高得多。

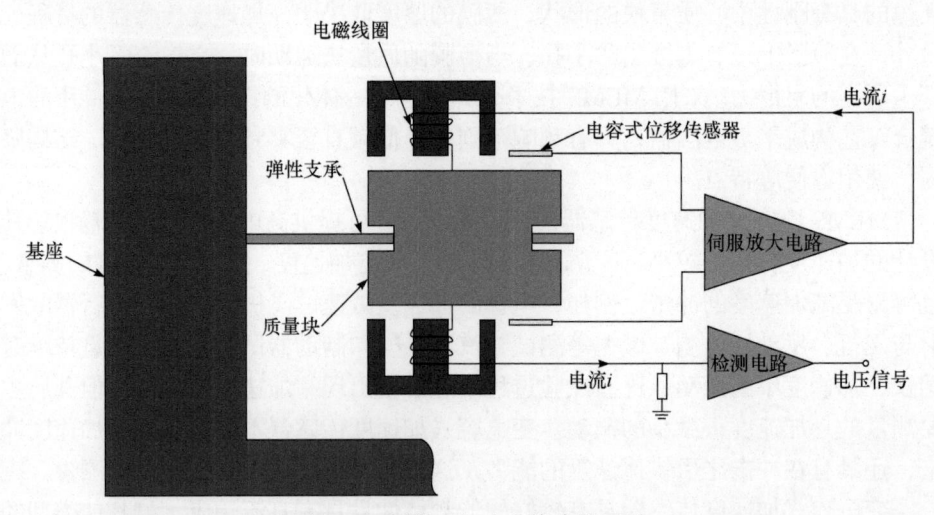

2.4.4 伺服式加速度传感器

伺服式加速度传感器是一种闭环测试系统,其具有动态性能好、动态范围大和线性度好等特点。传感器的工作原理是由"m-k"组成的振动系统。与一般加速度传感器相同,伺服式加速度传感器有一个弹性支承的质量块,质量块上附着一个位移传感器(如电容式位移传感器)。当基座振动时,质量块也会随之偏离平衡位置,偏移的大小由位移传感器检测,该信号经伺服放大电路放大后转换为电流输出,该电流流过电磁线圈从而产生电磁力,该电磁力的作用将使质量块趋于恢复到原来的平衡位置。由此可见,电磁力的大小必然正比于质量块所受加速度的大小,而该电磁力又正比于电流大小,因此通过测量该电流的大小可得到加速度,伺服式加速度传感器在闭环状态下工作,如图 2-43 所示。

伺服式加速度传感器采用负反馈工作原理,其通常具有极好的幅值线性度,在峰值加速度幅值高达 $50g$ 时,通常可达万分之几。另外,其还具有很高的灵敏度,某些伺服式加速度传感器具有几微 g 的灵敏阈值,频率范围通常为 0~500Hz。

伺服式加速度传感器常用于测量较低的加速度以及频率极低的加速度,其尺寸是相应压电式加速度传感器的数倍,价格通常也高于其他类型的加速度传感器。伺服式加速度传感器具有高精度和高灵敏度的特性,因此其广泛应用于导弹、无人机、船舶等高端设备的惯性导航和惯性制导系统中,在高精度的振动测量和标定中也有应用。

图 2-43 伺服式加速度传感器原理

2.4.5 振动加速度传感器的主要技术指标

每一种型号的加速度传感器都有其特定的应用场景，因此测试时必须根据测试使用要求，选择合适的加速度传感器。在选择传感器型号时，主要从性能、环境因素、电气特性和物理特性四个方面考虑。性能包括灵敏度、量程、频响特性、谐振频率、横向效应和线性度等指标；环境因素包括工作温度、温度响应和冲击极限等；电气特性包括激励电压与电流、稳定时间等；物理特征包括敏感材料、结构设计、尺寸、质量和出线方式等。

振动加速度传感器的主要性能指标如下。

(1) 量程/灵敏度：每个传感器都有测量范围，一般量程大的传感器，灵敏度低，量程小的传感器，灵敏度高。通常传感器输出电压的上限为 5V，因此传感器灵敏度乘以量程得到的是传感器的最大输出电压 5V。例如，某型号传感器的灵敏度为 $50mV/g$，则该传感器的量程为 $100g$。通常 ICP 加速度传感器满足这个规律，而其他类型，如零频加速度传感器不满足此规律。另外，传感器的灵敏度越高，它的质量越大，输出电压越大，信噪比越高，分辨能力越强。在测试不同结构时，应选择相匹配的传感器量程。通常，土木桥梁和超大型机械结构加速度振动量级在 $0.1g\sim10g$，机械设备的加速度振动量级在 $10g\sim100g$。在轨道结构测试中，根据常规的测试，钢轨的振动加速度传感器最大量程为 $500g$。对于轨道结构状态较差或钢轨接头，振动加速度最大可达 $1000g$ 以上；对于道床，量程在 $20g$ 左右；对于基底和隧道壁，量程在 $5g$ 以下。但在大多数情况下，传感器的量程由专业技术人员根据测试对象和测试数据的要求决定。

(2) 谐振频率：传感器本身是一个结构，因此其也存在固有频率，通常将传感器的第一阶固有频率称为谐振频率。传感器尺寸越小，谐振频率越高。传感器的上限频率取决于幅频曲线中的谐振频率。一般传感器的工作频率范围在其自身谐振频率的 1/3 之内。

(3) 频响特性：一般加速度传感器的工作频率上限为自身谐振频率的 1/3 左右。另外，通常加速度传感器低频特性较差，信号衰减严重，而在高频段线性度差，非线性影响严重。图 2-44 为振动加速度传感器的频率响应曲线。由图可以看出，在 2Hz 以下信号衰减严重，频率响应性能差，在 11kHz 以上线性度差，其谐振频率约为 38kHz。因此，该传感器的工作频率为 11kHz 以下。在选择加速度传感器时，响应频率上限稍高于被测结构的振动频率即可。一般情况下，土木工程结构的频率范围在 $0.2\sim1kHz$，机械设备是中频段，频率范围为 $0.5\sim5kHz$。在轨道结构测试中，根据常规的测试，钢轨的振动加速度传感器的响应频率应在 10kHz 以上；对于道床，响应频率应在 500Hz 左右；对于基底和隧道壁，响应频率应在 500Hz 左右。

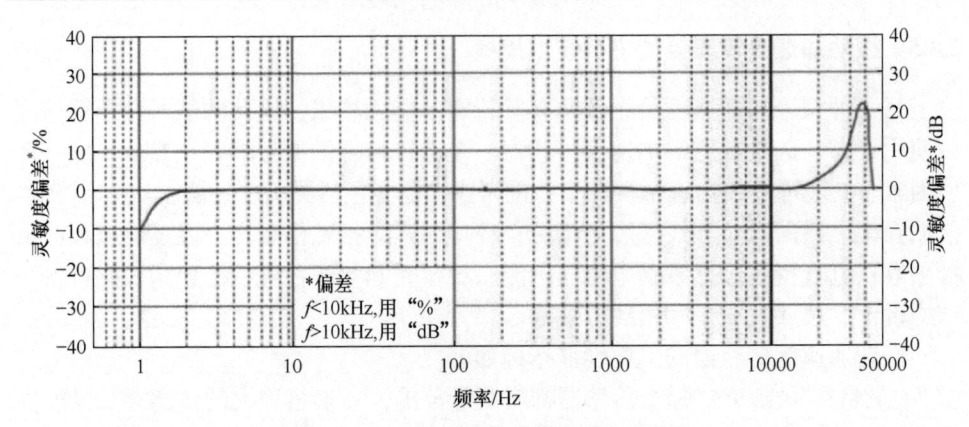

图 2-44　振动加速度传感器频率响应曲线

(4) 线性度：传感器测量时只能输入单一灵敏度，用于描述在一定的频率响应范围内，传感器的灵敏度是否满足实际灵敏度的指标，即为线性度。相对而言，在低频段(如 5Hz 以下)，传感器的灵敏度小于实际的灵敏度，而在高频段(如大于工作频率上限)，传感器的灵敏度大于实际的灵敏度。只有在中间频段，灵敏度满足线性关系，如图 2-44 所示。若传感器不在线性区间进行测量，则测量得到的幅值误差较大，一般要求传感器非线性小于 1%。

(5) 横向效应：当测量某个方向的振动时，信号输出应该全为振动感知方向，但实际上与该方向垂直的方向也有信号输出，这种效应称为横向效应。横向效应灵敏度越低，性能越好，但是相对而言，传感器都存在一定的横向效应，通常标称横向效应小于 5%。

(6) 使用环境：传感器使用情况受温度、湿度、尘土等环境因素的影响。任何传感器都有自身的工作温度范围，因此必须根据实际测点位置的温度和环境温度选择合适的传感器。另外，在选择传感器时也应该考虑测试环境存在潮湿、腐蚀和电磁场等影响因素。

(7) 温度响应：传感器的灵敏度受温度的影响，当温度发生改变时，若仍使用常温下的灵敏度，则会给测量带来误差。图 2-45 为振动加速度传感器的温度响应曲线。由图可以看出，在室温下，传感器的灵敏度没有偏差，但当温度远离室温时，灵敏度偏差越来越大。因此，传感器的工作温度应与温度响应曲线中灵敏度无偏差的温度一致。

(8) 冲击极限：表示传感器能承受的瞬时冲击限制，通常用峰值表示，如某传感器的冲击极限峰值为 $\pm 7000g$。

(9) 激励电压/电流：有源传感器都需要提供激励电压/电流才能正常工作，如 ICP 加速度传感器需要提供 20～30VDC 激励电压和 2～20mA 的恒流激励。当今的数据采集仪普遍内置这样的供电装置，因此可直接为 ICP 加速传感器供电。除此之外，还有很多其他类型的加速度传感器，如 MEMS 加速传感器、力平衡式加速传感器等，若采集仪不能提供相应的激励电压/电流，则需要选择外部供电方式。

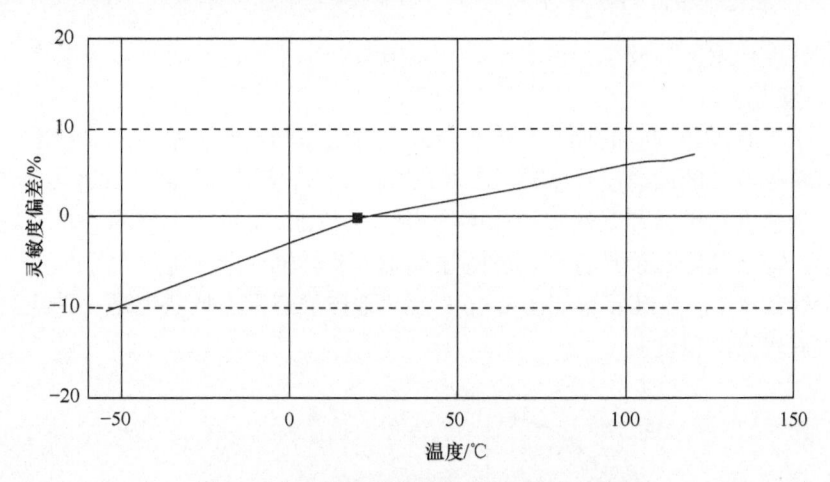

图 2-45 振动加速度传感器的温度响应曲线

(10) 稳定时间：对于 ICP 加速度传感器，其存在放电常数，当为传感器供电时，传感器输出的信号会从无穷远处缓慢地稳定到基线附近，这个时间称为稳定时间。应待传感器输出的信号稳定之后再进行测量，通常这个时间只需要几秒钟。

(11) 敏感材料：对于压电式加速度传感器和 ICP 加速度传感器，多数采用石英晶体和压电陶瓷作为敏感材料。石英晶体的介电常数和压电常数的温度稳定性好，适用于制作工作温度很宽的传感器。具有压电效应的压电陶瓷是人工合成的，原始的压电陶瓷不具有压电效应。压电陶瓷具有制作工艺简单、耐湿、耐高温等优点，因此当今的压电式加速度传感器多数采用压电陶瓷作为敏感材料。

(12) 尺寸和质量：加速度传感器外形以圆柱体和六面体居多，而圆柱形的加速度传感器又分为顶部出线和侧面出线两种方式。加速度传感器的外形尺寸，主要受安装位置空间的影响，对于安装位置空间有限的测点，必须选择合适的传感器外形尺寸。另外，在选择传感器类型时，还必须考虑传感器本身重量带来的附加质量的影响，特别是测试轻质结构时，传感器本身重量影响显著。对于待测结构总质量，传感器的总质量很小，参与振动的并不是结构的全部质量，而是参与振动的部分质量，该部分质量称为有效质量。传感器的总质量相对于结构的有效质量会很大，因此传感器附加质量的影响会很明显。另外，在安装传感器时，可能会使用工装，此时工装的质量对结构振幅会存在影响。对于一些小巧轻型的结构振动，或在薄板上测量振动参数时，传感器和固定件质量引起的额外荷载可能会改变结构的原始振动，从而导致测得的结果无效。因此，在这种情况下应该使用小而轻的传感器，估算加速度传感器质量-荷载的影响。

2.4.6 振动加速度传感器的校准

1. 加速度传感器的校准方法

加速度传感器的校准方法有很多,本节只介绍主要的几种,以供参考。

1) 重力场法

对于具有零频响应的加速度传感器,该方法原则上属于静态绝对校准,适用于具有零频响应的加速度传感器(如伺服式加速度传感器、压阻式加速度传感器、应变式加速度传感器和张丝式加速度传感器)的校准,也可用地球静态重力场法进行校准。校准装置必须具有良好的隔振基础,旋转轴应严格保持水平位置,否则精度会受到影响。校准装置如图2-46所示。地球静态重力场法也是一种绝对校准法,具有较高的精度。

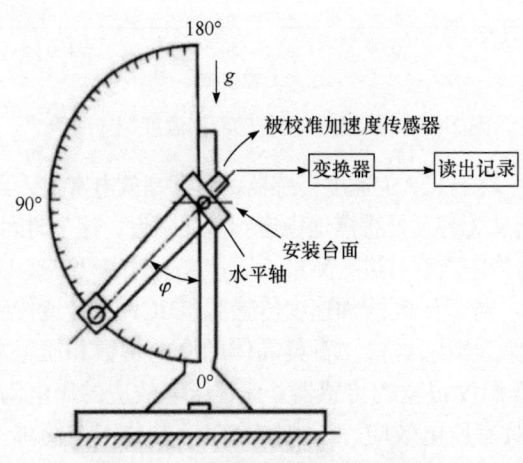

图2-46 传感器的静态校准装置

被校准传感器安装于台面上,台面可绕中心轴旋转,传感器灵敏轴也随之旋转。当传感器转至任一角度时,传感器灵敏度的计算如式(2-14)所示:

$$K = \frac{u}{g\cos\varphi} \tag{2-14}$$

式中,K——传感器灵敏度;
u——传感器输出,m/s^2;
g——重力加速度,9.81m/s^2;
φ——旋转角,rad。

因此,可用改变旋转角φ和精确测定当地的重力加速度的方法来校准传感器。

2) 转台式重力场校准法

零频法校准属静态校准。将零频校准装置进行适当改进,使台面以一定的频率匀速旋转，构成低频重力场校准标定台。当台面旋转时，加速度传感器敏感元件承受$-1g\sim1g$的交变加速度，记录不同频率下加速度传感器的输出值，即可求出它们的动态灵敏度。此方法仅适用于传感器的低频范围标定。

3) 比较法

比较法是传感器校准最常用的方法。它具有原理简单、操作方便、对设备要求不高等优点，因此应用十分广泛。比较法工作原理是将两只加速度传感器背靠背安装在一起(或安装在一刚性支架上)，其中一只为参考标准加速度传感器，它的灵敏度和全部技术性能均是已知的；另一只为被校准传感器，用同样的加速度激励它们，它们的输出分别如式(2-15)所示：

$$u_S = K_S a, \quad u_T = K_T a \tag{2-15}$$

式中，u_S、K_S——标准加速度传感器的输出和灵敏度；

u_T、K_T——被校准加速度传感器的输出和灵敏度。

由此可得如式(2-16)所示的关系：

$$K_T = \frac{u_T K_S}{u_S} \tag{2-16}$$

用比较法校准时，标准加速度传感器是最关键的部件。其质量的好坏对校准结果有十分重要的影响，因此对标准加速度传感器提出了一定的要求和规定。我国已发布标准压电式加速度传感器检定规程。从其在比较法中起到传递量值的振动基准的作用来看，它应满足如下要求：

(1) 灵敏度高，用激光法或互易法校准，校准精度应优于0.5%。

(2) 灵敏度应具有长期稳定性，即在检定周期内应无明显变化，应高于校准精度1倍。

(3) 横向灵敏度比应不大于3%。

(4) 线性度要高。

(5) 非振动环境灵敏度要低，如温度响应、磁灵敏度、基座应变灵敏度、瞬变温度灵敏度应尽量低。

标准加速度传感器全部都是压电式的，如美国2270型、丹麦8305型、国产SHQ-16型和YD44型等。其中，丹麦8305型具有极高的长期稳定性，是世界上公认的标准参考加速度传感器。

图2-47为两种标准加速度传感器的外形图，美国2270型标准加速度传感器的换能元件采用高稳定度的硬性压电陶瓷材料；丹麦8305型标准加速度传感器及其他型号的标准加速度传感器均采用石英晶体作为换能元件。标准加速度传感器用激光干涉法进行绝对校准时，测量镜必须粘贴在传感器顶部的安装面上，否则会引入误差。每只标准参考加速度传感器出厂时均提供采用ISO 16063-21:2003

标准的激光干涉法校准的参考灵敏度等数据。

标准加速度传感器都有较高的技术指标，要求灵敏度为 2.2pC/g；正弦振动极限为 1000g；冲击极限为 15000g；频率响应为 2~20000Hz；温度范围为-54~177℃；质量为 40g。

当用标准加速度传感器进行比较法校准时，需注意被校准传感器自重对校准结果的影响。

比较法原理简单，且试验方法很多，是一种简单而常用的方法，如图 2-48 所示。校准时两只被激励的传感器背靠背安装在一起，其中下面的传感器为参考标准加速度传感器，上面的传感器为被校准传感器。用振动台激励传感器，信号经电荷放大器进入阻抗变换，适调放大后接入转换开关，之后分别通入一只电压表，根据电压表的电平校准加速度传感器。

(a) 美国2270型　　(b) 丹麦8305型

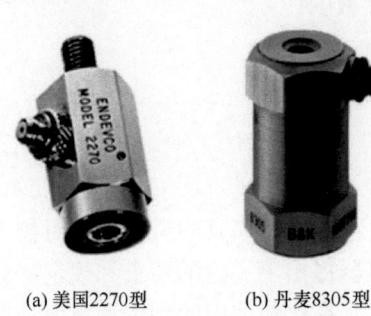

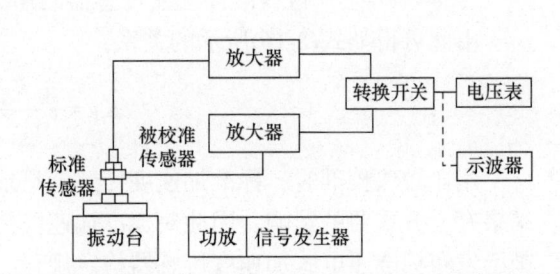

图 2-47　两种传感器外形图　　图 2-48　输出电压比较法校准压电式加速度传感器灵敏度

2. 加速度传感器动态校准设备——振动台

一般来说，常用的传感器动态校准设备主要有振动台、激波管、周期函数压力发生器、非周期函数压力发生器等。其中，振动台是校准振动、冲击测量各种类型加速度传感器、速度传感器、位移传感器、力传感器和压力传感器的重要设备。

我国已建立了高频、中频和低频振动国家级基准装置。其中，高频装置为压电式振动台，中频、低频装置均为磁电式(也称电磁式)振动台。电磁式振动台是传感器校准中最常用的激振器，它是利用通电线圈在磁场中产生推力的原理制成的。图 2-49 为电磁式振动台结构原理。

电磁式振动台的磁场可由永久磁铁或直流励磁线圈通以直流电产生。当动圈通以交变电流时，台头(台面)在动圈的推动下振动。其激振力 F(单位为 N)可用式 (2-17)求得。

$$F = BlI \times 10^{-6} \tag{2-17}$$

式中，l——动圈长度，$l=n\pi d$，n 为线圈匝数，d 为线圈直径，m；

B——磁场强度，G；

I——电流，A。

中频(5Hz～5kHz)振动基准装置由标准信号发生器、功率放大器、振动台和测量设备组成。基准装置振动台是电磁式振动台，该振动台用永磁材料构成恒定磁场。移动部件(动圈骨架)材料的选择是振动台设计的关键。我国中频振动基准装置的动圈骨架是用氮化硅陶瓷材料制成的。

在实验室中，最常用的校准设备是中频电磁振动台，图 2-50 为中频电磁振动台实物。

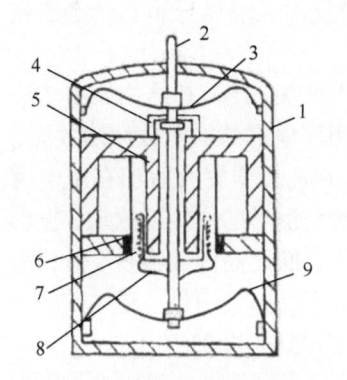

图 2-49 电磁式振动台结构原理
1. 壳体；2. 顶杆(连台面)；3. 上弹簧片；
4. 限位器；5. 磁钢；6. 铜环；7. 线圈；
8. 引线；9. 下弹簧片

图 2-50 中频电磁振动台实物

低频振动标准装置由以下六部分组成。

(1) 低频激振部分：包括超低频信号发生器、功率放大器、电磁激励器和摆台等，如图 2-51 所示。

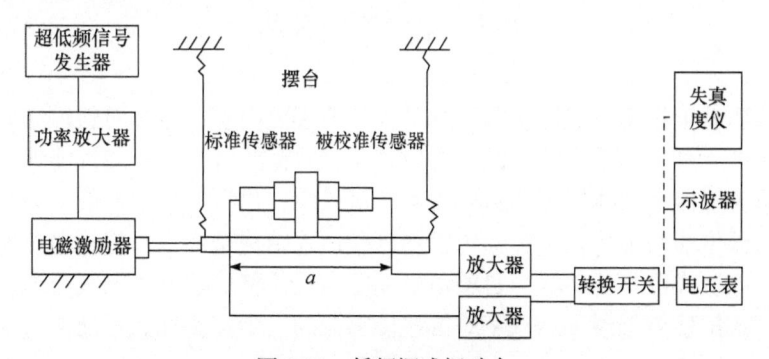

图 2-51 低频摆式振动台

(2) 振幅测量部分：由激光电源、稳频器、激光干涉仪、双线示波器及干涉条纹计数器等组成，用频比计数法测量振幅。

(3) 传感器部分：电输出测量部分。

(4) 时间测量部分：利用通用计数器测量振动周期或频率。

(5) 数据处理部分：由专用计算机和打印机组成，可自动采样，自动显示，并打印校准结果。

(6) 台面漂移抑制部分：由中心定位仪稳定台面在中心位置上。

除低频标准装置，常用的传感器低频校准设备还有重力场加速度标定台和低频摆式振动台等。图 2-51 即低频摆式振动台。低频摆式振动台工作频率为 0.5～100Hz，在低频摆式振动台中，多采用空气轴承、磁悬浮、静压导轨等精密机械的先进技术。

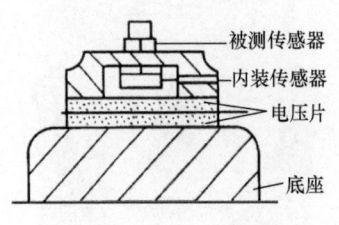

图 2-52 高频振动台

高频振动台为压电式振动台，其结构如图 2-52 所示。高频振动台利用压电晶体的电致伸缩效应，当交流激励信号经功率放大器放大后加在压电陶瓷两极上时，晶片在激励信号的作用下振动，振动频率与激励信号相同。台面用高弹性模量、低比重的铍合金制成，基座采用高弹性模量、高比重的金属钨制成。其最高频率可达 100kHz。

校准采用电磁式振动台时应采取必要的隔振措施，小型振动台可以垫上隔振胶垫放在试验桌上使用，大、中型振动台则要采用专门的隔振基础。振动台的漏磁不得大于 30G。

在正常工作状态下，振动台的频率指示误差应不大于 ±1%，在 20min 内频率变化应不大于 0.5%，加速度变化率在 20min 内变化应不大于 1%，台面横向振动应不大于 10%。

2.5 位移传感器

位移测试也是轨道交通结构测试中的一项主要内容，通过对轨道结构部件进行位移测试，可确定轨道结构的动态位移量，并据此进行安全和性能评价。

位移传感器又称线性传感器。在生产过程中，位移的测量一般分为测量实物尺寸和机械位移两种。常用位移传感器以模拟式结构型居多，包括电位器式位移传感器、电感式位移传感器、自整角机、电容式位移传感器、电涡流式位移传感器、霍尔式位移传感器等。数字式位移传感器的一个重要优点是便于将信号直接输入计算机系统。

1. 位移传感器类型

目前工程上应用的位移传感器类型较多，主要是从量程、测量精度、频率、安装方式、环境条件等方面考虑位移传感器的类型。目前在轨道交通领域应用较多的位移传感器有等强度梁位移传感器、线性可变差动变压器式(linear variable differential transformer, LVDT)位移传感器、激光位移传感器等。下面对主要类型的传感器进行介绍。

1) 电阻式位移传感器

等强度梁的形状和贴片方式如图 2-29 所示，用位移代替荷载 F 的作用，当被测点位置作用有一个位移时，就会有随位移量大小呈线性变化的电信号输出。将塞尺等已知厚度的薄片插入被测表面，通过位移传感器之间标定位移量和信号大小的关系，可得出标定系数，从而可计算出测试信号的位移。

等强度梁一般用铜质材料制造，若等强度梁较薄、较长，则响应频率较低，反之则较高，但一般等强度梁的位移测试频率都较低，在几赫兹到十几赫兹之间，位移量也较小，一般最大在 5mm 左右，若位移量过大，则由于等强度梁的弯曲，测点的接触位置就会产生变化。

组合应变式位移传感器工作原理和结构如图 2-53 和图 2-54 所示。此类位移传感器可直接接入应变仪。

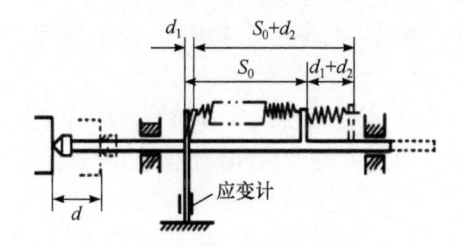

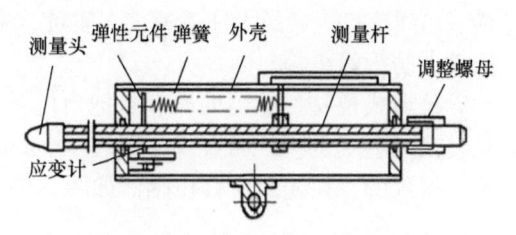

图 2-53 组合应变式位移传感器工作原理　　图 2-54 组合应变式位移传感器结构

电阻滑轨式位移传感器是将可变电阻滑轨定置在传感器的固定部位，通过滑片在滑轨上的位移量来测量不同的阻值。传感器滑轨连接稳态直流电压，允许流过微安培的小电流，滑片和始端之间的电压与滑片移动的长度成正比。将传感器用作分压器可最大限度地降低对滑轨总阻值精确性的要求，因为由温度变化引起的阻值变化不会影响测量结果。电阻滑轨式位移传感器实际上就是一个滑动变阻器，如图 2-55 所示。

图 2-55 电阻滑轨式位移传感器

2) 拉绳式位移传感器

拉绳式位移传感器[7]的功能是把机械运动转换成可以计量、记录或传送的电信号。拉绳式位移传感器由可拉伸的不锈钢绳绕在一个有螺纹的轮毂上，此轮毂与一个精密旋转感应器连接在一起，感应器可以是增量旋转编码器、绝对(独立)编码器、混合或导电塑料旋转电位计、同步器或解析器。

拉绳式位移传感器又称拉绳传感器、拉绳电子尺、拉绳编码器。拉绳式位移传感器的信号输出方式分为数字信号输出和模拟信号输出，数字输出型可以选择增量旋转编码器、绝对(独立)编码器等，输出信号为方波 ABZ 信号或格雷码信号，行程最大可以达到 15000mm，线性精度最大为 0.01%，分辨力根据配置不同最大可以达到 0.001mm/脉冲。

拉绳式位移传感器用途广泛，具有结构紧凑、测量行程长、设备空间标准小、测量精度高、可靠性好、寿命长、维护少等优点，适用于危险场合。

在测试时，拉绳式位移传感器安装在固定位置上，拉绳缚在移动物体上。拉绳直线运动，并与移动物体运动轴线对准。在运动时，拉绳伸展和收缩。一个内部弹簧保证拉绳的张紧度不变。带螺纹的轮毂带动精密旋转感应器旋转，输出一个与拉绳移动距离成比例的电信号。测量输出信号可以得出运动物体的位移、方向和速率。

常用的参数有测量行程、输出信号模式、线性度、重复性、分辨率、线径规格、出线口拉力、最大往返速度、质量、输入电阻、功率、工作电压、工作温度、振动、防护等级等。

拉绳式位移传感器的原理是把角位移的角度变化用绕线轮和拉线(拉绳)的方式转换成直线位移，而直线位移的大小就是按照角度的变换和绕线轮的周长比例计算得到的。拉绳式位移传感器如图 2-56 所示。

图 2-56 拉绳式位移传感器

3) 角度位移传感器

角度位移传感器是利用角度变化来定位物体位置的电子元件，适用于汽车、工程机械、宇宙装置、飞机雷达天线的伺服系统，以及注塑机、木工机械、印刷机、电子尺、机器人、工程监测、计算机控制运动器械等需要精确测量位移的场合。

角度位移传感器上有一个孔，可以配合转动轴。连接到RCX(微型电路控制板)上时，轴每转过1/16圈，传感器就计数一次。绕同一个方向转动时，计数增加，绕相反方向转动时，计数减少。计数与角度位移传感器的初始位置有关。当初始化角度位移传感器时，它的计数值被设置为0，也可用程序将其重新复位，如图2-57所示。

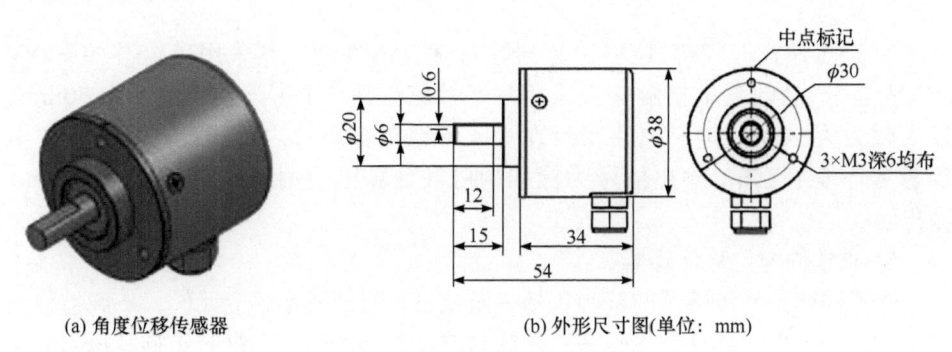

(a) 角度位移传感器　　　　　　(b) 外形尺寸图(单位：mm)

图2-57　38AC角度位移传感器

角度位移传感器把角度转换成其他物理量，采用非接触式专利设计，与同步分析器和电位计等其他传统的角位移测量仪相比，其有效地提高了长期可靠性。角度位移传感器采用特殊形状的转子和线绕线圈，模拟LVDT位移传感器的线性位移，具有较高的可靠性和性能，转子轴的旋转运动产生线性输出信号，围绕出厂预置的零位移动±60°。此输出信号的相位指示离开零位的位移方向。转子的非接触式电磁耦合使产品具有无限的分辨率，即绝对测量精度可达到零点几度。

4) LVDT位移传感器

LVDT位移传感器是一种常见的机电传感器，可将其以机械方式耦合的物体直线运动转换为对应的电气信号。

LVDT位移传感器的活动元件是导磁性材料的铁芯，可在线圈的中空孔内沿轴向自由移动，并通过机械方式耦合到需要测量位置的物体上。LVDT位移传感器的电磁感应原理[8]与传统的电力变压器不同，LVDT位移传感器是一种开磁路弱磁耦合的测量元件。LVDT位移传感器由铁芯、衔铁、初级线圈、次级线圈等组成，初级线圈、次级线圈分布在线圈骨架上，线圈内部有一个可自由移动的杆状衔铁。用不同线径的漆包线在骨架上绕制一组初级线圈，两组次级线圈，其工作方式依赖于在线圈骨架内磁芯的移动，当初级线圈供给一定频率的交变电压时，铁芯在线圈内移动改变了空间的磁场分布，从而改变了初级线圈和次级线圈之间的互感量，次级线圈就会产生感应电动势，铁芯的位置不同，互感量不同，次级线圈产生的感应电动势也不同，这样就将铁芯的位移量变成了电压信号输出。LVDT 位移传感器的外形如图 2-58 所示。

图 2-58　LVDT 位移传感器外形

直流回弹式 LVDT 位移传感器具有优良的性能，其采用单电源 9～28V DC 供电，产品的测量接触探头采用耐磨镀铬硬质工具钢，最大量程为 50mm，最大弹力为 200g，电子电路密封在 304 不锈钢金属管内，可以在潮湿和灰尘等恶劣环境下工作，输出信号为标准的可被计算机使用的 0～5V 或 4～20mA 输出。

5) 磁致伸缩位移传感器

磁致伸缩位移传感器的核心包括一条铁磁材料的测量感应元件，一般被称为波导管，一个可以移动的永磁铁，磁铁与波导管会产生一个纵向磁场。每当电流脉冲(询问信号)由传感器电子头送出并通过波导管时，第二个磁场便从波导管的径向产生。这两个磁场在相交的瞬间，波导管产生磁致伸缩现象，一个应变脉冲即时产生。这个被称为返回信号的脉冲以超声度从产生点(位置测量点)运行回传感器电子头，并被检测器检测出来。准确的磁铁位置是由传感器电路的一个高速计时器对询问信号发出到返回信号到达的时间周期探测而计算出来，这个过程极为快速且精确无误。

磁致伸缩位移传感器的工作原理如图 2-59 所示，某一型号磁致伸缩位移传感器实物如图 2-60 所示。

磁致伸缩位移(液位)传感器通过内部非接触式的测控技术，可以精确地检测活动磁环的绝对位置，进而测量被检测产品的实际位移；该传感器的高精度和高可靠性已被广泛应用于成千上万的实际案例中。目前，磁致伸缩位移传感器广泛应用于石油、化工、水利、制药、食品、饮料等行业的各种液罐的液位计量和控制，以及航天加油系统、汽车加油系统、柴油加油系统和各种液压罐、水文监测、水处理等方面。

6) 激光位移传感器

激光位移传感器是利用激光技术进行测量的传感器。它由激光器、激光检测器和测量电路等组成。激光位移传感器是新型测量仪表，能够精确测量位移、厚度、振动、距离、直径等。激光具有直线度好的优良特性，激光位移传感器相对于超声波传感器具有更高的精度。但是，激光的产生装置相对比较复杂且体积较大，因此对激光位移传感器的应用范围要求较苛刻。

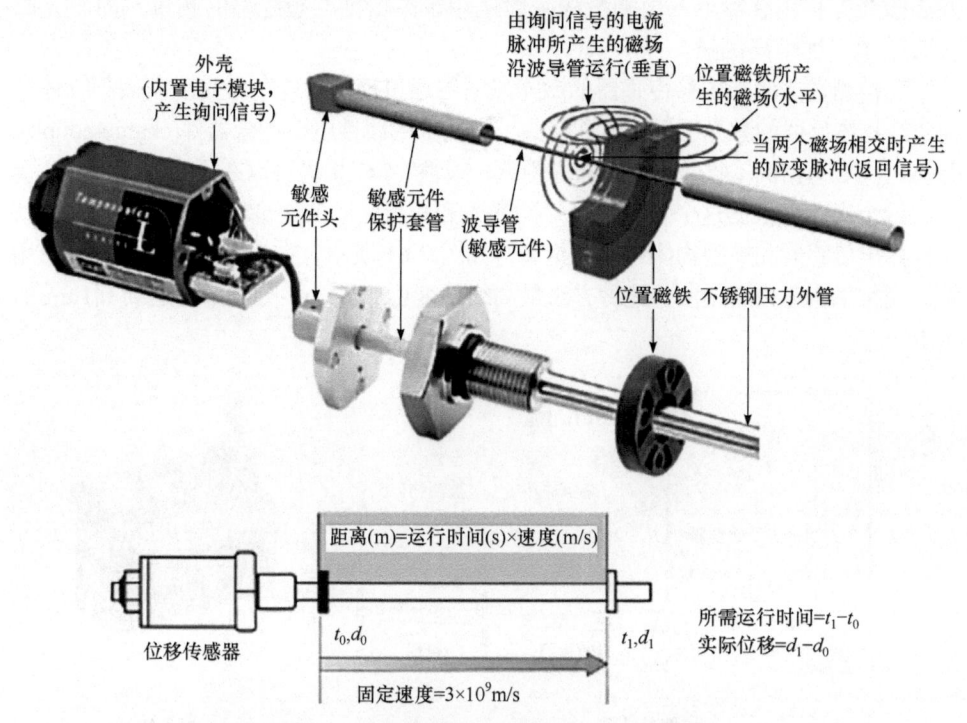

图 2-59　磁致伸缩位移传感器的工作原理

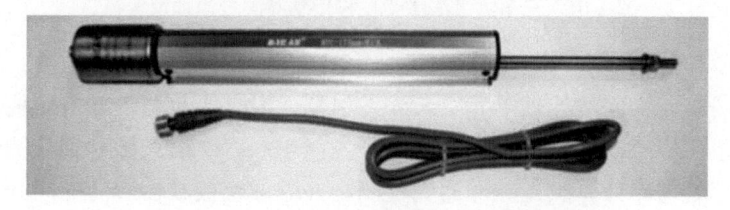

图 2-60　某一型号磁致伸缩位移传感器实物

在激光位移传感器工作过程中，激光位移发射器会将镜头发射出的红色激光射向物体的表面，而物体的表面会出现一系列反射情况，其中一束激光将会被反射回激光位移传感器，此时根据光线反射的角度和激光位移传感器的距离来侦测。

在接受元件位置的光束通过模拟和电子数字处理，经过内部的微处理分析，然后计算出相应的输出值，在调整输出值之后，向物体发射一束光，此时这束光可以测量位移的大小。

按照测量原理，激光位移传感器可分为三角测量法激光位移传感器和激光回波法激光位移传感器。三角测量法一般适用于高精度、短距离的测量，而激光回波法适用于远距离测量。

三角测量法激光位移传感器的激光发射器通过镜头将红色激光射向被测物体表面，经物体反射的激光通过接收器镜头，被内部的线性电荷耦合器件(charge-coupled device, CCD)相机接收，根据不同的距离，线性 CCD 相机可以在不同的角度下"看见"这个光点。根据这个角度及已知的激光和相机之间的距离，数字信号处理器就能计算出传感器和被测物体之间的距离，如图 2-61 所示。在当前的工业机器人应用中，通常采用三角测量法，这种方法最高线性度可达 1μm，分辨率可达到 0.1μm 的水平。

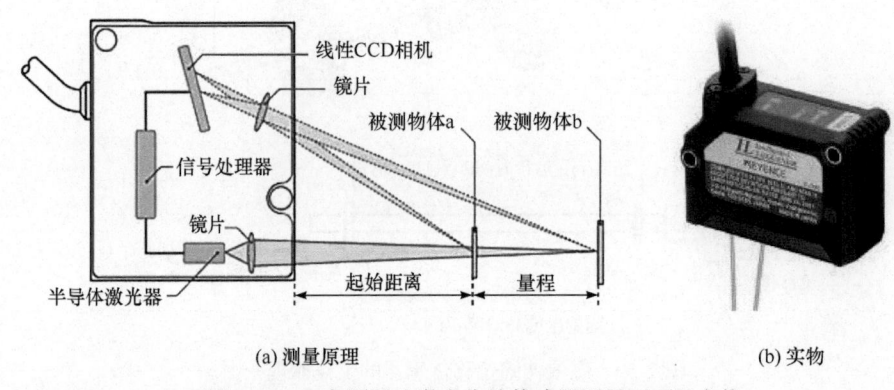

(a) 测量原理　　　　　　　　　　　　　　(b) 实物

图 2-61　三角测量法激光位移传感器测量原理及实物

激光位移传感器利用回波分析原理测量距离，以达到一定的精度。传感器内部由处理器单元、回波处理单元、激光发射器、激光接收器等部分组成。激光回波法激光位移传感器通过激光发射器每秒发射 100 万个激光脉冲到检测物并返回至接收器，处理器计算激光脉冲遇到检测物并返回至接收器所需的时间，以此计算出距离，该输出值是上千次测量结果的平均输出，即脉冲时间法测量的结果。激光回波法适用于长距离检测，最远检测距离可达 250m，但测量精度相对于三角测量法要低。

2. 位移传感器的七个重要参数指标

位移传感器是一种检测装置，能检测到被测量的信息，并能将检测到的信息按一定的规律变换为电信号或其他所需形式的信息输出，以满足信息的传输、处理、存储、显示、记录和控制等要求。它是实现自动检测和自动控制的首要环节。位移传感器具有七个重要参数指标，具体如下。

(1) 灵敏度：对于一个仪器，一般都是灵敏度越高越好，因为仪器越灵敏，就越容易感受到周围环境发生的位移变化，输出电压的变化相应变大，有利于提高测量精度。

(2) 零点温漂技术指标：环境温度变化引起的零点平衡变化，一般以温度每变化10℃引起的零点平衡变化量对额定输出的百分比来表示，即传感器不受压时的输入由温度变更引起的漂移。

(3) 频带宽：指的是传感器可以测量的有效频带宽度范围，如一个传感器有上百赫兹带宽即可测量振动。

(4) 输出方式：有数字输出和模拟输出两种方式。数字式传感器向仪表输入的是数字信号，模拟式传感器向仪表输入的是模拟信号，如电压、电流等。

(5) 量程：测量不同构件的运动所需要的量程也是不同的，应根据实际需要的量程合理选择传感器。

(6) 极限过载：传感器能承受的、不使其丧失工作能力的最大位移量，即当工作量程超过此值时，传感器将会受到损坏。

(7) 传感器增益：传感器的原始信号输出放大倍率。

2.6 拉压力传感器

在轨道结构动态测试及试验中，经常用到各种压力或拉力传感器，与其他传感器相同，目前拉压力传感器的种类也较多，因此在选用拉压力传感器时，需要考虑被测对象的特征、测试目的、荷载范围与频率、精度等因素。

2.6.1 拉压力传感器类型

拉压力传感器是工业、工程中应用广泛的一种荷载测量传感器。拉压力传感器属于称重传感器的一种，其基于电阻应变原理工作，是在诸多称重系统中最为常用的一种传感器。其应用包括电子秤、台秤、配料秤等，在我们的生活中也可以说是无处不在。在当前智能工程领域中，拉压力传感器更是不可或缺的传感元器件。目前国内外各领域使用的拉压力传感器形式和种类繁多，归纳起来主要有压电式压力传感器、应变式压力传感器、压阻式压力传感器、电容式压力传感器、电磁式压力传感器、振弦式压力传感器等[9,10]。

1. 压电式压力传感器

压电式压力传感器是一种以压电效应为工作原理，并以机电转换的自发电式传感器，其敏感元件是用压电材料制成的，当压电材料受到外力作用时，其表面会形成电荷，通过电荷放大器、测量电路的放大以及变换阻抗后，就会转换成与其所受压力成正比的电量输出，其工作原理与压电式加速度传感器相同，压电式单向压力传感器的结构和实物图如图 2-62 所示。

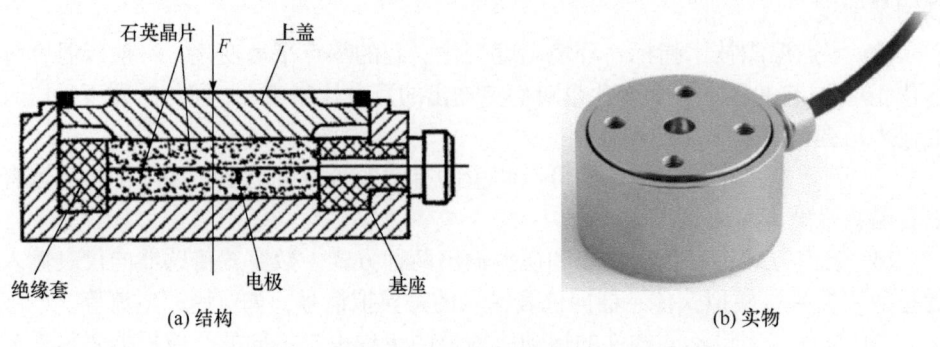

图 2-62　压电式单向压力传感器的结构和实物图

2. 应变式压力传感器

在 2.2.3 节已对应变式的通用拉压荷载传感器的基本原理和结构进行了介绍，目前工程中根据不同的应用条件，采用不同类型的应变式压力传感器。应变式压力传感器的类型较多，应用较广，量程范围极大，可从几牛至几千牛。几种常用的应变式压力传感器实物如图 2-63 所示。

图 2-63　不同类型的应变式压力传感器

3. 压阻式压力传感器

压阻式压力传感器是利用单晶硅的压阻效应而构成的传感器。单晶硅材料在受到力的作用后，电阻率发生变化，通过测量电路可得到正比于力的变化的电信号输出。采用的单晶硅膜片为弹性元件，单晶硅膜片采用集成电路的工艺，在单晶硅的特定方向扩散一组等值电阻，并将电阻接成桥路，单晶硅膜片置于传感器腔内。压阻式压力传感器用于压力、拉力、压力差，以及可以转变为力的变化的其他物理量(如液位、加速度、质量、应变、流量、真空度等)的测量和控制。

压阻式压力传感器采用集成工艺将电阻条集成在单晶硅膜片上，制成硅压阻芯片，并将此芯片的周边固定封装于外壳之内，引出电极引线。压阻式压力传感器又称固态压力传感器，它不同于粘贴式应变传感器需要通过弹性敏感元件间接感受外力，而是直接通过单晶硅膜片感受进而测量压力，压阻式压力传感器的结构及实物图如图 2-64 所示。

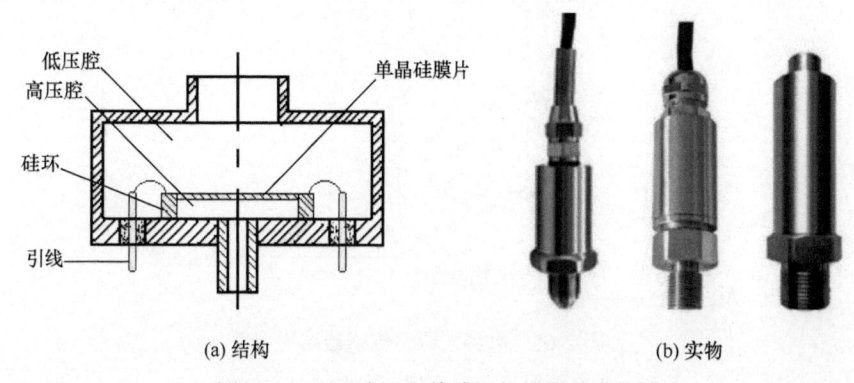

图 2-64 压阻式压力传感器的结构及实物图

当单晶硅膜片受到外力作用而产生形变时，各电阻值发生变化，电桥就会产生相应的不平衡输出。压阻式压力传感器的基片(或称膜片)材料主要为硅片和锗片，硅片为敏感材料而制成的硅压阻传感器越来越受到人们的重视，尤其是以测量压力和速度的固态压阻式传感器应用最为普遍。

4. 电容式压力传感器

电容式压力传感器是一种以电容作为敏感元件，可将被测压力转换成电容值改变的压力传感器。电容式压力传感器属于极距变化型电容式传感器，可分为单电容式压力传感器和差动电容式压力传感器。单电容式压力传感器由圆形薄膜与固定电极构成。薄膜在压力的作用下变形，从而改变电容器的容量，其灵敏度大致与薄膜的面积和压力成正比，而与薄膜的张力和薄膜到固定电极的距离成反比。

差动电容式压力传感器的受压膜片电极位于两个固定电极之间，构成两个电容器，在压力的作用下一个电容器的容量增大，而另一个电容器的容量相应减小，测量结果由差动式电路输出。电容式压力传感器结构如图 2-65 所示。固定电极是在凹曲的玻璃表面上镀金属层而制成的，过载时膜片受到凹面的保护而不致破裂。差动电容式压力传感器比单电容式压力传感器的灵敏度更高、线性度更好，但加工较困难(特别是难以保证对称性)，而且不能实现被测气体或液体的隔离，因此不宜在有腐蚀性或杂质的流体中工作。

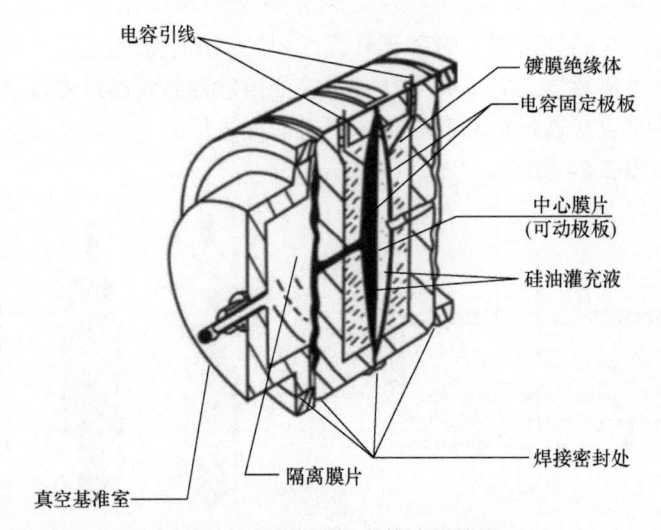

图 2-65 电容式压力传感器结构

5. 电磁式压力传感器

基于电磁原理的压力传感器主要包括电感压力传感器、霍尔压力传感器、电涡流压力传感器等。

电感压力传感器的工作原理是由于磁性材料和磁导率不同，当压力作用于膜片时，气隙大小发生改变，气隙的改变影响线圈电感的变化，处理电路可以把电感的变化转化成相应的信号输出，从而达到测量压力的目的。该种压力传感器按磁路变化可以分为两种，即变磁阻压力传感器和变磁导压力传感器。电感压力传感器的优点为灵敏度高、测量范围大，缺点为不能应用于高频动态环境。

霍尔压力传感器是基于某些半导体材料的霍尔效应制成的。霍尔效应是指当固体导体放置在一个磁场内，且有电流通过时，导体内的电荷载子受到洛伦兹力而偏向一边，继而产生电压(霍尔电压)的现象。电压所引致的电场力会平衡洛伦兹力。通过霍尔电压的极性，可证实导体内部的电流是由带有负电荷的粒子(自由电子)运动所造成的。

电涡流效应是由一个移动的磁场与金属导体相交，或是由移动的金属导体与磁场垂直交会所产生的。简而言之，就是电磁感应效应所造成的。这个动作产生了一个在导体内循环的电流。电涡流特性使电涡流检测具有零频率响应等特性，因此电涡流压力传感器可用于静态力的检测。

6. 振弦式压力传感器

振弦式压力传感器属于频率敏感型传感器，这种频率测量具有相当高的准确度，因为时间和频率均是能准确测量的物理量参数，而且频率信号在传输过程中可以忽略电缆的电阻、电感、电容等因素的影响。同时，振弦式压力传感器还具有较强的抗干扰能力，零点漂移小、温度特性好、结构简单、分辨率高、性能稳定，便于数据传输、处理和存储，容易实现仪表数字化，因此振弦式压力传感器也可以作为传感技术发展的方向之一。

振弦式压力传感器的敏感元件是拉紧的钢弦，敏感元件的固有频率与拉紧力的大小有关。钢弦的长度是固定的，钢弦的振动频率变化量可用来测算拉力的大小，即输入的是力信号，输出的是频率信号。振弦式压力传感器可以选择电流输出型和频率输出型。振弦式压力传感器在工作时，振弦以其谐振频率不停振动，当测量的压力发生变化时，频率也会发生变化，这种频率信号经过转换器可以转换为4~20mA的电流信号。

2.6.2 拉压力传感器技术指标

拉压荷载传感器、气体液体压力传感器的种类繁多，性能差异较大，用户需要根据使用条件、环境条件、荷载类型等选择较为适用的传感器。

拉压力传感器不仅可以测量拉力，也可以测量压力，主要是根据传感器的安装方式来测量变化的信号输出。在实际生活中，拉压力传感器的应用十分广泛，根据具体的使用环境、条件和要求，选择较为适用、经济、合理的传感器，可以起到事半功倍的效果。

压力传感器的静态特性是指对于静态的输入信号，传感器的输出量与输入量之间所具有的相互关系。此时输入量和输出量都与时间无关，因此它们之间的关系，即传感器的静态特性可用一个不含时间变量的代数方程，或以输入量作为横坐标，与其对应的输出量作为纵坐标而画出的特性曲线来描述。表征传感器静态特性的主要参数有线性度、灵敏度、迟滞、重复性、漂移等。

传感器的动态特性常用它对某些标准输入信号的响应来表示，这是因为传感器对标准输入信号的响应容易用试验方法求得，并且它对标准输入信号的响应与它对任意输入信号的响应之间存在一定的关系，往往知道了前者就能推定后者。最常用的标准输入信号有阶跃信号和正弦信号两种，传感器的动态特性常用阶跃响应和频率响应来表示。

拉压力传感器的一些常用技术指标如下。

(1) 额定压力范围：满足标准规定值的压力范围，也就是在高温和低温之间，传感器输出符合规定工作特性的压力范围。在实际应用时，传感器所测压力应在该范围之内。

(2) 压力范围：指的是传感器能长时间承受的压力，且不引起输出特性改变。特别是半导体压力传感器，为提高线性和温度特性，一般都大幅度减小额定压力范围。因此，即使在额定压力以上连续使用，传感器也不会被损坏。一般压力范围是额定压力高值的2~3倍。

(3) 损坏压力：指的是能够加在传感器上且不使传感器元件或传感器外壳损坏的压力。

(4) 频率响应特征：决定了被测量荷载的频率范围，必须在允许频率范围内保持不失真的测量条件，实际上传感器的响应总有一定延迟，希望延迟的时间越短越好。传感器的频率响应越高，可测量的信号频率范围就越宽，而由于受到结构特性的影响，机械系统的惯性较大，固有频率较低的传感器可测量信号的频率较低。在动态测量中，应根据信号的特点(稳态、瞬态、随机等)响应特性选择相应的传感器，以免产生过大的误差。

(5) 线性度：指的是传感器输出量与输入量之间的实际关系曲线偏离拟合直线的程度。定义为在全量程范围内实际特性曲线与拟合直线之间的最大偏差值与满量程输出值之比。从理论上来讲，在此范围内，传感器的灵敏度保持定值。传感器的线性范围越宽，其量程越大，并且能保证一定的测量精度。在选择传感器时，传感器的类型确定以后首先应判断其量程是否满足要求。但实际上，任何传感器都不能保证绝对的线性，其线性度也是相对的。当所要求的测量精度比较低时，在一定的范围内，可将非线性误差较小的传感器近似看成线性的，这会给测量带来极大的方便，并扩大了传感器的选择范围，降低了测试成本。

(6) 灵敏度：静态特性的一个重要指标。其定义为输出量的增量与引起该增量的相应输入量增量之比。灵敏度用 S 表示。在传感器的线性范围内，希望传感器的灵敏度越高越好。因为只有灵敏度高的传感器，其与被测量变化对应的输出信号的值才比较大，更有利于信号处理。但需要注意的是，传感器的灵敏度越高，与被测量无关的外界噪声越容易混入，并会被放大系统放大，影响其测量精度。因此，要求传感器本身应具有较高的信噪比，尽量减少从外界引入的干扰信号。传感器的灵敏度是有方向性的。当被测量是单向量，并且对其方向性要求较高时，应选择其他方向灵敏度小的传感器，若被测量是多维向量，则要求传感器的交叉灵敏度越小越好。

(7) 稳定性：传感器使用一段时间后，其性能保持不变的能力称为稳定性。影响传感器长期稳定性的因素除了传感器本身结构，主要是传感器的使用环境。因此，要使传感器具有良好的稳定性，其必须要有较强的环境适应能力。在选择传感器之前，应对其使用环境进行调查，并根据具体的使用环境选择合适的传感器，或采取适当的措施，减小环境的影响。传感器的稳定性有定量指标，在超过使用期后，在使用前应重新进行标定，以确定传感器的性能是否发生变化。在某些要求传感器能长期使用而又不能轻易更换或标定的场合，所选用的传感器应能够经受得住长时间的考验。

(8) 精度：关系到整个测量系统的一个重要环节。传感器的精度越高，价格越昂贵，因此传感器的精度只需要满足整个测量系统的精度要求即可，不必选得过高。因此，可以在满足同一测量要求的诸多传感器中选择比较便宜和简单的传感器。

(9) 压力迟滞：传感器在输入量由小到大(正行程)及由大到小(反行程)变化期间，其输入输出特性曲线不重合的现象称为迟滞。对于同一大小的输入信号，传感器的正反行程输出信号大小不相等，这个差值称为迟滞差值。

(10) 温度范围：分为补偿温度范围和工作温度范围。补偿温度范围是由于施加了温度补偿，精度进入额定范围内的温度范围。工作温度范围是保证压力传感器能正常工作的温度范围。

(11) 重复性：指的是传感器在输入量按同一方向进行全量程连续多次变化时，所得特性曲线不一致的程度。

(12) 漂移：指的是在输入量不变的情况下，传感器输出量随着时间变化的现象。产生漂移的原因有两个，一是传感器自身结构参数，二是周围环境(如温度、湿度等)。

参 考 文 献

[1] 周明华. 土木工程结构试验与检测[M]. 南京：东南大学出版社, 2002.
[2] 韦德骏. 材料力学性能与应力测试[M]. 长沙：湖南大学出版社, 1997.
[3] 李登超. 参数检测与自动控制[M]. 北京：冶金工业出版社, 2004.
[4] 王恒. 传感器与测试技术[M]. 西安：西安电子科技大学出版社, 2016.
[5] 加速度传感器的工作原理和应用案例[DB/OL]. https://www.sensorexpert.com.cn/article/1132.html[2019-4-24].
[6] 张洪润. 传感器技术大全(上册)[M]. 北京：北京航空航天大学出版社, 2007.
[7] 拉绳位移传感器的原理[DB/OL]. https://blog.csdn.net/jnxfzdh/article/details/107959100[2022-10-1].
[8] LVDT传感器工作原理、接线图，LVDT传感器里程多大?[DB/OL]. https://www.xianjichina.com/special/detail_370109.html[2022-10-1].
[9] 伞海生, 宋子军, 王翔, 等. 适用于恶劣环境的MEMS压阻式压力传感器[J]. 光学精密工程, 2012, 20(3): 550-555.
[10] 晓耀. 最全压力传感器分类及工作原理，认真看完就会明白其中奥秘[DB/OL]. http://www.360doc.com/content/18/0901/22/21923670_783136508.shtml[2018-9-1].

第3章 轨道部件的试验与测试

轨道结构由不同性能和强度的材料所组成,在实际工作中,轨道各部件所承受的应力水平相差极大,但这些结构和材料必须协同工作,共同承担起列车运行的荷载,并有效地传递给轨下基础,以保证轨道结构具有良好的服役性能。为了保证列车运行安全、平稳,在列车荷载作用下,轨道整体结构和各部件的应力强度、变形和位移都必须达到各自的要求,这就需要对轨道整体结构和部件进行理论计算分析,同时也需要进行试验研究,以检验轨道结构和部件的各项力学指标是否达到设计要求。

3.1 钢轨试验

为保证钢轨在巨大轮载作用下仍然能良好工作,需要保证钢轨具有足够的强度,同时保证钢轨具有较好的抗疲劳荷载性能,并具有足够长的服役期,从而降低铁路的运输成本。

目前我国铁路和城市轨道交通使用的主型钢轨是 CHN50、CHN60 和 CHN75 轨,其强度也是经过了长期严格的试验和检验,因此目前使用部门对新轨的强度基本上不进行检验。钢轨强度试验的对象主要是再用轨、有损伤的可用轨,以及各种类型的钢轨焊接接头等。目前钢轨强度试验依据的主要规范为《钢轨焊接 第 1 部分:通用技术条件》(TB/T 1632.1—2014)和《钢轨 第 1 部分:43kg/m~75kg/m 钢轨》(TB/T 2344.1—2020)。钢轨的强度试验主要分为三部分,即静载弯曲强度试验、落锤冲击试验和疲劳强度试验。钢轨只有经过 15 个静载弯曲试验、25 个落锤试验、3 个 200 万次疲劳试验不断等 10 项检测检验合格后,才能采用试样焊接时的焊接技术参数开始正式生产。

3.1.1 静载弯曲强度试验

根据《钢轨焊接 第 1 部分:通用技术条件》(TB/T 1632.1—2014)中的规定,静载弯曲强度试验的钢轨试件长度为 1.2~1.3m,焊缝中心位于试件中央,两端应锯切加工平整[1,2]。钢轨简支时,要求支座的圆弧半径为(100±5)mm,支座中心距离为(1000±5)mm,焊缝中心承受集中荷载,试验时环境温度为 10~40℃,试验装置如图 3-1 所示。加载压头圆弧半径为(300±5)mm,加载头宽度为 75mm,表面粗糙度(material removal rate,MRR)为 Ra 6.3μm,硬度为 50~55HRC,如图 3-2 所示。

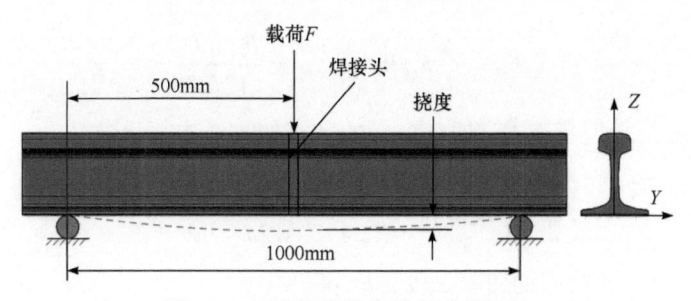

图 3-1 钢轨静载弯曲强度试验装置

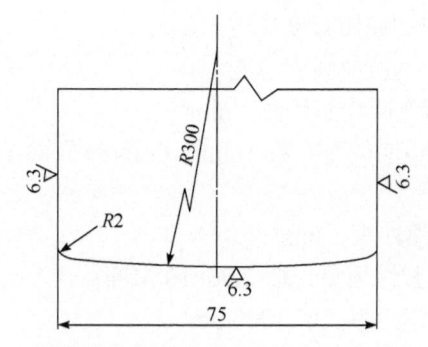

图 3-2 静载弯曲强度试验时的压头形状(单位：mm)

在静载弯曲强度试验过程中,世界各国对所加荷载大小的标准有一定的差别。例如，俄罗斯要求接头最低荷载和挠度分别不小于 2100kN 和 30mm(65kg/m 钢轨，轨头受压)；欧洲钢轨闪光焊接头静载弯曲强度试验标准要求，轨底受拉时，静载弯曲荷载不小于 1600kN、挠度不小于 20mm 后停止加载，接头不断为合格，若接头提前断裂，则为不合格。我国要求普通 CHN60 钢轨轨底受拉静载弯曲(正弯矩)试件加载到 2000kN(CHN60 轨)，要求钢轨闪光焊接头最低静载弯曲荷载不小于 1450kN，加载方向为正压；轨头受拉静载弯曲(负弯矩)试件加载到 1800kN，最小 1300kN，加载方向为反压。加载速率为 40～80kN/s，挠度变化速率为 0.7～1.2mm/s，要求加载活塞的行程不小于 200mm。

在钢轨焊接接头的静载弯曲强度检验中，60kg/m 钢轨固定式闪光焊接头检验中对静载弯曲检验的要求是轨底受拉试件 12 根，轨头受拉试件 3 根，且全部受检试件应连续合格。通过对比可知，欧标对轨底受拉试件的静载弯曲荷载比我国标准要求高，同时对挠度提出了要求。目前在焊轨基地焊接的钢轨接头普遍能够达到我国现行标准中最大荷载的要求，试验结果对焊接工艺参数的调试反馈作用有限，因此有必要参照欧标，研究当前固定式闪光焊接头静载弯曲强度试验的极限破断荷载和挠度水平。

钢轨焊接接头静载弯曲的最大荷载和挠度可以按弹性阶段和塑性阶段分别计算[3]。弹性阶段的最大荷载 F_{eL} 和挠度 d_{eL} 的计算如式(3-1)所示：

$$F_{\mathrm{eL}} = \frac{4}{L} R_{\mathrm{eL}} W, \quad d_{\mathrm{eL}} = \frac{R_{\mathrm{eL}} W L^2}{12EJ} \tag{3-1}$$

塑性阶段的断裂荷载 F_m 和挠度 d_m 的计算如式(3-2)所示：

$$F_{\mathrm{m}} = \frac{4}{L} R_{\mathrm{m}} S, \quad d_{\mathrm{m}} = \frac{(\varepsilon_{\mathrm{m}} - \varepsilon_{\mathrm{eL}})SL^2}{12J} + d_{\mathrm{eL}} \tag{3-2}$$

式中，R_{eL}——钢轨材料的屈服强度，取 600MPa；

R_m——钢轨材料的抗拉强度，取 980MPa；

$\varepsilon_{\mathrm{eL}}$——钢轨材料的屈服强度应变，$\mu\varepsilon$；

ε_m——钢轨材料的抗拉强度应变，$\mu\varepsilon$；

W——钢轨底部弹性截面系数，mm^3；

S——钢轨底部塑性截面系数，mm^3，CHN50 轨的 $S=1.20W$，CHN60 轨的 $S=1.18W$；

J——钢轨截面惯性矩，mm^4；

E——钢轨材料弹性模量，取 $2.06\times10^5\mathrm{MPa}$；

L——试验时支座间距，取 1000mm。

部分国家的钢轨闪光焊接头静载弯曲检验质量标准如表 3-1 所示。

表 3-1 部分国家钢轨闪光焊接头静载弯曲检验质量标准

国家	标准	钢轨规格	接头热处理状态	正压 最低荷载/kN	正压 挠度/mm	反压 最低荷载/kN	反压 挠度/mm
俄罗斯	SDO RZD1.08.002:2009	P65(65kg/m)	焊态	≥2100	≥30	≥1750	≥25
俄罗斯	SDO RZD1.08.002:2009	折算为60kg/m	焊态	≥1907	≥30	≥1653	≥25
英国	EN 14587-2:2009	60kg/m	焊态	≥1600	≥20	—	—
美国	AWS D15.2 D4:2013	60kg/m	焊态	≥1433	≥25	—	—
中国	TB/T1 632.2—2014	60kg/m	正火	≥1450	≥20	≥1300	—

3.1.2 落锤试验

落锤试验是我国钢轨焊接接头检验中必须执行的重要项目[1,2]，虽然目前国外标准对落锤试验已不作要求，但落锤试验的优点在于试验结果明确，具有一锤定结果的便利性，且试验结果反馈及时，方便钢轨焊接工艺参数的及时调试，因此落锤试验仍是焊轨基地进行参数调试时普遍采用的检验方法。静载弯曲强度试验和落锤试验结果的相关性尚不明确。落锤试验按照标准《钢轨焊接 第1部分：通用技术条件》(TB/T 1632.1—2014)进行，要求锤头的标准质量为(1000±5)kg；新制锤头的底面圆弧半径为100mm，当底面圆弧半径大于300mm时应停用修正；锤头硬度为300~350HBW10/3000；落锤试验机的机架应稳固，导轨不得倾斜，并涂油保持润滑，试验机应有保护装置，防止断轨时钢轨飞出。试件放入落锤试验机后，测试接头轨底上表面温度，温度应在35~40℃。落锤试验机如图3-3所示，图3-4为技术人员对落锤冲击后的钢轨焊接接头弯曲矢度进行测量时的现场图。

图3-3 落锤试验机　　图3-4 测量钢轨焊接接头的弯曲矢度

落锤试验的目的是检验钢轨焊接接头能否经受得住1t重铁锤的自由落体冲击。试验前应进行钢轨试样的平直度检验和超声波探伤，试样长度为1.2~1.6m，焊缝中心位于试样中心，钢轨两端应锯切平整，试验时，将钢轨平放在试验机的两个固定支座上，支座中心间距为1m，焊缝居中。试验时落锤高度为5.2m，钢轨不断；当落锤高度为3.1m时，锤头打到钢轨上，钢轨不发生变形，则质量满足要求。

文献[4]对钢轨落锤冲击试验时的钢轨应力进行了计算，最大冲击应力 σ_{dmax} 如式(3-3)所示：

$$\sigma_{dmax} = \frac{QL}{4W} + \sqrt{\left(\frac{QL}{4W}\right)^2 + \frac{6QHAEJ}{4LW^2}} \tag{3-3}$$

式中，H——落锤高度，取5.2m或3.1m；

Q——锤头质量，取1t；

L——支点距离，取1.0m；

E——钢轨材料弹性模量，取2.06×10^5MPa；

J——钢轨截面惯性矩，mm^4；

W——钢轨底部弹性截面系数，mm^3；

A ——钢轨截面积，mm²。

当落锤高度为 5.2m 时，$\sigma_{dmax}=15700\text{MPa}$，是钢轨母材抗拉强度 $R_m=980\text{MPa}$ 的 16.0 倍；当落锤高度为 3.1m 时，可得 CHN60 轨的 $\sigma_{dmax}=12200\text{MPa}$，是钢轨母材抗拉强度 $R_m=980\text{MPa}$ 的 12.4 倍。

随着弹性变形的迅速完成且弹性变形量比静载下更大，落锤形成的应力强度迅速衰减，冲击动应力 σ_d 的计算公式如式(3-4)所示：

$$\sigma_d = \frac{QL}{4W}\left(1+\sqrt{1+\frac{96HEJ}{QL^3}}\right) \tag{3-4}$$

当落锤高度为 5.2m 时，可得 CHN60 轨的 $\sigma_{d1}=3550\text{MPa}$，是钢轨母材抗拉强度 $R_m=980\text{MPa}$ 的 3.62 倍；当落锤高度为 3.1m 时，可得 CHN60 轨的 $\sigma_{d2}=2770\text{MPa}$，是钢轨母材抗拉强度 $R_m=980\text{MPa}$ 的 2.83 倍。

在冲击动应力 σ_d 的作用下，钢轨在冲击点发生塑性弯曲变形，若钢轨未断裂，则锤头在冲击点的应力下降至 12.6MPa，即锤头在冲击点的静载应力远小于它在其他钢轨截面上的弹性应力，锤头反弹几次后静止。在上述动应力作用下，钢轨塑性变形速率很大，因此材料的抗力也很大，与静载时不同，引入一个金属热锻时变形抗力 P：

$$P = \alpha_1\alpha_2 AF \tag{3-5}$$

式中，F ——静载变形压力，MPa；

A ——锤击面积，mm²；

α_1 ——变形速率系数，在液压锻造机上为 1.0～1.5，在高速锻锤上取 3.0；

α_2 ——与锻模结构相关的系数，一般考虑为常数。

α_1 还与工件温度相关，工件温度高时下降、低时升高，在本节实例中，可认为 $\alpha_1=3\sim4$，即钢轨在落锤时的塑变抗力增大了 3～4 倍。

在锤头接触到钢轨的瞬时，锤击力对钢轨产生的相应内应力最大，随后发生的弹性变形使内应力迅速衰减，由于惯性作用，其弹性变形量大于静载时的变形量。落锤时弹性变形的响应速度极大，其极限可达到声波在钢中的传播速度(4982m/s)，而塑性变形响应速度很小，迟滞发生且塑性变形的抗力也大幅度上升，这就是钢轨在大塑性变应力的情况下还不断裂的原因。落锤时钢轨的断裂是在弹性变形阶段最大应力断面上的缺陷，大到一定程度时，产生裂源迅速扩展为解理断裂，它产生于弹性阶段而不是塑性变形阶段，这与静载弯曲时的断裂机理不同。

冲击性试验对材料的化学成分尤其是材料中的缺陷十分敏感，我们往往通过此类试验找出缺陷，进而对焊接工艺进行改进。在钢轨焊接接头落锤试验中，以闪光焊为例，可试验发现的缺陷有以下几种：

(1) 灰斑个数、形状面积及分布位置，试验中持续的灰斑面积超限，说明焊接工艺参数不当，采用正交试验法，可以改进工艺参数使其减少，偶发性的轨底三角区的大灰斑一般是由母材的夹杂、疏松超限所致。

(2) 根据正火细晶化在断面上的分布状况，对正火不透的原因进行改进。

(3) 根据纤维状组织外翻深度减少的情况，改进焊接温度场和顶锻参数。

(4) 电极接触面的局部灼伤、淬火及推瘤刀对钢轨的刮伤。

(5) 母材出现异常现象，如夹渣、冷铁物、孔隙、裂纹、擦伤白层等。

3.1.3 弯曲疲劳强度试验

钢轨弯曲疲劳强度试验也是一项对钢轨焊接接头力学性能的重要检验。试验时，将钢轨简支在支座上，中间施加循环荷载，检验在此循环荷载作用下，钢轨的弯曲疲劳承载能力。疲劳试验时，试样长度根据试验要求确定，一般在1.15～1.75m，试样需要经过校直和探伤检查。钢轨简支的方法与静载弯曲试验相同，轨头向上，支座间距为1.0～1.6m，焊缝居中，但根据与钢轨支座间距的大小，作用的循环荷载大小也需要调整，以保证钢轨所受的弯曲应力大小符合试验要求，故支座间距短，采用大循环荷载；支座间距长，采用小循环荷载[5]。

荷载压头中心应在焊缝中心上，允许偏差±10mm，试件长度超出支座外应在50～100mm。试验机试加荷载的压头踏面曲线半径为(420±5)mm，压头踏面宽度应大于轨头宽度，硬度为50～60HRC，表面光洁度不低于MRR Ra 6.3μm。疲劳试验机所施加的最大荷载应不小于500kN，表盘示值误差应不大于±1%。

采用脉动弯曲疲劳试验，最大荷载为F_{max}，最小荷载为F_{min}，最小最大荷载比为0.2。例如，钢轨支座间距为1.0m时，CHN60轨焊接接头弯曲疲劳试验时的脉动最小荷载为95kN，最大荷载为470kN，荷载频率为3～5Hz。以3根试件为一组，疲劳试件经过200万次循环荷载的作用后无折断为合格。

对钢材的疲劳强度进行评价时，一般都用$S\text{-}N$曲线。图3-5为钢材的典型材料疲劳寿命曲线。当荷载作用次数$N_f<10^4$时，结构被破坏，称为低周疲劳破坏；当荷载作用次数$N_f>10^4$时，结构被破坏，称为高周疲劳破坏。由图3-5可知，理论上认为当荷载小于S_f时，每次作用的荷载不会对材料产生损伤，材料也就不会发生疲劳破坏，所以S_f也称为允许疲劳荷载。每次作用荷载大于S_f时都会对材料产生损伤，如当荷载为S_N时，作用N次材料被破坏，每次损伤就是$1/N$；大于S_f的荷载大小不同，材料被破坏时

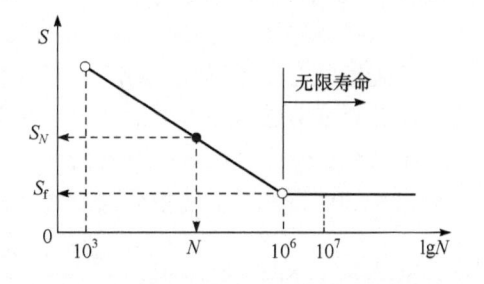

图3-5 钢材的典型材料疲劳寿命曲线

的疲劳荷载作用次数 N 也就不同，荷载大于 S_f 越多，疲劳荷载作用的次数 N 就越小。Palmgren-Miner 法则就是依据此理论计算材料的疲劳强度。但对于非匀质材料，其疲劳寿命是否存在一个明确的 S_f，也即不管荷载大小，是否会对材料产生疲劳损伤，各个文献的表述也不尽相同。

Palmgren-Miner 理论是线性疲劳累积损伤的经典理论，国内外有很多文献利用此理论计算变幅疲劳试件的损伤程度；而作为常幅荷载试验，Palmgren-Miner 理论属于变幅荷载疲劳试验的特例。Palmgren-Miner 理论，简称 Miner 理论，其主要对以下四个问题进行描述：

(1) 对一个循环荷载造成的损伤为 $D = \dfrac{1}{N}$。

(2) 对 n 个循环荷载造成的损伤为 $D = \dfrac{n}{N}$。

(3) 变幅加载为 $D = \sum\limits_{i=1}^{n} \dfrac{1}{N_i}$。

(4) 结构疲劳破坏时，$D_{cr} = 1$，称为临界疲劳损伤。

将上述问题简要概括为

$$D_{cr} = \sum_{i=1}^{n} \frac{n_i}{N_i} = 1 \tag{3-6}$$

式中，n_i——第 i 级应力水平的循环数；

N_i——第 i 级应力水平的疲劳寿命。

实际上，钢轨材料的疲劳是一个复杂的问题，当疲劳荷载小于 S_f 时，仍会对构件产生一定的损伤。文献[6]选取了四种国产典型高强度结构钢材开展对比试验研究，其牌号为 Q460、Q550、Q690、Q960，其对应名义屈服强度 R_{el} 分别为 460MPa、550MPa、690MPa、960MPa，并考虑了钢材试样厚度 t(10mm 和 20mm)的影响。试验时正弦循环疲劳加载过程中最小拉应力与最大拉应力的应力比 ($R = \sigma_{min}/\sigma_{max}$) 为 0.1，加载频率为 15Hz，取疲劳试验的最大应力 σ_{max} =(0.6～0.7) R_{el}，均在材料弹性范围内，所有试验均在室温条件下进行。

高强钢疲劳试验结果($\Delta\sigma$, N)关系采用 Wolher 公式(3-7)进行回归分析，可得高强度钢材疲劳强度的 S-N 曲线。视疲劳寿命 N 服从正态分布，减去关于 $\lg N$ 的 2 倍标准差 $2S_d$，可得置信度 P_s 为 97.7%的 S-N 曲线公式(3-8)。各高强钢母材和对焊接头 200 万次对应的疲劳强度 $\Delta\sigma$ 如图 3-6 所示。

$$\lg N = -m\lg\Delta\sigma + C \tag{3-7}$$

$$\lg N = -m\lg\Delta\sigma + C - 2S_d \tag{3-8}$$

大多数钢材的疲劳性能没有图 3-5 所示的疲劳强度 S_f。由图 3-6 可知，自然回归下，不同屈服强度的高强钢疲劳强度并不相同，且差别较大，这与现有钢结构设计规范中将所有强度钢材(主要针对普通强度钢材)用统一的 S-N 曲线来计算疲劳强度的结果不一致。这是由于普通强度钢材屈服强度集中在 235～355MPa，其名义屈服强度间差别较小(仅 100MPa 左右)，故强度影响较小，而从普通强度钢材到高强度钢材，屈服强度从 235MPa 到 460MPa，再从 460MPa 到 960MPa，差值可达 700MPa，钢材强度等级增大带来的影响已经不能忽略。200 万次疲劳寿命下，Q460-20 的疲劳强度为 139MPa，Q550-20 的疲劳强度(227MPa)相对于 Q460-20 提高了 63%，Q690-20 的疲劳强度(245MPa)相对于 Q460-20 提高了 76%，而 Q960-10 的疲劳强度可达 251MPa，相对于 Q460-20 提高了 81%，表明随着钢材强度等级的增加，高强钢疲劳强度显著增加。对于钢轨和钢轨焊缝的疲劳强度，可根据焊缝钢材料的屈服强度，参考相应的 S-N 曲线计算。

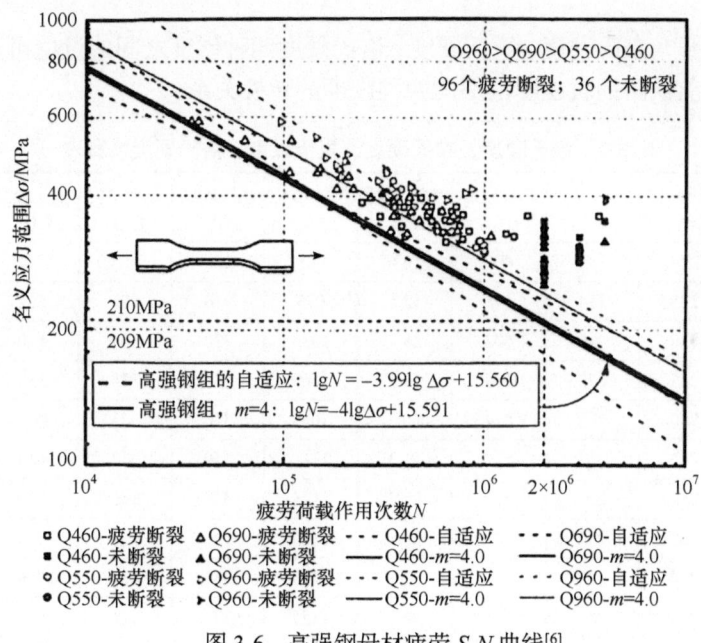

图 3-6　高强钢母材疲劳 S-N 曲线[6]

3.1.4　轮轨硬度的匹配与钢轨硬度的测量

硬度表示材料抵抗物体压入其表面的能力，它是金属材料的重要性能指标之一。一般硬度越高，材料的耐磨性越好。硬度试验的方法较多，原理也不相同，测得的硬度和含义也不完全一样。最常用的是静负荷压入法，即布氏硬度(HB)、洛氏硬度(HRA、HRB、HRC)、维氏硬度(HV)，其值表示材料表面抵抗坚硬物体压入的能力。

维氏硬度(HV)是以 1.2kN 以内的荷载和顶角为 130° 的金刚石锥形压入器压入材料表面，用材料压痕凹坑的表面积除以荷载来表示，单位为 MPa。

布氏硬度(HB)是将一定的荷载(一般为 30kN)把一定大小(一般直径为 10mm)的淬火硬钢球压入材料表面，保持一段时间卸载后，荷载与其压痕面积之比，即为布氏硬度，单位为 MPa。

当 HB>450MPa 或试样过小时，采用布氏硬度试验有一定的困难，因此改用洛氏硬度。洛氏硬度是用一个顶角为 120°的金刚石圆锥体或直径为 1.59mm 或 3.18mm 的钢球，在一定的荷载下压入被测材料表面，由压痕深度求出材料的硬度。HRA 是采用 600N 荷载和钻石锥压入求得的硬度；HRB 是采用 1kN 荷载、直径为 1.58mm 的淬火钢球测得的硬度，一般用于硬度较低的材料(如退火钢、铸铁等)；HRC 是采用 1.5kN 荷载和钻石锥压入求得的硬度，一般用于硬度很高的材料(如淬火钢)。

里氏硬度(HL)、肖氏硬度(HS)属于回跳法硬度试验，其值代表金属弹性变形功的大小。

维氏硬度、布氏硬度、里氏硬度、洛氏硬度四种硬度之间的量值可进行转换，表3-2为目前铁路钢轨硬度范围内四种硬度的转换关系。

表 3-2　维氏硬度、布氏硬度、里氏硬度、洛氏硬度换算表

抗拉强度/MPa	维氏硬度(HV)	布氏硬度(HB)	里氏硬度(HL)	洛氏硬度(HRC)	抗拉强度/MPa	维氏硬度(HV)	布氏硬度(HB)	里氏硬度(HL)	洛氏硬度(HRC)
705	220	209	490	16.6	965	300	285	574	29.8
720	225	214	495	17.5	995	310	295	582	31.0
740	230	219	502	18.7	1030	320	304	590	32.2
755	235	223	508	19.7	1060	330	314	598	33.3
770	240	228	514	20.3	1095	340	323	606	34.4
785	245	233	520	21.3	1115	350	333	614	35.5
800	250	238	526	22.2	1125	360	342	620	36.6
820	255	242	530	23.1	1190	370	352	628	37.7
835	260	247	536	24.0	1220	380	361	636	38.8
850	265	252	541	24.8	1255	390	371	642	39.8
865	270	257	546	25.6	1290	400	380	650	40.8
880	275	261	550	26.4	1320	410	390	656	41.8
900	280	266	555	27.1	1350	420	399	663	42.7
915	285	271	561	27.8	1385	430	409	670	43.6
930	290	276	566	28.5	1420	440	418	676	44.5
950	295	280	570	29.2	1455	450	428	683	45.3

参考文献[7]指出，影响车轮与钢轨耐磨性最重要的因素是硬度。当车轮硬度

大于钢轨时，车轮接触钢轨，车轮"嵌入"钢轨中，如图3-7(a)所示，在这种情况下，车轮与钢轨接触面是曲面，因此轮-轨不易打滑；当车轮硬度小于钢轨时，车轮接触钢轨，车轮接触面被压平，如图3-7(b)所示，在这种情况下，车轮与钢轨接触面接近平面，车轮与钢轨只能靠表面的粗糙程度防止打滑，因此轮-轨容易打滑。

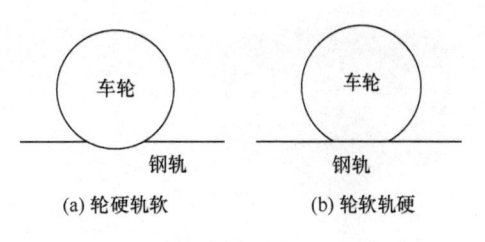

图 3-7　不同硬度的轮轨接触方式

近年来，国外围绕轮轨硬度匹配开展了一系列的研究[7]，得出了不同的结论。研究表明，当车轮材质固定时，随着钢轨硬度的增加，其磨耗量逐渐降低，对应的车轮磨耗量也呈现增加的趋势；当钢轨和车轮硬度比大于1∶1时，随着钢轨硬度的增加，其磨耗量继续降低，但车轮的磨耗量维持在一个稳定的水平，且轮轨总磨耗量是逐渐降低的。国际铁路联盟(International Union of Railways，UIC)实验室研究表明，当钢轨和车轮硬度比在0.7～1.6变化时，并不存在一个最佳的硬度匹配使轮轨之间的总磨耗最小。俄罗斯学者根据本国轮轨使用情况和对轮轨关系的研究，提出了钢轨头部与车轮轮辋(轨硬)的最佳硬度比为1.2～1.4。

在欧洲，铁路主要以客运为主[8]，而且速度比较大，所以轮轨硬度比较低。使用最多的钢轨材料是UIC900A，其轨面硬度为260～300HB，在200km/h的速度下，车辆车轮的硬度为248～285HB，机车或动车车轮硬度为260～302HB。日本铁路新干线的钢轨硬度(≥235HB)低于车轮硬度(311～363HB)。南非铁路的钢轨材料硬度大于320HB，这会降低轮轨的使用寿命。这些都说明当车轮的硬度低于钢轨时，将会产生不理想的结果，车轮的寿命将会降低，所以钢轨的硬度应低于车轮的硬度。

可见，国外有关研究对于轮轨硬度的匹配存在不同甚至相反的观点。

对于钢质材料，硬度高就易发脆，质软则韧性较好，所以在对钢轨进行热处理时，一般采用帽形淬火，使轨头达到较高的硬度，而内部硬度相对低一些，如图3-8所示。根据《铁路用热轧钢轨》(GB/T 2585—2007)，U71、U71Mn钢轨踏面稳定硬化区的表面硬度为302～388HB(32.5～42.0HRC)，获得的帽形硬化层的顶深大于8mm，侧面深度大于6mm，硬化层截面硬度为34～40HRC，硬化层金相组织为索氏体。钢轨稳定硬化区的内层深度，在距踏面中心7mm处，其硬度应大于280HB，轨头表面越向内，硬度应缓慢降低，不应有急剧变化。一般在对轨头测定硬度时，需要在轨头截面上划线，以确定轨头硬度的测试位置，如图3-9所示。图3-10为硬度测试后的轨头截面测痕形状。

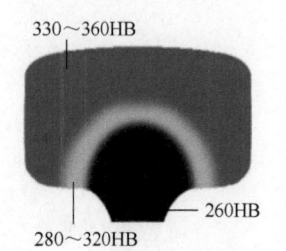

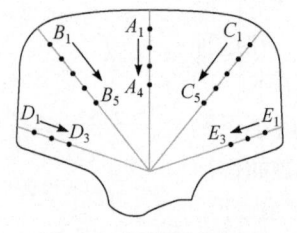

图 3-8　帽形淬火层　　　　图 3-9　标准测点位置　　　　图 3-10　轨头测点

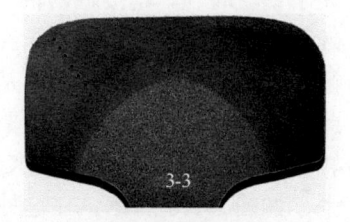

图 3-11　手持式里氏硬度计

在工厂测试钢轨硬度时，可将钢轨做成薄片试样，然后在硬度计上测试。对于现场测试，一般测试钢轨面的不同位置，用手持式里氏硬度计测试，其实物如图 3-11 所示，目前市场上的钢材硬度计种类较多。手持式硬度计测量方便，利用冲头在距试样表面 1mm 处的回弹速度与冲击速度的比值计算硬度，里氏硬度的计算公式为 HL=1000×VB(回弹速度)/VA(冲击速度)。根据测得的里氏硬度(HL)，利用仪器自身带有的硬度转换软件，可以转换为布氏硬度(HB)、洛氏硬度(HRC)、维氏硬度(HV)和肖氏硬度(HS)。

3.2　扣件试验

扣件的连接状态直接影响轨道结构的稳定性，所以良好的列车运行品质离不开动力性能良好的扣件系统。在应用扣件系统之前，都要对其进行力学性能试验，以保证满足设计要求。目前，扣件的力学性能试验主要有纵向阻力试验、扣压力试验、横向阻力和阻矩试验、静动刚度试验及疲劳性能试验等。扣件的试验主要依据是《高速铁路扣件系统试验方法》(TB/T 3396—2015)，此规范共有 7 项扣件性能试验内容；国外也有相似的标准，如 BS EN 13146—2002，此规范共有 9 项内容。

3.2.1　纵向阻力试验

扣件纵向阻力是指中间扣件及防爬设备抵抗钢轨沿轨枕面纵向移动的阻力。对于有砟轨道，为防止钢轨在轨枕面上爬行，要求扣件阻力大于道床纵向阻力，线路纵向阻力取道床纵向阻力；在桥梁等特殊地段，为了降低梁轨之间巨大的相互作用力，常采用小阻力扣件，使扣件阻力小于道床阻力，此时，线路纵向阻力取扣件阻力，这样可避免采用钢轨伸缩调节器，减少桥梁及无缝线路长钢轨的受力。对于无砟轨道，由于扣件连接钢轨与轨道板，而轨道板的纵向阻力极大，一般认为扣件阻力即为线路阻力。

扣件阻力由钢轨与轨枕垫板面、扣压件与轨底扣着面之间的摩阻力组成。摩阻力大小取决于扣件扣压力和摩擦系数的大小。有螺栓扣件的扣压力与螺栓拉力成正比，其大小与螺栓拉力和螺栓扭矩有关，一般随扭力矩的增大而增大。摩擦系数主要与钢轨和扣件之间接触面的材料有关。

测试扣件纵向阻力时，按扣件的标准组装方式将短轨(长 0.6m 左右)用一组扣件固定在轨枕上，同时将轨枕固定，保证在钢轨受到纵向力时，轨枕不发生移动，保证试验质量。在钢轨一端作用荷载，另一端安装百分表，以测量荷载作用下钢轨与轨枕之间的相对位移，试验装置如图 3-12 所示。在《高速铁路扣件系统试验方法　第 1 部分：钢轨纵向阻力的测定》(TB/T 3396.1—2015)规范中，要求将钢轨拉力作用在轨底上，但一般试验时，在钢轨中和轴下方用千斤顶施加顶力，如图 3-13 所示。

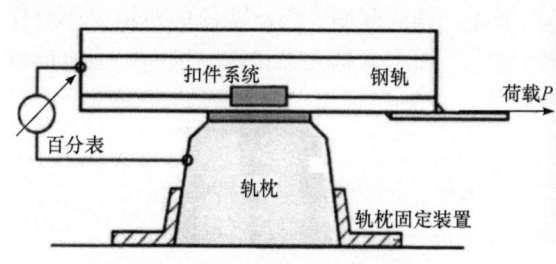

图 3-12　扣件纵向阻力试验装置　　图 3-13　扣件纵向阻力测试

试验应在环境温度为(23±5)℃的室内进行，在试验前，应将钢轨、扣件等在室温条件下静置不少于 24h。按照规范要求以(10±5)kN/min 的速度为钢轨的一端加载，从加载循环开始，记录荷载和钢轨与轨枕之间的相对位移，当钢轨出现滑移或荷载已超出扣件性能要求值的 4 倍时，应迅速将荷载卸载到零，并继续测量钢轨位移 2min，观察钢轨的弹性回复。停止 3min 后，继续加载，得出每次加载/卸载的荷载-位移曲线。当钢轨在扣件组件中开始滑动时，迅速将荷载减至零，继续测量钢轨位移 3min。不拆除或调节扣件组装，重复上述加载/卸载过程 4 次，每次卸载后保持 3min。

试验时，若 $D_2 \leqslant 0.5$mm 并且荷载不超过扣件性能要求值的 4 倍，则该加载无效，应重新进行试验。由图 3-14 的荷载-位移曲线确定 D_1 和 D_2，$D_3 = D_1 - D_2$，取弹性位移 D_3 所需的荷载为 F。若加载循环在荷载大于或等于扣件性能要求值的 4 倍时停止，则弃用第一个加载循环的 F 值，根据后三个加载循环的 F 值求得的平均值作为钢轨纵向阻力的名义值。

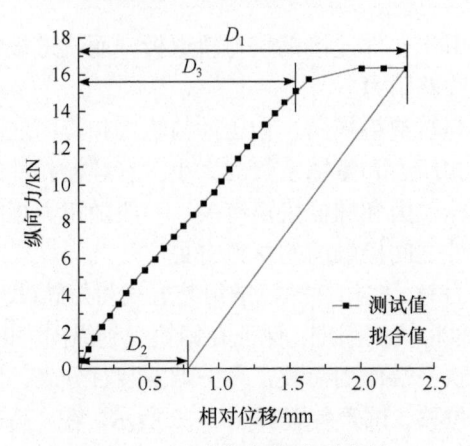

图 3-14 试验的荷载-位移曲线

在对钢轨扣件纵向阻力试验前，需要对纵向阻力进行计算评估，为试验时选择相应的仪器量程和轨道结构设计提供参考。目前，我国铁路部分采用 e 形无螺栓弹条，而大部分钢轨扣件使用 ω 形弹条、螺栓紧固，因此螺栓的扭矩大小直接与扣件的扣压力大小有关。螺栓扭矩越大，扣压力越大，扣件的纵向阻力也就越大。螺栓拉力与扭矩关系如式(3-9)所示[9]：

$$P = \frac{T}{KD} \tag{3-9}$$

式中，P——单颗锚固螺栓的锚固力；
K——扭矩系数，$K=0.18\sim0.24$；
D——螺栓直径，mm；
T——螺栓扭矩，N·mm。

扣件紧固螺栓的拉力并不是全部作用在轨底边坡上，作用在轨底边坡上的力的大小与紧固螺栓和 ω 形弹条扣件内外侧的支点距离有关，一般条件下螺栓靠近扣件的外侧支点，因此扣件作用在轨底边坡的扣压力小于螺栓拉力的 1/2，即扣压力 $P_1 < \frac{1}{2}P$，P 可通过计算或实测得到。

对于 ω 形弹条扣件，目前有两种形式，一种是弹条扣在轨距挡块上，如图 3-15 所示，扣件纵向阻力利用轨距挡块与钢轨的摩擦系数乘以扣压力得到；另一种是弹条直接扣在钢轨上，如图 3-16 所示。扣件纵向阻力利用钢与钢或钢与轨距挡块材料的摩擦系数乘以扣压力得到。纵向扣件阻力的计算公式如式(3-10)所示：

$$F = 2F_1 + F_2 = 2\mu_1 P_1 + \mu_2(2P_1 + lm_g g) \tag{3-10}$$

式中，F——组扣件的纵向阻力，kN；

F_1——组扣件单侧弹条与钢轨轨底边坡产生的纵向阻力，kN；
F_2——轨底与轨下胶垫产生的纵向阻力，kN；
P_1——扣件的单侧扣压力，kN；
μ_1——弹条或尼龙轨距挡块与钢轨轨底边坡之间的摩擦系数；
μ_2——轨底与轨下胶垫之间的摩擦系数；
l——轨枕间距，一般为 0.6m；
m_g——单位长度钢轨质量，kg/m；
g——重力加速度，取 9.81m/s²。

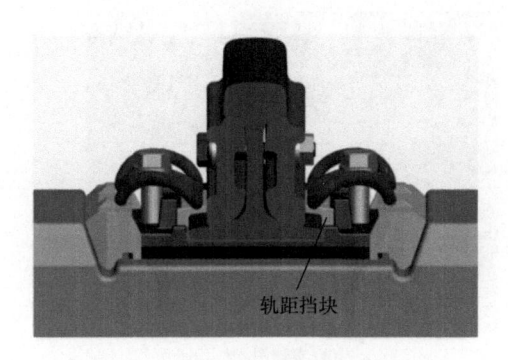

图 3-15　WJ-8 有轨距挡块扣件系统　　　图 3-16　无轨距挡块扣件系统

3.2.2　扣压力试验

扣件系统对保证轨道弹性和轨道几何形位起着重要作用，这就要求扣件的扣压力保持在一个合理的范围内，且具有较好的一致性。扣压力过小，受垂向轮载作用，扣件扣压力将进一步减小，但不允许扣压力为零，若扣压力为零，则无法保证钢轨在轨枕上的稳定，会危及列车运行安全；若扣压力过大，则会造成弹条产生较大的残余变形，容易引起弹条的蠕变松弛，或因材质等造成弹条折断，同时过大的扣压力也会使轨下垫层初始压力过大，造成轮载作用下的轨道弹性下降，从而使轨下基础承受较大的冲击，造成轨枕或其他轨下基础损伤。

对于高铁线路，过大的扣压力造成轨道结构中预埋的塑料螺旋套管受拉力过大而失效，一旦失效，更换工作费时费力。在特殊区段，对扣压力有特殊要求，如陡坡区段，扣压力要比一般区段大；而在铺设无缝线路的长大桥上的无砟道床，扣压力要比一般区段小，因此应根据桥上无缝线路要求的线路纵向阻力，合理调整扣压力的大小，减小梁轨间的相互作用力。在不同线路的地段，需要采用不同扣压力的扣件，从而保证轨道结构受力合理。扣件扣压力试验的目的是确定该扣件在正常螺栓扭矩条件下的实际扣压力大小，从而保证该扣件上道后能满足使用要求。

目前我国铁路扣件扣压力试验依据是《高速铁路扣件系统试验方法 第 2 部分：组装扣压力的测定》(TB/T 3396.2—2015)，国外也有相应的标准，如 BS EN 13146-7—2002，这两个标准的试验方法基本一致。

在进行扣压力试验前，用被试验扣件将试验短钢轨固定在轨枕上，轨枕放在刚性基础上并加以固定，在钢轨头部施加向上拉力 P，在短轨(一般长 0.6m)四角对称布置 4 个位移传感器，在钢轨受拉力 P 时，测量钢轨相对于轨枕的向上位移量，由于位移的不均匀性，最后的钢轨向上位移量取钢轨两端 4 个位移传感器的平均值，试验装置如图 3-17 所示。

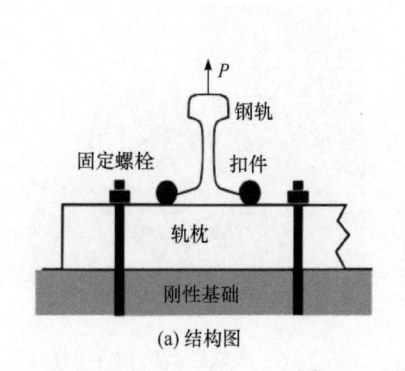

(a) 结构图　　(b) 实物图

图 3-17　基准方法试验装置

在实际试验扣件扣压力时，钢轨向上拉的试验装置较复杂，因此一般试验时采用压轨枕的替代方案试验装置，如图 3-18 所示。替代方案是先将短钢轨与轨枕用被测扣件组装好，然后支承钢轨，将轨枕悬挂在钢轨上，测试钢轨四角与轨枕之间的相对位移 d。采用此方案时，需要考虑轨枕和加力架的重量对扣件扣压力的影响，将轨枕、加力架向上提，以抵消轨枕和加力架的重量，并在此时将位移传感器置零，然后缓慢卸载向上的力至零，此时位移传感器上显示的位移就是轨枕和加力架的重量引起的钢轨和轨枕之间的相对位移。

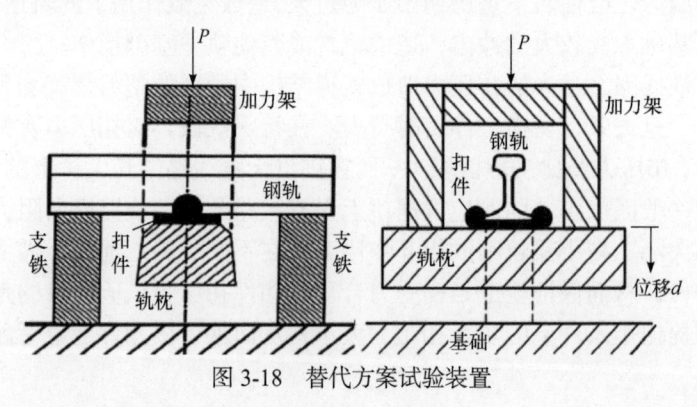

图 3-18　替代方案试验装置

以图 3-18 的试验装置为例，试验分为有轨下胶垫的扣件系统试验和无轨下胶垫的扣件系统试验。

在进行有轨下胶垫试验时，以 9～11kN/min 的恒定加载速率向加力架施加荷载，直至轨下胶垫刚好能抽出。抽出轨下胶垫并卸载到位移传感器的平均读数为 0，记录 P_1，继续卸载到约 $0.9P_1$，然后以相同的加载速率加载，直至荷载为 $1.1P_1$，同时记录 d 值(4 个传感器的平均值)。从荷载-位移曲线(图 3-19)中读取 $d=0$ 时的 P_0 值，并按式(3-11)计算组装扣件的扣压力：

$$P = P_0 - g(m_s + m_f)/1000 \tag{3-11}$$

式中，P ——一组扣件的扣压力，kN；

P_0 ——恰好抵消扣压力，钢轨零位移时的垂向力，kN；

g ——重力加速度，取 9.81m/s²；

m_s ——用于测试的轨枕和组装在其上的扣件部件的质量，kg；

m_f ——轨枕上方加力架的质量，kg。

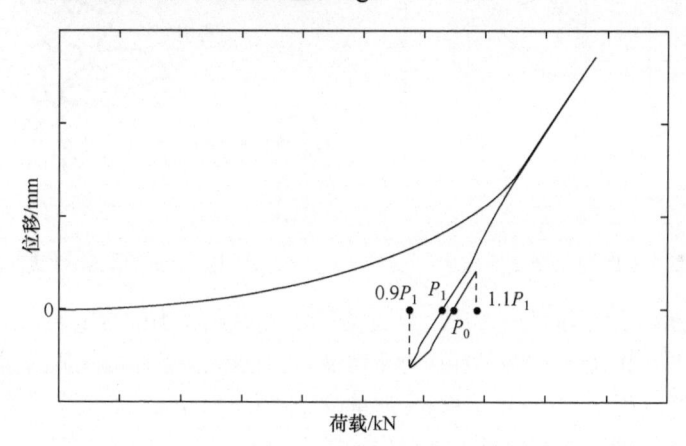

图 3-19 荷载-位移曲线示意图

在进行无轨下胶垫试验时，9～11kN/min 的恒定加载速率向加力架施加荷载，直至刚好能在轨下塞入钢垫片(承轨台四角各一片，4 片钢垫片尺寸均为 25mm×25mm，厚度均为(0.25±0.05)mm)，卸载为零，然后以相同速率加载，直至钢垫片刚好被取出，记录此时的荷载 P_0，该值即为扣件组装的扣压力，并按式(3-11)计算一组扣件的扣压力。

试验中不应对扣件进行任何方式的拆卸或调整。重复上述步骤两次，每次卸载后停留 3min 再继续加载，以三次平均值作为扣件组装的扣压力。

若按图 3-17 拉钢轨的方式进行试验，则扣压力公式(3-11)中无须减去轨枕和支架的质量，即扣压力 $P = P_0$。

以上是一组钢轨扣件扣压力的规范测试方法，但在工程中，有时需要测试单个扣件的扣压力。目前我国铁路和城市轨道交通应用最多的是 e 形弹条和 ω 形弹条。e 形弹条是无螺栓扣件，ω 形弹条是有螺栓扣件。

《高速铁路扣件系统试验方法 第 2 部分：组装扣压力的测定》(TB/T 3396.2—2015)规定，Ⅲ型弹条(e 形)的扣压力测试方法有两种[9,10]，一种是通过加载使弹条向下产生一定位移来测定弹条的扣压力，如图 3-20 所示；另一种是通过提升使弹条向上产生一定位移来测定弹条的扣压力，如图 3-21 所示。

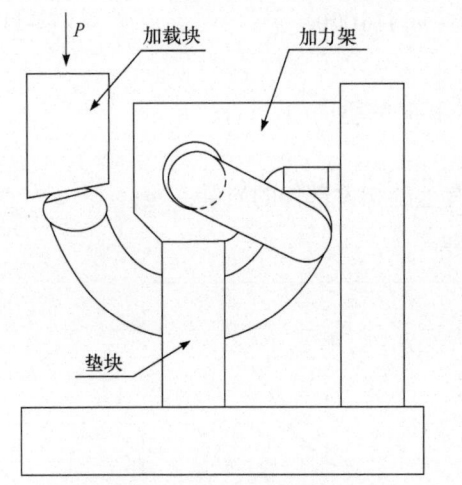

图 3-20　e 形弹条测试方法 1 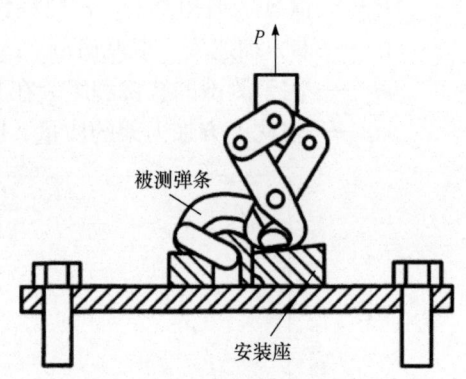　　　　图 3-21　e 形弹条测试方法 2

《高速铁路扣件系统试验方法 第 2 部分：组装扣压力的测定》(TB/T 3396.2—2015)规定，Ⅲ、Ⅳ型(e 形)弹条扣压力不得低于 11kN，弹条尾部圆弧内侧与安装孔端部的安装距离 D 为 8~10mm。弹条变形量设计值为 16.0mm，安装变形量为 11.5mm。

方法 1 的原理为测试弹条向下产生一定变形量时的力值。将弹条放入如图 3-20 所示的试验工装中，加载设备对弹条施加向下的垂向持续荷载，使弹条向下产生 11.5mm 的位移，此时对应的加载力 P 即为弹条的扣压力。

方法 2 的原理为测试弹条向上提升一定变形量时的力值。利用专用工具将被测弹条按标准组装，并安装在安装座上(图 3-21)，弹条安装于安装座后变形量为 11.5mm。安放夹持工装夹住弹条趾端，钩子外侧面距离弹条趾端端部约 5mm。利用加载设备对夹持工装施加垂直于安装座底板的荷载，夹持工装夹住弹条缓慢提升。当弹条趾端下表面与安装座之间刚好能插入 0.1mm 的塞尺时，此时的拉力 P 即为弹条扣压力。

对于 ω 形弹条，扣压力的大小一般用换算为旋紧弹条扣件螺栓或螺母的扭矩来控制，不同类型的扣件，螺栓的扭矩也不同，以达到不同的扣件纵向阻力的目的[11,12]。如 WJ-8 型扣件系统，在 ω 形弹条中部前端下颚与绝缘轨距块刚刚接触为准，此时旋紧扭矩约为 160N·m。一般弹条扣件的螺栓扭矩为 120～150N·m，对于小阻力扣件，螺栓的扭矩较小，如 WJ-2，只有 70N·m 左右。

为此，提出一种基于直接检测 ω 形弹条扣件扣压力的新型弹条扣件作业扭矩校准方式[11]，以控制弹条扣件作用于钢轨上的扣压力为直接检测对象，对可控扭矩作业机具进行扭矩控制参数的校准，可适应不同工作原理的扭矩作业机具，实现弹条扣件的可控扭矩作业，保证弹条扣件对钢轨扣压力的一致性和正确性。通过模拟实际 ω 形弹条扣件安装条件，在弹条扣件受力点设置测力传感器，直接检测弹条扣件受压时的扣压力变化，通过计算或实际标定方法确定扣压力与螺栓扭矩之间的对应关系曲线，测试装置如图 3-22 所示。

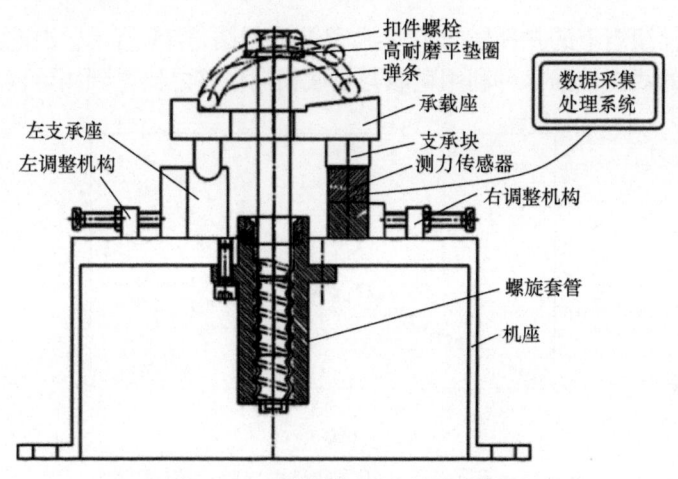

图 3-22　ω 形弹条扣压力测试装置

3.2.3　横向阻力和阻矩试验

扣件横向阻力的大小直接影响轮轨横向力作用下钢轨的横向位移，并影响行车的稳定性，其与扣压力的大小密切相关。扣件横向阻力试验通过千斤顶向扣件系统的钢轨施加横向水平荷载，测定钢轨在荷载作用下产生的横向位移[13]。试验时，取一段短钢轨与被试扣件和轨枕连接固定，并将轨枕固定。横向力千斤顶的作用点在轨头侧面或轨腰上(轨底无千斤顶位置)，横向位移百分表的测点位于轨底边缘上，如图 3-23 和图 3-24 所示。利用此装置，若荷载作用于轨头上，也可测量轨头的横向位移，荷载作用在轨头上会引起钢轨侧弯，因此轨头的横向位移要比轨底的横向位移大得多。

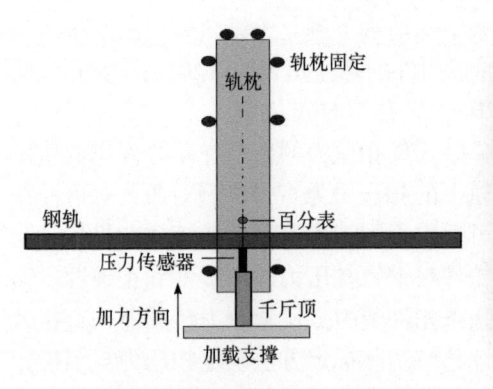

图 3-23　横向阻力的测定装置　　　　　图 3-24　测试图

不同螺栓扭矩下的扣件横向阻力-位移曲线如图 3-25 所示。由图可知，轨底横移与荷载的线性较强，可利用荷载与轨底横向位移之比得到扣件横向阻力。

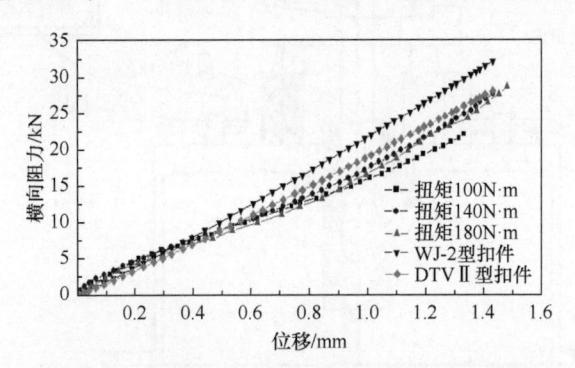

图 3-25　不同螺栓扭矩下扣件横向阻力-位移曲线

扣件横向阻力随着螺栓扭矩的增大而增大。扣件螺栓扭矩从 100N·m 增大至 140N·m 时，扣件横向阻力增幅相对明显；扣件螺栓扭矩从 140N·m 增大至 180N·m 时，扣件横向阻力增幅不明显，在一定程度上，扣件螺栓扭矩为 140N·m 时的扣件横向阻力还较扣件螺栓扭矩为 180N·m 时稍大一些。

对于无砟轨道，其结构较为稳定，钢轨横向臌曲引起的胀轨跑道概率极低，因为一旦无砟轨道的长钢轨产生较大的横向位移，必然会造成钢轨支座混凝土的极大破坏，这是轨道结构设计所不允许的。对于有砟轨道，无缝线路的胀轨跑道是一种常见现象，在钢轨带着轨枕产生横向臌曲时，钢轨与轨枕发生相对转动，而扣件阻矩可阻止钢轨与轨枕之间的相对转动，也即阻矩是阻止无缝线路长钢轨胀轨跑道的有利因素。

扣件阻矩的试验装置与扣件阻力试验装置基本相同，只是千斤顶的作用点和钢轨横向位移的点不在扣件中心位置，而是偏移 0.5~0.6m，如图 3-26 和图 3-27

所示。

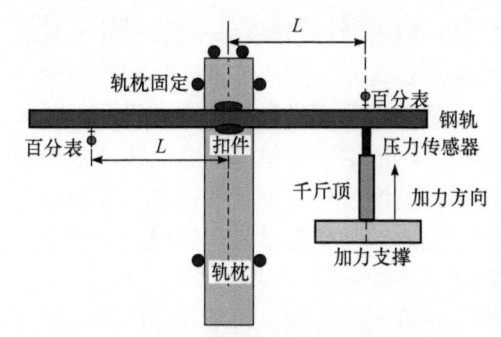

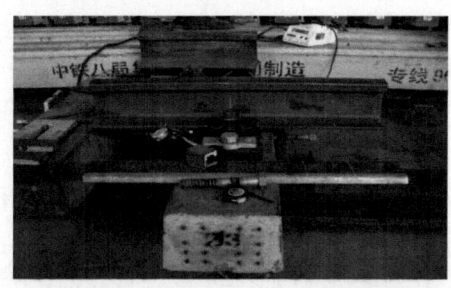

图 3-26　扣件阻矩的测定装置

图 3-27　扣件阻矩试验设备布置图

通过千斤顶向扣件系统的钢轨施加横向水平荷载，由千斤顶作用点与扣件中心的距离和荷载大小计算阻矩，由位移测点与扣件中心的距离计算钢轨的扭转角，从而确定一组扣件的扭转角和阻矩之间的关系曲线。

不同螺栓扭矩下的扣件阻矩-扭转角曲线如图 3-28 所示。由图可知，可利用扣件阻矩与扭转角之比确定扣件的阻矩系数，单位为 kN·m/rad。扭转角与扣件阻矩之间的线性关系较差，因此在具体应用时要根据荷载范围确定阻矩系数的大小。

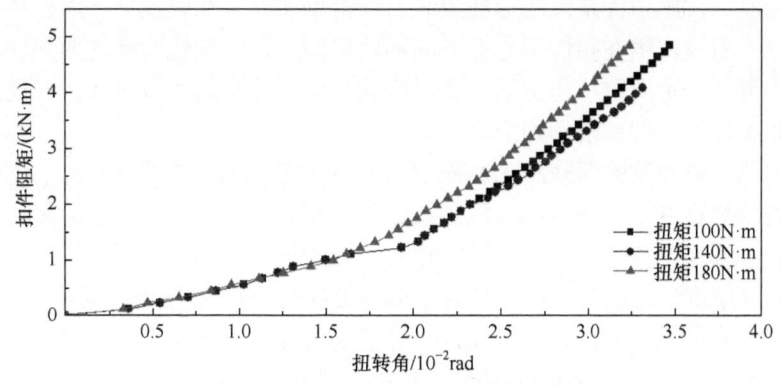

图 3-28　不同螺栓扭矩下扣件阻矩-扭转角曲线

扣件阻矩随着螺栓扭矩的增大而增大。扣件螺栓扭矩从 100N·m 增大至 140N·m 时，扣件阻矩增幅相对不明显；扣件螺栓扭矩从 140N·m 增大至 180N·m 时，扣件阻矩增幅相对明显。

通过对不同扣件螺栓扭矩下的Ⅱ型弹条扣件阻矩大小分析可知，在Ⅱ型弹条(ω 形弹条)扣件"三点接触"之前，增大扣件螺栓扭矩对扣件阻矩影响不大，在"三点接触"之后，增大扣件螺栓扭矩有利于增大扣件阻矩。

3.2.4 静动刚度试验

为了提高轨道结构抵抗轮轨冲击的性能，轨道结构需要有一定的弹性。对于有砟轨道，道砟能提供大部分弹性；对于无砟轨道，一般认为道床为刚性结构，不能提供或很少能为轨道结构提供弹性，因此扣件系统成为实现轨道弹性、减振和降噪的关键部件。扣件系统的弹性状态决定轨道结构的整体刚度，并直接影响和控制行车品质和减振降噪效果。若轨道结构刚度过大，则轮轨相互作用加剧，列车运行平稳性降低，轨道结构振动加剧，轨道部件受力增大，使用寿命降低，轮轨噪声增大；若轨道结构刚度过小，则轨道结构薄弱，列车作用下轨道变形过大，动静态几何形位难以保证，养护维修工作量大大增加。轨道各部件刚度匹配不佳，难以做到物尽其用，也难以使轨道结构在列车荷载作用下表现出良好的工作特性。

铁路组装扣件静动刚度测试在《高速铁路扣件系统试验方法 第 3 部分：组装静刚度的测定》(TB/T 3396.3—2015)中有明确规定，试验时参照执行。试验用钢轨一般长 0.5m 左右，钢轨表面无腐蚀，状态良好。加载设备最大加载可达 110kN 以上，测量钢轨垂向位移的传感器示值误差应小于 0.01mm。轨枕的预留螺栓孔应与被测扣件系统配套，二者不匹配不可进行试验。试验时要求大气温度为(23±5)℃，试验前，被测扣件及其他试验用配件均应在此温度环境下静置 24h 以上。

试验前，按照扣件系统的标准组装要求将钢轨固定在轨枕上，轨枕放置在刚性基础上，荷载作用在扣件中心上方的钢轨顶面上，在钢轨两端的两侧轨底边坡上对称布置 4 个垂向位移传感器，测试钢轨与轨枕之间的相对位移，并通过荷载和位移曲线计算扣件系统的静刚度。

预加载至最大试验荷载的 1.2 倍，停留 3min 后卸载。正式试验时，先将位移传感器的读数置零，以 1~2kN/s 的加载速率向钢轨施加荷载，加载至最大荷载(一般为 70kN)，如重载铁路轨道使用的扣件，由于轮载较大，最大荷载可加至 100kN。总之，扣件刚度的试验荷载范围应与实际线路扣件所承受的荷载范围相符。由于加载曲线的头尾线性较差，一般在计算时掐头去尾，即计算下荷载时不取零，而是取 F_1=5kN，若小荷载下荷载-位移曲线线性不稳定，则 F_1 增大至 10~20kN；计算上荷载时取 $F_2 = F_{max} - 5kN$ (F_{max} 为试验时所加最大荷载)。加载至 F_1 和 F_2 时，停留 1min，并记录钢轨位移量 D_1 和 D_2。扣件系统的静刚度计算如式(3-12)所示：

$$K_{sta} = \frac{F_2 - F_1}{D_2 - D_1} \tag{3-12}$$

试验时，钢轨四角的 4 个位移传感器的读数相差应不大于 20%，若大于 20%，则试验数据无效，应调整试验的荷载作用位置，确保误差小于 20%。为减小试验误差，对每组扣件进行 3 次重复加载，上一次加载卸载后需静置 3min 以上，然后进行下一次加载，以第三次加载试验值作为组装扣件的组装静刚度。分别计算出每次加载得到的静刚度 $K_{\text{sta}i}$ (i=1,2,3)，取 3 次试验静刚度的平均值作为组装扣件系统的静刚度名义值。组装扣件系统的静刚度试验装置如图 3-29 所示。

组装扣件系统的动刚度试验装置如图 3-30 所示。试验时，动刚度试验加载装置与静刚度试验基本一致，但施加循环荷载为 $F_1 \sim F_2$，加载频率为 $3 \sim 5\text{Hz}$，循环荷载作用 1000 次，在最后的 100 次荷载循环中，记录 10 个循环的实际施加荷载 F_{1ai}、F_{2ai} 和位移 D_{1i}、D_{2i} (i=1~10)，然后计算 F_{1ai}、F_{2ai} 和位移 D_{1i}、D_{2i} 的平均值，分别记为 F_{1a}、F_{2a} 和 D_1、D_2，由式(3-13)计算组装扣件系统的动刚度。

图 3-29　静刚度试验装置　　　　　图 3-30　动刚度试验装置

$$K_{\text{dyn}} = \frac{F_{2a} - F_{1a}}{D_2 - D_1} \tag{3-13}$$

式(3-13)计算得到的动刚度一般称为组装扣件的名义动刚度，荷载-位移滞回曲线如图 3-31 所示。由图 3-31 可知，对组装扣件循环加载时，加载与卸载的荷载-位移滞回曲线不是同一个路径，因此有时需要计算组装扣件的加载和卸载刚度，一般用加载和卸载曲线的割线斜率计算，二者有一些差别。一般情况下可不考虑这一差别，但若想要正确计算，则需要考虑这一差别。

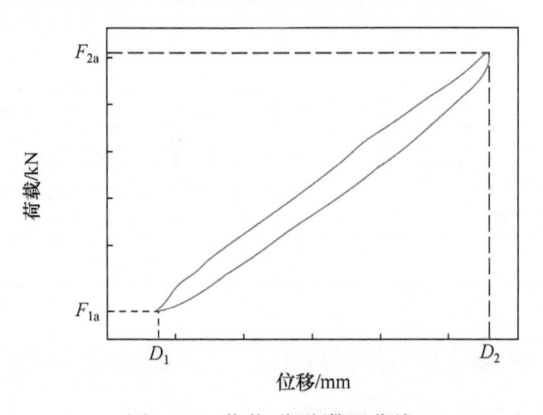

图 3-31　荷载-位移滞回曲线

一般组装扣件系统的动静刚度比不应大于 1.5。动刚度测试频率为 3～5Hz，远低于实际轮轨冲击荷载的作用频率，因此此方法测得的动刚度是否适用于轨道结构的冲击振动分析，业界尚有较多的讨论和争论。目前较多学者根据冲击荷载作用下的荷载-位移曲线计算宽频范围的动刚度，还有部分学者在考虑扣件系统的导纳特性的前提下计算扣件系统的动刚度，进一步推进了铁路轨道扣件系统宽频范围动刚度的研究进展。

3.2.5 疲劳性能试验

要求扣件在达到一定疲劳荷载作用次数后，各个部件不发生疲劳损伤和破坏，钢轨的累计横向位移也应在容许的范围内。疲劳性能试验分为单个弹条试验和组装扣件系统试验。单个弹条试验只测试弹条的疲劳强度，而组装扣件系统试验还需要模拟扣件系统在线路上的实际承受不利荷载的方式，测试扣件的疲劳强度和累计钢轨位移或扩大轨距。

单个弹条试验的最大荷载应根据扣件螺栓所承受的最大扭矩得到螺栓拉力。对于Ⅲ型弹条(e 形)，扣压力的大小与弹条前趾的变形量密切相关。有关资料表明，一个 e 形弹条的扣压力为 $P_1 = (1.0225S + 0.174)$ kN (S 为弹条前趾变形量，mm)，若弹条前趾变形量为 10mm，则扣压力约为 10.4kN，即前趾变形量每增大 1mm，扣压力增大 1kN。对于 ω 形弹条扣件，当扣件螺栓扭矩达到 130N·m 时，扣压力在 10～15kN，因此 ω 形弹条的试验循环荷载可按此大小选取。

单个 e 形弹条的疲劳试验装置可参考图 3-20。试验时，将静载换成循环荷载，并安装相应的压力传感器和位移传感器。

单个 ω 形弹条的疲劳试验装置如图 3-32 所示[14]。试验时，将弹条反装，加载头在 ω 形弹条的 2 个前趾上，加载块中间凹进 3mm，以免弹条中部与加力块接触。试验时，2 个前趾所承受的荷载应基本相等，2 个后跟所承受的荷载也应基本相等。

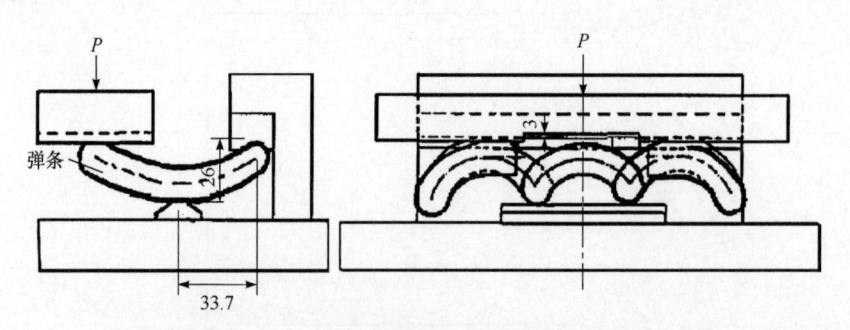

图 3-32 单个 ω 形弹条的疲劳试验装置(单位：mm)

另一种 ω 形弹条的疲劳试验装置如图 3-33 所示。此试验装置在弹条前趾下方安装2个压力传感器,以测试弹条的受力。在弹条两侧捆扎2根钢丝,以免弹条断裂时飞出。

采用不同荷载幅值对ω形弹条施加循环荷载,对不同荷载作用次数条件下的弹条扣压力和弹条中点位移的变化进行分析,得到(25±12.5)kN循环荷载下的弹条扣压力及弹条中点位移曲线如图3-34所示。由图可知,随着承受荷载作用次数的增加,弹条扣压力减小,其关系式为 $P_1=10.343e^{-6\times10^{-6}n}$,而弹条中点的位移增大,其关系式为 $S=16.482e^{4\times10^{-6}n}$。当循环荷载作用次数达4万次时,弹条中点的位移达19mm,已达到弹条的最大弹程,但此时的扣压力只有8kN,仍处于下降阶段。

图3-33 另一种ω形弹条的疲劳试验装置

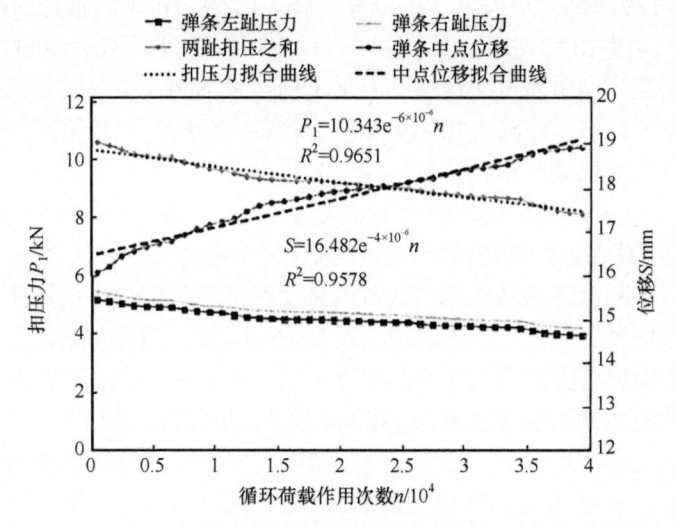

图3-34 (25±12.5)kN循环荷载下的弹条扣压力及弹条中点位移曲线

单个弹条的疲劳试验主要是测试弹条的疲劳强度,而组装扣件系统的疲劳试验主要是测试扣件系统保持轨距的能力,同时也测试弹条、螺栓等扣件系统部件的疲劳强度。组装扣件系统的试验方法和方案在《高速铁路扣件系统试验方法 第3部分:组装静刚度的测定》中有详细说明,试验分为半枕单侧试验和整枕双侧试验。

半枕单侧试验时,为了保证施加荷载的平衡性,一般用2组扣件,如图3-35所示。试验时需要一根长度为0.5~1.0m的钢轨,2个半根轨枕。为了保证试验时钢轨的稳定性,将钢轨的轨腰中和轴处截去长约15mm的一段,并在轨腰上间隔400mm焊接厚度为12~16mm的钢肋板,以提高钢轨的抗扭刚度,试验装置如图3-36所示。

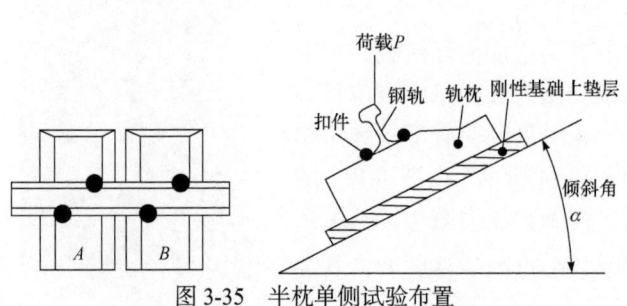

图 3-35　半枕单侧试验布置　　　　图 3-36　半枕单侧试验装置

试验荷载作用在轨头圆角处，单组扣件试验时，为了使扣件获得横向力，一般需要制作一个倾斜的试验台，试验台的倾斜角 $\alpha=26°±0.5°$，轨枕放在试验台上，需作用的最大荷载为 $P=P_V/\cos\alpha=70\text{kN}$（$P_V$ 为与轨顶面垂直的荷载），最小荷载为 5kN；两组扣件试验时，最大荷载为 140kN，最小荷载为 10kN。但是对于重载线路、高铁、城市轨道交通等，由于车辆轴重不同，应对试验荷载的大小进行相应的调整，以符合线路上扣件实际所受轮载大小的情况。循环加载频率依据目前疲劳试验机的加载频率，一般为 3～5Hz。

在最初 1000 次循环荷载的最后 100 次循环内，记录 10 个循环钢轨相对于轨枕的动态位移，并在不同循环荷载作用次数下测量钢轨的 100 次循环垂/横向动态位移，以分析不同循环荷载作用次数对钢轨动态位移的影响。轨头横向位移测试方向应与轨顶面平行，测点位于轨顶面以下 16mm 处，钢轨两端有 2 个横向位移测点；轨底垂向位移方向应与轨底面垂直，测点位于轨底边缘内侧 10mm 处，一般在钢轨两端的两侧对称布置测点，共 4 个测点。取各测点的平均值作为测试值。

疲劳加载 100 次后卸载，测量钢轨与轨枕的相对横向位置 T_1 作为初始值；疲劳循环荷载作用 300 万次，卸载 4h 后再次测量钢轨与轨枕之间的相对位置 T_2 作为疲劳后的位移值，则可得 300 万次疲劳试验后的轨距扩大量为 $\Delta G=2(T_2-T_1)$。

双侧组装扣件试验时，使用 2 根整枕，4 组扣件。布置时，2 根轨枕靠拢，钢轨长为 0.6～1.0m，如图 3-37 所示。图 3-38 为单枕试验装置。

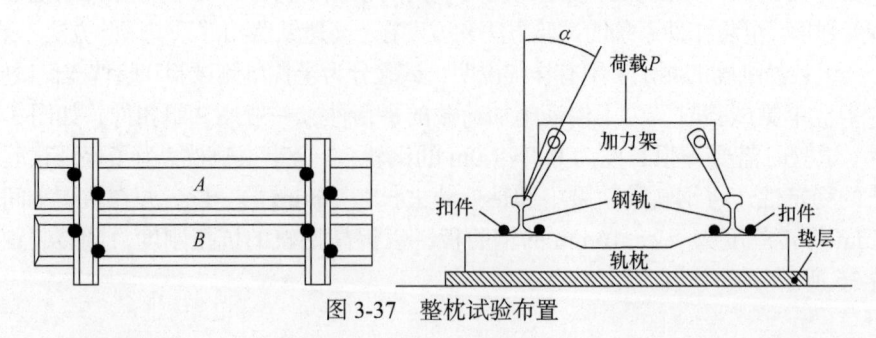

图 3-37　整枕试验布置

对试验组装系统施加循环荷载，最大荷载为半枕试验时的 2 倍。单枕试验时的最大荷载为 $2P_V$，最小荷载为 9～10kN；双枕试验时的最大荷载为 $4P_V$，最小荷载为 18～20kN，荷载频率为 3～5Hz。为了保证试验装置的稳定性，一般采用双枕试验。不同循环荷载作用次数下的轨头位移测量方法与前述半枕试验相同，测量轨头垂向位移和横向位移的测点位置也与半枕试验相同。1000 次循环荷载作用后，卸载测量静态轨距 G_1，300 万次循环荷载作用后卸载静置 4h，测量疲劳试验后的静态轨距 G_2，由此可得 300 万次循环荷载作用后的扩大轨距为 $\Delta G = G_2 - G_1$。

图 3-38 单枕试验装置

试验时，若扣件某一部位的表面最高温度达到 50℃，则应采用风扇冷却或降低加载频率，若不能降温，则需要暂停加载。一般在组装扣件系统疲劳试验时，需要对 300 万次疲劳循环荷载作用前后的扣件纵向阻力、扣件扣压力和静刚度进行测试，对比数据的变化。

3.3 钢轨胶接绝缘接头试验

无缝线路焊接长钢轨是一个导电体，而铁路信号有一个闭塞区间问题，胶接绝缘接头安装在铁路信号机闭塞分区分界点或区间内，以满足闭塞电路分区的分隔需要。胶接绝缘接头既要传递无缝线路焊接长钢轨的温度力，同时又要达到绝缘的目的，因此对胶接绝缘接头的强度和绝缘有一定的要求，以满足无缝线路的工作条件。在无缝线路各项技术中，认为钢轨胶接技术也是无缝线路的重点技术之一。在胶接绝缘接头上道使用前，需要对其力学性能和绝缘性能进行检测，只有其性能满足要求，才能投入使用。胶接绝缘接头的截面形式如图 3-39 所示。

在对钢轨胶接绝缘接头检测时，需要按照《钢轨胶接绝缘接头》(TB/T 2975—2018)标准规定进行各项试验。

1. 剪切试验

胶接绝缘接头剪切试验应在胶黏剂固化后进行。在一件试件接缝中间位置将其锯切成两件，对锯切后的试验另一端距夹板 30～50mm 处锯切，锯切时应不破坏绝缘层。

试验时沿钢轨纵向加载，另一端顶在夹板上，使胶接绝缘接头的胶接材料受剪，胶接绝缘接头剪切试验如图 3-40 所示。加载速度应不大于 10kN/s，每次增加荷载 150kN，停留 5s，再增加荷载，当加载至规定最大荷载时，稳定 30s，卸载后测量夹板之间的相对位移量，精度要求达到 0.01mm。

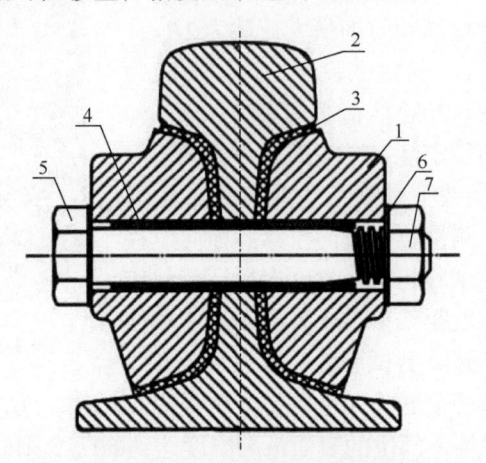

图 3-39　胶接绝缘接头截面形式
1. 夹板；2. 钢轨；3. 绝缘槽板；4. 绝缘套管；5. 高强度螺栓；6. 垫圈；7. 高强度螺母

图 3-40　胶接绝缘接头剪切试验

按照《钢轨胶接绝缘接头》(TB/T 2975—2018)规定进行胶接绝缘接头剪切试验，50kg/m 钢轨，最大剪切力为 2700kN；60kg/m 钢轨，最大剪切力为 3000kN；75kg/m 钢轨，最大剪切力为 3300kN。达到允许最大剪切力时，夹板与钢轨之间的介质应不被破坏，卸载后钢轨与夹板的相对位移应不超过 0.5mm。

2. 绝缘性能试验

每根厂制胶接绝缘接头应进行绝缘性能测试。试验时试件应处于干燥状态，且放置在干燥的绝缘体上。用 500V 兆欧表测量轨缝两边钢轨间以及钢轨与夹板间的电阻。要求在干燥状态下，电阻应大于 10MΩ；在潮湿状态下，电阻应大于 1000Ω。

3. 疲劳试验

疲劳试验的胶接绝缘接头试件长度为 1.7m，接缝一侧钢轨长 1m，另一侧钢轨长 0.7m。采用两点加载疲劳试验方法，支距为 1m，接缝位于两支点中间，疲劳加载频率为 5~10Hz，加载过程中频率应保持恒定。加载时最大荷载为 200kN，最小荷载为 2.5kN，分别在两支点跨中和距其中一个支点外 250mm 处加载，如图 3-41 所示。加载波形为正弦波，两个加载点的加载波形相位差为 180°，试验中每往复加载 50 万次，测量跨中截面向上位移和向下位移，往复加载总次数为 200 万次。

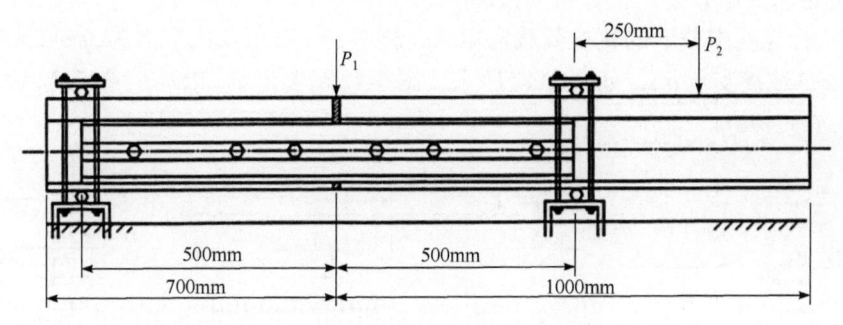

图 3-41 胶接绝缘接头疲劳试验安装图

按照标准规定进行胶接绝缘接头疲劳试验，共进行 200 万次疲劳试验。疲劳试验过程中，跨中截面向上位移和向下位移绝对值之和不超过同钢种、同轨型钢轨的相同条件下试验值的 1.1 倍。

3.4 轨枕试验

3.4.1 轨枕荷载弯矩的计算

轨枕在轨道结构中起承上启下的作用，将钢轨传递下来的荷载通过扩散传递给道床。根据轨道静力学理论，当车轮刚好作用在轨枕上时，轨枕的轨座上承受的最大荷载为轮载的 50%左右，计算如式(3-14)所示[15]：

$$R_j = \gamma P_0 \tag{3-14}$$

式中，P_0——静轮载，kN；

R_j——轨枕的轨座上作用的最大静荷载，kN；

γ——荷载分配系数，一般条件下取 0.5~0.65。

列车在轨道上运行，轨枕所承受的是动荷载，轨座动荷载的计算如式(3-15)所示：

$$R_d = \alpha\beta(1+\psi)R_j \tag{3-15}$$

式中，R_d——轨枕的轨座上作用的最大动荷载，kN；
  α ——速度系数，一般条件下取 0.96；
  β ——年通过质量系数，一般条件下取 0.7；
  ψ ——冲击系数，一般条件下取 2.0。

在轮载作用下，轨枕底面即道床顶面的荷载分布和大小是随机的，在轨座荷载和道床反力的共同作用下，轨枕的轨下截面承受正弯矩，中间截面承受负弯矩。由作用在轨枕上的钢轨压力和道床支承反力决定轨枕轨下和枕中截面弯矩的大小。利用倒简支梁法计算轨枕截面弯矩时，可以根据轨枕的实际使用条件采用最不利的道床支承方案，计算轨下截面的轨枕荷载弯矩时，枕中 b 长度范围内反力 $q=0$；计算枕中截面的轨枕荷载弯矩时，枕中 b 长度范围内反力为 $3q/4$（有些考虑为 $2q/3$ 或满支承 q），如图 3-42 所示。图 3-42(a)中，$q=R_d/e$；图 3-42(b)中，$q=R_d/(e+3b/8)$。

(a) 计算轨下截面弯矩   (b) 计算枕中截面弯矩

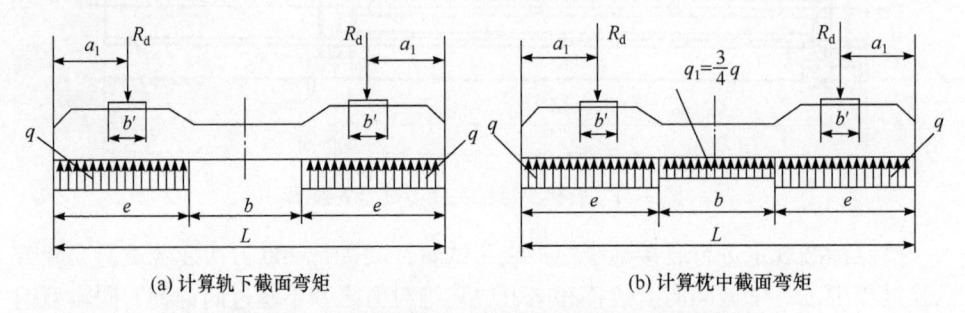

图 3-42　轨枕荷载弯矩计算时的枕下反力分布图[16]

由图 3-42(a)可得轨下截面正弯矩的公式如式(3-16)所示：

$$M_g = \left(\frac{a_1^2}{2e} - \frac{b'}{8}\right)R_d \leqslant [M_g] \quad (3-16)$$

式中，$[M_g]$——轨下截面允许弯矩，kN·m。

由图 3-42(b)可得中间截面负弯矩的公式如式(3-17)所示：

$$M_c = \left| -\left[\frac{4e^2 + 3L^2 - 12La_1 - 8ea_1}{4(3L+2e)}\right]R_d \right| \leqslant [M_c] \quad (3-17)$$

式中，$[M_c]$——轨枕中间截面允许弯矩，kN·m。

对于重型及特重型轨道，其轨枕中间截面的负弯矩按轨枕全长上支承反力均匀分布计算，则可得到计算中间截面负弯矩的公式如式(3-18)所示：

$$M_c = \left| -\left(\frac{L-4a_1}{4}\right)R_d \right| \leqslant [M_c] \quad (3-18)$$

轨座动反力 R_d 原则上可按准静态方法计算得到，但考虑到钢轨支承在轨枕上，以及轨枕支承在道床上并不是理想的均匀支承，由于道床坍塌及空吊板的存在，用准静态方法算得的钢轨动压力与实测值有很大的出入。为了保证轨枕具有足够的强度，以满足使用要求，中国铁道科学研究院建议在设计轨枕时采用的轨座动反力 R_d 为$(0.86\sim1.20)P_0$(静轮载)。此外，为了适应重载运输的要求，设计适用于25t轴重货车运行条件的轨枕，轨座动反力 R_d 以一个轮载125kN作为设计依据。大量实践表明，根据轨座作用一个轮载 R_d 按图3-42的道床反力 q 可以计算得到轨下和枕中截面的弯矩，但在实际设计轨枕承载能力时还需要进一步放大安全余量，以确保轨枕的服役寿命达到设计期望值，并减少轨枕服役过程中的损伤。

3.4.2 抗弯强度试验

由建筑材料理论可知，混凝土产品的强度具有一定的不稳定性和离散性，因此根据图3-42荷载条件计算所得的轨枕荷载弯矩设计的混凝土轨枕，需要对其在上道前进行抽检。根据《混凝土轨枕的质量标准和要求》，需要对混凝土轨枕产量的1.5%进行尺寸检验，每批轨枕抽取3根外观及各部分尺寸合格的产品进行检验，检验每根轨枕的轨下、枕中3个检验截面，测试6个正弯矩和3个负弯矩。

试验的装置和方法按照《预应力混凝土枕静载抗裂试验方法》(TB/T 1879—2002)和《铁道部产品质量监督抽查检验实施细则 预应力混凝土轨枕(ⅢB)》(ZJZ302(GW)-2004-060)执行，静载试验机或其他加载设备的技术标准为：试验机准确度级别为一级，满负荷显示分辨率为0.2%；试验时用5倍放大镜观察混凝土裂纹，并读取混凝土裂纹宽度。

试件就位后，在施加荷载前，仔细检查轨枕，并预先在可能出现裂纹的地方做上标记。试验开始后，均匀加载，加载速度应不大于1kN/s，加载到30%~40%的检验荷载时，对试验状态及荷载支距进行检查，确认正确后继续加载。加载至检验荷载后，稳定3min，并在整个过程中用照明和放大镜观察轨枕两侧受拉区，直至出现裂纹。若达到检验荷载后轨枕两侧受拉区仍未出现裂纹，则可继续加大荷载，直至出现裂纹，同时记录好荷载的大小和裂纹宽度。试验时，应记录好被检验轨枕的类型、产生单位、产生日期、脱模日期和试验日期，并描述清楚试验部位、检验荷载、静停时间和产生裂纹荷载。

一般轨枕静载强度试验的内容包括轨下截面正弯矩试验、负弯矩试验，枕中截面正弯矩试验、负弯矩试验，钢筋锚固滑移试验，预埋件抗拔及抗扭试验等。

1) 轨下截面正/负弯矩试验

试验时所加荷载大小由所需荷载弯矩大小决定，计算如式(3-19)所示：

$$P = \frac{2M}{2/3l - a} \tag{3-19}$$

式中，M——试验的轨枕荷载弯矩，kN·m；

　　　l——钢轨中心线与轨枕端面之间的距离，2.6m 长的轨枕，l=550 mm；

　　　a——荷载作用点处垫板边缘的距离，一般取 50~60mm。

轨下截面正弯矩试验分别在轨枕的左、右两个承轨槽断面上进行。将轨枕安放在规定的支承点上，如图 3-43 和图 3-44 所示，在轨枕和支承点之间铺设橡胶垫，在压力机与轨枕之间也铺设橡胶垫，然后使支承和轨枕形成的门廊结构的中线与压力机加载板中线对齐。

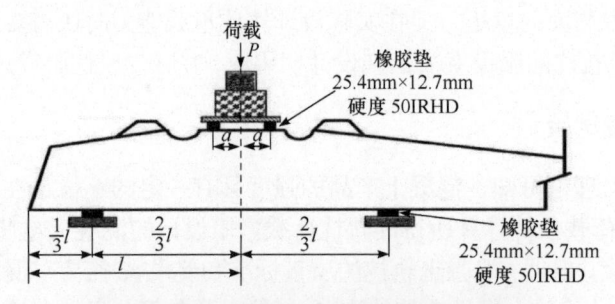

图 3-43　轨下截面正弯矩试验装置及加载图

图 3-44　轨下截面正弯矩试验现场图

轨下截面轨枕的最大荷载弯矩根据图 3-42 中的支承状态计算所得，所加荷载大小计算如式(3-19)所示，也可由现场实测列车荷载作用下轨枕的实际荷载弯矩乘以一个安全系数得到。根据我国Ⅲ型轨枕的轨道结构，一般取轨下截面的轨枕最大设计承载正弯矩为 19.05kN·m，抗裂弯矩为 27.9kN·m[16]，设计最大承载负弯矩为正弯矩的 65%~70%。

轨下截面负弯矩试验装置及荷载如图 3-45 所示，加载现场如图 3-46 所示。

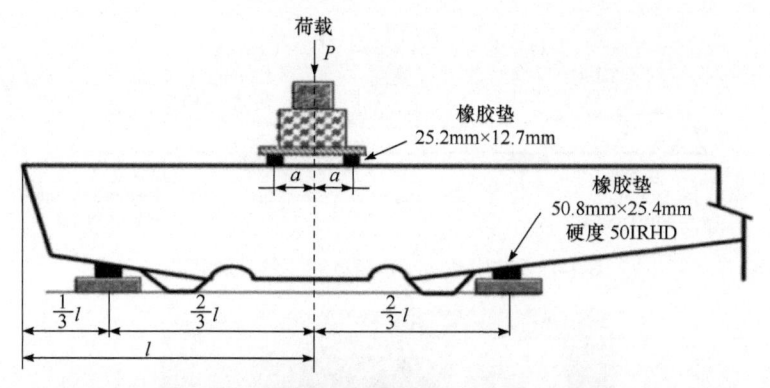

图 3-45 轨下截面负弯矩试验装置及加载图

图 3-46 轨下截面负弯矩试验现场图

2) 枕中截面正/负弯矩试验

枕中截面正弯矩试验装置及荷载如图 3-47 所示，加载现场如图 3-48 所示。试验时所加荷载大小由试验荷载弯矩大小决定，计算如式(3-20)所示：

$$P = \frac{2M}{L_r - a} \tag{3-20}$$

式中，M ——试验的轨枕荷载弯矩，kN·m；
a ——两加载点间距离的 1/2，mm；
L_r ——荷载与支点间距离，一般取 300m。

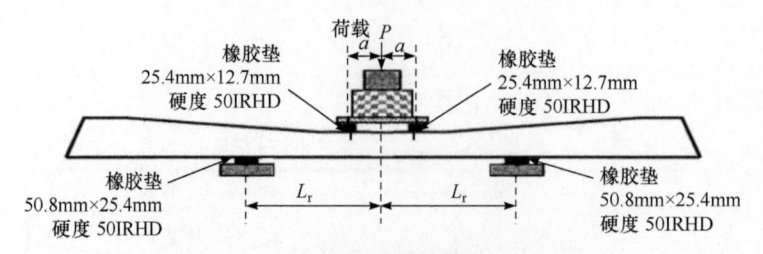

图 3-47　枕中截面正弯矩试验装置及加载图

图 3-48　枕中截面正弯矩试验现场图

枕中截面负弯矩试验装置及荷载如图 3-49 所示，加载现场如图 3-50 所示。

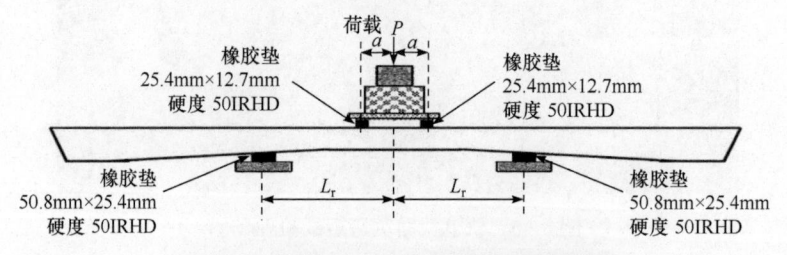

图 3-49　枕中截面负弯矩试验装置及加载图

图 3-50　枕中截面负弯矩试验现场图

试验时,枕中截面轨枕的最大荷载弯矩根据图 3-42 中的支承状态计算得到,也可由现场实测列车荷载作用下轨枕的实际荷载弯矩乘以一个安全系数得到。根据我国Ⅲ型轨枕的轨道结构,一般取枕中截面的轨枕最大设计承载负弯矩为 $-17.30\mathrm{kN\cdot m}$,抗裂弯矩为 $-22.50\mathrm{kN\cdot m}$[16],最大承载正弯矩约为负弯矩的 90%。得到轨枕的试验弯矩后,通过式(3-20)即可得到施加荷载 P 的大小。

3) 轨枕荷载弯矩承载力试验专用设备

根据我国铁路技术政策要求,在铁路新线建设和旧线改造中都应使用混凝土轨枕,且岔枕和桥枕也都应使用混凝土轨枕,按照 1667 根/km 轨枕计算,轨枕的用量巨大,我国混凝土轨枕的生产制造厂已有几百家,以满足铁路建设的需要。轨枕的质量都必须达到混凝土轨枕的质量标准和要求,除了对混凝土和钢筋的质量要求控制外,对混凝土轨枕的成品质量要求也必须加以控制。根据《预应力混凝土枕静载抗裂试验方法》的规定,要求每批轨枕抽取 3 根外观及各部尺寸合格的产品进行轨下和枕中两个截面的抗弯强度试验,试验工作量较大。一般厂家需要将轨枕送到第三方有资质的检测单位进行检测,检测合格后方能提供给工程单位使用。但生产厂家也必须有自检的设备,以便经常对自产的轨枕进行自检。

目前在市场上已有专门的轨枕抗弯强度试验机,其结构如图 3-51 所示。此试验机由移动载轨枕小车、移动滑轨架、自动顶升液压系统机构、测控系统等组成。试验机为四立柱结构,液压缸下置,其具有大空间、大跨度、高刚性和高稳定性等优点。伺服测控系统实现等速率自动加载、恒试验力、循环加载控制和自动顶升机构定位。该试验机可自动、手动定荷操作,双控双向液压油缸,快速试验,快速卸载。

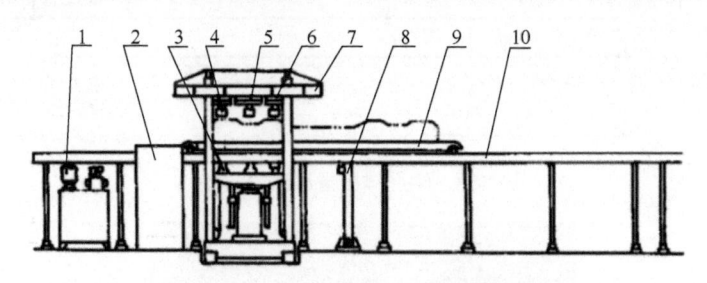

图 3-51　500kN 混凝土轨枕静载试验机
1. 液压泵站;2. 控制箱;3. 下支座;4. 上支座;5. 500kN 传感器;
6. 200kN 传感器;7. 主机构架;8. 顶升机构;9. 小车;10. 轨道

试验时将轨枕放在小车上,推入试验架下,由试验架下方油缸往上顶加载,荷载大小由压力传感器测得。试验时参照《500kN 混凝土轨枕静载试验机》(JJG 158—96)检定规程执行。现场试验照片如图 3-52 所示。

4) 钢筋锚固滑移试验

轨枕端部的钢筋滑移试验的目的是测试混凝土与钢筋的握固力。试验时,试验装置与轨枕轨下截面的抗弯强度试验相同,但在轨枕端部的钢筋头上安装了位移传感器,试验荷载弯矩达到一定值时,钢筋和混凝土之间出现滑移现象。一般混凝土轨枕的纵向钢筋有多根,如Ⅲ型轨枕,共有 10 根 ϕ7mm 的钢筋,靠近枕底的混凝土所受拉应力最大,因此一般测试靠近枕底的钢筋滑移,但有时为了全面掌握每根钢筋的握固力及分布,需要对每根钢筋的滑移都进行测试。钢筋锚固滑移试验装置如图 3-53 所示,试验现场如图 3-54 所示。

图 3-52　混凝土轨枕静载试验图

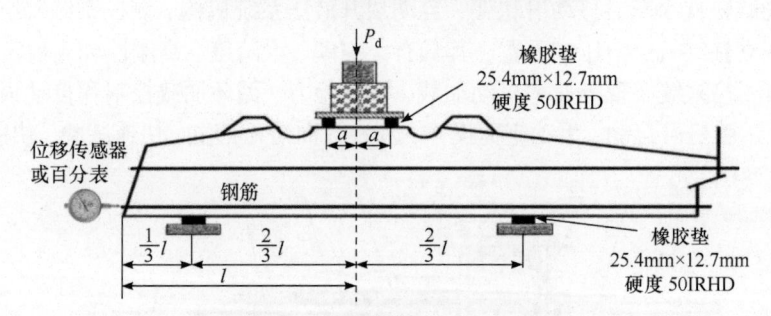

图 3-53　钢筋锚固滑移试验装置

图 3-54　钢筋锚固滑移试验图

3.4.3 预埋件抗拔力和抗扭测试

为了保证钢轨与轨枕的可靠连接，有些轨枕采用硫黄锚固扣件螺栓，有些轨枕采用预埋螺栓套管，我国ⅢB型混凝土轨枕采用预埋铸铁件。预埋螺栓套管如图 3-55 所示。一般在浇筑混凝土前，螺栓套管周围有螺旋钢筋，以提高套管与混凝土之间的结合力。因此，无论是硫黄锚固还是螺栓套管，都需要进行抗拔试验。目前，轨道的扣件系统可分为有铁垫板钢轨扣件系统和无铁垫板钢轨扣件系统两类，如图 3-56 和图 3-57 所示。有铁垫板钢轨扣件系统的锚固螺栓拧入套管，扭矩为 300N·m 以上；无铁垫板钢轨扣件螺栓扭矩为 130N·m 以上，因此两种扣件系统对螺栓套管抗拔力的要求也有所不相同。

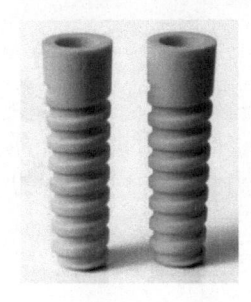

图 3-55　预埋螺栓套管　　图 3-56　有铁垫板钢轨扣件系统　　图 3-57　无铁垫板钢轨扣件系统

螺栓套管抗拔试验装置如图 3-58 所示，要求支承点对称，两侧间距各为 100mm 左右，拉力荷载应与承轨台面垂直，实际加载装置如图 3-59 所示。加载时按(50±10)kN/min 的加载速率，一直加载到不小于 60kN，持荷 3min，然后无冲击地卸载，此时套管应无排出，套管周围混凝土不开裂。有铁垫板钢轨扣件系统的锚固螺栓扭矩较大，因此目前对锚固螺栓套管的抗拔力要求达 80～100kN。

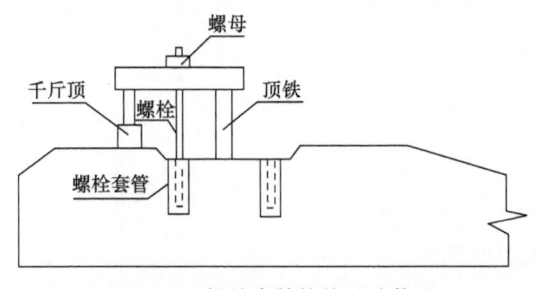

图 3-58　螺栓套管抗拔试验装置

图 3-59　扣件螺栓抗拔试验装置

当拧紧扣件或铁垫板螺栓时，螺栓的扭矩会传递给套管，因此要求在规定的扭矩范围内，套管与混凝土不产生扭转裂纹。目前市面上的一些扭力测试扳手都能达到使用要求。铁垫板锚固螺栓的扭矩达 300N·m，要求扭力测试扳手的最大扭矩达 500N·m 即可。试验时，一般要抽检 3 个以上锚固螺栓套管的扭矩，当扭矩达到试验扭矩时，要持荷 3min 以上，同时观察套管有无拔出，套管周围混凝土有无裂纹。

3.4.4　轨枕疲劳强度试验

我国在 2002 年颁发了《预应力混凝土枕疲劳试验方法》(TB/T 1878—2002)，目前混凝土轨枕的疲劳试验参照该标准执行。试验轨枕在出厂检验静载、外形外观以及脱模强度均合格的批次中抽取，每次抽取 6 根。疲劳试验应在轨枕龄期达到 28 天以后进行，每根轨枕只做一个截面，疲劳试验时最小最大荷载比的疲劳荷载循环特征值取 0.2 ($R = P_{min} / P_{max} = 0.2$)，以保证试验每个加载循环小荷载时轨枕不跳动跑位，疲劳荷载作用次数一般取 200 万次。轨枕轨下截面正弯矩疲劳试验装置如图 3-60 所示；轨枕枕中截面负弯矩疲劳试验装置如图 3-61 所示；图 3-62 为实验室轨枕轨下截面弯曲疲劳强度试验现场。预应力混凝土轨枕的疲劳试验采用准确度为

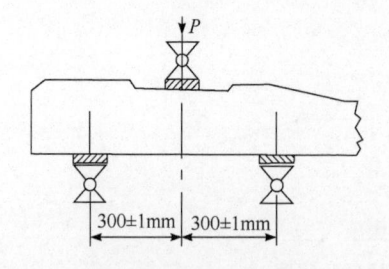

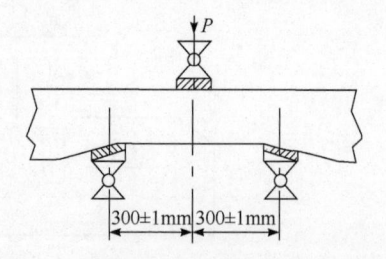

图 3-60　轨枕轨下截面正弯矩疲劳试验装置　　图 3-61　轨枕枕中截面负弯矩疲劳试验装置

图 3-62 轨枕轨下截面弯曲疲劳强度试验

一级的疲劳试验机，加载频率为 4～8Hz。根据支承间距和荷载作用位置，检验荷载与轨枕弯矩的关系为 $P = 7.273M$ (kN)。

轨枕经过 200 万次疲劳试验后卸载，在回零后的 5min 内用刻度放大镜观测轨枕试验截面两侧，观测位置为受拉区外排钢筋(钢丝)位置，其残余裂纹宽度不得大于 0.05mm。

轨枕经过 200 万次疲劳循环试验后，应进行破坏试验，其破坏强度应不低于设计破坏强度的 80%，设计破坏强度由设计图给出。破坏状态的标志为裂缝宽度达 1.5mm，或出现两条及以上裂纹时的最大裂纹宽度达 1.0mm。

3.5 轨道板试验

在列车荷载的长期作用下，为了保证无砟轨道结构在服役期内的安全、少维修运行，世界各国在新型轨道结构应用之前都需要对轨道结构进行强度计算，开展实尺轨道结构模型试验、现场实际列车运行试验、温度变化对轨道结构的影响试验等。轨道结构的承载强度具有离散性，列车动荷载大小也有较大的离散性，要求轨道结构的失效概率要低于一定值，也即轨道结构的最小承载能力要大于轨道结构所受列车的最大动荷载，所以结构的室内强度试验是轨道板投入使用前必须要进行的一项检验工作，以确保无砟轨道结构的强度满足列车运行的动荷载要求且具有充足的安全储备。

3.5.1 轨道板静载强度试验

1) 轨道板横向静载弯曲试验

为探究 CRTS Ⅲ型轨道板承受弯矩的能力，参考文献[17]和[18]进行了横向弯曲试验。试验以郑徐高速铁路的板式轨道为模板，采用与施工现场相同的材料及工艺制作一个足尺 CRTSⅢ型板式无砟轨道结构模型，底座尺寸为 5650mm×3100mm×300mm(长×宽×高)，标准 P5600 型先张法预应力混凝土轨道板的尺寸为5600mm×2500mm×200mm(长×宽×高)，板底采用自密实混凝土(self compacting concrete，SCC)充填层，与预制轨道板形成复合板。

为进行弯曲强度试验，沿横向将上述足尺轨道结构模型切割成单承轨台试件和双承轨台试件。其中，单承轨台试件试验用于研究层间界面疲劳损伤对复合受力性能的影响；双承轨台试件试验用于研究界面黏结对复合受力性能的影响。在切割足尺模型时，切割面应避开轨道板横向预应力筋的位置并考虑切割损耗，切分出来的复合板试件细部尺寸及设计参数如图 3-63 所示。

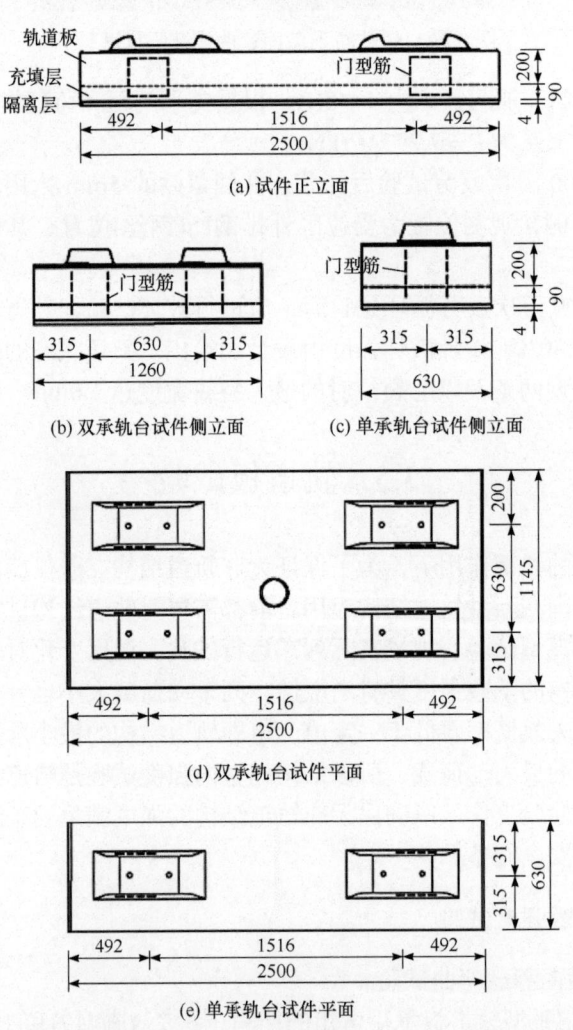

图 3-63 CRTSⅢ型轨道板试件 (单位：mm)

静载试验时将倒置的复合板试件支承在轨道板的一对承轨台上，在板中位置处的土工布上放置厚度为 40mm 的钢垫板，采用电动油泵控制的液压千斤顶进行加载，静载试验布置和试验加载装置如图 3-64 和图 3-65 所示。国内外关于板式轨道结构的破坏性试验研究中大多将连续支承简化为简支，简支加载模式下复合板受力明确，便于分析和比较，且试验结果能比较直观地反映轨道板与 SCC 充填层的复合受力性能及承载能力，因此采用简支加载模式也是常用的方法。由于支承条件及加载方式存在差异，试验中 SCC 复合板的受力状态与实际工程中的复合板有明显不同，二者之间没有直接的对应关系。

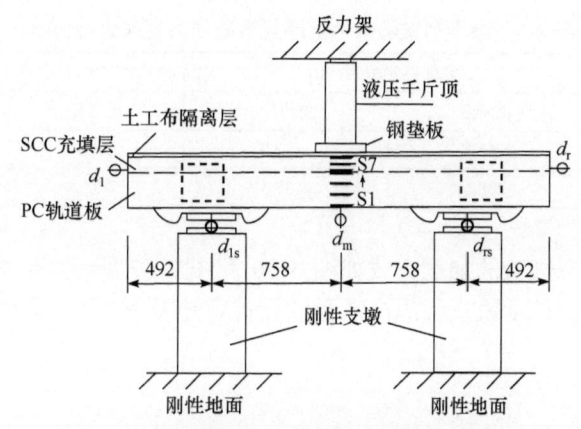

图 3-64 复合板静载试验布置示意图(单位：mm)

图 3-65 复合板静载试验加载装置

静载试验加载过程中，采用压力传感器读取液压千斤顶上施加的荷载；轨道板、SCC 充填层侧面及复合板表面粘贴混凝土应变计，采用静态应变测试仪测量试验过程中复合板跨中位置的应变；在跨中及支座位置布置千分表，以测量支座和跨中位置的位移，在复合板横向左右两端布置千分表，以测量加载过程中轨道板与 SCC 充填层之间的相对滑移，测点布置如图 3-64 所示。

在《城市轨道交通弹簧浮置板轨道技术标准》(QGD-001-2009)中，对浮置板的抗裂试验方法进行了规范，此方法同样也适用于预制轨道板，但所加荷载弯矩大小不同。由于浮置板的支承方式与普通轨道板的支承方式差别较大，浮置板所承受的弯矩要大得多。文献[19]对浮置板最不利支承条件下的弯矩进行了计算，结果如表 3-3 所示。由于支承方式不同，浮置板所承受的荷载弯矩相差很大，在试验过程中对浮置板施加荷载时，一般都要考虑最不利荷载，以求取得最大的安全储备。

表 3-3　最不利支承条件下浮置板截面弯矩最大/最小值

浮置板状态	截面弯矩/(kN·m)		单位长度弯矩/(kN·m/m)	
	正弯矩	负弯矩	正弯矩	负弯矩
普通状态	146.7	−112.3	58.8	−42.9
基础沉降	238.6	−138.3	95.5	−53.7

静载弯曲抗裂试验的加载方式如图 3-66 和图 3-67 所示。纵向弯矩加载时，荷载大小根据单位长度轨道板纵向承受的设计弯矩及图 3-66 所示的支承和荷载

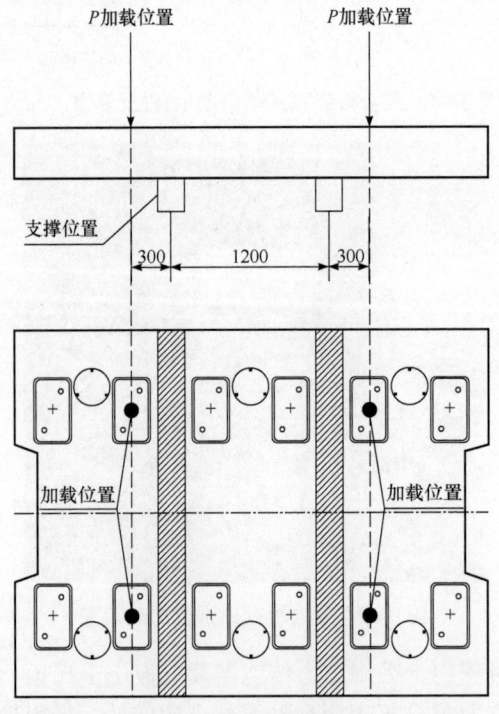

图 3-66　纵向弯矩加载示意图(单位：mm)

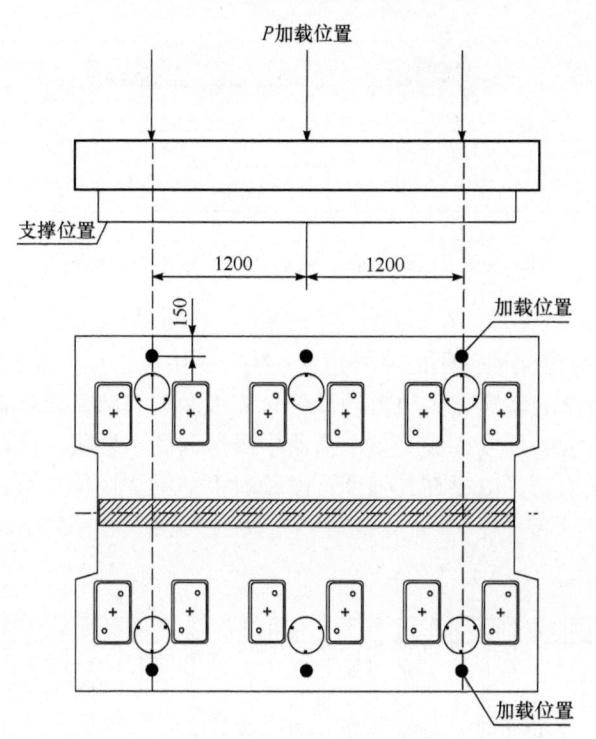

图 3-67 横向弯矩加载示意图(单位：mm)

作用方法计算所得；横向弯矩加载时也如此处理，但一般以试验纵向弯矩为主。试验时，要求荷载达到设计弯矩，混凝土开裂的裂缝宽度、长度和条数都要符合混凝土结构未失效的要求。若荷载达到设计标准时，混凝土的裂纹没有达到混凝土失效标准，则可进一步加大荷载，直至裂缝宽度、长度和条数达到混凝土失效标准，记录此时荷载大小，作为该试样轨道板最大弯矩的承载强度。

2) 轨道板垂向抗压试验

对轨道板进行简支梁试验是为了掌握轨道板承受弯矩的能力，但无法得到模拟列车荷载条件下轨道板的应力状态。对轨道板实尺模型进行静态荷载试验是为了能够得到模拟列车荷载条件下的轨道板主要位置的应变，以及轨道板的位移、挠度和破坏情况。静荷载试验的评价规范采用《铁路桥涵混凝土结构设计规范》(TB 10092—2017)。一般轨道交通采用的预制轨道板轨道结构断面如图 3-68 所示。

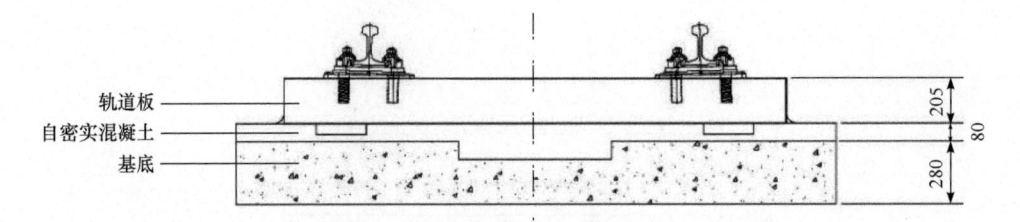

图 3-68 试验轨道板轨道结构断面(单位：mm)

由于道岔的结构特殊，在不同的道岔部位，轨道板的尺寸是不同的，如图 3-69 所示。对于城市轨道交通使用的 9 号道岔，共有 9 块道岔板，第 2 块长为 3230mm 的道岔板位于道岔的转辙器尖轨扳动部位，该板两端有两条转辙器拉杆槽，此拉杆槽削弱了道岔板的强度，成为整个道岔中最薄弱的一块板，因此在设计时，在拉杆槽边上增加钢筋，以提高其强度，试验时也把第 2 块道岔板作为试验对象。

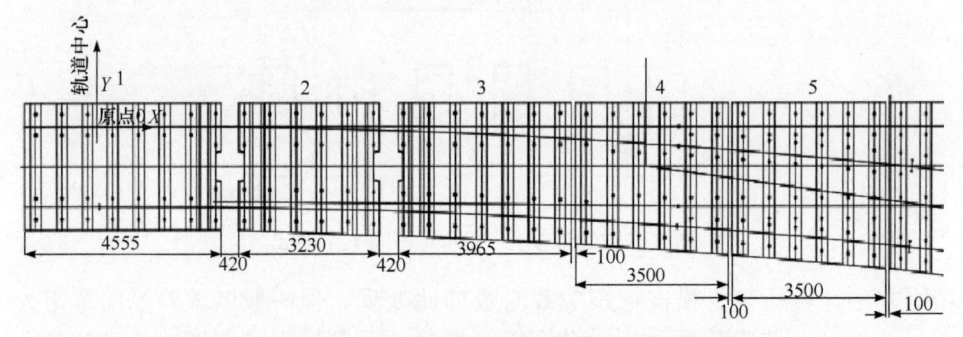

图 3-69 轨道交通 9 号道岔的转辙器部分的轨道板布置(单位：mm)

根据现场实际的轨道结构形式，在实验室将轨道板铺设好，按照在车辆轮轴力作用下的受力情况(包括正常情况下的受力和不利荷载情况下的受力)，设计轨道板的加载方式。加载方式分为两种，加载方式一考虑车辆的一个转向架、两个轮轴落在一块轨道板上，用于静载强度试验；加载方式二考虑只有一个轮轴在浮置板上，用于静载和疲劳试验，如图 3-70 所示。

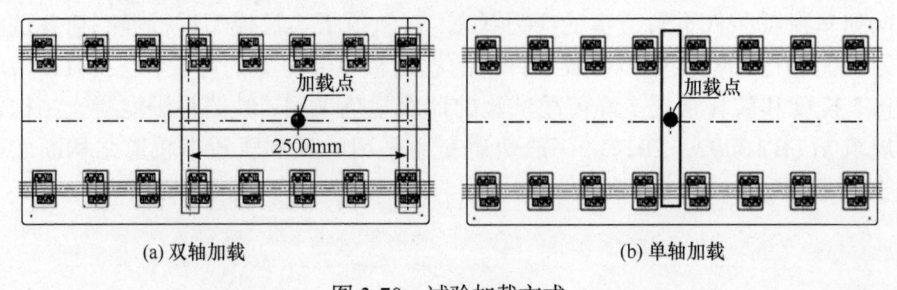

(a) 双轴加载　　(b) 单轴加载

图 3-70 试验加载方式

静态加载时，考虑车辆轴重为 160kN。在实际情况下，钢轨、车轮的不平顺等使车辆在运行时的动态轮轨力远大于静态轮轴力。为考虑最不利荷载条件下轨道板的承载能力，分别以车辆轴重的 1.0 倍、1.5 倍、2.0 倍、2.5 倍、3.0 倍的荷载加载。

为测试在轮载作用下的混凝土受力，在板长的 1/2 位置(板中)和两端顶面粘贴纵向应变片，与板顶位置相对应，在板两侧尽量靠近板底线处粘贴纵向应变片；在板长中部和端部荷载作用点附近、板两侧 1/2 高度处粘贴压应变片，如图 3-71 所示。

9 号道岔的第 2 块轨道板长 3.23m，宽 2.40m，在荷载作用点附近和两端顶面粘贴纵向应变片；与板顶应变片的位置相对应，在板两侧尽量靠近板底线处粘贴纵向应变片；在板长中部和端部荷载作用点附近、板两侧面处粘贴压应变片；道岔板有尖轨转辙器拉杆槽，荷载作用在板端的钢轨支座上，转辙器拉杆槽转角的受力最大，因此在槽角处布置 45°应变测点，以测试荷载作用下转辙器拉杆槽转角处 45°方向的应力，如图 3-72 所示。

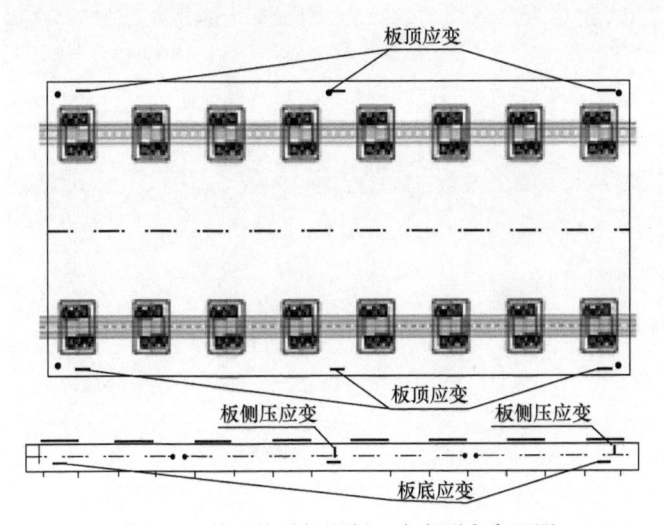

图 3-71　普通轨道板混凝土应变测点布置图

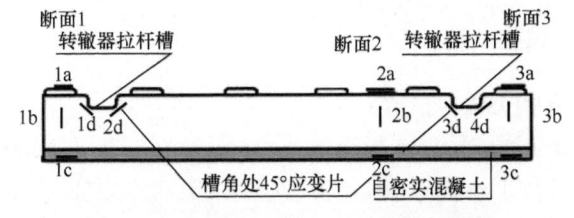

图 3-72　道岔板混凝土应变测点布置图

轨道预制板铺设在自密实混凝土上,在荷载作用下,板顶向下位移极小,但考虑到在实验室进行试验时,铺设的轨道板与试验台表面存在不均匀的空隙,造成整板板顶的位移不均匀,所以需要对荷载作用下的板顶位移进行监测,测点布置如图3-73所示,道岔板的位移测点与普通板布置相同。轨道板双轴加载试验现场如图3-74所示,道岔板双轴加载试验现场如图3-75所示。

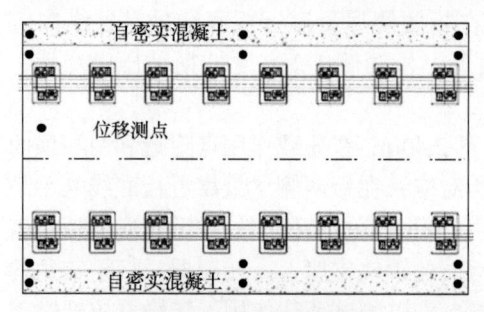

图 3-73 位移测点布置图　　图 3-74 轨道板双轴加载试验现场

图 3-75 道岔板双轴加载试验现场

3.5.2 轨道板疲劳强度试验

1) 轨道板抗弯疲劳强度试验

在《城市轨道交通弹簧浮置板轨道技术标准》(QGD-001-2009)中,对轨道板的抗弯疲劳试验进行了一些规范。轨道板的纵/横向弯矩疲劳试验的加载装置如图3-76所示[14,15]。

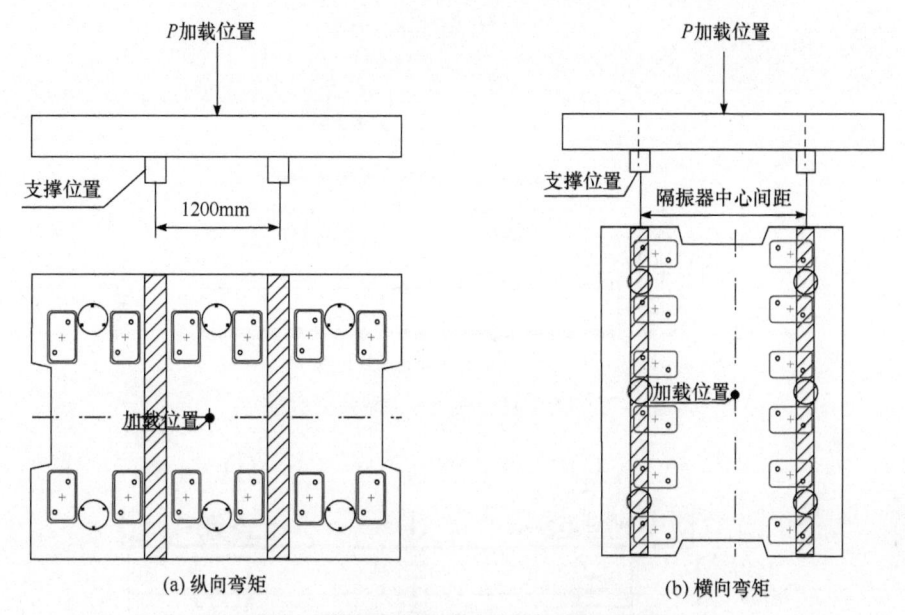

第 3 章 轨道部件的试验与测试 ·127·

(a) 纵向弯矩　　(b) 横向弯矩

图 3-76 轨道板弯矩疲劳试验加载示意图

疲劳试验荷载参考值根据轨道板试验截面的设计承载弯矩大小确定。加载频率为 3~5Hz。一般加载循环次数为 200 万次，但目前有些专家认为，混凝土结构不同于均质材料的钢结构，为了保证构件试验得到的疲劳强度有效，建议将轨道板疲劳试验的循环荷载作用次数增加到 300 万~500 万次，有些甚至增加到 600 万次以上。

2) 轨道板抗压疲劳强度试验

参考文献[18]对 CRTSⅢ复合板试件进行疲劳试验时，底座板下设置厚度为 80mm 的橡胶垫板模拟路基的弹性支承，将复合板试件置于相应的底座板上。在轨道板上安装扣件和钢轨，钢轨上设置横向分配梁，采用 PMS500 脉动式疲劳试验机施加疲劳荷载，疲劳加载装置如图 3-77 所示。疲劳试验的主要测试断面选择在轨道板的板中和轨下位置，测点布置如图 3-78 所示。疲劳加载的荷载水平对应 $1.5P_j$、$2.0P_j$、$2.5P_j$（P_j 为静轴载，取 170kN）分级施加，累计疲劳作用次数为 500 万次，疲劳加载的频率为 3Hz。根据试验目的的不同，可分别采用双承轨台轨道板、单承轨台轨道板及整块预制轨道板进行试验，由于轨道板的长度不同，试验结果也有所差异。轨道板和实际工程中除了非极端条件下路基刚度大幅度退化，路基上连续支承条件下板式轨道结构也难以达到极限破坏状态，实验室模拟连续支承条件下板式轨道结构的极限破坏难度较大。

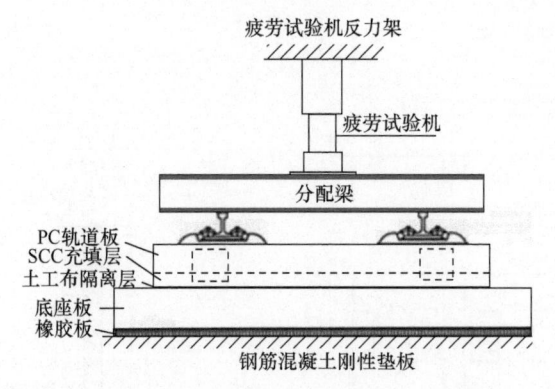

图 3-77 SCC 复合板疲劳加载装置示意图

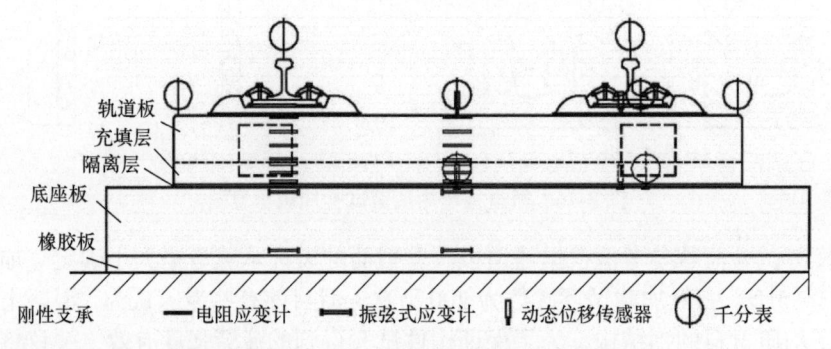

图 3-78 CRTSⅢ型板式轨道疲劳试验测点布置

图 3-79 双承轨台轨道板疲劳试验装置

双承轨台轨道板疲劳试验装置如图 3-79 所示。测试内容包括不同疲劳荷载作用次数条件下测试板的底座应变、SCC 复合板的应变和轨道板的垂向位移。试验结果表明，单承轨台和双承轨台复合板试件的疲劳损伤发展经历了三个典型的阶段：

(1) 低幅值疲劳荷载(15.0～255.0kN)作用达到一定次数(60 万～150 万次)后，板中处轨道板上表面受拉区损伤累积最早出现纵向裂缝，随着疲劳次数的增加而逐渐发展贯通。

(2) 疲劳荷载(42.5～425.0kN)作用一定次数(150 万～250 万次)后，轨道板横向预应力筋锚固端附近出现由锚头向轨道板上表面发展的裂缝，随着疲劳次数的增加，轨道板上表面出现大致沿着横向预应力筋走向的横向裂缝。

(3) 疲劳荷载(42.5～425.0kN)作用次数较多(250 万～500 万次)时，轨道板与

SCC 充填层的黏结性能退化显著，横向端面处层间界面出现离缝，复合板试件逐渐由整体复合受力转化为上下两层叠合受力，轨道板表面的裂缝逐渐向下发展。

疲劳试验累计疲劳作用 500 万次后，典型单承轨台和双承轨台的轨道板-SCC 充填层复合板试件的裂缝展开图如图 3-80 所示。图中数字的单位为万次。

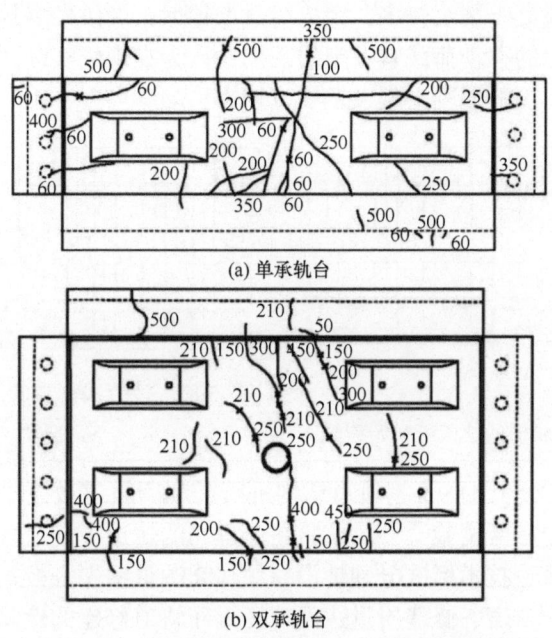

图 3-80 典型疲劳损伤复合板试件裂缝展开图

荷兰代尔夫特理工大学在 2005 年对德国 Rheda2000 型无砟轨道进行了疲劳强度试验，其试验轨道按照实际轨道结构浇筑，并在板中一对(第 5 对)钢轨支座上作用轮载 20t，试验状态如图 3-81 所示。

图 3-81 Rheda2000 型无砟轨道结构的疲劳强度试验

为了对轨道板进行全寿命试验，轨道板浇筑后，模拟现场的温度变化一段时间，在轨道板上就形成了初始裂纹，如图 3-82 所示。试验时疲劳加载轴重 20t，加载 1200 万次，即通过运量 240Mt 后，混凝土的裂纹有较大的发展，如图 3-83 所示。由图可知，疲劳荷载作用在中间第 5 对钢轨支座上，因此第 4、5、6 三对钢轨支座周围的混凝土裂纹较多，距离荷载点越远，裂纹发展越少。试验是定点加载，与现场实际的移动荷载有一定的区别，认为在现场实际列车移动荷载作用下，各钢轨支座周围的混凝土裂纹发展应较为均匀。

图 3-82　疲劳试验前的轨道板初始裂纹

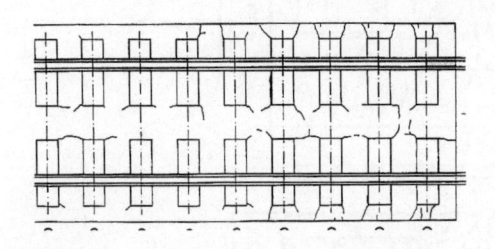

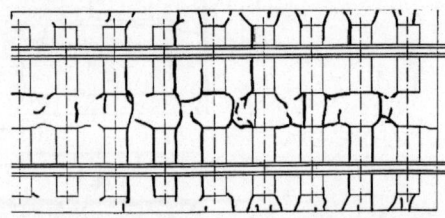

图 3-83　疲劳试验 1200 万次后的混凝土裂纹

参考文献[21]对 CRTSⅢ型轨道结构进行了利用轨道激振器模拟车辆一个转向架、两个轮轴的疲劳试验[20-22]。试验在工程局的轨道板制造基地进行，严格按照我国高铁无砟轨道技术标准分别铺设一块 CRTSⅢ型先张板式无砟轨道及预应力后张法板式无砟轨道，修建质量达到现场无砟轨道修建的检验标准。轨道结构从上到下由钢轨、WJ-8 扣件、预制单元轨道板、配筋自密实混凝土层、限位凹槽、中间隔离层(土工布)和钢筋混凝土底座板等部分组成，如图 3-84 所示。

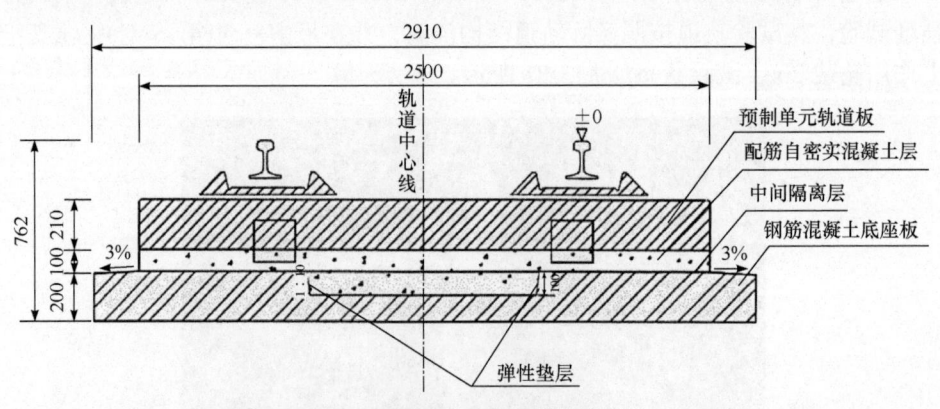

图 3-84　CRTSⅢ型板式无砟轨道结构(单位：mm)

试验场地位于黑龙江省齐齐哈尔市，该地冬季气温低，室内外温差大。试验时利用该地寒冷的环境温度对轨道结构进行自然降温；升温时打开轨道板两侧带孔蒸汽管道并用篷布覆盖轨道板，使水蒸气的热量能更有效地作用于轨道板上，从而实现轨道结构的升温，如图 3-85 所示。

图 3-85　轨道结构蒸汽升温

根据无砟轨道结构主要受力特点，试验采用定制的 ZSS50 轨道荷载激振车(图 3-86)模拟列车荷载对无砟轨道的反复冲击作用。该车主要由试验平车及振动台车两部分组成。试验平车主要模拟列车运营时轮对钢轨的冲击作用，同时提供配重安放位置，其前轮为振动轮对，后轮为行走轮对。振动台车产生偏心激振，为试验提供动力荷载。试验平车加载频率范围为 10～30Hz，工作环境温度为–45～50℃，ZSS50 轨道荷载激振车实物如图 3-87 所示。

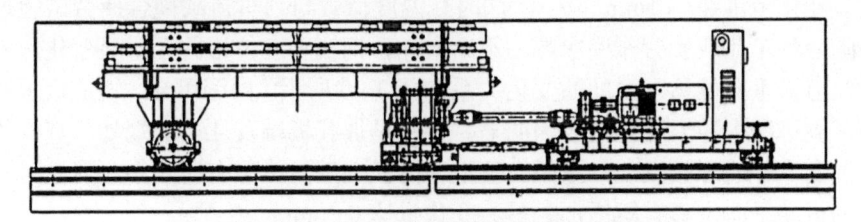

图 3-86　ZSS50 轨道荷载激振车结构

图 3-87　ZSS50 轨道荷载激振车实物

为模拟温度荷载与列车疲劳荷载的耦合作用，试验过程中在对轨道结构进行激振车循环加载的同时，反复施加温度荷载。ZSS50 轨道荷载激振车的振动轮作用于预应力先张法Ⅲ型板(1 号板)与预应力后张法Ⅲ型板(2 号板)之间(图 3-88)，试验平车主要位于预应力先张法Ⅲ型板上，振动平车主要位于预应力后张法Ⅲ型板上，加载频率为 15Hz，加载幅值为 87.1kN。每振动 20 万次采集一次数据，每加载 100 万次左右记录轨道板脱空状态。

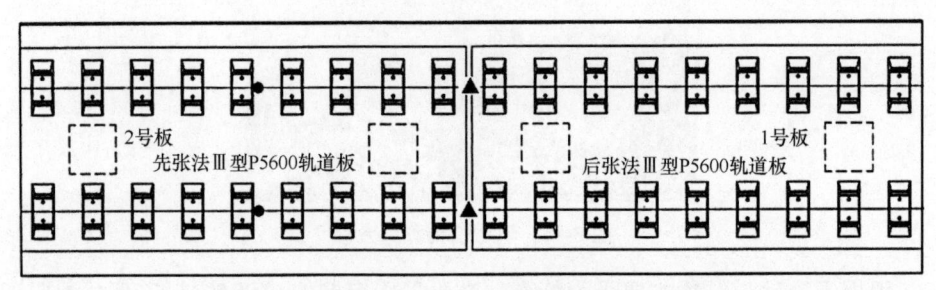

▲ 为试验平板车振动轮加载点 ● 为试验平板车走行轮加载点

图 3-88 试验荷载加载点

钢轨垂向位移与温度的变化关系如图 3-89 所示。由图可知，钢轨垂向位移在一定程度上受温度变化的影响，且变化趋势与温度相似。降温时，扣件垂向刚度增加，导致钢轨垂向位移减小；升温时，扣件垂向刚度减小，导致钢轨垂向位移增大，变化范围在 0.1mm 以下。同时在温度荷载与列车荷载耦合疲劳试验过程中，随着列车荷载疲劳作用次数的不断增加，钢轨垂向位移并无明显变化。

轨道板垂向位移与温度的变化关系如图 3-90 所示。由图可知，轨道板垂向位移在试验过程中随温度变化较为明显，特别是加载板端及 1/4 板端处，其变化趋势与温度变化趋势相反。升温时，轨道板的板端垂向位移有所减小；降温时，轨道板的板端垂向位移有所增加，最大变化量达 0.2mm。

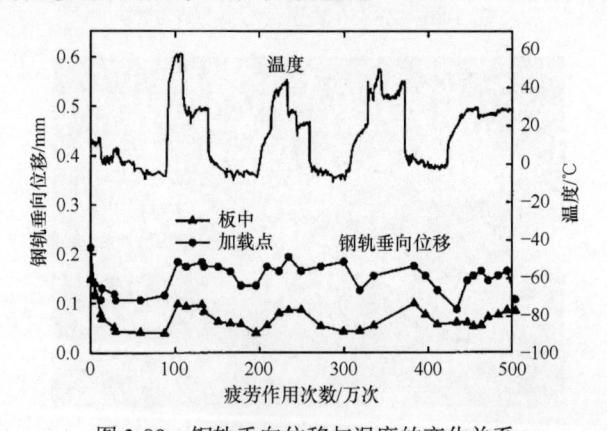

图 3-89 钢轨垂向位移与温度的变化关系

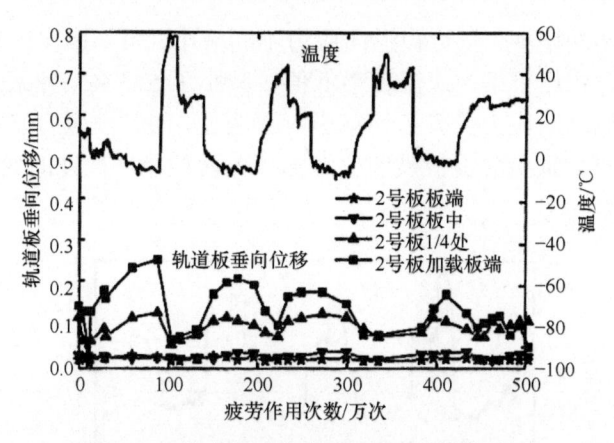

图 3-90　轨道板垂向位移与温度的变化关系

轨道结构底座板垂向位移与温度的变化关系如图 3-91 所示。由图可知，加载端处底座板垂向位移随温度变化较为明显，其变化趋势与温度变化趋势相反。升温时，底座板垂向位移减小；降温时，底座板垂向位移增大。然而板中处底座板垂向位移在试验过程中基本未受温度荷载的影响。

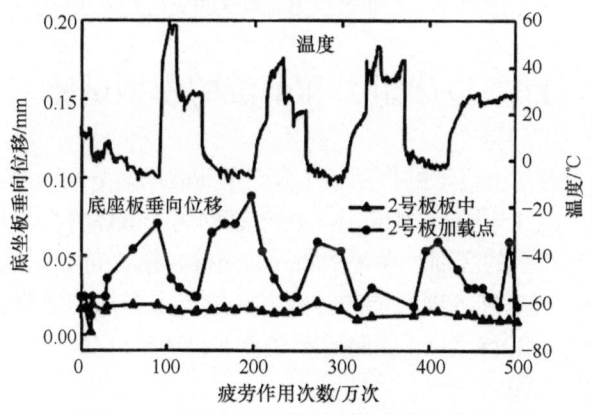

图 3-91　底座板垂向位移与温度的变化关系

与分析轨道板垂向位移相同，选取四次温度循环中温度波谷值的最高值(-3.078℃)作为研究温度，温度变化条件下轨道板应力与温度的变化关系如图 3-92 所示。由图可知，对于预应力后张法Ⅲ型板，轨道板纵向应力在第二次温度最低值(振动 163 万次)时，其纵向应力相比于第一次温度最低值时增加了 6.2%，可见当疲劳作用次数小于 230 万次(前两次温度循环)时，预应力后张法Ⅲ型轨道板纵向应力随着疲劳作用次数的增加有所增加，而后随着疲劳作用次数的不断增加，轨道板纵向应力显著减小；当第四次出现温度最低值时，其纵向应力相比于第一次温度最低值时减小了 38.7%。对于预应力先张法Ⅲ型轨道板，随着疲劳作用次数的不断增加,轨道板纵向应力不断减小,当第四次出现温度最低值时,其纵向应力相比于第一次温度最低值时减小了 57.9%,可见预应力先张法Ⅲ型轨道板板端纵向应力受疲劳荷载影响更明显。同时预应力先张法Ⅲ型轨道板和预应力后张法Ⅲ型轨道板横向应力随疲劳荷载作用次数的变化较小,其变化范围不到 3%。

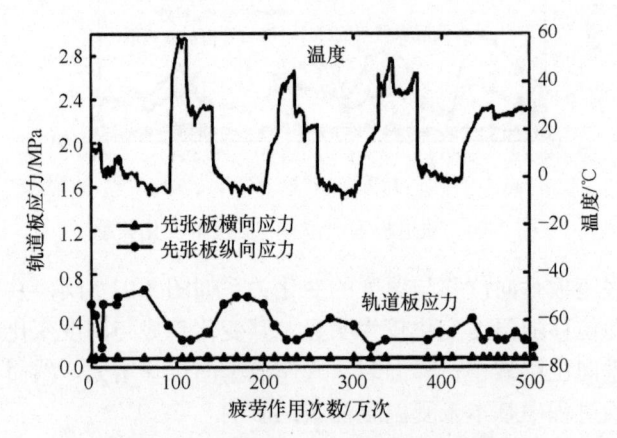

图 3-92 轨道板应力与温度的变化关系

3.6 道床阻力和下沉的模型试验

道砟在轨道中起承上启下的作用,并将列车荷载均匀分布于路基表面,道砟的各项功能在参考文献[15]中有详细叙述。由于道砟属于散体材料,其力学性能指标与均质整体材料有较大的区别。在《铁路碎石道砟 第 2 部分:试验方法》(TB/T 2140.2—2018)中,对道砟各项性能的试验方法进行了详细的规范,共有 19 项道砟质量的试验内容。2018 年,《铁路碎石道砟》(TB/T 2140—2018)颁布,道砟的物理性能可参考此规范。

除了以上道砟物理性能指标试验,道床和道砟的力学性能试验也是重要的内容。道床和道砟的主要力学指标有道床下沉性能、道床密实度、道床纵横向阻力、道床系数(道床刚度)等。这些力学指标中部分可在实验室内进行试验,部分则要在现场进行试验。

3.6.1 轨排模型纵横向阻力试验

道床阻力是保证有砟轨道在列车荷载作用下稳定性的主要因素;对于无缝线路,为保证长钢轨温度力的均匀性,需要依靠道床纵向阻力来阻止列车纵向力和轮载碾压下的钢轨纵向爬行,道床应有足够的横向阻力阻止在列车荷载和温度力的共同作用下轨排的横向位移，所以有砟轨道的道床纵横向阻力是无缝线路的重要因素。由于道砟的材料、级配、污脏度、颗粒形状等不同，其纵横向阻力也不同。对于新铺设或道床维修作业后的轨道，需要对其进行纵横向阻力测试，以评估轨道铺设后可通过的列车允许安全速度。

对于道床纵横向阻力的测试，单根轨枕的测试较为方便，也是现场常用的测试方法，但在进行单根轨枕试验时，相邻轨枕处于静止状态，使得试验枕的阻力增大，因此与实际情况有一定的出入。采用轨排纵横向阻力试验更接近实际的轨道状态，试验时轨排中的几根轨枕联动，更接近轨枕的实际工作状态，但轨排的纵横向阻力试验装置和设备更加复杂，所需加力设备的荷载更大。有时在现场可利用道砟捣固机对轨道施加横向荷载，测试轨排的横向位移和横向力之间的关系。采用这种方法可测量更加接近轨道在有垂向荷载作用的条件下轨排的实际横向阻力，但一般在大机对轨道养修作业后进行，试验条件受到一定的限制。

参考文献[23]对道床的纵横向阻力进行了模型试验，试验装置如图 3-93 所示，该轨排采用 5 根轨枕，可分别测试轨排的纵向阻力和横向阻力，轨排阻力试验照片如图 3-94 所示。试验时，横向阻力测试完毕后，需要对轨排进行重新整理振捣再测试纵向阻力，反过来也一样，否则一个方向的轨排阻力测试完成后，道床处于松动状态，再测另一个方向就会不准确。

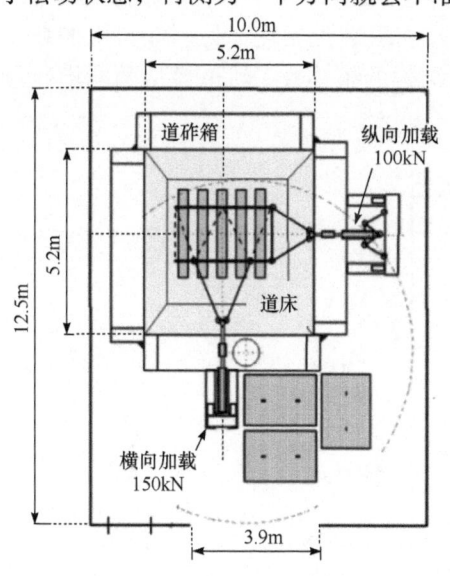

图 3-93　轨排阻力试验装置　　　　图 3-94　轨排阻力试验照片

在轨排纵横向阻力测试时，纵向阻力和横向阻力的荷载-位移曲线有一定的差别，但其特性基本相同。当荷载较小时，荷载与位移呈线性关系，但在荷载达到

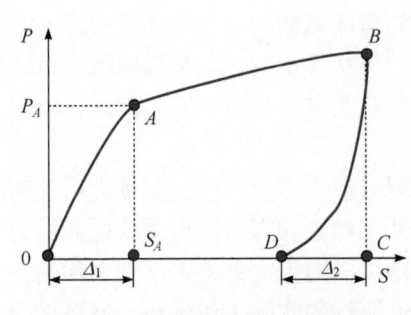

图 3-95 荷载和位移的关系曲线

某一个阻力后,轨排与道砟产生滑动,两者之间不再呈线性关系,如图 3-95 所示。由图可知,在荷载达到 P_A 前,可将位移看成与荷载呈线性关系,若在荷载小于 P_A 时卸载,则轨排的位移尚能恢复;当荷载达到 P_A 时,轨排的位移为 Δ_1,卸载后轨排很少有永久位移积累;当荷载大于 A 点的 P_A 时,轨枕产生滑动,此时荷载增加量很小,或不增加甚至降低,但位移不断增大,到达 B 点后卸载,卸载曲线也并非线性,但轨道位移也有弹性恢复部分 Δ_2,永久位移部分为 $0\sim D$ 的距离。试验表明,一般情况下,$\Delta_1=\Delta_2$,也即当荷载大于 P_A 时卸载,不管在何时,轨排的弹性位移部分都是基本相等的,且轨排移动距离越大,永久位移也就越大。据此,在对轨道结构受力设计时,使用的轨排阻力不得大于 P_A。

参考文献[24]对轨排纵向阻力进行了试验。根据有关道床阻力性能测试的研究成果,对于轨排-道床系统在荷载作用下的力学特性,轨枕数量对道床阻力数值的大小影响较大,而对数值的规律影响相对较小。因此,在综合考虑试验经济性、试验效率,并充分利用试验模型的基础上,模型轨枕数量选为 6 根,如图 3-96 和图 3-97 所示。模型一端钢轨与加载装置相连,另一端自由伸缩。为了消除边界轨枕阻力的影响,保证轨排结构的整体性,轨道模型两端堆砟量较少。

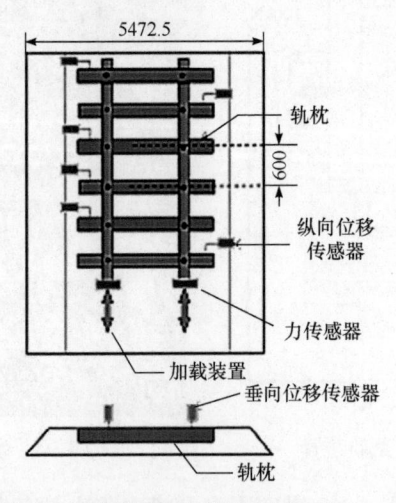

图 3-96 模型试验系统示意图(单位:mm)

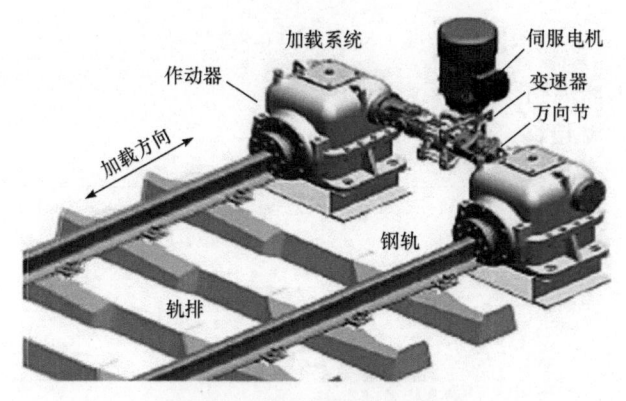

图 3-97　轨排加载系统示意图

模型轨道采用Ⅲa型有挡肩钢筋混凝土轨枕，轨枕长 2.6m，枕间距为 0.6m(1667 根/km)；钢轨型号为 CHN60；扣件为弹条Ⅱ型扣件系统，根据室内测试结果，当螺栓扭矩取 200kN·m 时，无载扣件单节点纵向阻力约为 18kN。经分层铺设、捣固并稳定后的道床试验现场如图 3-98 所示。

图 3-98　轨排试验轨道模型

传统道床纵向阻力测试均是在相邻枕间中部范围内掏空一部分道砟后置放千斤顶进行加载测试，为了防止掏空部分道砟对道床阻力测试造成影响，轨排试验采用对钢轨加载的间接方法测量道床阻力，此种方法较接近实际情况，并设计专用的加载-采集系统，测试不同荷载条件下道床纵向阻力性能。

选取轨排模型中间位置处的轨枕作为测试对象，并进行多组测试，计算得到单根轨枕道床纵向阻力测试结果如图 3-99 所示。由图可知，单根轨枕下的纵向阻力-位移试验数据为离散的数据点，通过试验数据的拟合曲线可知，道床阻力表现出明显的弹塑性特性。当轨枕位移较小时，纵向阻力表现出弹性性质，随着轨枕位移的增大，纵向阻力的增加幅度趋于平缓，塑性性质明显。当取极限位移为 2mm 时，道床纵向阻力约为 15kN。根据试验数据，对道床纵向阻力进行曲线拟合，拟合曲线方程如式(3-21)所示：

$$Q=0.356-1.515y_f^{0.574}+8.706y_f^{1/1.741} \tag{3-21}$$

式中，Q——道床纵向阻力，kN；

y_f——轨枕位移，mm。

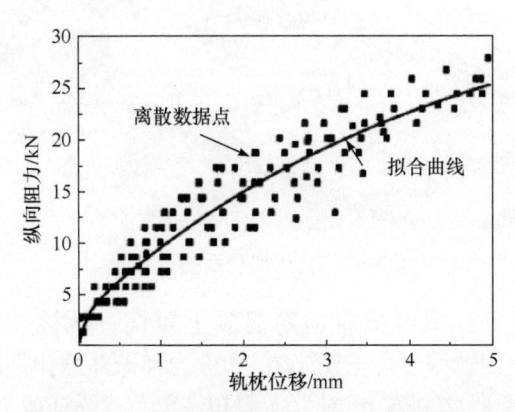

图 3-99 单根轨枕道床纵向阻力-位移曲线

当轨枕沿纵向移动时，在弹性变形阶段，散粒体颗粒之间的接触不是沿颗粒的某一整个表面，而是在单个的接触点，变形中颗粒间的接触点没有变化，道床只发生弹性变形。随着轨枕位移的增加，接触点之间的接触应力增大，使变形带有塑性变形的性质，道砟颗粒之间发生明显的结构变形，颗粒之间的接触状态发生明显变化，道砟颗粒接触点、接触面积增加。

此外，对于图 3-99 中纵向阻力-位移曲线关系，以上所论述的是道床提供给单根轨枕的阻力，但对于轨排结构，各轨枕之间的相互作用对道床提供给每根轨枕阻力的影响是不可忽略的。例如，高层建筑群桩基础之间的"群桩效应"使桩侧阻力、桩端阻力等发生变化，而与单桩明显不同，承载力往往不等于各单桩承载力之和。另外，有关文献测试结果表明，不同轨枕数量下的道床横向阻力-位移曲线变化规律相同，只是力的大小不同；轨排结构下的道床横向阻力均值明显小于单根轨枕阻力，且随着轨枕数量的增加，差异逐渐减小。目前，对于轨排结构道床纵向阻力特性的试验研究较少，测试并掌握其变化规律对无缝线路计算参数选取的准确性，尤其是对于桥上无缝线路，具有十分重要的意义。

3.6.2 道砟下沉试验

道砟在列车荷载作用下发生下沉，造成轨道几何形位变化，国内外较早对道砟的下沉曲线进行了研究，最著名的就是日本铁道综合技术研究所提出的道床下沉曲线公式，如式(3-22)所示：

$$y = y_0(1-e^{-\alpha x})+\beta x \tag{3-22}$$

式中，y_0——道床初始沉降量，mm；
　　　α,β——道床下沉系数，单位分别为 1/MGT，mm/MGT；
　　　x——线路通过运量，MGT。

轨道铺设或线路道床作业后，在初始阶段，道床的下沉较快，通过一定的列车运量后，道床下沉速率降低，且与运量呈线性关系，如图 3-100 所示。对道床的下沉要求是：初始沉降量 y_0 要小；道床下沉系数 α 越大，道床完成初始下沉的时间越短；β 越小，道床后期下沉的速度越慢，越有利于轨道的稳定。

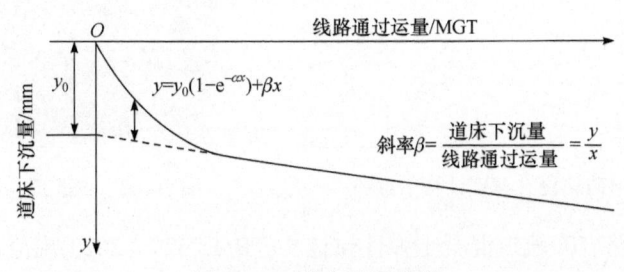

图 3-100　道床下沉曲线

道砟材质、颗粒表面摩擦系数、级配、污脏度和颗粒形状等的不同都会影响道床的下沉速率，因此一般要对不同的道砟状态进行下沉试验。下沉试验可分为现场试验和室内试验。现场试验时，在轨道铺设或道床作业完成后，测量轨面的标高，然后在线路通过不同的运量后再测试轨面标高，并绘制运量-道床下沉曲线。此法关键是在现场精确测量轨面标高，因此需要利用高精度水准仪测量；同时需要正确统计线路的通过运量。只要其中一项工作不细致，就会导致道床下沉曲线误差较大。另一种方法是在室内对道砟作用循环荷载进行模拟试验，室内的测量精度和荷载计算精度都能得到有效保证，因此可得到较为准确的道床下沉曲线，但由于试验情况与现场的实际列车运行情况有一定的差别，室内得到的下沉曲线只能分析道床的下沉特性，而不能直接将数据用于预测实际线路的下沉特性。

道砟箱试验是室内试验在循环荷载作用下测量道砟下沉特性的一种常用方法，因为此法操作简单，能反映道砟的下沉特性，所以可为评估实际线路道砟的下沉特性提供依据。道砟箱试验可以验证数值模型的有效性，分析有无枕下胶垫对轨枕沉降、道床密度及道砟颗粒破碎的影响。

试验用的道砟尺寸不能太小，一般长于半枕长度，若条件许可，则可加上砟肩宽度，砟肩宽度不能小于现场线路轨道的实际轨枕间距[25]。

考虑轨枕中部 600mm 不支承在道砟上，则 2.5m 长的轨枕的有效支承长度为 950mm，试验可以此确定道砟箱的长度。为了方便试验枕放进道砟箱，道砟箱的实际长度可比轨枕有效支承长度长一点。通常进行轨道结构检算时，道床应力扩散角取 35°，Ⅲ型枕底部宽度为 320mm，道砟箱的设计宽度为 810mm，如图 3-101

所示。按照《重载铁路设计规范》(TB 10625—2017)，道床厚度为 350mm，Ⅲ型轨枕高度为 260mm，为了方便仪器安装，道砟箱高度取 650mm。道砟箱实物如图 3-102 所示。

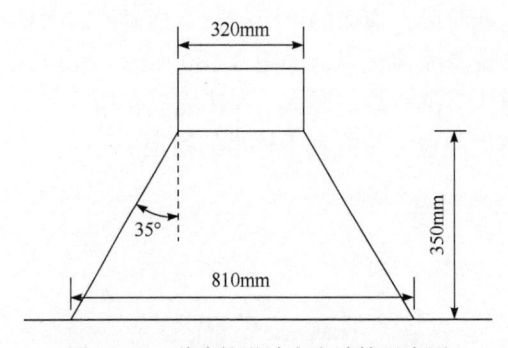

图 3-101　道砟箱设计宽度计算示意图

图 3-102　试验道砟箱实物

按照《铁路有砟轨道混凝土弹性轨枕》(TB/T 2629—2023)规范，选用符合规范要求的枕下弹性垫板，如图 3-103 所示。研究有无枕下弹性垫板对道床下沉速率的影响。

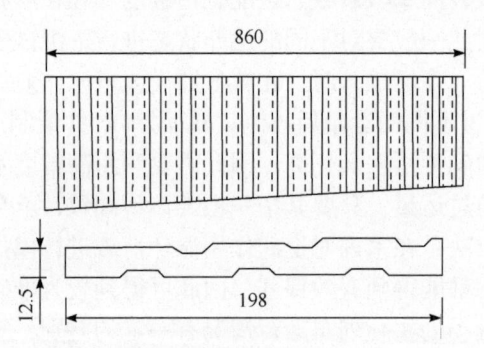

图 3-103　枕下弹性垫板(单位：mm)

《重载铁路设计规范》(TB 10625—2017)规定，30t 轴重的线路，应该选用特级材质、一级级配的碎石作为道砟。按照《铁路碎石道砟》(TB/T 2140—2018)的一级级配要求，进行道砟颗粒的选取。按照有无枕下胶垫，将试验分有枕下胶垫和无枕下胶垫两组。

位移传感器放在轨枕两端，加速度传感器安装在轨枕的中心轴线下，一个在道床顶面，另外一个距离轨枕底面 15cm，如图 3-104 所示，试验照片如图 3-105 所示。道砟箱轨枕安装捣固后，用灌水法测试道床的密实度，并在疲劳加载结束后再次测试道床的密实度，以确定疲劳加载前后道床密实度的变化。

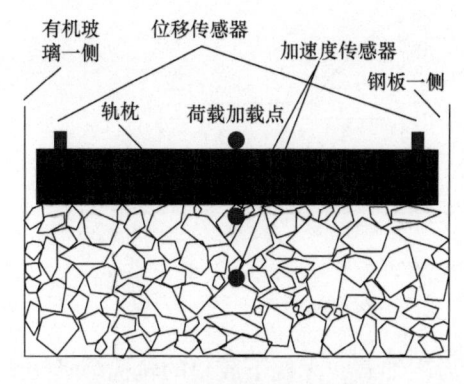

图 3-104　传感器布置示意图 　　　　图 3-105　位移传感器的安装

在试验循环加载过程中，测量不同荷载作用次数下的轨枕沉降量，以分析荷载作用次数与轨枕沉降量之间的关系。加载开始时，每 30min 观测一次轨枕累计沉降量。在初始加载时刻，累计沉降量较大，为了准确记录累计沉降量，需增加观测次数。

循环加载的最大值可采用式(3-14)计算，最小值可取最大值的 15%～20%，加载频率为 3～5Hz。

循环荷载作用下有无枕下胶垫的轨枕初始沉降量曲线如图 3-106 所示，轨枕中心处累计沉降量曲线如图 3-107 所示。由图可知，有弹性垫层的轨枕累计沉降量小于无弹性垫层的轨枕累计沉降量。道砟箱中的道砟是自然堆积状态，未进行振动捣实，所以轨枕的大部分沉降主要发生在循环荷载作用初期，即荷载作用初期轨枕的沉降速率较大；随着加载次数的增加，轨枕下道砟趋于密实，沉降速率降低，并随着加载次数的增加逐渐稳定。

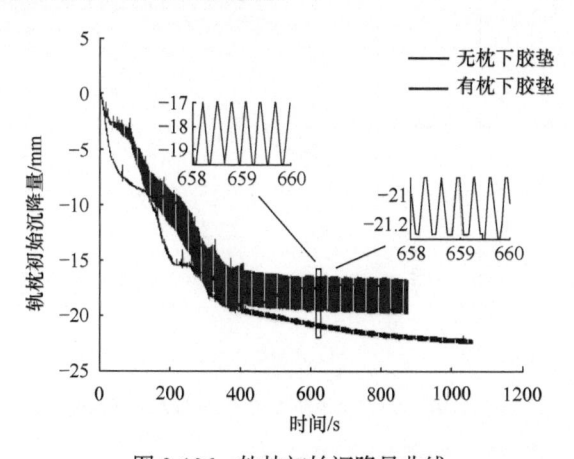

图 3-106　轨枕初始沉降量曲线

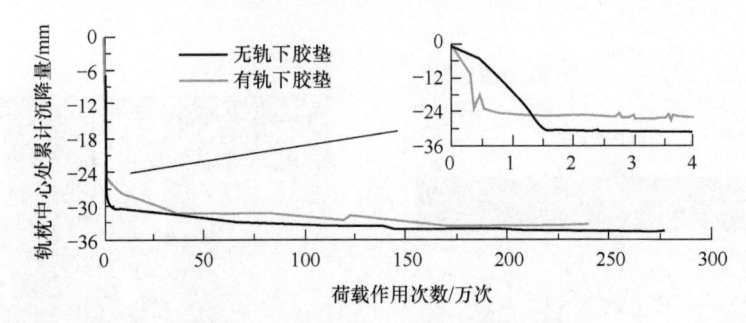

图 3-107 轨枕中心处累计沉降量曲线

初始未经压密道砟箱模型，经过 300 万次加载，无枕下胶垫的轨枕沉降幅值达到 34.49mm，有枕下胶垫的轨枕沉降幅值为 31.59mm，两者之差为 2.9mm。现场也有类似的情况，在路基-桥梁相邻路段，由于桥上段的桥面基础刚度大于路基面刚度，桥上段的有砟道床下沉速率要高于路基段。因此，一般认为合理设置枕下刚度有利于保持道床的稳定性，降低道床的下沉速率和沉降量，同时为列车运行提供良好的减振效果。

初始加载时道床振动加速度曲线如图 3-108 所示，不同荷载作用次数下的道床振动加速度曲线如图 3-109 所示。由图可知，有枕下胶垫时，由于胶垫的弹性作用，道床的振动加速度较无枕下胶垫时的振动加速度小且平稳。从物理角度来看，散体材料的振动加速度越大，其安息角越小，因此枕下胶垫能降低道床的振动加速度，并对道床的稳定性起到积极的作用。

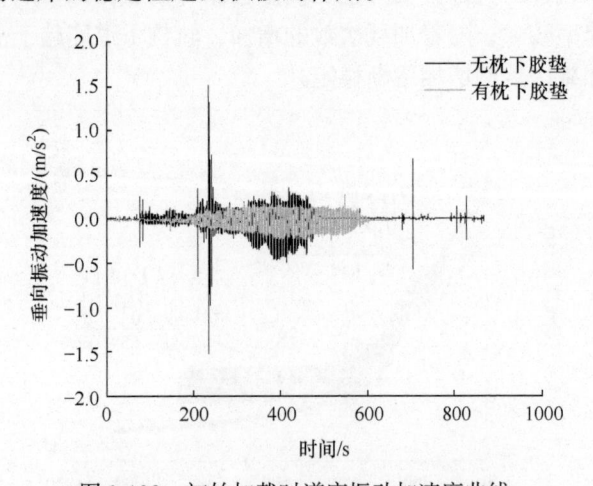

图 3-108 初始加载时道床振动加速度曲线

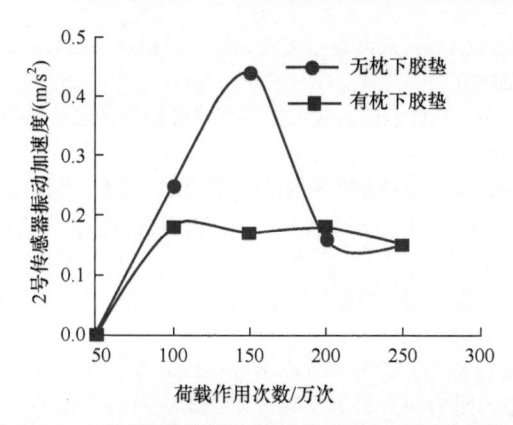

图 3-109　不同荷载作用次数下的道床振动加速度曲线

参 考 文 献

[1] 丁韦, 高振坤, 宋宏图, 等. 对欧洲和我国钢轨闪光焊标准中主要指标的分析与研究(上)[J]. 铁道技术监督, 2019, 47(1): 3-7.
[2] 王东, 高文会, 代韬, 等. 钢轨固定式闪光焊接头静弯试验及与落锤试验相关性分析[J]. 铁道建筑, 2018, 58(2): 129-133.
[3] 丁韦, 高振坤, 李力, 等. 钢轨闪光焊接头静弯检验标准及强度研究[J]. 铁道技术监督, 2016, 44(10): 1-6.
[4] 董平禹, 杨来顺. 钢轨焊接中落锤试验的探讨[J]. 铁道建筑, 2005, (8): 67-68.
[5] 高文会, 李力, 丁韦. 钢轨焊接接头技术条件与英国 RAILTRACK 铁路规范(RT/CE/S/001)的比较与分析[C]// 铁科院金属及化学研究所学术活动周研讨会, 北京, 2002: 81-86.
[6] 童乐为, 牛立超, 任珍珍, 等. 国产系列高强度结构钢及其焊接疲劳强度研究[C]// 中国钢结构协会结构稳定与疲劳分会第17届学术交流会, 西安, 2021: 165-169.
[7] 丁韦, 黄辰奎, 高文会, 等. 铁路车轮与钢轨的强度及硬度匹配[J]. 铁道物资科学管理, 2003, 21(6): 37-38.
[8] 张银花, 周韶博, 周清跃, 等. 高速铁路轮轨硬度匹配试验研究[J]. 中国铁道科学, 2017, 38(4): 1-7.
[9] 王留军. 基于扣压力的ω型弹条扣件作业机具校准测试台的研制[J]. 郑州铁路职业技术学院学报, 2015, 27(1): 24-27.
[10] 张景坤. WJ-7型无砟轨道扣件动、静力试验及疲劳性能研究[D]. 昆明: 昆明理工大学, 2018.
[11] 张凌之. 小阻力扣件纵向阻力特性试验研究[D]. 成都: 西南交通大学, 2014.
[12] 张松琦, 张远庆, 汝继来, 等. Ⅲ型弹条扣压力测试方法[J]. 铁道建筑, 2020, 60(4): 94-96.
[13] 高亮, 江成. 高速铁路轨道[M]. 北京: 中国铁道出版社有限公司, 2021.
[14] 田春香. 基于美标的铁路宽轨距轨枕结构设计与计算[J]. 铁道工程学报, 2015, 32(2): 60-63.
[15] 杨秀龙, 宋月超, 许光辉, 等. 轨道交通扣件组装疲劳性能测试方法研究[J]. 中国计量, 2018, (7): 56-59.
[16] 练松良. 轨道工程[M]. 北京: 人民交通出版社, 2009.
[17] 刘晓春, 余志武, 金城, 等. CRTSⅢ型板式无砟轨道复合板横向弯曲试验研究[J]. 铁道学报, 2018, 40(12): 153-160.

[18] 刘晓春, 金城, 余志武, 等. CRTS Ⅲ型板式无砟轨道横向弯曲疲劳试验[J]. 西南交通大学学报, 2018, 53(1): 23-30.
[19] 李奇, 李兴, 吴迪, 等. 高性能湿接装配式长型浮置板静动力性能研究[J]. 铁道工程学报, 2021, 38(1): 32-36, 65.
[20] 冯什. CRTS Ⅰ型板式无砟轨道原型疲劳试验研究[D]. 成都: 西南交通大学, 2014.
[21] 刘学毅, 刘丹, 赵坪锐, 等. CRTS Ⅲ型板式无砟轨道疲劳性能试验研究[J]. 铁道工程学报, 2016, 33(11): 51-56, 112.
[22] 吴斌, 魏炜, 曾志平, 等. 3000万次列车荷载作用下Ⅲ型板式轨道力学性能演化试验[J]. 铁道科学与工程学报, 2019, 16(1): 1-7.
[23] Esvel C. Modern Railway Track[M]. 2nd ed. Amsterdam: MRT-Productions, 2001.
[24] 刘浩. 铁路有砟道床阻力演变机制及其对无缝线路影响研究[D]. 成都: 西南交通大学, 2019.
[25] 邵文杰. 碎石道床车致变形的离散元数值分析[D]. 上海: 同济大学, 2017.

第4章 现场轨道结构参数和动力测试

为了掌握轨道结构的力学性能和承载能力，需要对轨道结构的各种参数进行试验测量，从而为轨道结构的承载强度能力、动力特性、结构稳定性和疲劳耐久性等的分析提供基本技术参数。目前轨道结构经常测试的参数有道床密实度、道床纵横向阻力、道床系数、轨道刚度和轨道整体刚度等。

轨道结构参数、轨道几何形位状态、机车车辆动力性能不同，轨道结构的动力响应也有所不同。为了掌握轨道结构的工作状态和动力响应，需要在列车运行条件下对轨道结构进行动力测试，从而评价轨道结构和列车运行所处的状态，为评价列车和轨道结构的安全运行，以及验证轨道结构设计时采用的动力参数是否合理提供技术依据。

4.1 轨道基本参数测试

4.1.1 道床密实度测试

铁路道床是由碎石铺设而成的散粒体结构，新修或刚大修后的线路道床松散，轨道的承载力和稳定性(特别是无缝线路)都比较差，因此必须限速通行。道床密实度是线路开通、提速的主要控制指标。松散的道床经列车反复碾压作用，道砟颗粒会产生相对错动和重新排列，结构变形使粗颗粒之间逐渐形成骨架而达到密实稳定。此时的道床处于最佳工作状态，道床密实度称为最佳密实度，根据国内外的实测资料，其值在67%～70%。已经密实的道床，要尽量减少捣固作业，避免对道床的扰动，以延长道床的稳定工作期，因此道床密实度又是指导、安排维修作业的重要指标之一。

随着线路通过总重的增加，道砟颗粒的破碎和外部脏污的侵入会逐渐积累，致使道床骨架之间的空隙被堵塞，道床密实度进一步提高，道床脏污，排水不良，必须进行道床清筛，因此道床密实度又是决定道床清筛技术条件的主要参数。可以看出，从道砟铺设上道，到道床密实稳定，直至最后脏污清筛，是一个道床密实逐步演变的过程。根据道床密实度的变化，可以完全掌握道床工作状态的"脉搏"，正确地指导线路的开通、提速，并安排轨道的养护、维修、清筛等各项作业。道床密实度还是评定捣固、夯拍等养路机具作业效果的直接指标，因为捣固、夯拍等作业的最终目的在于提高道床的密实度和轨道稳定性。有关作业机具的工作参数、作业方式和时间的选择，也应以取得最大道床密实度为出发点。道床密实度的测试对实现铁路轨道状态预防维修的参数化、量值化、科学化有着重要的意义。

道床密实度的测试依据为《铁路碎石道床状态参数测试方法》(TB/T 3448—2016)中的道床密实度测试方法，即灌水法和γ射线法。俄罗斯、德国、美国等各国铁路至今仍广泛使用灌水法测量道床密实度。

1. 灌水法

一般灌水法测试道床密实度的位置位于钢轨中心线与轨枕中心线交点以下，测试时，需要将测试位置的轨枕移走，由于测试位置上方有钢轨，测试作业时操作不便。有时为了测试作业方便，不移走轨枕，在两枕之间靠近钢轨位置测试，但这一位置的道床密实度与枕底的密实度存在一些差异。灌水法的基本原理如图 4-1 所示[1,2]。

(a) 平整砟面

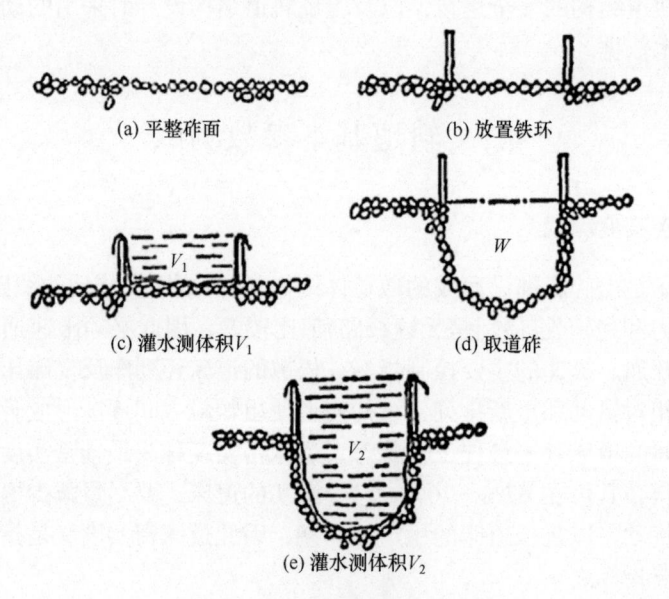

(b) 放置铁环

(c) 灌水测体积V_1

(d) 取道砟

(e) 灌水测体积V_2

图 4-1 灌水法基本原理示意图

在测试道床密实度之前，需要先将道床表面大体拍平整，如图 4-1(a)所示；在测试位置道床顶面上安放一个直径约为 300mm、高为 100mm、厚为 2mm 的铁环，如图 4-1(b)所示；在铁环内侧套入一直径较铁环稍大的平底塑料袋，并在塑料袋内灌水，直至水面在铁环最低处将溢出未溢出之际，记录灌入水量的体积V_1，如图 4-1(c)所示；将水和塑料袋取出，保持铁环不动，并将铁环内道砟取出，在道床中形成一个上大下小的洞，并注意道砟不能坍塌，若道砟坍塌，则试验失败,深度应达到道床厚度的位置,并对取出的所有道砟称重 W,如图 4-1(d)所示;在铁环及洞内重新放入塑料袋,尽量使塑料袋与环内壁及洞壁紧贴,在塑料袋内灌水,直至水面在铁环最低处将溢出未溢出之际,记录灌入水量的体积 V_2,如图 4-1(e)所示。

由 $V = V_2 - V_1$ 可得出道砟洞的容积(包括道砟颗粒的体积及颗粒之间空隙的体积),道床密度为

$$\rho = \frac{W}{V} = \frac{W}{V_2 - V_1} \tag{4-1}$$

将取出的全部道砟放入一装满水的容器,从容器中排出的水的体积即为全部道砟颗粒的表观体积 V_3,由 $\rho_3 = W/V_3$ 可得到道砟颗粒的表观密度,道床的密实度 D 和孔隙率 e 为

$$\begin{cases} D = \dfrac{V_3}{V} = \dfrac{W/V}{W/V_3} = \dfrac{\rho}{\rho_3} \\ e = 1 - D = \dfrac{\rho_3 - \rho}{\rho_3} \end{cases} \tag{4-2}$$

灌水法原理直观,易为人们所接受和掌握。其缺点是测量的范围有一定的局限性。取出道砟的上大下小的洞平均直径仅 250mm 左右。因此,各点测试结果的离散性比较大;受塑料袋跟随性的限制及取砟过程中边坡可能出现松动和坍落,因此测试精度不高;在行车条件下实施困难。一个测点的全部工作要求在一次车行间隔内完成,否则列车振动会造成洞壁塌落。

2. γ射线法

自 20 世纪 60 年代开始,国外就开展了用同位素测定道床密实度的研究工作[1-3]。我国在 20 世纪 80 年代末研制了利用γ射线测定道床密实度的 SM-1 型道床密度计,并先后应用于评定小型全断面道床夯实机的夯实效果,合理选择夯实机的激振力、激振频率、夯实板静压力、夯实时间等参数值及其最优组合,为确定新线开通、提速所必须达到的道床密实度条件提供指导,并为我国道床清筛周期的制定提供重要的数据。目前铁路领域也在利用这一类设备进行现场测试和积累数据,为制订线路的维修、中修作业计划提供基础数据。

一定剂量的放射性元素(如 ^{60}Co、^{137}Cs 等)会放射一定强度的 γ 射线。当 γ 射线通过介质(如道床)时,会被介质吸收而使射线强度有所衰减。衰减的程度与介质的材质、厚度及密度有关,一部分γ射线透过被测物质,一部分 γ 射线被物质所吸收,因此可以用γ射线穿过一定厚度的物质后强度减弱多少来说明 γ 射线被物质吸收的情况,如图 4-2 所示。

图 4-2 道床密度测试示意图

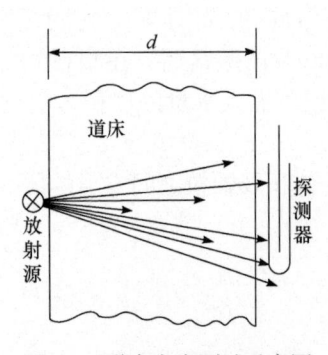

目前大多使用两种仪器来记录γ射线被物质吸收的情况,一种是闪烁计数器,另一种是盖格-缪勒(Geiger-Müller,G-M)计数器。在现场使用的是盖格-缪勒计数器。盖格-缪勒计数器采用四个并联的计数管,脉冲的单位为次/s。被测物体的密度或者厚度与射线的变化量,可用式(4-3)计算:

$$N = N_0 e^{-\mu_m \rho d} \tag{4-3}$$

式中,N ——γ射线穿过被测物体后的强度,脉冲次/s;

N_0 ——γ射线未穿过被测物体前的强度,脉冲次/s;

μ_m —— 被测物质的质量吸收系数,一般取 $7.3 mm^2/g$;

ρ —— 被测物质的密度,g/mm^3;

d —— 被测物体的厚度,mm。

式(4-3)可转换为

$$\rho = \frac{1}{\mu_m d} \ln \frac{N_0}{N} \tag{4-4}$$

试验证明,不同材质的岩石对γ射线的吸收性能是很接近的,因此不同岩种的道砟材料可将 μ_m 视为定值。对于指定的仪器(放射源一定,N_0 恒定)和指定的道床穿射厚度 d,它们的相互关系是恒定的。据此,可先在室内进行标定,然后到现场按给定的穿射厚度 d 测出γ射线穿过道床介质以后的强度 N,就可以由式(4-4)计算得到道床的密度 ρ。

在文献[2]中,对 TKF-01 型核辐射控制器进行了详细的介绍,该控制器可分为以下三部分:

(1) 探测器左侧装有放射源 ^{137}Cs 的装置,外面装有铅质防护套,呈圆鼓形,可上下滑动;探测器右侧装有盖格-缪勒管(G-M 管)和射频跟随器的接收部分,并用 30m 长的电缆连接。

(2) 显示器显示部分,主要包括鉴别器、成形器和计数率计等。鉴别器的作用主要是鉴别探测器传输脉冲电压的幅度,并将本底及其他干扰脉冲滤去。成形器是使信号输出脉冲宽度和幅度不变,使计数率计的输出电压和输入频率呈线性关系。计数率计是表头显示,它将测得的结果用百分比的形式显示在表头上,所用的仪表不是为专门测试道床密实度而设计的,为了与道床孔隙率的单位(%)进行区分,有时将表头上显示的百分比换算成次/s。

(3) 电源部分使用电源箱,以便携带使用。

γ射线测试道床密实度工作原理图如图 4-3 所示。

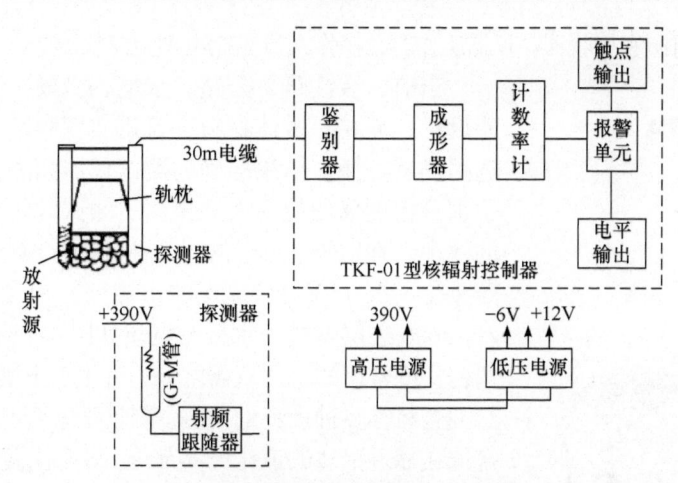

图 4-3　γ射线测试道床密实度工作原理图[4,5]

在《铁路碎石道床状态参数测试方法》(TB/T 3448—2016)中，对测试准备和测试工作进行了相应的要求。测试前，应对测试的密度仪进行标定，测试地点应选在道床断面形状标准、轨枕无吊空和扣件状态正常的位置，同时要避免其他的一些轨道作业对测试位置的干扰和振动。测试时以试验枕为中心，钢轨为边界，将试验枕及相邻两根轨枕的扣件松开，如图 4-4 所示。

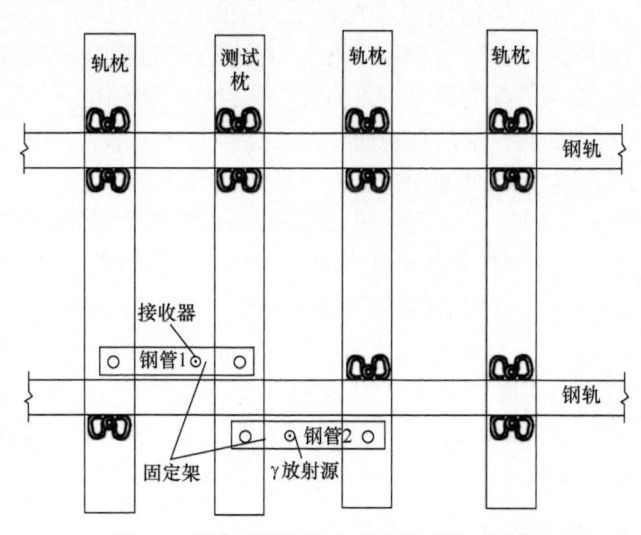

图 4-4　道床密度探头与放射源安装示意图

沿着固定架套管，将长度约 600mm 的钢钎打入道床，其顶端距离套管顶约 50mm 时抽出，顺着孔轻轻放入钢管，如图 4-4 所示。两根钢管内分别放入接收器和γ放射源，其中心深度为轨枕底面以下 150mm，γ放射源窗口对准接收器。

输入日期和标定参数，测试时按照程序自动运行打印测试数据，测试期间不得随意搬动γ放射源和接收器。仪器工作时,操作人员应撤离到距离仪器2m以外的区域。

当前,在铁路、公路、水电、机场、港口等工程建设中,需要对散体材料进行密实度测试,试验时应选用测试方便、结果准确的测试仪器和测试方法,核子水分密度仪的使用大大提高了测试散体材料密实度的效率。在对沥青、混凝土等材料进行测试时,可参照《核子水分-密度仪现场测试规程》(SL 275—2014)。ZN-2000表层型核子水分密度仪如图4-5所示,它是现场密实度常用的检测仪器之一,可用于土壤、碎石、土石混合料等多种填料的检测。测量道床密度时,测点尽量选在靠近钢轨的道床夯实部位。将轨枕盒内道砟表面清理平整,用钢钎打入道床后拔出,形成圆孔。与路基密度测量方法相同,将仪器的发射杆推出后插入圆孔内,即可进行测量。道床表面几乎与轨枕面持平,所以距道床表面300mm相当于距轨枕底面约150mm,正好可以测到道床中部的密度。

图4-5 ZN-2000表层型核子水分密度仪

测试时,操作人员应撤离至2m以外,达到测量时间后,读取数值并迅速关闭仪器。测试完毕后,仪器由专业技术人员放置在指定的仪器箱内封存。使用该仪器测量密实度可减少对被测物的破坏,且操作简便,但是在使用过程中,仍存在以下不足:

(1) 设备每次使用前都需要进行人为标定,操作过程烦琐。
(2) 测量材料表面与仪器间存在明显的孔隙,测试结果会有较大的偏差。
(3) 设备存在辐射,长期使用会对人体造成伤害。

从实测地点取回道砟,在室内参照《铁路碎石道砟第2部分:试验方法》(TB/T 2140.2—2018)进行道砟颗粒表观密度测试,得到道砟颗粒的表观密度ρ_3后,根据测得的道床密度ρ,用式(4-2)计算得到道床的密实度和孔隙率。

道砟颗粒(岩石)的表观密度ρ_3约为2700kg/m^3,自由堆积的道砟密度ρ约为1500kg/m^3,则可得密实度$D=55\%$,孔隙率$e=45\%$。但道床孔隙率是否满足要求尚无法定标准可循,一般认为,当道床孔隙率为35%~40%时,道床压实质量满足要求,当道床孔隙率为30%~33%时,道床压实质量为最优。

4.1.2 道床纵横向阻力测试

道床阻力是指道床抵抗轨道框架在道床平面上移动时产生的阻力。依据道床移动爬行的方向,道床阻力可分为纵向道床阻力和横向道床阻力。纵向道床阻力是道床抵抗钢轨伸缩,防止线路爬行的重要参数;横向道床阻力是保持轨道方向稳定,也是防止无缝线路胀轨跑道的重要因素。道床阻力的大小直接影响无缝线路稳定性理论计算的正确性。对于新铺设和道床清筛后的线路，特别是采用人工清筛道砟时，轨道的道床横纵向阻尼被大大削弱。为保证行车安全，列车往往限速行驶；对于无缝线路，长钢轨在温度压力的作用下，容易失去稳定性。测试道床阻力可以得到道床的实际纵横向阻力，为线路的养护维修管理提供基本的技术参考依据。

常用的道床阻力测试方法可分为轨道框架测定法和单根轨枕测定法[6-8]。轨道框架测定法需要建立一段轨道结构试验段进行试验，试验工序复杂，成本高，难以大量推广使用，一般只在实验室内进行试验(详细内容参见第 3 章)。单根轨枕测定法可在现场进行轨道原位测试，测试方便，成本低，可根据不同的轨道道床状态进行测试分析，此法一般多用于现场测试，其测试结果可反映现场轨道结构中的单根轨枕实际道床阻力，但与轨道框架的阻力也有一些差别。实验室的轨道框架测定法试验结果可为探究单枕和轨排阻力之间的关系提供相关数据。

1. 道床横向阻力测试

道床横向阻力采用试验现场原位测试方法进行测试，将被测轨枕所有扣件松开，并抽出胶垫，利用钢轨提供的反力横向推移被测轨枕，千斤顶可设置在钢轨内侧，也可设置在钢轨外侧，认为轨道左右方向的阻力相等，但若在曲线上，则要向曲线外侧推移。测试时千斤顶施加横向推力，测力仪记录千斤顶推力数值，百分表记录轨枕位移数值。测试装置如图 4-6 和图 4-7 所示。

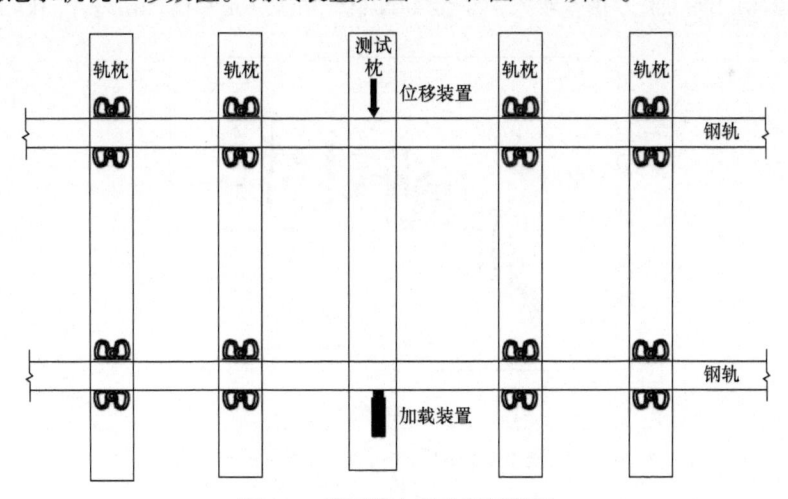

图 4-6 道床横向阻力测试装置

对于采用 e 形弹条扣件轨枕，利用弹条套座孔设计千斤顶的反力装置；对于采用 ω 形弹条扣件轨枕，则利用扣件螺栓设计千斤顶的反力装置。

一般在测试道床横向力时，按照测试地点可分为路基、隧道、桥梁及路桥过渡段等；按照作业状态可分为起道、捣固次数、正常列车运行状况等。对于同一状态下的道床测试 3~5 根轨枕,若数据离散性大,则需要增加测试轨枕数量,对测试数据进行统计分析,然后对不同状态下的数据进行对比,分析不同状态条件下道床参数对道床横向阻力的影响,为轨道维修养护作业提供技术基础数据。

图 4-7 道床横向阻力测试实拍

以横轴为轨枕横向位移,纵轴为道床横向阻力,将实测的荷载-位移原始数据绘制成阻力测值散点图。通过曲线拟合,可得到道床横向阻力-位移曲线,如图 4-8 所示。由图可见,即使在小荷载下,道床阻力曲线也为非线性,所以根据铁路行业的共识,将轨枕横向位移为 2mm 时的阻力作为道床横向阻力的名义值。不同的道床状态,道床的横向阻力相差较大,小至 4kN/枕,大至 18kN/枕,相差 4 倍以上。

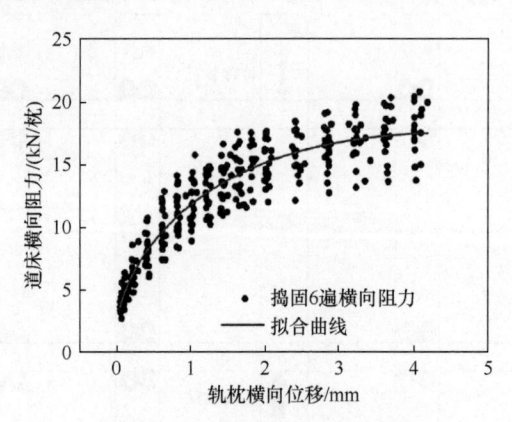

图 4-8 实测道床横向阻力-位移散点图和拟合曲线

对上述实测数据计算均值并减去 2.5 倍的标准方差,可以确定道床横向阻力最小可能值。对各点道床横向阻力进行回归分析,Ⅲ型混凝土轨枕道床横向阻力与位移的函数关系如式(4-5)所示:

$$q = q_0 - By_f^Z + Cy_f^{1/N} \tag{4-5}$$

式中,q——道床横向阻力,kN/枕;

q_0——道床初始阻力，kN/枕；

B、C、Z、N——道床横向阻力系数，一般 $Z=1$，$N=4/3$，B、C 一般用最小二乘法拟合得出；

y_f——轨枕横向位移，mm。

2. 道床纵向阻力测试

在测试道床纵向阻力时，液压千斤顶、力传感器及装置支架安装在与被测轨枕相邻的轨枕中间，并作为千斤顶的反力座。卸掉被测轨枕的扣件，抽掉轨下胶垫，防止钢轨与轨枕间的摩擦阻力影响道床阻力的测试结果。将千分表安装在被测轨枕的左右两侧，千分表的磁性底座吸附在左右两侧的钢轨轨腰上。液压千斤顶对被测轨枕施加纵向推力，采用千分表测量轨枕相对于钢轨的纵向位移，以其左右两侧千分表读数的平均值作为轨枕纵向位移，由此可得出道床纵向阻力与轨枕位移的关系曲线。道床纵向阻力测试装置如图 4-9 所示，现场试验如图 4-10 所示。

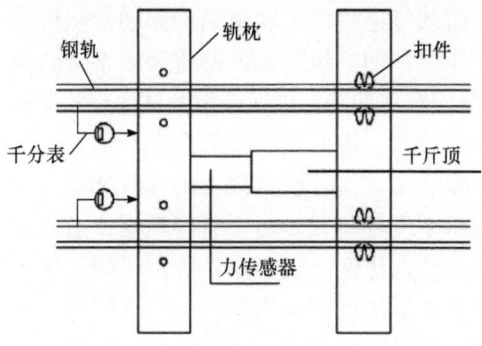

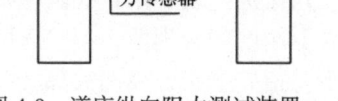

图 4-9　道床纵向阻力测试装置　　图 4-10　道床纵向阻力测试实拍

测试地点的选取与道床横向阻力测试地点相同，但已用于道床横向阻力测试的轨枕就不能再用于测试道床纵向阻力，因为在测试道床横向阻力时，轨枕周围的道砟已被扰动，若再采用此枕测试道床纵向力，则测试结果会失真。与道床横向阻力测试时数据处理方法相同，绘制道床纵向阻力-位移的散点，如图 4-11 所示。由图可知，道床纵向阻力-位移的关系与道床横向阻力-位移的关系都是非线性关系，分布规律相同，只是大小存在差异。道床纵向阻力随着轨枕纵向位移的增大而增大，当位移超过 2mm 时，道床纵向阻力仍呈增长的趋势，道床未见明显的破坏迹象。拟合曲线如图 4-11 所示。

根据测试数据，道床纵向阻力拟合方程采用式(4-5)，阻力系数采用最小二乘法进行拟合得到,将轨枕纵向位移为2mm时的阻力作为道床纵向阻力的名义值。

试验表明，目前铁路使用的Ⅲ型枕，道床纵向阻力为 18～19kN/枕，满足目前 12kN/枕的设计要求。

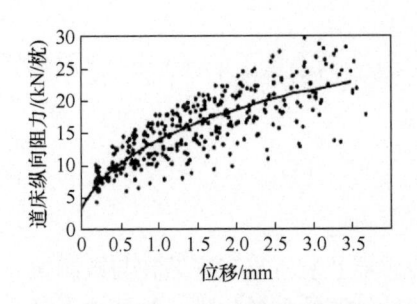

图 4-11 实测道床纵向阻力-位移散点图和拟合曲线

道床纵向阻力试验时，试验轨枕的前方相邻轨枕是不动的，通过两枕之间的道砟，试验枕的作用推力要传到前方相邻枕上，因此测试枕的一部分阻力来自于前方相邻枕；也有专家认为，轨枕推动道砟以道砟的内摩擦角向上滑动，通过道砟传给相邻轨枕的力很小，因此认为此部分的阻力相对比较小，可不考虑。而用轨排试验纵向阻力时，相邻轨枕是平行移动的，比较轨排试验的道床纵向阻力，如图 3-99 和图 4-11 所示。在轨枕位移为 2mm 时，同样是Ⅲ型枕，单枕试验的纵道床向阻力结果偏大。

4.1.3 道床系数和轨道刚度测试

轨道刚度是影响轨道反力分布和动态荷载传递特性、轨道结构振动及轨道维修工作量的关键因素，也是影响轮轨相互作用和列车运行品质的重要因素。轨道刚度过大会造成轮轨动力作用增大，轨道结构振动加剧，加速轨道及其部件的变形失效；轨道刚度过小会使轨道结构产生过大的变形，进而造成道床的累计塑性变形，导致轨道结构薄弱，不利于保持轨道的几何状态，增加养护维修工作量和费用。

轨道刚度由钢轨刚度、扣件刚度、道床刚度等组成。对于有砟轨道，道床刚度(轨枕支承刚度 D_2)在轨道整体刚度中占有较大比例。近年来，我国科研工作者通过室内落锤落轴试验、理论分析等提出了轨道刚度的合理值，但缺乏可靠的轨道整体刚度连续测试手段，对线路养修缺乏现实指导意义。我国大部分普速铁路逐渐将Ⅱ型混凝土枕更换为Ⅲ型混凝土枕，道砟也逐渐更换为Ⅰ级道砟，轨道结构发生了较大变化，而目前我国铁路相关标准中对轨道刚度没有明确的指标要求。

1. 道床系数测试

采用轨枕测定道床系数(道床系数测试方法 1)是国内外常用的方法，该方法比较符合实际，如图 4-12 所示。该方法在整根轨枕上作用荷载，实际上在荷载作用下，轨枕是有挠曲的，在计算时取轨枕整体位移的平均值，而轨枕的底面积较大，测试结果代表该轨枕下的整体平均道床系数，而并非定点的道床系数。

实际上轮载是通过轨枕传递到道床上的，通过试验装置测得轨枕上的压力 R 及其沉降量，按式(4-6)计算道床系数：

$$C = \frac{R}{Ay} \tag{4-6}$$

式中，C——道床系数，N/mm³；

　　　R——轨枕上作用的总荷载，N；

　　　A——轨枕在道床上的有效支承面积，mm²；

　　　y——荷载作用下轨枕沉降量的平均值，mm。

图 4-12 所示的加载系统需要一个反力梁，在现场试验有一定的难度，因此一般采用钢轨作为反力梁，与测试道床支承刚度相同，但要保证两侧轨枕同步加载。

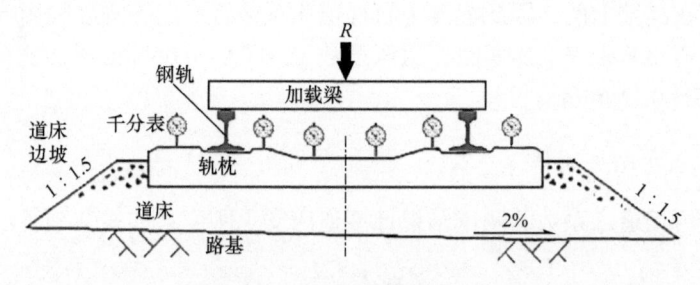

图 4-12　道床系数测试方法 1

用直径为 300mm 的铁圆盘测量道床系数的方法(道床系数测试方法 2)与路基 K_{30} 系数的测量方法相似，但评价方法不同，K_{30} 为测试铁圆盘下沉 1.25mm 需要的荷载大小，基础越硬，荷载越大，基础越软，荷载越小。用铁圆盘测量道床系数时，铁圆盘的厚度应在 25mm 以上，若太薄，则在中间压力的作用下，板边就会翘起。一般用铁圆盘测试道床系数时，测试位置位于钢轨与轨枕中心线相交处，将钢轨作为千斤顶的反力梁，这样试验相对更方便。加载如图 4-13 所示，计算公式如式(4-7)所示：

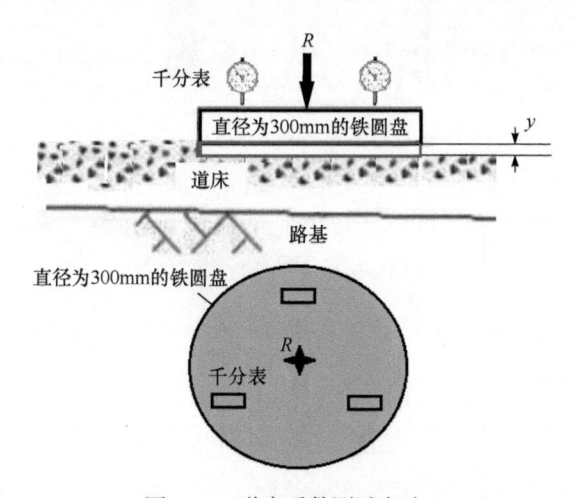

图 4-13　道床系数测试方法 2

$$C = \frac{R_1}{A_{30} y_1} \quad (4\text{-}7)$$

式中，R_1 —— 测试铁圆盘上作用的荷载，N；

A_{30} —— 在道床上加载直径为300mm的圆盘有效支承面积，mm^2；

y_1 —— 荷载作用下钢圆盘沉降量的平均值，mm。

理论上，试验所得的道床系数应该不含有路基刚度的影响，但现场试验时，道床是铺设在路基上的，因此混凝土轨枕道床系数含有路基刚度的影响。例如，新建铁路轨道路基未完全压实时，道床系数 $C=0.04\sim0.06\text{N/mm}^3$，既有线的道床系数 $C=0.08\sim0.1\text{N/mm}^3$。

2. 轨枕支承刚度测试

实际上可用道床系数的测试结果计算道床支承刚度，如式(4-8)所示：

$$D_2 = \frac{CA}{2} \quad (4\text{-}8)$$

在大多数情况下，直接根据轨枕上所加荷载和利用轨枕位移传感器测得道床支承刚度。根据《铁路碎石道床状态参数测试方法》(TB/T 3448—2016)，试验时，在钢轨两侧的轨枕上加载，并在轨枕上安装位移传感器，如图 4-14 所示，测试照片如图 4-15 所示。

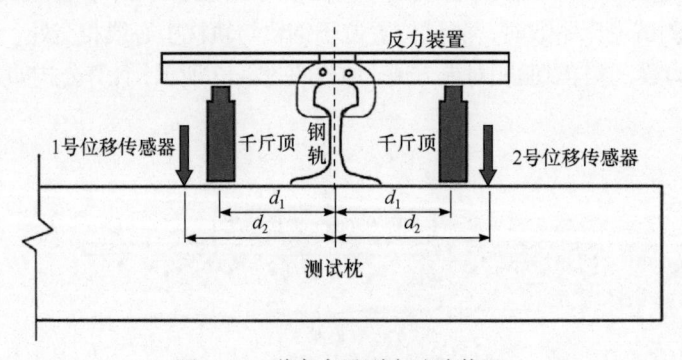

图 4-14 道床支承刚度试验装置

加载时，钢轨左右两侧千斤顶的总荷载分别为 7.5kN 和 35kN，按式(4-9)计算轨枕的道床支承刚度：

$$D_2 = \frac{R_{35} - R_{7.5}}{y_{35} - y_{7.5}} \quad (4\text{-}9)$$

式中，R_{35}、$R_{7.5}$ —— 轨枕作用垂向荷载，分别为 35kN 和 7.5kN；

y_{35}、$y_{7.5}$ —— 轨枕作用垂向荷载分别为 35kN 和 7.5kN 时，钢轨两侧两个位移传感器的平均值，mm。

图 4-15 道床支承刚度试验照片

可利用式(4-8)和式(4-9)计算道床支承刚度，但两者的结果有一些差别，主要原因是在测试道床系数时，需要对两侧钢轨加载，而道床刚度测试是单边钢轨加载。此外，道床参数也有较大的离散性，一般需要多次试验取其均值作为名义值。

4.1.4 轨道整体刚度测试

1. 定点测量

测试道床系数和道床支承刚度时，荷载均作用在一根轨枕上，而轨道整体刚度的荷载作用在钢轨上，与现场车辆轮载作用在钢轨上相同，荷载由多根轨枕共同承载，而且轨下垫层刚度也包含在测试结果中，测得的刚度称为轨道整体刚度，简称轨道刚度。

在测试轨道整体刚度时，轨道两侧设置两个反力支墩，两支墩上架设反力梁(为方便取材，可用三根钢轨作为反力梁)，反力支墩受到的是上拉力，因此需要将反力梁、钢轨与支墩之间用螺栓紧固。两个液压千斤顶对钢轨垂向同步加载，利用百分表测量钢轨底部上表面的位移，试验装置如图 4-16 所示，试验照片如图 4-17 所示。

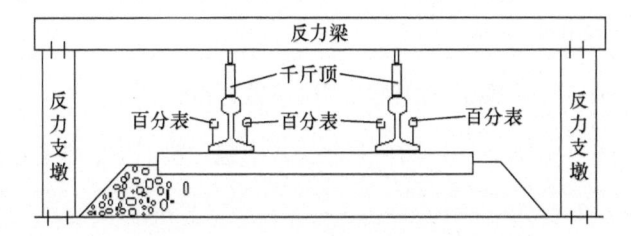

图 4-16 轨道整体刚度试验装置

图 4-17 轨道整体刚度试验装置照片

在测试轨道整体刚度时，荷载分级为 0kN、30kN、60kN、90kN、120kN(两个千斤顶的总荷载)，然后对每一荷载级差与这一级差相应的钢轨位移差计算单根钢轨的总刚度，轨道整体刚度计算如式(4-10)所示：

$$k_z = \frac{P_{i+1} - P_i}{y_{i+1} - y_i} \tag{4-10}$$

式中，k_z——轨道整体刚度，kN/mm；

P_i——两根钢轨上第 i 级荷载，kN；

y_i——两根钢轨在第 i 级荷载作用下，荷载作用点处的垂向位移平均值，mm。

在测试每点轨道整体刚度时，预先加荷载至 120kN，作用 5min 后卸载，然后测试，测试时荷载加三个循环，然后求取三次测得的刚度平均值作为轨道整体刚度的名义值。

由轨道力学可知，轨道整体刚度和钢轨基础弹性系数的关系如式(4-11)所示：

$$k_z = \frac{P}{y} = \frac{2k}{\beta} = \sqrt[4]{64EJk^3}, \quad \beta = \sqrt[4]{\frac{k}{4EJ}} \tag{4-11}$$

式中，P——作用在钢轨上的轮载，kN；

E——钢的弹性模量，取 2.058×10^5 MPa；

J——钢轨截面惯性矩，CHN60 轨取 3217×10^4 mm^4；

k——钢轨基础弹性系数(由轨下胶垫和道床弹性系数组成)，N/mm^2，$k = \frac{D}{a}$，a 为轨枕间距，mm；

β——轨下基础与钢轨的刚比系数，mm^{-1}；

D——钢轨支点支承刚度(此公式中包含轨下垫层刚度)，$D = \frac{D_1 D_2}{D_1 + D_2}$，kN/mm；

D_1——钢轨支点处轨下垫层刚度，kN/mm；

D_2 —— 钢轨支点处道床支承刚度，kN/mm。

实测得到轨道整体刚度后，即可反求出钢轨基础弹性系数，如式(4-12)所示：

$$k = \sqrt[3]{\frac{k_z^4}{64EJ}} \tag{4-12}$$

2. 移动测量

定点测试只能测试单个点的轨道整体刚度，且在现场运营线路上测试具有较大的困难，甚至几乎不可能实行。中国铁道科学研究院为了在运营线路上测试轨道整体刚度，开发了移动式线路动态加载试验车，可用于测试运营线路的轨道整体刚度。

移动式线路动态加载试验车可在线路上进行静态和移动加载，测试轨道整体刚度[9-11]，以检验高速铁路轨道、桥梁和路基结构在列车荷载作用下的动力性能，评估其结构强度和稳定性，为高速铁路线路工程结构的优化设计、系统集成和养护维修提供更为合理的科学依据。移动式线路动态加载试验车是连续检测轨道整体刚度的设备，其轨道整体刚度检测系统在恒定荷载下测量钢轨垂向变形，以计算轨道整体刚度。2011年中国铁道科学研究院成功研制了移动式线路动态加载试验车，如图4-18所示，车辆底部局部如图4-19所示。

图 4-18 移动式线路动态加载试验车

(a) 仪器车局部　　　　(b) 动力加载车的加载轮

图 4-19 移动式线路动态加载试验车底部局部

移动式线路动态加载试验车由仪器车和动力加载车组成。垂向最大加载力(单轴)为350kN；横向最大加载力(单轴)为100kN；轨道变形测试精度为0.2mm；加载控制精度优于5%；加载时最大运行速度为60km/h，最大联挂运行速度为160km/h。

轨道整体刚度定义为当轨道承受的垂向力为 P 时，轨道弹性下沉量为 y，则轨道整体刚度 $k_z = \dfrac{P}{y}$。由于车辆运行过程中存在各种运动，轨道刚度检测中的首要难题是合理确定检测基线，而轨道本身的不均匀下沉、轨道表面不均匀磨耗、焊缝区不平顺、轨道残余变形不均匀等因素都会直接影响检测精度。

采用双弦测法来消除轨道本身缺陷引起的测试误差问题，如图4-20所示。通过轨道加载前后的位移差，可得到轨道弹性下沉量。

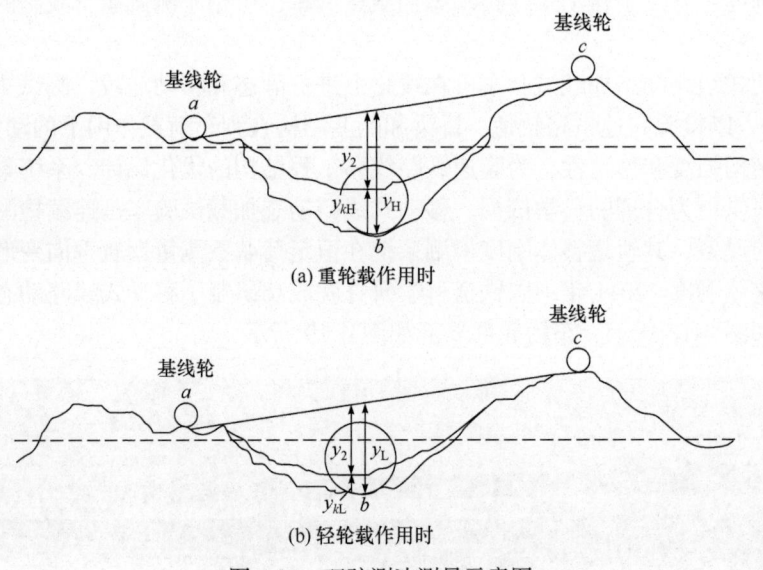

图4-20 双弦测法测量示意图

轨道弹性下沉量表达式为

$$y = y_H - y_L = (y_2 + y_{kH}) - (y_2 + y_{kL}) = y_{kH} - y_{kL} \tag{4-13}$$

式中，y_H —— 重轮载作用时弦测值，mm；
y_L —— 轻轮载作用时弦测值，mm；
y_2 —— 基线误差、轨面静态不平顺和暗坑吊板引起的不平顺之和，mm；
y_{kH} —— 重轮载作用时轨道弹性下沉量，mm；
y_{kL} —— 轻轮载作用时轨道弹性下沉量，mm。

轨道整体刚度为

$$k_z = \dfrac{P_H - P_L}{y_{kH} - y_{kL}} \tag{4-14}$$

式中，k_z —— 轨道整体刚度，kN/mm；

P_H —— 重轮载作用时的轮载，kN；

P_L —— 轻轮载作用时的轮载，kN。

测试时，若分开计算左、右两轨的轨道整体刚度，则用一个车轮作用在一根钢轨上的位移计算轨道刚度；若计算两根钢轨的轨道整体刚度，则需要用一个轮对的轴重除以两根钢轨垂向位移的平均值；若轨道两侧的弹性较为均匀，则单侧计算和双侧计算得到的轨道整体刚度是相同的。

对于移动加载测量轨道整体刚度，测量基线的长度对测量精度具有较大的影响，因此确定合理的弦长是弦测法的基本要求。轨道力学的钢轨下沉曲线公式如式(4-15)所示：

$$y = \frac{P\beta}{2k} \mathrm{e}^{-\beta x}(\cos \beta x + \sin \beta x) \qquad (4\text{-}15)$$

根据式(4-15)，可得出CHN60轨在单轮轮载P=25kN条件下，不同轨道基础弹性系数k的钢轨下沉曲线如图4-21所示。由图可以看出，距离轮载作用点越远，钢轨下沉量越小，距离加载点2m处，是钢轨下沉曲线的转折点，且轨道基础弹性系数的大小对其影响较小。距离加载点4m以外，轮载对轨道变形的影响极小，可忽略不计。在实际检测车辆上布置较长的弦长有较大的困难，因此考虑加载轮和邻轮的共同影响，在2m左右选择最优弦长。考虑到加载轮和邻轮荷载的共同影响，基线点选择在距加载轮1.7m处，即图4-20中的弦ac的长取3.4m。对于刚度为70~120kN/mm的轨道，影响线引起的误差应控制在0.02mm以内；对于刚度为50kN/mm的轨道，影响线引起的误差应控制在0.1mm左右；对于轮载作用处1mm以上的钢轨下沉量，误差应在可接受的范围内。

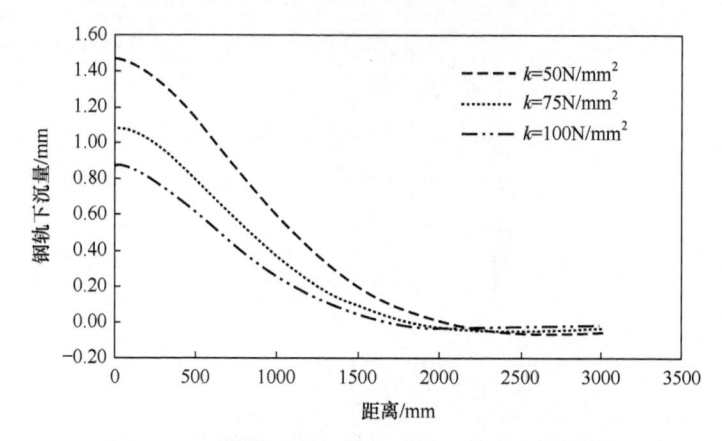

图4-21　不同轨道基础弹性系数k的钢轨下沉曲线

实际上，轨道整体刚度的变化范围较大，铁路合作组织建议混凝土枕轨下基础弹性系数k应不超过100N/mm²，换算成CHN60轨的轨道整体刚度为144.2kN/mm。

德国高速铁路以无砟轨道为主，采用允许变形法确定轨道合理整体刚度为64kN/mm(UIC60 钢轨，轨枕间距为 65cm)，钢轨的允许变形量为 1～2mm。法国高速铁路以有砟轨道为主，经过多年运营实践，从控制养护维修工作量和提高乘坐舒适性角度提出了轨道整体静刚度为 97～105kN/mm。美国铁路工程和道路维护协会(The American Railway Engineering and Maintenance-of-Way Association，AREMA)颁布的《铁路工程手册》建议轨下基础刚度不低于 14N/mm^2，换算为60kg/m 钢轨的轨道整体刚度为 33kN/mm。美国交通技术中心有限公司的加载车主要通过安全限值(11.60mm)和维修限值(5.08mm)来评价测试的轨道变形。利用移动窗口(约 60.96m)计算轨道变形的标准差，用于评价过渡段和轨道支承状态的连续性，其限值为 2.54mm。

4.2 地面轮轨力测试

轮轨作用力是判断机车车辆系统和轨道结构系统相互作用的动力学性能基本要素，其大小是反映列车运行的安全性与平稳性的重要指标。列车运行时各个方向的轮轨力如图 4-22 所示。轮轨垂向力突然增大，一般是由车轮多边形和钢轨表面缺陷造成的。轮轨横向力是由车轮踏面与钢轨的顶部之间产生的摩擦、蠕滑，以及车轮轮缘外侧与轨头侧面的接触所造成的，轮轨横向力的异常大多数是由机车车辆的蛇行运动失稳所造成的。列车运行过程中，轨道振动、线路不平顺、轨距误差与接触非线性等外界因素的作用，使轮轨作用力具有明显的随机性，因此利用理论方法难以准确地获取轮轨作用力，只有通过实测方法才能准确地获取轮轨作用力的大小。

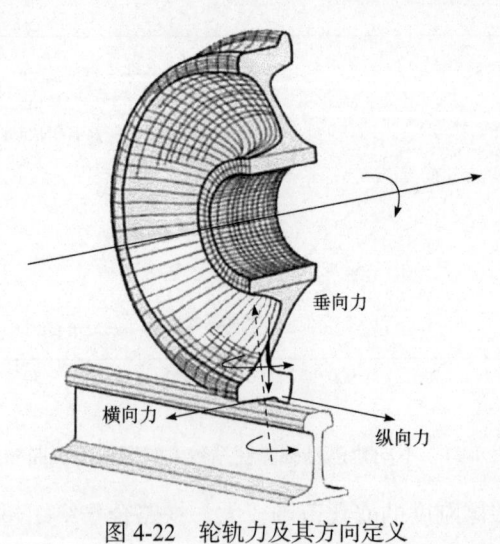

图 4-22 轮轨力及其方向定义

轮轨力的测试分为地面钢轨测试和车上测力轮对测试。地面钢轨测试是轨道定点，每个车轮通过测试地点时得到一个轮轨力；车上测力轮对测试采用测力轮对，测得的是测力轮对通过轨道时的距离函数轮轨力。目前，国内外这两种测试方法都在普遍应用。轮轨作用力测试系统设计主要包括轮轨作用力组桥方案设计、标定装置设计、标定加载系统设计、测试系统搭建与系统可行性验证。

目前，地面轮轨力的测试可参考《轮轨横向力和垂向力地面测试方法》(TB/T 2489—2016)执行。轮轨力的评价标准有脱轨系数、轮重减载率和轮对横向力。评价标准依据《机车车辆动力学性能评定及试验鉴定规范》(GB/T 5599—2019)。

1. 脱轨系数

脱轨系数用于评定机车车辆在轮轨横向力和垂向力的综合作用下，车轮轮缘爬上钢轨的安全程度，评定指标为$[Q/P] \leqslant 0.8$，Q、P分别为同时作用轮轨间的横向力和垂向力。

当脱轨系数超过上述限度时，需要检查超限值的持续作用时间，当持续作用时间$t<0.05s$时，脱轨系数按$[Q/P] \leqslant 0.04/t$计算。

2. 轮重减载率

轮重减载率用于考核由轮重减载而引起的车轮悬浮脱轨的安全程度，评定指标为$[\Delta P/\overline{P}] \leqslant 0.65$，$\Delta P$、$\overline{P}$分别为同时作用的轮重减载量和左右轮的平均轮重。

3. 轮对横向力

轮对横向力为$|Q_1-Q_2|$，Q_1和Q_2分别为两股钢轨所承受的横向力(向钢轨外侧为正)，用于评价轨道结构的横向强度，评定指标为$|Q_1-Q_2| \leqslant 15+P_{st}/3$，$P_{st}$为静轴重。

4.2.1 轮轨垂向力测试

钢轨作为传感元件测试地面轮轨垂向力的方法有剪力法、轨底弯矩差法、轨腰压缩法[12,13]。剪力法的测试原理简单，测试结果可信度高，外界因素对测试结果影响最小，因此虽然剪力法应用应变片的贴片数量(8片)较其他方法多，但在现场试验时仍是一种经常采用的方法。

1. 剪力法

当车辆通过时，钢轨承受车轮施加的轮轨接触力和轨座反力的共同作用，如图4-23(a)所示。轨枕距离轮载作用点越远，轨座反力越小，根据轨道结构力学理

论，当轨枕距离轮载作用点达 2.5m 以上时，该枕的反力就可以忽略不计。在垂向力 P 作用跨内，对应的轨道剪力分布如图 4-23(b)所示。截取隔离体，可得 $P=|Q_r|+Q_l$，如图 4-23(c)所示。P 在移动过程中，剪力 Q_r、Q_l 和轨枕支反力 R_i(i=1，2，3，4)也在不断变化，但是 $P=|Q_r|+Q_l$ 始终成立。若能同时测得 Q_r 和 Q_l，即可得到垂向力 P。

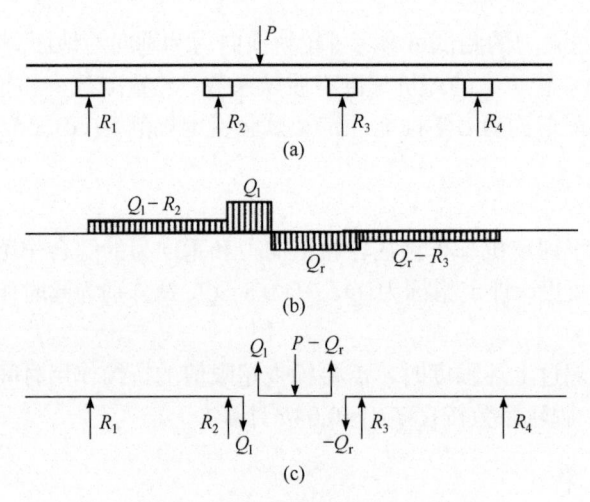

图 4-23 剪力法测量轮轨垂向力原理

根据材料力学理论，剪力 Q 可由式(4-16)计算得到：

$$Q=\frac{Jb}{S}\tau \tag{4-16}$$

式中，J—— 钢轨截面对中和轴的惯性矩，mm^4；
　　　b—— 钢轨中和轴处的截面厚度，mm；
　　　S—— 剪应力计算点以外的截面积对中和轴的静矩，mm^3；
　　　τ—— 钢轨截面的剪应力，MPa。

对于某一种钢轨，J、b、S 均为常量，只要测得 τ，就能利用式(4-16)计算得到钢轨截面剪力 Q，利用 $P=|Q_r|+Q_l$ 得到轮轨力 P。

在轮载作用下，钢轨截面的弯曲应力和剪应力分布如图 4-24 所示，钢轨轨底为弯曲拉应力 σ_{max}，轨头为弯曲压应力 σ_{min}。在中和轴处，钢轨的弯曲应力为零，而剪应力最大。从中和轴处截取一应力单元，如图 4-25 所示。由图可知，在 45°方向，应变片 1 受到压应变 ε_1，应变片 2 受到拉应变 ε_2。

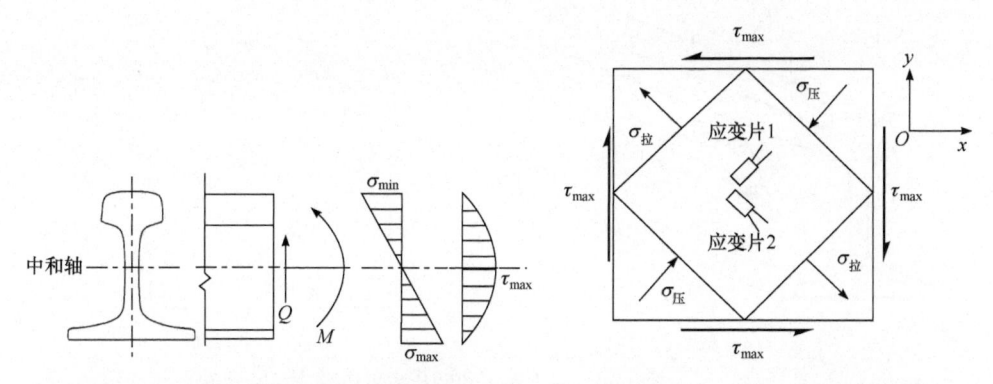

第 4 章 现场轨道结构参数和动力测试

图 4-24 钢轨截面的弯曲应力和剪应力　　图 4-25 中和轴处的应力单元

根据材料力学理论，任意方向的应变与坐标轴 x、y 方向的拉压应变和剪切应变的关系如式(4-17)所示：

$$\begin{cases}\varepsilon_1=\dfrac{1}{2}(\varepsilon_x+\varepsilon_y)+\dfrac{1}{2}(\varepsilon_x-\varepsilon_y)\cos 2\theta_1+\dfrac{1}{2}\gamma_{xy}\sin 2\theta_1\\ \varepsilon_2=\dfrac{1}{2}(\varepsilon_x+\varepsilon_y)+\dfrac{1}{2}(\varepsilon_x-\varepsilon_y)\cos 2\theta_2+\dfrac{1}{2}\gamma_{xy}\sin 2\theta_2\end{cases} \quad (4\text{-}17)$$

在轨腰处 45°方向，$\theta_1=-\theta_2=45°$，因此 $\varepsilon_1-\varepsilon_2=\gamma_{xy}$。

$\varepsilon_1-\varepsilon_2$ 可以通过电桥测得，因此通过测取 45°方向的主应变进而获得剪应变是可行的。使用剪力法测量轮轨垂向力的贴片和组桥方式如图 4-26 所示。应变片粘贴于钢轨两侧的中和轴上，应变片 A 和 B、C 和 D、E 和 F、G 和 H 实际上为 4 个直角应变花，同侧应变花相距 200~250mm，方向与钢轨纵向成 45°。

将图 4-26 中的应变片按照拉-拉对边、压-压对边组桥，即组成剪力法的测试电桥。根据剪力法电桥的输出特点，当车轮从钢轨上滚过时，两个贴片位置的对称中点是电桥信号输出峰值的位置。根据电桥加减特性，图 4-26 所示的剪力法 1 组桥得到的电桥输出电压变化量如式(4-18)所示：

$$\mathrm{d}U=\dfrac{E}{8}K(\varepsilon_A+\varepsilon_C+\varepsilon_E+\varepsilon_G-\varepsilon_B-\varepsilon_D-\varepsilon_F-\varepsilon_H) \quad (4\text{-}18)$$

式中，E—— 电桥的输入电压，V；

K—— 应变片灵敏系数。

图 4-26 中，在轮载作用下，A、E、C、G 四片应变片受压，B、F、D、H 四片应变片受拉，因此式(4-18)中，就是将 8 片应变片的应变绝对值累加。

图 4-27 所示的剪力法 2 组桥得到的电桥输出电压变化量如式(4-19)所示：

$$\mathrm{d}U=\dfrac{E}{8}K(\varepsilon_A+\varepsilon_{A'}+\varepsilon_D+\varepsilon_{D'}-\varepsilon_B-\varepsilon_{B'}-\varepsilon_C-\varepsilon_{C'}) \quad (4\text{-}19)$$

(a) 贴片

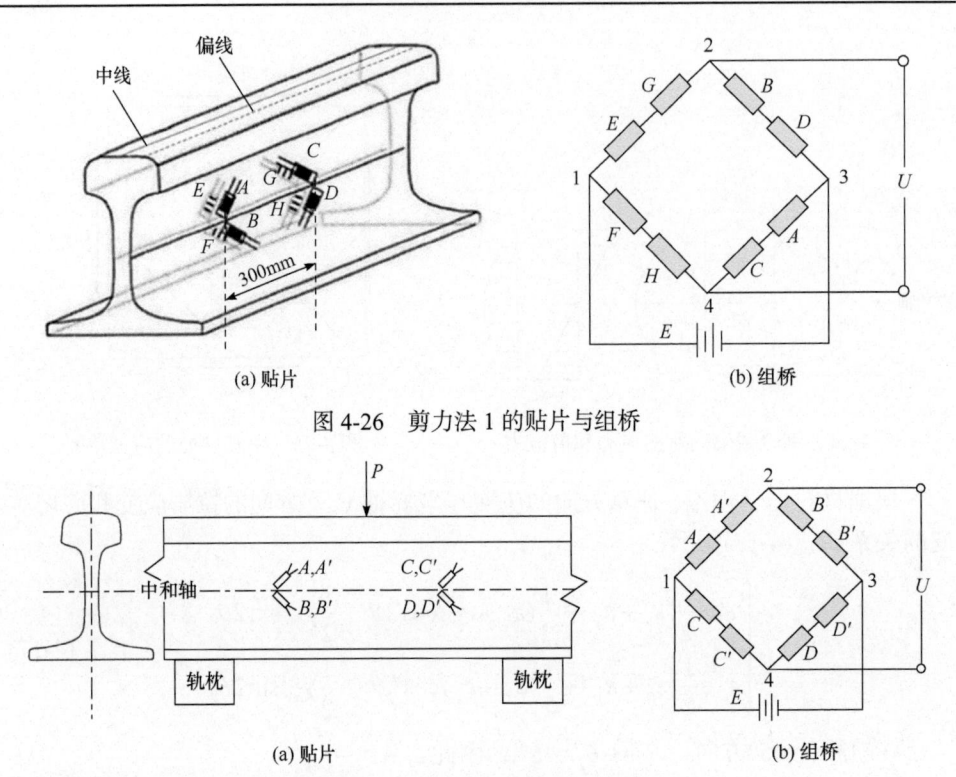

(b) 组桥

图 4-26 剪力法 1 的贴片与组桥

(a) 贴片

(b) 组桥

图 4-27 剪力法 2 的贴片与组桥

图 4-27 中，带"′"的字母代表的是钢轨另一侧的应变片。在轮载作用下，A、A'、D、D'四片应变片受压，B、B'、C、C'四片应变片受拉，因此式(4-19)中，就是将 8 片应变片的应变绝对值累加。两种剪力方法测得的结果一致。

在轨腰两面贴片，钢轨受到横向力引起轨腰侧弯的竖向弯曲拉压应变绝对值相等，即一侧受拉，另一侧受压。通过两侧同一位置应变片串联组桥，可将这一弯曲拉压应变自动抵消，所以测得的是剪应力引起的电压信号变化，利用轮载与电压变化的关系，可得到轮轨力的测试值。

测试时，使用的直角应变花有"八"字形和"十"字形两种，如图 2-7 所示。图 4-28 为现场用"十"字形应变花的贴片情况。贴片时要求两片应变片的中心位于钢轨的中和轴上，但对于"八"字形应变花，应变片的中心不能在中和轴上，因此需要保证两片应变片相对于中和轴上下对称，若相对于中和轴偏上或偏下，则轮载通过时引起的钢轨纵向弯曲拉压应变信号就会进入测试信号，产生误差。目前有关文献的钢轨截面都是新轨的尺寸，对于轨顶面磨耗量较大的旧轨，中和轴的位置发生变化，如果仍按照新轨的中和轴位置尺寸，就会造成纵向弯曲应变的信号进入轮轨垂向力测试信号，这一点在测试时也是需要考虑的，以提高轮轨垂向力的测试精度。

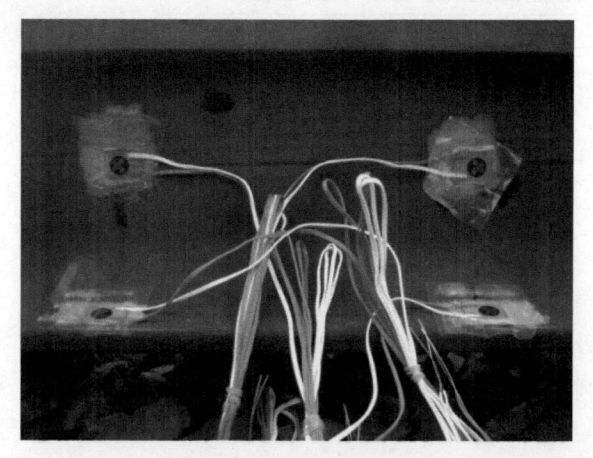

图 4-28 轮轨垂向力和轮轨横向力的贴片照片

2. 轨底弯矩差法

轨底弯矩差法测量轮轨垂向力的原理及组桥如图 4-29 所示。图 4-29(a)为荷载 P 的作用跨，图 4-29(b)为在该作用跨内截取隔离体进行分析的示意图。图中，M_0 为截面的力矩，S_1、S_2 分别代表左、右截面的剪力。由平衡条件可得

$$\begin{cases} P = S_1 + S_2 \\ M_1 = S_1(x_1 + l) + M_0 \\ M_2 = S_1 x_1 + M_0 \end{cases} \tag{4-20}$$

由式(4-20)可得

$$S_1 = \frac{M_1 - M_2}{l}$$

同理可得

$$S_2 = \frac{M_4 - M_3}{l} \tag{4-21}$$

则有

$$P = S_1 + S_2 = \frac{1}{l}(M_1 + M_4 - M_2 - M_3) = \frac{W}{l}(\sigma_1 + \sigma_4 - \sigma_2 - \sigma_3) \tag{4-22}$$

式中，W —— 钢轨截面抗弯系数，mm^3。

式(4-22)中，$\sigma_1 + \sigma_4 - \sigma_2 - \sigma_3$ 可通过一全桥电路获得，从而达到测试轮轨垂向力的目的。但是，以上推导是在基础梁理论下进行的，实际上，轨底纵向弯曲应力并非直线分布，所以轨底弯矩差法测试精度低于剪力法。

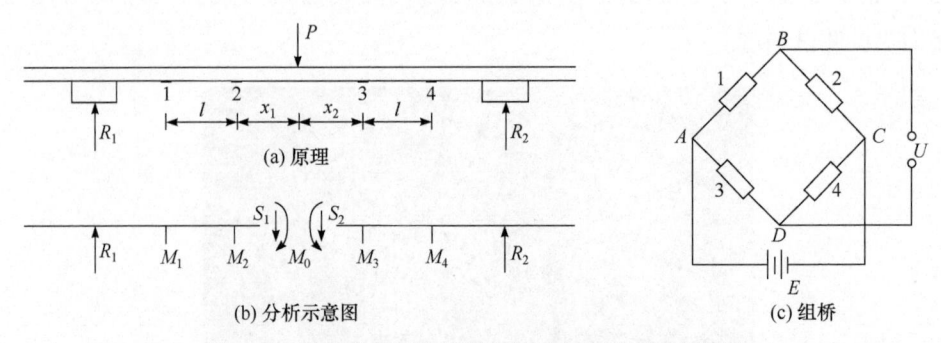

图 4-29 轨底弯矩差法测量轮轨垂向力的原理及组桥

轨底弯矩差法在轨底粘贴应变片时，应贴在钢轨中心线上，否则会受到钢轨横向弯曲应力的影响。对于现场测试，在轨底中心上贴片难度较大，因为轨底的空间仅有 100~200mm，无法开展贴片工作。以往有将钢轨卸下后翻转贴片，但一般线路都不允许拆卸钢轨，因为拆卸钢轨对行车的影响很大，对于无缝线路，拆卸翻转钢轨根本无法实现，因此目前在现场动力测试时，很少采用轨底弯矩差法。

3. 轨腰压缩法

轨腰压缩法测量轮轨垂向力是在跨中钢轨中和轴位置垂向贴片，如图 4-30 所示。图中，P 为垂向力；Q 为横向力；l 为 1/2 轨枕间距；F_{v1} 和 F_{v2} 为轨枕垂向反力；F_{h1} 和 F_{h2} 为轨枕横向反力；δ 为垂向力偏心距。轨腰压缩法电桥的输出完全取决于轨腰处的垂向压缩，将钢轨两侧的应变片串联组成半桥。在钢轨两侧贴片，横向力引起的垂向压缩和拉伸相互抵消，不影响轮轨垂向力的信号。此方法测得的是力作用点处的垂向局部挤压应变。在动载条件下，此方法得到的垂向局部挤压应变与轨道的应变不成正比，因此此方法不能保证测得的垂向力具有良好的准静态性质。

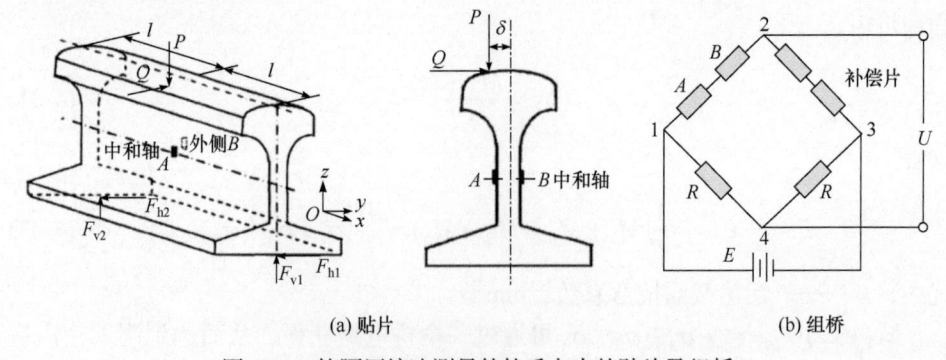

图 4-30 轨腰压缩法测量轮轨垂向力的贴片及组桥

4. 垂向力标定

轮轨垂向力现场实测波形如图 4-31 所示。由图可知，该列车由 6 节车辆编组，一个峰值代表一个轮载。根据车辆轴距和图中一个转向架两个轮载峰值出现的时间差，可得到列车的运行速度。

目前铁路上行驶的机车车辆轴距远大于轨枕间距，因此无论何时，两轨枕之间都只能有一个轮载。根据轨道力学理论，不管用何种方法测试轮轨垂向力，桥路的信号输出大小均只与荷载 P 有关，而与轨枕的邻跨荷载和轨枕支承状态无关，这为轮轨垂向力的标定提供了理论依据。

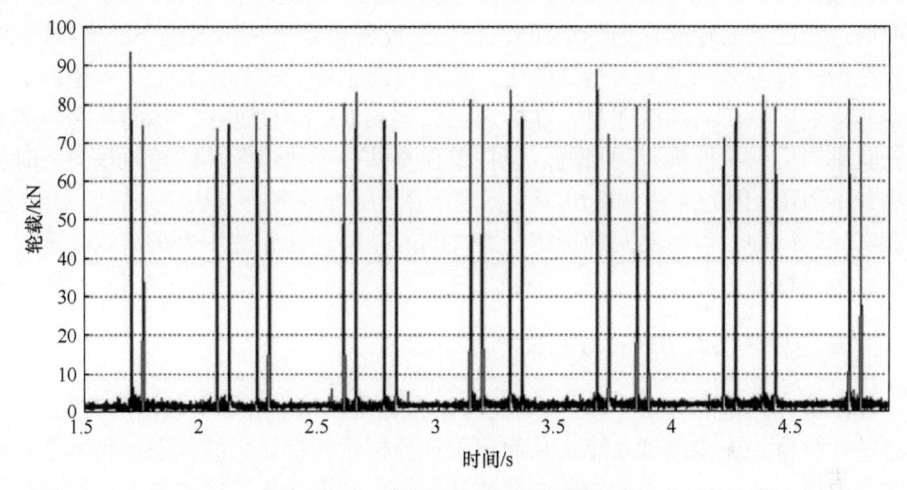

图 4-31 轮轨垂向力现场实测波形

轮轨垂向力标定装置采用梁式结构，反力作用在钢轨上，标定梁长度一般大于两跨轨枕间距，即 1.2m 以上。梁端用钩子钩住轨头或轨底，中间放置千斤顶，在轮载上标定位置，如图 4-32 所示。在标定时，特别要注意标定梁应牢固钩住钢轨，以防千斤顶受力后钩子滑脱，引起事故。

图 4-32 轮轨垂向力的标定

我国铁路机车车辆的轮载相差很大,对于客车,小至 65kN,对于货车,大至 125kN,甚至达到 150kN(30t 轴重),机车的轮载大多也达到了 125kN 以上。因此,在轮轨垂向力标定时,标定的最大荷载应根据被测线路的车辆静轮载大小决定,一般最大的标定荷载确定后,分为 5 级加载,荷载级差为最大荷载的 1/5 左右,加载达到某一级荷载后,停留 30s,并记录信号的电压,标定曲线如图 2-22 所示,即可得到标定系数 a(单位为 kN/V)。若标定时荷载和信号电压的标定曲线线性较差,则在应用标定系数时,需要考虑实际轮载范围内的标定系数。

由轮轨动力学分析可知,当列车速度低至 5km/h 时,轮轨之间的荷载可看成静态荷载,机车的轮载相对稳定,一般为 23t 或 25t,因此也可用列车以 5km/h 的速度通过测试点的轮载作为标定荷载。但由于此种标定方法涉及机车的运行调度,只有在沿线有较多测点的大型试验中,才有可能采用此种标定方法。一趟标定列车在非标定区以较高速度通过,在标定区以 5km/h 的速度通过,从而达到各测点的轮轨垂向力一次性标定的目的。但在单独测试一个轨道断面的轮轨垂向力时,此法并不适用,因为无法调度机车为标定所用,用得最多的方法还是标定架标定。但在实际测试中,可对比两种标定荷载之间的差距,在无法用机车荷载标定时对标定系数进行修正。

5. 地面轮轨垂向力的连续测试

在轮轨力测量的方法中,地面测量轮轨力是比较精准和成本较低的方法之一,通过贴片组桥,连接测试系统,从而记录和分析轮轨接触力的状态,判断是否出现安全隐患。地面轮轨垂向力的连续测试,是我国近几年发展起来的一种测试技术,相对于其他定点测试技术要复杂得多[13,14]。

轮轨力测量是轨道车辆地面安全评估中最直接、最可靠的方法,世界各国学者在这方面开展了大量研究。经典的剪力法将剪力测点设置在相对跨中对称的位置,间距设为 200～220mm,测得的轮轨垂向力稳定、可靠,但有效测区短。为满足车轮全轮周状态检测需求,车轮冲击荷载检测器(wheel impact load detector, WILD)是剪力法的拓展,在多个连续的轨枕跨中对称位置布设剪力测点,受轨枕支点约束的影响,处理数据时需要利用多个测点采集的离散样本数据建立融合模型,重构轮轨接触信号,进而识别轮轨冲击力。"剪力+支撑力"轮轨垂向力测量方法是将剪力法与测力垫板法结合,较好地减小轨枕支点约束对轮轨垂向力地面测量结果的影响,使连续测量的长度大幅提升至米级,在我国不断轨轨道衡、铁路车辆运行状态地面安全监测系统(truck performance detection system, TPDS)中得到了广泛应用,但该方法并未减小测区剪力测量过渡区的影响。

"剪力+支撑力"测量方法采用在跨中钢轨上安装剪力传感器或粘贴应变片、在轨枕支承点处安装垫板传感器的方式,实现轮轨垂向力的连续测量,测量原理如图 4-33 所示。图中，v 为车辆运行速度，l 为由两个相邻剪力传感器间距表征的测区长度。

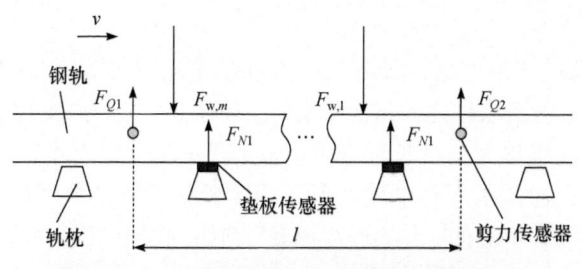

图 4-33 "剪力+支撑力"测量方法测量原理

根据"剪力+支撑力"测量方法的原理进行受力分析，由力的平衡条件可以得到

$$\sum_{i=1}^{m} F_{\mathrm{w},i} = F_{Q1} + F_{Q2} + \sum_{j=1}^{n} F_{Nj} \tag{4-23}$$

式中，$F_{\mathrm{w},i}$——测区内车轮作用在钢轨上的轮轨垂向力，kN；

i——测区内的车轮个数，$i=1, 2, \cdots, m$；

F_{Q1}、F_{Q2}——测区左、右端部跨中钢轨剪力，kN；

F_{Nj}——测区内轨枕支点上的轨座反力，kN；

j——测区内轨枕支点上测力垫板个数，$j=1, 2, \cdots, n$。

F_{Q1} 和 F_{Q2} 通过剪力传感器或粘贴应变片等方式测取，F_{Nj} 通过垫板传感器测取，利用式(4-23)可获得测区内所有车轮作用在钢轨上连续的轮轨垂向力。

利用"剪力+支撑力"测量方法时，若每个时刻最多只有 1 个车轮位于测区范围内，则可以得到单个车轮通过测区时连续的轮轨垂向力，连续单元测区受力如图 4-34 所示。图中，d_i、d_{i+1} 分别为车轮 i 与 $i-1$、i 与 $i+1$ 中心的距离，即轴间距；l_{eff} 为连续单元测区有效长度；l_{ineff} 为剪力测量过渡区长度。

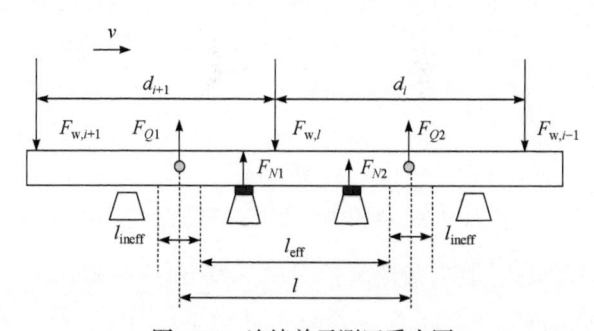

图 4-34 连续单元测区受力图

由图 4-34 可见，要实现单个车轮轮轨垂向力的测量，要求满足 $l \leqslant \min d_i$，即保证在测试区内只有一个轮载作用，此时车轮 i 作用在钢轨上的轮轨垂向力为

$$F_{w,i} = F_{Q1} + F_{Q2} + F_{N1} + F_{N2} \tag{4-24}$$

式(4-24)需满足的条件是 $l \leqslant \min d_i$，目前的车轮直径为 0.8～1.0m，则周长为 3m 左右，大于车辆最小轴距 $\min d_i$(2.4m)，使采用"剪力+支撑力"测量方法测量轮轨垂向力时连续单元测区长度受限。为实现车轮全轮周覆盖，控制测量成本，提高测量可靠性，通常采用多个连续单元测区顺序布置且共用相邻剪力传感器的方法，以实现长距离轮轨垂向力的连续测量。例如，我国广泛工程化应用的 TPDS，采用 3 个连续单元测区，具体布置如图 4-35 所示。

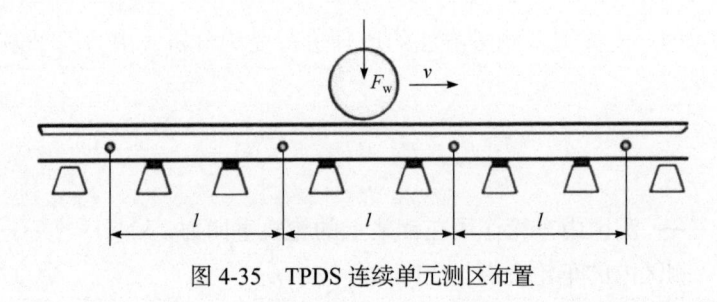

图 4-35 TPDS 连续单元测区布置

多个连续单元测区组合且共用相邻剪力传感器的方法使总测试区的长度满足车轮圆周覆盖的实际测试需求，但是现有技术测量钢轨剪力是基于纯剪力状态假设，导致存在一个长度与钢轨高度相近的剪力测量过渡(无效)区。跨中剪力传感器测量波形如图 4-36 所示。由图可知，在过渡区内不满足纯剪力假设，因此剪力传感器的输出不能真实反映左右两侧钢轨间剪力的大小。

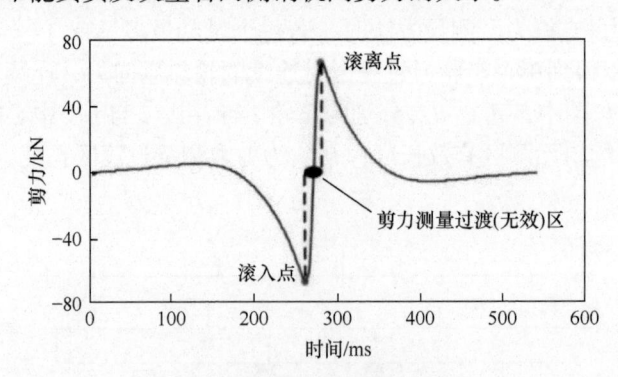

图 4-36 跨中剪力传感器测量波形

对于连续单元测区，其有效测区长度 l_{eff} 不等于测区长度 l，而是等于测区长度 l 减去剪力测量过渡区长度 l_{ineff}，如图 4-34 所示。因此，采用多个连续单元测

区组合且共用相邻剪力传感器的方法进行长距离轮轨垂向力测量时，实际上得到的是"准连续"的轮轨垂向力，相邻 2 个连续单元测区间约有 1 个轨高的数据是不准确的。由图 4-35 可知，TPDS 存在 2 个剪力测量过渡区(不考虑端部传感器)，而且随着连续单元测区数量的增加，剪力测量过渡区的数量也增加。剪力测量过渡区的存在制约了 TPDS 在多边形车轮阶次、识别运行状态不良车辆等方面的功能扩展及深入运用。

为更好地实现"剪力+支撑力"轮轨垂向力长距离连续测量，对现有方法中车轮 i 滚过共用剪力测量点 Q_{ck} 测量过渡区时的受力状态进行深入分析，如图 4-37 所示。图中，P_1 和 P_2 分别为车轮 i 滚入、滚出测量过渡区 Q_{ck} 时的位置；$F_{N1,k}$ 和 $F_{N2,k}$ 分别为第 k 个连续单元测区内 2 个轨枕支点上的支撑力；Q_k 和 Q_{k-1} 分别为第 k、$k-1$ 测区端部剪力测量点，对应的剪力分别为 F_{Qk} 和 $F_{Q,k-1}$；l_{mul} 为由第 k、$k-1$ 个连续单元测区忽略相邻共用剪力测量点 Q_{ck} 组成的复合测区长度。

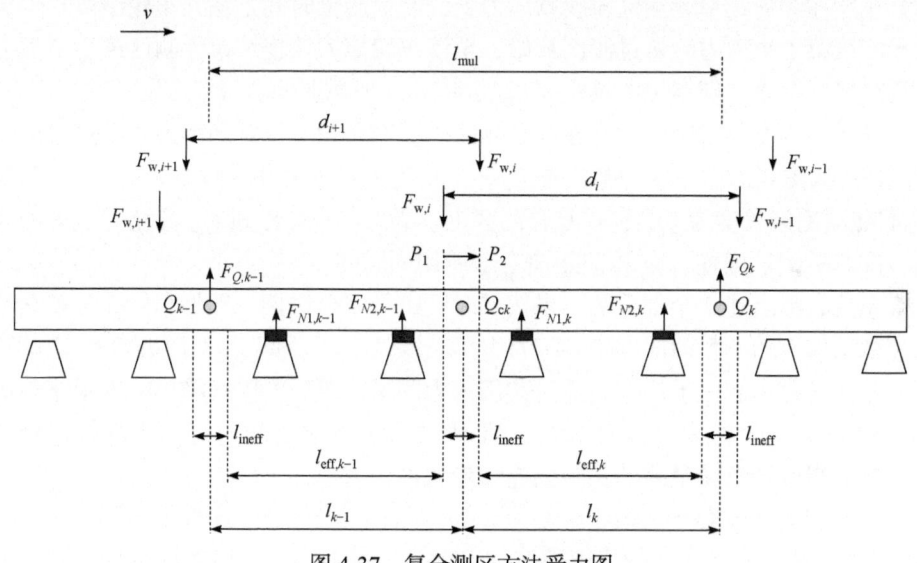

图 4-37 复合测区方法受力图

当车轮 i 处于 P_1 位置时，由于连续单元 $k-1$ 及 k 的长度 l_{k-1} 和 l_k 满足 $l \leqslant \min d_i$，车轮 $i+1$ 一定处于 Q_{k-1} 所在的测量过渡区之外(左侧)，如果继续增加约束条件 $d_i \geqslant l_k + l_{ineff}$，那么车轮 $i-1$ 也将处于 Q_k 所在的测量过渡区之外(右侧)，车轮 $i+1$ 和 $i-1$ 均不会对 Q_{k-1} 及 Q_k 处剪力的准确测量造成影响。

同理，当车轮 i 处于 P_2 位置时，如果连续单元 $k-1$ 及 k 的长度 l_{k-1} 和 l_k 同时满足 $l \leqslant \min d_i$ 以及约束条件 $d_i \geqslant l_{k-1} + l_{ineff}$，那么车轮 $i+1$、$i-1$ 一定处于 Q_{k-1} 和 Q_k 所在的测量过渡区之外，对 Q_{k-1} 和 Q_k 处剪力的测量无影响。

综上，车轮 i 由位置 P_1 滚动到 P_2 的过程中，车轮 $i+1$、$i-1$ 均处于 Q_{k-1} 和 Q_k 外侧，不影响二者剪力的准确测量，即复合测区可以准确测量车轮 i 通过共用剪力 Q_{ck} 测量过渡区的轮轨垂向力，如式(4-25)所示：

$$F_{w,1} = F_{Q,k-1} + F_{Qk} + F_{N1,k-1} + F_{N2,k-1} + F_{N1,k} + F_{N2,k} \tag{4-25}$$

因此，若满足约束条件 $\max l_k \leqslant \min d_i - l_{\text{ineff}}$，则可以将所有相邻的垂向力连续单元测区忽略共用剪力测点构成复合测区，通过复合测区准确得到车轮通过共用剪力测量过渡区时的轮轨垂向力，再与各轮轨垂向力连续单元测区有效测量范围内的轮轨垂向力组合，即可得到除了前后端部剪力测量过渡区，整个测量区段上连续的轮轨垂向力。

实施步骤复合测区方法是在"剪力+支撑力"测量方法的基础上，通过连续单元测区的不同组合方式，在不增加硬件的条件下实现轮轨垂向力的地面全连续长距离测量。首先，提取车轮在连续单元测区上的有效测量时间段。由图 4-37 可知，车轮在某连续单元测区轮轨垂向力上的有效测量时间是从某车轮滚离某连续单元测区第 1 个剪力测量过渡区开始，至该车轮滚入该连续单元测区第 2 个剪力测量过渡区结束，即车轮滚过距离 $l_{\text{eff},k-1}$ 或 $l_{\text{eff},k}$ 所用时间。

其次，构建复合测区，并在复合测区上提取车轮滚过共用剪力测量过渡区的时间段。如图 4-37 所示，由单元连续 k、$k-1$ 组合并忽略共用剪力测量点 Q_{ck} 构建复合测区(测区长度为 l_{mul})；在复合测区上，提取某车轮滚过 Q_{ck} 测量过渡区的时间，即车轮滚过位置 P_1 至 P_2 间距离 l_{ineff} 所用的时间。

最后，将上述 2 个部分的结果按照时间进行组合拼接，即将车轮在各连续单元测区上的有效测量时间段(图 4-37 中车轮滚过 $l_{\text{eff},k-1}$ 和 $l_{\text{eff},k}$ 对应的时间)内的数据，与在各复合测区上该车轮通过共用剪力测量过渡区时间段(图 4-37 中车轮滚过位置 P_1 至 P_2 间距离 l_{ineff} 对应的时间)内的数据按照时间先后顺序进行组合拼接，从而得到该车轮最终的长距离连续轮轨垂向力。

我国主型 4 轴客车的最小轴距为 2.4m 左右，3 个 1.6m 连续单元测区布置的 TPDS 满足复合测区方法的实施条件，4 轴客车 1 轮位通过 TPDS 时顺序排列的连续单元测区、复合测区轮轨垂向力，以及由此得到的长距离连续输出的轮轨垂向力标准过程综合图如图 4-38 所示。图中，选取各连续单元测区、复合测区上绿色虚框内的有效数据，并按照时序进行直接拼接组合，即为该轮的长距离连续轮轨垂向力。

由图 4-38 可知，TPDS 实测各连续单元测区的轮轨垂向力时，通过采用复合测区方法有效减小了剪力测量过渡区的影响，避免了采用"剪力+支撑力"测量方法时会将各连续单元测区内有效测量数据直接拼接导致的轮轨垂向力峰谷信息丢失(图 4-38 中红色虚框内部分)的问题，从而为轮轨垂向力的深入研究及 TPDS

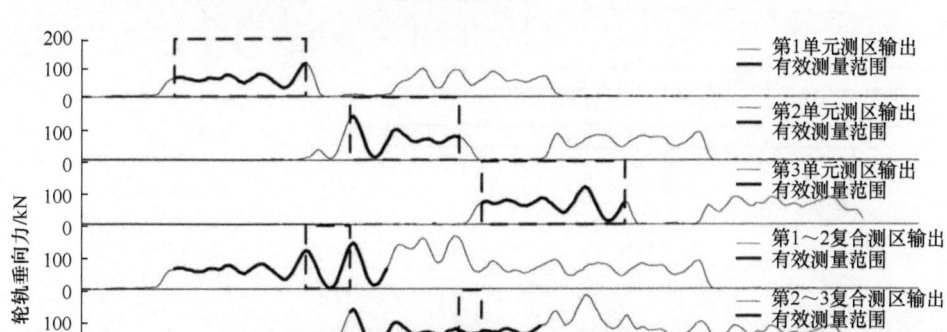

等轮轨力监测设备的功能扩展创造有利条件。

图 4-38 复合测区信号组合方法处理 4 轴客车 1 轮位连续轮轨垂向力的标准过程综合图

4.2.2 轮轨横向力测试

《轮轨横向力和垂向力地面测试方法》(TB/T 2489—2016)中介绍了剪力法，其是测试精度较高、能较好排除钢轨垂向弯曲和扭转干扰信号的一种测量方法。此外，还有轨底轨腰连接圆弧弯曲应力差法、轨底内外缘纵向应力差法等。

1. 剪力法

剪力法测量横向力的原理与垂向力的剪力法相似，即同时在钢轨两侧贴片，再利用电桥特性将其叠加。钢轨不存在水平的对称面，因此将应变花粘贴在轨底上表面距离轨底边缘 20mm 处，2 组应变片的间距与垂向力应变片的间距一致，也取为 200~220mm，应变片的方向与钢轨纵向成 45°。

剪力法的贴片方法有三种，剪力法 1 是用 4 片"十"字或"八"字直角应变花，与剪力法测试垂向力的应变花一样，用 8 片应变片组桥，贴片位置和组桥方式如图 4-39 所示。采用此法消除钢轨的扭转、弯曲应变的效果最好，目前常用此法测试轮轨横向力。"十"字应变花测试横向力贴片如图 4-39(a)所示。据此，可得电桥的电压变化如式(4-26)所示：

$$dU = \frac{E}{8}K(\varepsilon_A + \varepsilon_B + \varepsilon_{A'} + \varepsilon_{B'} - \varepsilon_D - \varepsilon_C - \varepsilon_{D'} - \varepsilon_{C'}) \tag{4-26}$$

(a) 贴片   (b) 组桥

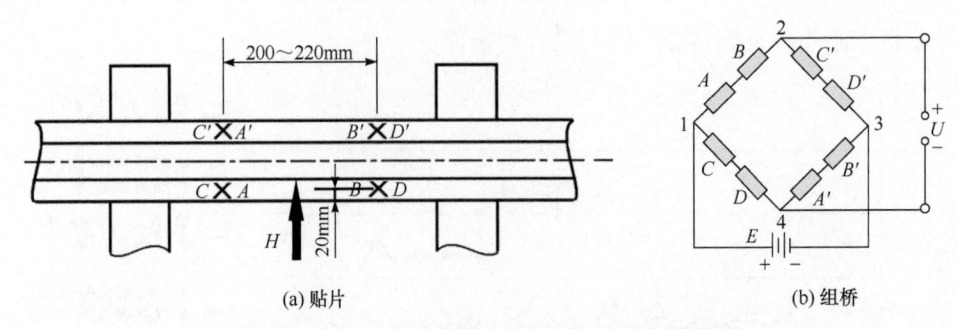

图 4-39 剪力法 1 测量横向力的贴片和组桥示意图

采用单片应变片的剪力法测试横向力有两种方法，分别如图 4-40 和图 4-41 所示。两种方法的测试效果相同，目前在轨道结构动力测试中也经常使用。

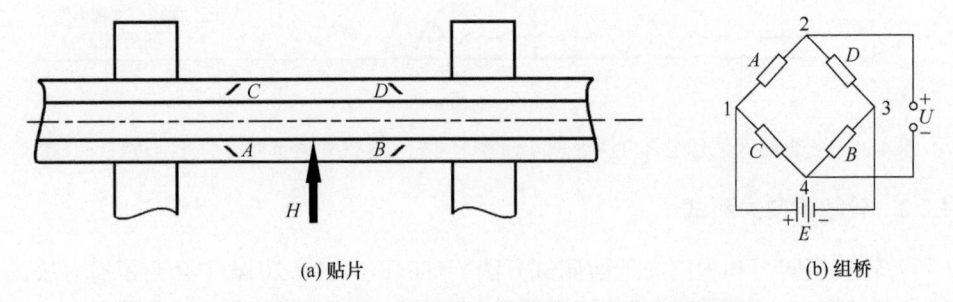

(a) 贴片   (b) 组桥

图 4-40 剪力法 2 测量横向力的贴片和组桥示意图

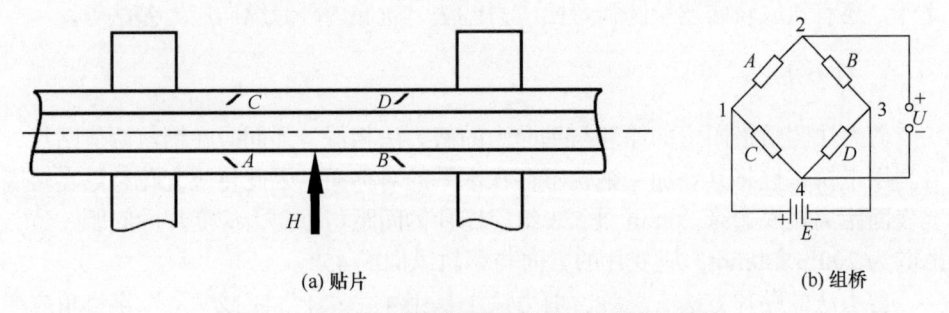

(a) 贴片   (b) 组桥

图 4-41 剪力法 3 测量横向力的贴片和组桥示意图

图 4-40 中剪力法 2 的电桥的电压变化如式(4-27)所示：

$$\mathrm{d}U = \frac{E}{4}K(\varepsilon_A + \varepsilon_B - \varepsilon_C - \varepsilon_D) \tag{4-27}$$

图 4-41 中剪力法 3 的电桥的电压变化如式(4-28)所示：

$$\mathrm{d}U = \frac{E}{4}K(\varepsilon_A + \varepsilon_D - \varepsilon_B - \varepsilon_C) \tag{4-28}$$

2. 轨底轨腰连接圆弧弯曲应力差法

轨底轨腰连接圆弧弯曲应力差法的贴片和组桥如图 4-42 所示。其原理是：钢轨受到横向力，引起钢轨侧弯，从而使内侧圆弧受拉，外侧圆弧受压。但若轮轨垂向力方向偏离钢轨中心线，则钢轨会受到侧弯作用，利用此法的信号无法消除轮轨垂向力偏心的影响。

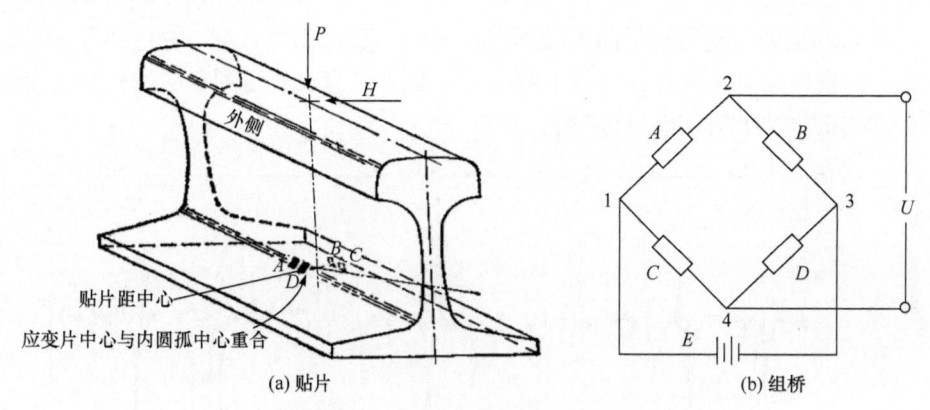

(a) 贴片　　(b) 组桥

图 4-42　轨底轨腰连接圆弧弯曲应力差法的贴片和组桥

轨底轨腰连接圆弧弯曲应力差法的电桥的电压变化如式(4-29)所示：

$$\mathrm{d}U = \frac{E}{4}K(\varepsilon_A + \varepsilon_D - \varepsilon_B - \varepsilon_C) \tag{4-29}$$

3. 轨底内外缘纵向应力差法

轨底内外缘纵向应力差法的贴片和组桥如图 4-43 所示。此法测定横向力，原理上可消除轮轨垂向力、偏心距、纵向应力对其的影响。但横向力所引起的钢轨横向弯曲不仅与其大小有关，还与钢轨的支承状态、整个轨道框架的横向刚度，以及道床的横向阻力、轮轨接触状态等有关。因此，应用此法标定横向力变得非常复杂，标定时不仅要在现场进行，还需要模拟轮轨接触关系、轮轨垂向力的大小，以及一个车轮对整个轨道框架的作用。

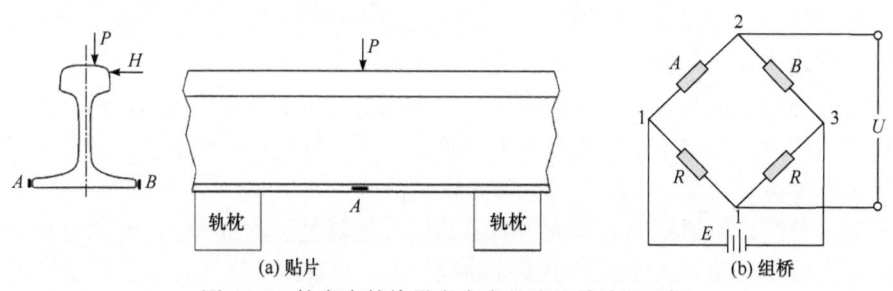

(a) 贴片　　(b) 组桥

图 4-43　轨底内外缘纵向应力差法的贴片和组桥

中国铁道科学研究院曾用此法测定钢轨横向力,在标定时,机车或车辆的某一车轮停靠在测点正上方,另一侧车轮用滚柱垫在钢轨面上,以减小此轮轮轨接触面的摩擦力,千斤顶荷载作用在轮对轴线上。这种标定方法费时费力,目前已较少采用。

4. 剪力法测试横向力的标定

测得的横向力波形与垂向力波形有较大的区别,垂向力每一轮位都有一个正峰值,但横向力有正有负,如图 4-44 所示。例如,直线轨道列车的蛇行会造成轮轨横向力的大小和方向不断改变。

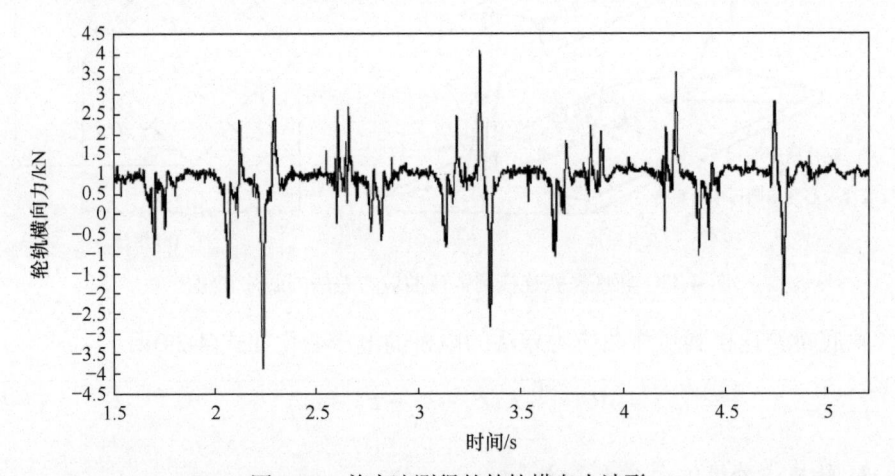

图 4-44 剪力法测得的轮轨横向力波形

测试横向力与垂向力相同,同样要对横向力进行标定,得到标定系数 a(单位为 kN/V)。横向力标定有两种方法,一种是左右两轨的横向力同时标定,用一个标定梁,中间放置千斤顶,从中间往两边顶,轨顶无轮轨垂向力,得到左右两轨的荷载-电压的标定信号,以此计算标定系数。但此种方法要注意标定梁的绝缘性,若未达到绝缘要求,则会造成轨道电路短路,引起事故。两轨同时标定横向力现场如图 4-45 所示。

为了防止双侧横向力标定时轨道电路短路,一般采用单侧钢轨横向力标定,标定时无轮轨垂向荷载。标定架和标定现场如图 4-46 所示。

横向力的标定曲线如图 2-22 所示。横向力标定时,也要根据轨道所承受的实际横向力的大小来决定,但横向力不像垂向力,有静轮载可供参考。根据多年来现场实际测试的情况,一般直线轨道的轮轨横向力在 10kN 以下;曲线半径越小,列车速度越高,轮轨横向力越大;轨道几何形位越差,轮轨横向力越大。对于城市轨道交通及铁路客运专线的小半径曲线轨道,一般轮轨横向力小于 50kN,对于

图 4-45 两轨同时标定横向力现场

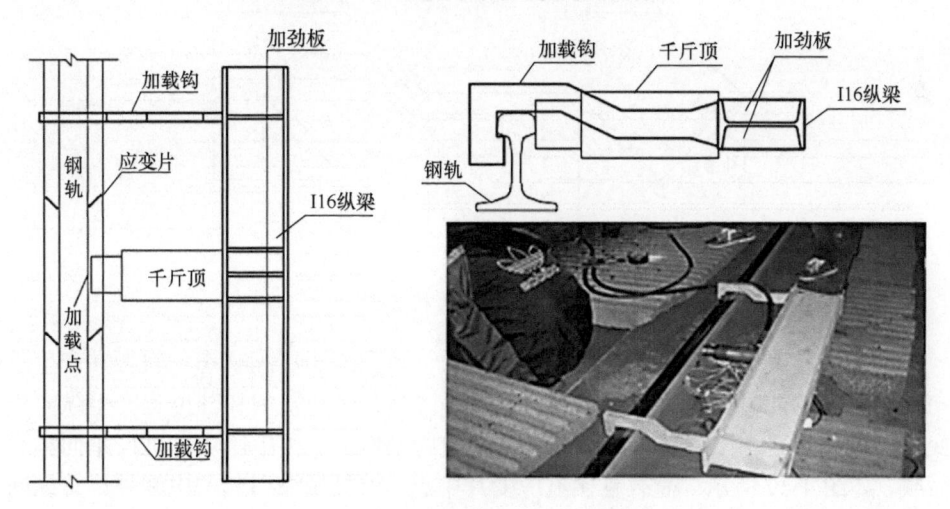

图 4-46 单轨标定横向力的方法

25t 轴重的重载铁路，在曲线上最大的横向力可达 70kN 左右。因此，在横向力标定时，一般标定到 50kN，级差为 10kN。若标定曲线的线性较差，则在确定标定系数时，需要根据实际测试的荷载范围来选定标定系数，从而保证横向力的测试精度。

利用测得的轮轨横向力与垂向力之比计算脱轨系数，首先确定垂向力峰值所对应的时间，然后在同一时间读取轮轨横向力，也即要求利用同一时刻出现的轮轨垂向力和横向力之比计算脱轨系数。

4.2.3 轮轨纵向力测试

轮轨纵向力测试较为简单，一般在轨腰两侧中和轴位置纵向贴两片应变片，如图 4-47 所示，并可组全桥和半桥，如图 4-48 所示。采用这种贴片方式可消除轮轨垂向力、横向力和钢轨扭转的影响[12]。

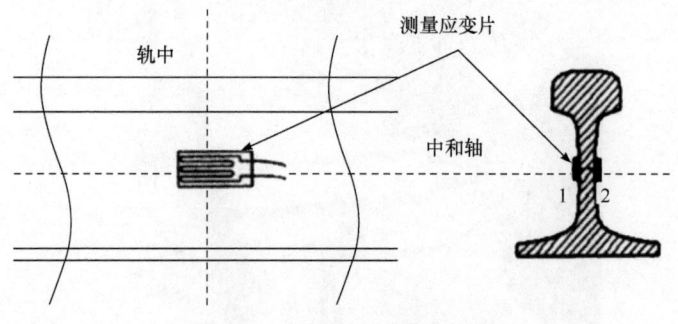

图 4-47 钢轨纵向力贴片位置

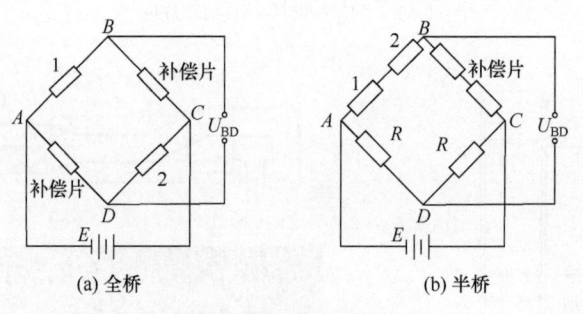

(a) 全桥　　　　　(b) 半桥

图 4-48 全桥和半桥的组桥

理论研究表明，当车轮作用在钢轨上时，轨腰处于压缩状态，轨腰在产生垂向压缩应变的同时，还存在横向效应(泊松效应)，使钢轨中和轴位置产生纵向应变。国外曾做过此类试验，50kg 钢轨，简支跨 600mm，中间作用 70kN 垂向集中荷载，如图 4-49 所示。荷载越接近应变片中点，轨腰压缩引起的中和轴位置纵向应变越大，应变大小如图 4-50 所示。对于现场实际测试，需要先在实验室做此试验，以得到不同重量钢轨、不同垂向荷载和距离对钢轨纵向应变的影响，然后对现场测试值进行修正。

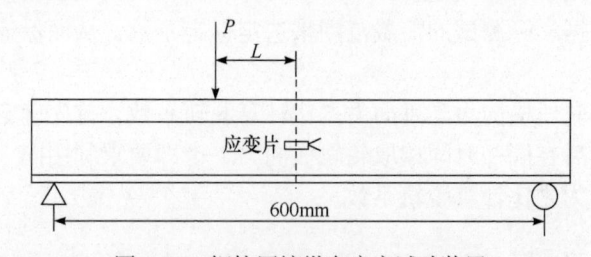

图 4-49 钢轨压缩纵向应变试验装置

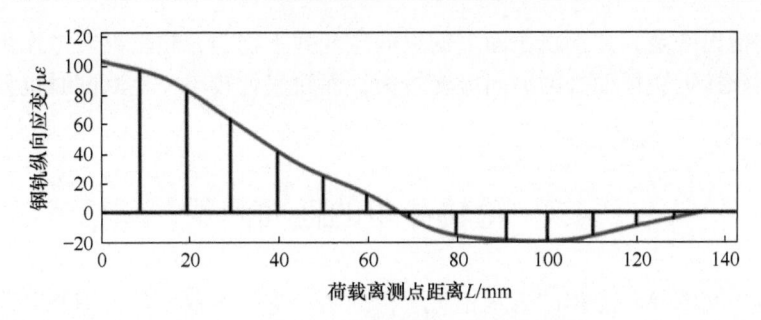

图 4-50 距离 L 与钢轨纵向应变关系曲线

在现场，难以对钢轨纵向力进行标定，因为很难在钢轨上作用一个额定的纵向力，用同样的钢轨和贴片在实验室进行标定，其受力状态与现场的受力状态相差较大，因此一般直接用测得的钢轨实际纵向应变计算钢轨的纵向力，如式(4-30)所示：

$$P_L = \varepsilon_L E F \tag{4-30}$$

式中，P_L —— 钢轨纵向力，kN；

ε_L —— 测得的钢轨纵向应变，应根据组桥方式计算轨腰上的实际应变；

E —— 钢材的弹性模量，取 2.06×10^{-5} MPa；

F —— 钢轨的截面积，mm^2。

理论上，当车轮在钢轨上纯滚动运行时，钢轨顶面的纵向摩擦力为零。但实际上，车轮滚动时存在蠕滑，钢轨中会产生纵向力，蠕滑率越大，蠕滑力越大，钢轨所受的纵向力也就越大。当列车在制动时，轮轨接触面接近滑动摩擦状态，也即处于轨面最大切向力状态，此时钢轨所承受的纵向应力最大。测得的钢轨纵向应力如图 4-51 所示。由图可知，钢轨纵向力与轮轨垂向力不同，其没有一个明显的峰值，而且变化量较小。

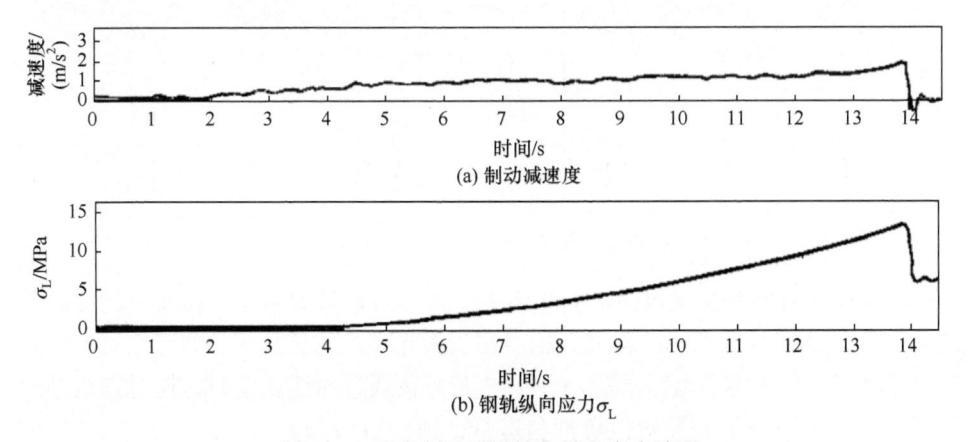

图 4-51 列车制动时钢轨中纵向应力波形

需要指出的是，在钢轨截面上的纵向应变并不均匀，轮轨纵向力作用在轨顶面上，因此接近轨顶面处的纵向应变较大，而轨底处较小，在测试时也只是得到一个中位值。

4.3 轮轨冲角的地面测量

轮轨之间的导向力和冲角是轮对运行的两个重要参数，其合理的数值范围是保证列车良好运行的必要前提。轮轨导向力是轮缘与钢轨侧面之间的作用力，测试具有一定的难度，因此目前主要检测的是由轨面横向蠕滑力和轮缘力合成的轮轨横向力。轮轨冲角是轮缘平面与接触点处钢轨切线方向的夹角，也是轮对轴线与曲线半径方向的夹角。轮轨冲角的测量可用激光测量方法进行地面测试，其原理是利用轮对通过曲线时，其内外轮通过曲线半径方向的时间差来计算冲角，也就是测量轮对滚动轴线与曲线半径方向的夹角[15]。

冲角测量装置在内轨和外轨上安装三台激光发射器和接收器,其中内轨两台，外轨一台(也可相反安装)，如图 4-52 所示。安装在内轨上的激光发射器和接收器的中心线必须严格处于内轨两激光接收器的中心，并与线路中心线垂直。

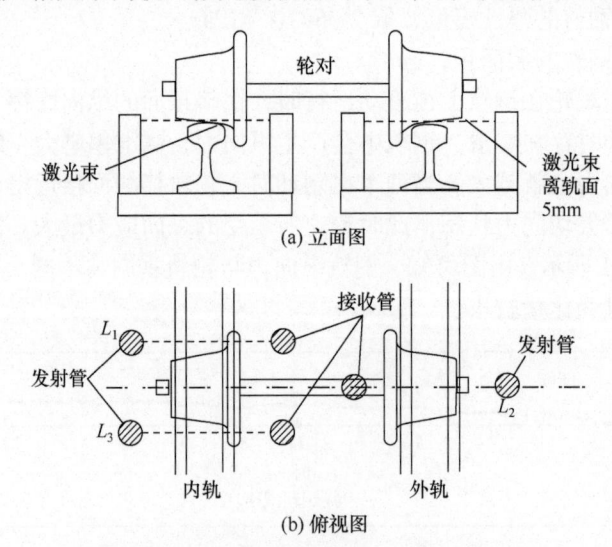

图 4-52 激光地面轮轨冲角测试装置

当轮对通过冲角测试点时，激光束 L_1、L_2、L_3 被依次中断，在相应的接收器输出信号，如图 4-53 所示。若三个轮对切割激光束的弦长相等，则当轮对处于径向位置时，冲角为零，也即 $t_1 = t_2, t_3 = t_4$。当车辆通过曲线轨道时，轮对以正冲角运行，则 $t_1 > t_2, t_3 > t_4$；轮对以负冲角运行，则 $t_1 < t_2, t_3 < t_4$。

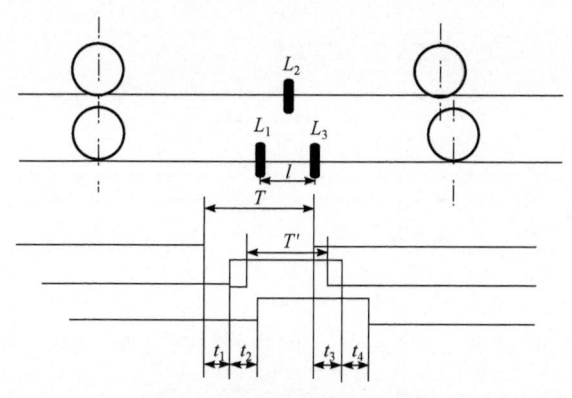

图 4-53 激光器的输出信号

轮对以正冲角运行时，外轮通过激光束 L_2 的时间和内轮通过两激光束 L_1 和 L_3 的平均时间不等，其时间差如式(4-31)所示：

$$\Delta t = t_1 - \frac{t_1 + t_2}{2} \quad \text{或} \quad \Delta t = t_3 - \frac{t_3 + t_4}{2} \tag{4-31}$$

在设计时将 L_1 到 L_3 的距离 l 设为 100mm，列车通过激光束时的信号时间以毫秒计，轮对两滚动圆之间的距离为 $2s$，取 1500mm，则轮对通过冲角测试点处的速度如式(4-32)所示：

$$v = \frac{l}{t_1 + t_2} = \frac{l}{t_3 + t_4} \tag{4-32}$$

轮轨冲角可由式(4-33)计算得到

$$\alpha = \frac{v \times \Delta t}{2s} = \frac{\dfrac{l}{t_1 + t_2}\left(t_1 - \dfrac{t_1 + t_2}{2}\right)}{2s} = \frac{l}{4s}\left(\frac{t_1 - t_2}{t_1 + t_2}\right) = \frac{l}{4s}\left(\frac{t_3 - t_4}{t_3 + t_4}\right) \tag{4-33}$$

实际上激光束的遮挡是由轮对的轮缘尖完成的，若一个轮对的两个轮缘直径不同，则轮缘切割激光束的弦长不同，图 4-53 中输出信号的方波宽度 T 和 T' 也就不同。若外轮的轮缘半径较小，则信号宽度较窄，由式(4-32)和式(4-33)计算得到的列车速度和冲角就有较大的误差。同样，激光发射器和接收器的安装误差、内外轨的磨耗不同，以及激光束离轨面的高度不等，内外轮输出信号的宽度也就不相等。此时，将根据 t_1、t_2 算得的 v 和 α 与根据 t_3、t_4 算得的 v 和 α 平均，即可消除误差。

事实上，轮对切割激光束方波信号的前后沿并非垂直(或信号前后沿有毛刺)，而且 t_1、t_2、t_3、t_4 的数值又很小，因此使用式(4-32)和式(4-33)计算所得的结果有一定的误差。改用方波信号中点的时间差来计算列车速度和冲角，如图 4-54 所示。

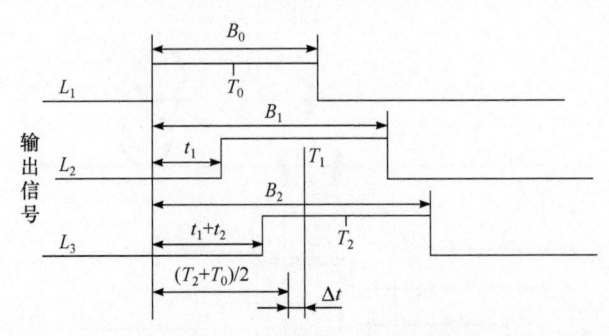

图 4-54 用方波信号中点的时间差计算列车速度和冲角示意图

各方波中点的时间计算如式(4-34)所示：

$$T_0 = \frac{1}{2}B_0, \quad T_1 = \frac{1}{2}(t_1 + B_1), \quad T_2 = \frac{1}{2}(t_1 + t_2 + B_2) \tag{4-34}$$

式中，B_0——L_1 激光输出信号方波宽度，ms；

B_1——L_2 激光输出信号方波宽度与 t_1 之和，ms；

B_2——L_3 激光输出信号方波宽度与 (t_1+t_2) 之和，ms。

L_2 方波中点和 L_1、L_3 方波中点的时间差 Δt 如式(4-35)所示：

$$\Delta t = T_1 - \frac{1}{2}(T_2 + T_0) \tag{4-35}$$

此时列车运行速度如式(4-36)所示：

$$v = \frac{l}{T_2 - T_0} = \frac{l}{\frac{1}{2}(B_2 + t_1 + t_2) - \frac{1}{2}B_0} = \frac{2l}{(B_2 + t_1 + t_2) - B_0} \tag{4-36}$$

冲角如式(4-37)所示：

$$\alpha = \frac{v \times \Delta t}{2s} = \frac{\frac{2l}{B_2 - B_0 + t_1 + t_2}\left[T_1 - \frac{1}{2}(T_2 + T_0)\right]}{2s} = \frac{l(2B_1 - B_0 - B_2 + t_1 - t_2)}{4s(B_2 - B_0 + t_1 + t_2)} \tag{4-37}$$

将由激光地面冲角测试仪得到的信号输入计算机处理，将轮对号、每个轮对通过测试点时的速度和冲角计算出来。测量完成后，由打印机一次打印输出，并结合轮轨横向力分析轮轨的动力作用和运动姿态。

4.4 钢轨支座反力及扣件受力测试

钢轨扣件是轨道结构的重要连接部件，扣件弹条折断、螺栓松动、螺栓断裂等是经常出现的扣件病害，这些病害与扣件所受垂向力和横向力直接相关。除了在钢轨上测试轮轨垂向力和横向力，扣件实际受力的测试也是评定轨道结构受力合理与否的一个重要方面。扣件垂向力的大小对于扣件刚度及扣件失效概率的估计具有很重要的参考价值，也是衡量无砟轨道结构合理刚度的重要指标，因此有时也有必要对轨道扣件垂向力进行现场测试。

目前，我国铁路在测量扣件所受的垂向力、横向力时，采用 TB/T 2490—1994，其中，TB/T 2490.1—1994 为《扣件螺栓轴向力测试》，TB/T 2490.2—1994 为《扣件横向力测试》，TB/T 2490.3—1994 为《扣件垂向力测试》。这几个测试规范发表时间较久远，近几年也无发表新版本，因此测试的对象以 1994 年前后使用的扣件型号为主。当前高铁和城市轨道交通采用较多的新型扣件，可将此类标准作为参考。目前，钢轨支座反力测试方法应用较多的是剪力法和测力垫板法。

4.4.1 剪力法

剪力法测试轨座反力的方法与测试轮轨垂向力的方法基本一致，同样考虑到在轨座反力的作用下，轨枕两侧的钢轨受剪，且中和轴处的剪应力最大，因此也是在轨腰中和轴位置贴 45°方向的应变片。与剪力法测试轮轨垂向力的方法一样，测试轨座反力也有两种应变片贴片方法，如图 4-55 和图 4-56 所示[12]。

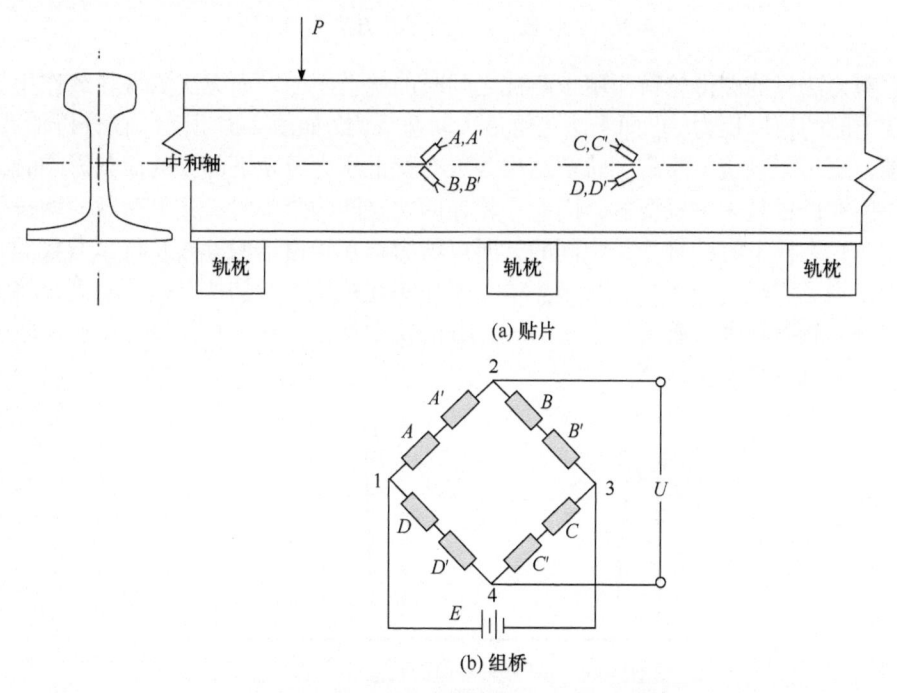

图 4-55 轨座反力应变片贴片方法 1 和组桥

(a) 贴片

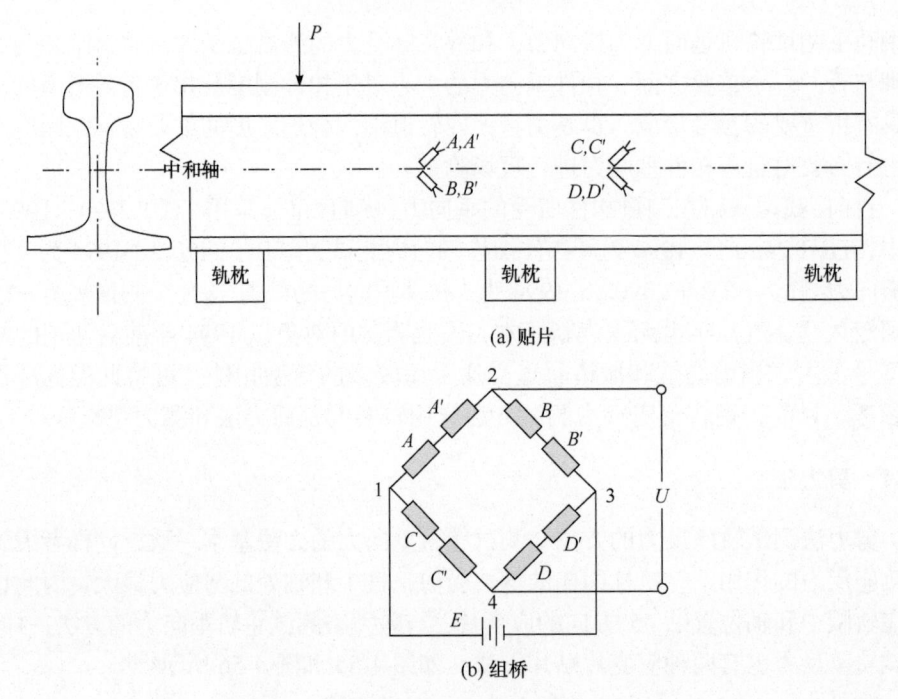

(b) 组桥

图 4-56　轨座反力应变片贴片方法 2 和组桥

剪力法只能测得轮荷作用于两枕之间时的枕上压力，而无法测得轮载作用于轨枕上时的轨座反力，也即无法测得最大轨座反力，如图 4-57 所示。在分析轴重、速度、机车车辆簧下质量、轨道结构参数对枕上压力及轨下部分的荷载影响时，车轮所在位置是无关紧要的，因此车轮在两枕之间的跨中时，枕上荷载的增长规律和车轮在枕上时的规律是相同的，所以剪力法在轨道结构参数及行车参数的研究中得到了广泛的应用。若必须测得车轮作用在轨枕上时的枕上压力，则应将钢轨基础的软硬程度，乘上一个 1.05~1.10 的枕上修正系数，具体系数可按照轨道结构点支承计算方法得到。

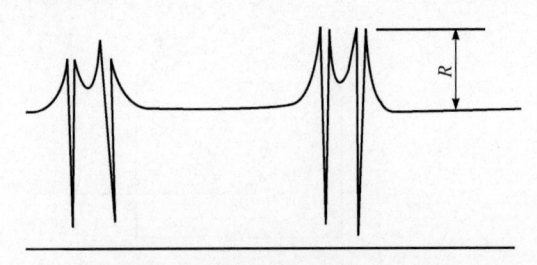

图 4-57　剪力法测得的轨座反力波形

剪力法的测试信号需要在现场标定，标定方法与轮轨垂向力的标定方法类似。

4.4.2 测力垫板法

剪力法无法测得车轮位于轨枕上方时的轨座反力,而在研究轨道结构受力状态时,需要测得车轮位于轨枕时的钢轨支座压力,同时也需要测得车轮接近轨枕上方时的支座压力影响线,从而确定车轮位于某些轨枕支座上方时,该轨枕的承担荷载占轮载的百分比,同时也可得到左右相邻第一、第二根轨枕承担轮载的百分比,进一步分析轨道结构的受力,以提供技术数据。剪力法和测力垫板法测试轨座反力的分析目的不同。

在《扣件垂向力测试》中,对测力垫板的应用进行了规定。混凝土轨枕的测力垫板采用正常使用的轨下橡胶垫,且与测试轨道中使用的轨下橡胶垫型号相同,在橡胶垫板中安装膜片式压力传感器,如图4-58所示。

膜片式压力传感器是一个高度很小的圆筒,高度低于橡胶垫的厚度,直径为10~14mm,在薄的底板里侧粘贴箔式应变花,如图4-59所示。现在市场上有各种型号的压电式超薄型纽扣压力传感器可供选择。制作测力垫板时,首先利用与压力传感器直径相同的平钻头在橡胶垫中心位置钻孔,切忌钻穿,以免影响传感器受力;然后将压电式或应变式动态压力传感器平稳压入所钻孔并调平,接头朝外,以便于接线;最后涂抹704硅胶密封,使密封高度略高于胶垫表面,密封完成后需要静置12h以上,经标定后才可使用[16],橡胶测力垫板结构如图4-60所示。

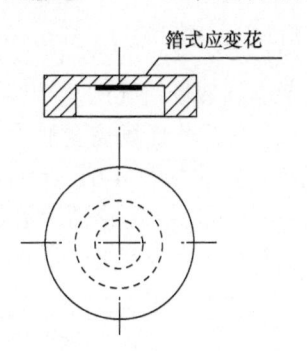

图 4-58　膜片式压力传感器　　　　图 4-59　箔式应变花

测力垫板制作完成后,需在实验室内进行标定,一般用大型疲劳试验机和动态信号采集系统标定测力垫板,主要标定步骤如下。

(1) 选取厚度约为 20mm 的两块钢板,将测力垫板放置在两块钢板中间,试验机加载头布置于垫板中心位置,并压紧垫板。

(2) 连接动态信号采集系统。

(3) 疲劳试验机施加荷载,保持荷载 20kN 不变,加载频率从 4Hz 逐渐增大到 8Hz,步长为 1Hz,每一频率待加载稳定后持续加载 50 次左右,并记录测力垫板上压力传感器的读数。

(4) 将荷载分别增大到 30kN、40kN、50kN、60kN、70kN 和 80kN，重复以上标定步骤，并做好记录。

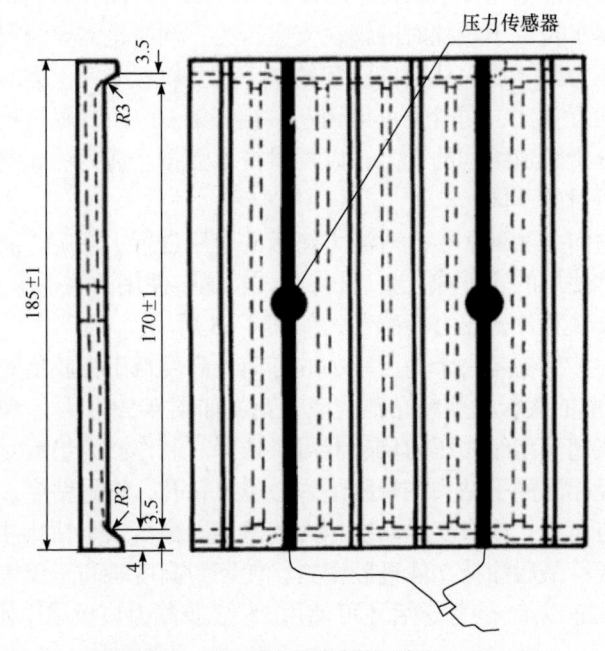

图 4-60 橡胶测力垫板结构(单位：mm)

现场试验需测试左右两股钢轨的轨座反力，考虑到现场情况的复杂性，一般需要准备比实际使用垫板数多 1～2 块，以备不时之需，若现场需要测力垫板 2 块，则需要制作测力垫板 3 块以上。测力垫板的标定曲线如图 4-61 所示(不同色点为加载频率)。由图可知，当荷载相同而加载频率不同时，传感器读数虽略有变化，但变化不大，说明传感器所测力的大小与频率相关性不大，仅在较小的

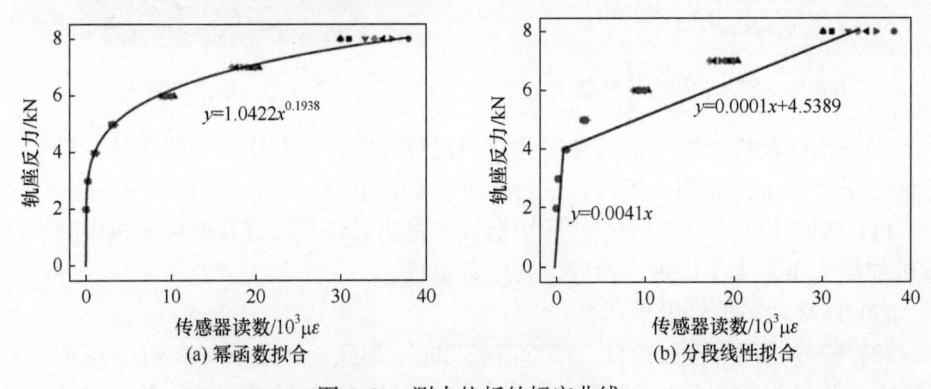

(a) 幂函数拟合 $y=1.0422x^{0.1938}$

(b) 分段线性拟合 $y=0.0041x$; $y=0.0001x+4.5389$

图 4-61 测力垫板的标定曲线

范围内波动；当加载频率相同而荷载不同时，传感器的读数随着荷载的增大呈明显增大的趋势。因此，可初步得出结论，测力垫板的标定系数近似与荷载大小呈正相关。

由图 4-61 可知，以幂函数拟合标定的曲线较为合适，对于 40kN 以下的荷载，分段线性拟合与幂函数拟合相差较小，几乎可认同为一致；对于 40～80kN 的荷载，幂函数拟合的结果明显比分段线性拟合的结果要好，荷载准确性更高；对于 80kN 以上的荷载，从曲线的发展趋势来看，采用幂函数拟合并进行线性延伸是最可靠的方法。因此，一般选择采用幂函数拟合此测力垫板的标定系数，将现场测得的传感器数据代入幂函数标定曲线公式，即可得到轨座反力测试值。

在测试轨座反力时，测力垫板本身即为扣件胶垫，因此需要将测试点处扣件的原轨下胶垫取出，更换为测力垫板。安装过程中，至少需要松开 3 组扣件，以保证能够将钢轨抬高 20～30mm，安放测力垫板之前必须将轨枕的轨座位置清理干净，尽量将测力垫板放平；安放完成后，固定好传感器连接线，并对所装测力垫板进行调试，以保证其能够正常工作。

轨座反力的典型时程曲线如图 4-62 所示。图中，实线和虚线分别为采用分段线性拟合和幂函数拟合计算得到的轨座反力，可见，二者所计算的轨座反力虽略有差异，但差异基本在 10%以内；货车作用下扣件垂向力分布离散性较大，这主要是由于各货车车厢载重量明显不同，且存在"空车现象"，从而导致扣件力明显减小，离散性增大。由图 4-62(a)可明显看出，轨座反力的大小和离散性还与货车车轮扁疤和线路状况的劣化有关，车轮扁疤与线路不平顺情况的劣化会极大程度地增大轨座反力。客车作用下实测典型轨座反力时程曲线如图 4-62(b)所示。由图可知，客车机车与车厢具有明显的分界，客车机车作用下轨座反力约为客车的 1.5 倍，且客车车厢作用下扣件垂向力分布相对均匀，离散性较小，这主要是由于客车车厢轴重相对于货车更加稳定；除此之外，客车车厢作用下个别扣件垂向力也

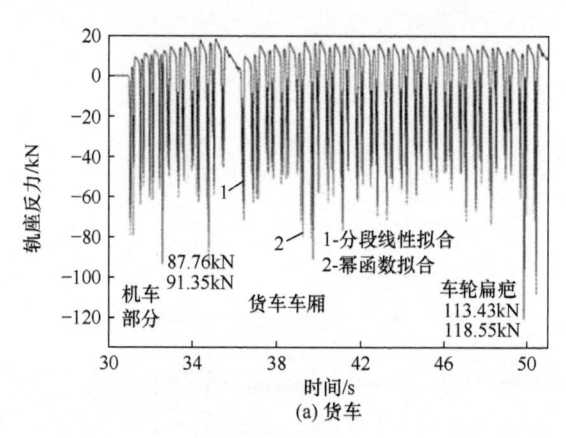

(a) 货车

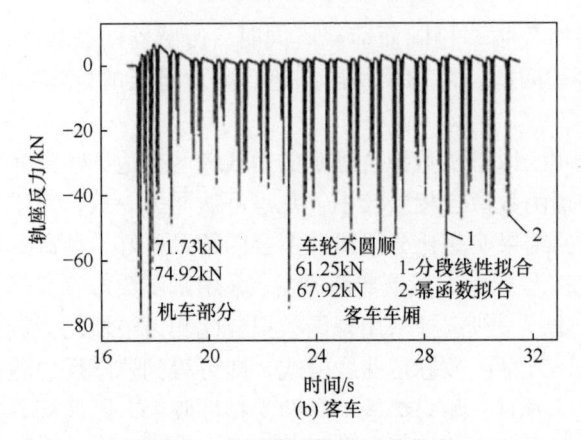

图 4-62　实测典型轨座反力曲线

较大,甚至达到了客车机车作用下扣件垂向力的大小,这主要是由客车车轮不圆顺造成的。

4.4.3　扣件螺栓受力测试

在车辆荷载的作用下,桥梁端部、浮置板端部等特殊轨道地段钢轨会产生上翘,造成梁端和板端区段的扣件上拔,如果上拔力较大,就会使扣件螺栓松动和损伤,因此有时需要对扣件螺栓的上拔力进行测试。目前采用《扣件螺栓轴向力测试》(TB/T 2490.1—1994)中的方法加工测力螺栓。被测螺栓的受拉螺母、杯状垫圈和组桥方式如图 4-63 所示,图中 $R_1 \sim R_4$ 为工作片,$R_5 \sim R_8$ 为补偿片。

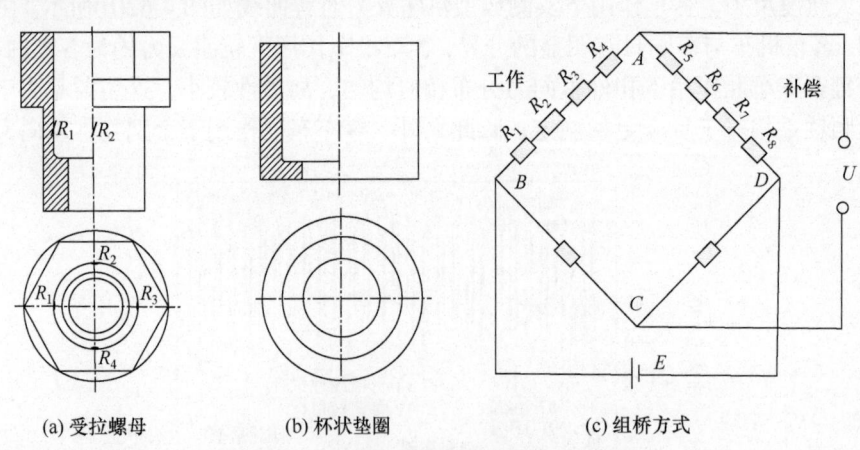

图 4-63　受拉螺母、杯状垫圈和组桥方式

受拉螺母元件如图 4-63(a)所示,该螺母下部带有螺纹,中部为一圆管,上部有作为支承和拧紧用的圆形台和外六角,在圆形台下部与螺纹之间的中间圆管内

壁处四周粘贴四片应变片。根据材料力学中的圣维南原理，圆形台和螺纹之间的中间圆管不能太短，否则应变片距离受力部位太近，会造成应力流不均匀，影响测试精度。杯状垫圈如图 4-63(b)所示，组桥方式如图 4-63(c)所示。制作受拉螺母时，粘贴应变片部位的管壁不能太薄，在初始螺栓拉力和螺栓上拔力的共同作用下，应满足强度要求。

一般测力螺栓在室内标定，如图 4-64 所示，现场标定如图 4-65 所示。要求对每个测力螺栓都进行标定，最好是标定与正式测试时所采用的导线、仪器、仪器通道和参数设置都保持一致，以保证测试精度。现场测力螺栓组装如图 4-66 所示。

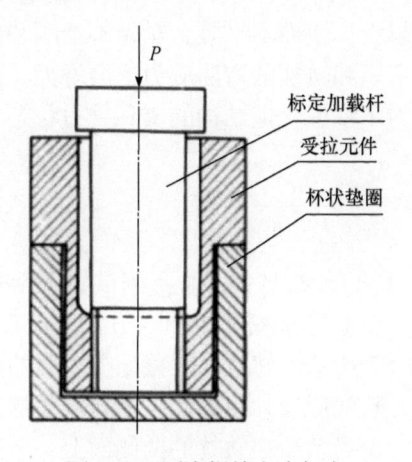

图 4-64　测力螺栓室内标定

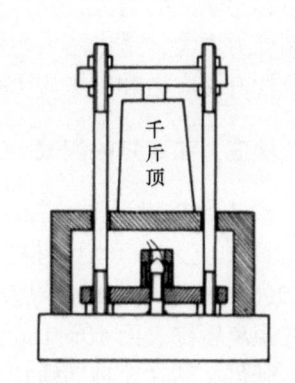

图 4-65　测力螺栓现场标定

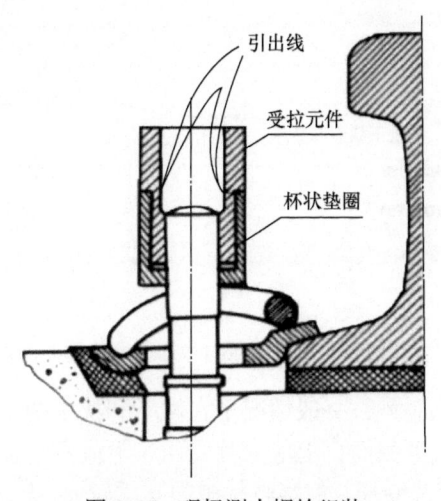

图 4-66　现场测力螺栓组装

测试时，应在两股钢轨上连续布置多个测力螺栓，以充分反映扣件受力的随机性，测得不同轨道部位在列车荷载作用下其扣件螺栓受力沿线路方向的变化规律。同时对不同机车车辆的数据进行分类处理，以分析不同机车车辆对扣件螺栓受力的影响，每种类型的数据一般要求测 25 趟列车数据，如果数据质量较好，也应测 15 趟列车左右的数据。

4.5 轨枕应力和弯矩及道床应变测试

轨枕将钢轨的荷载传递给道床，在此过程中受到弯矩的作用。车辆荷载越大，轨座反力越大，则轨枕承受的荷载弯矩也就越大；轨面不平顺、车轮不圆顺和扁疤都会引起轮轨力的增大，同样轨枕的荷载弯矩和轨枕的弯曲应力也会增大。同理，轨座反力增大，道床压力也相应增大。为了掌握轨道结构的实际受力状态，需要对轨枕弯曲应力和道床应力进行测试。

4.5.1 轨枕应力和弯矩的测试

与混凝土轨枕设计时的控制弯矩相同，现场测试时，也需要测试轨下与枕中两个截面的应力和弯矩。根据《预应力混凝土枕荷载弯矩测试方法》(TB/T 2692—1996)，在两个断面的贴片布置如图 4-67 所示。轨枕轨下截面上表面的贴片位置在距离轨枕表面 10～15mm 的侧面上，轨底应变片也如此。中间截面的上应变片，既可粘贴在轨顶面轨枕的中心线上，也可粘贴在轨枕的两侧面上，下表面的应变片可粘贴在距离轨枕底面 10～15mm 的侧面上。应变片采用纸基或胶基，标距为 40mm×5mm。

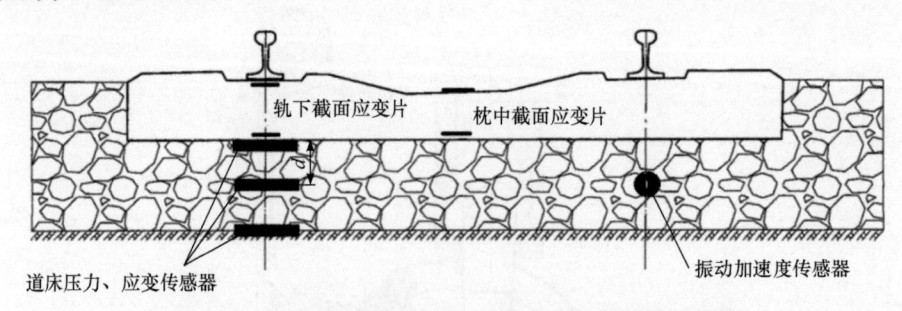

图 4-67 轨枕应力、道床压力和加速度传感器测点布置

测试轨枕的混凝土应力，一般情况下在轨下和枕中两个截面的上下表面附近测试弯曲应力。对于轨下截面，上应变片受压，下应变片受拉；对于枕中截面，上应变片受拉，下应变片受压。但当轨枕中间支承较弱，轨枕两端部支承较强时，枕中截面的上应变片也有可能受压，下应变片也有可能受拉。测试时仪器的内标

定有一定的误差，因此一般需要用等强度梁对测得的应变信号进行标定。根据测试信号的电压，得出标定系数 a(单位为 $\mu\varepsilon/mV$)，然后将应变乘以混凝土的弹性模量，得到混凝土应力，并与混凝土的容许应力相比较。混凝土的抗拉能力较弱，一旦出现较大的混凝土拉应力，荷载就转移到钢筋上，因此测得的混凝土拉应力仅作参考。

当测试轨枕的荷载弯矩时，也需要对测试信号进行标定。对于轨下截面，在被测轨枕的端部作用上拉力，形成一个受力弯矩，根据上拉力的大小及拉力位置与钢轨中心线的距离，计算标定弯矩。同样，枕中截面也需要进行标定。枕中截面可能受到负弯矩(向上)，也有可能受到正弯矩(向下)，因此需要对正弯矩和负弯矩都作标定。标定梁在标定位置架设完成后，作用荷载时分级进行，一般荷载级为 10kN，依次往上累加，当标定信号达到测试的最大信号时，一次加载结束，一般每个断面标定时都需要进行三次，根据三次的标定曲线得到标定系数，然后根据测试信号得到轨下截面和枕中截面的荷载弯矩，并与轨枕设计的容许弯矩相比较，如果荷载弯矩小于设计弯矩，那么轨枕处于正常的工作状态。轨枕的弯矩标定装置根据《预应力混凝土枕荷载弯矩测试方法》中的标定要求设计标定架，如图 4-68 所示。

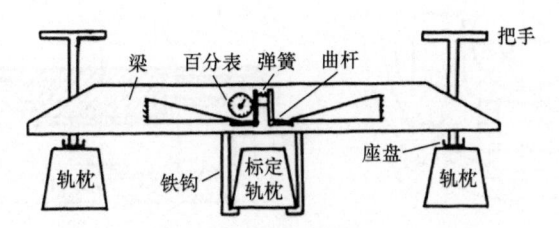

图 4-68　混凝土轨枕弯矩测试时的标定装置

现场测试轨枕弯矩的离散性较大，为了达到数据的统计效果，与轨座反力测试相同，一般情况下要测 25 趟列车以上的数据，若数据质量较好，离散性较小，则测 15 趟左右的列车数据也能满足分析的要求。

4.5.2　道床应变测试

在计算轨道强度时，以"道床应力"或"道床压力"作为评价道床所处的受力工作状态，按道床"破坏"概念建立道床的检算条件。然而，在实际轨道上，道床的失效多表现为在列车荷载反复作用下，由于道砟颗粒的窜动、磨损、破碎而形成的道床累积变形、脏污、板结等病害。这些因素决定了道床维修养护的周期和养护维修工作量的大小。道床这些因素的变化并不是直接取决于列车荷载作用下的道床应力，而是取决于由列车荷载和道床状态共同作用引起的应变。

试验资料表明，荷载作用下的道床应变越大，卸载后的道床沉降量越大，道床的残余变形积累越大，道床的各种病害发展速度就越快。在《轨道检测 道床应变、振动测试方法》(TB/T 2488—2017)标准中，测试道床的应变，以道床应变为参数，建立道床承载能力的检算条件。实际上，道床的变形模量并非常数，且离散性极大，在实际测试中较难精确测试道床的应力大小。

测量道床应变时，一般测试位置为钢轨与轨枕中心线的相交处，在道床顶面及顶面以下 150mm 和 200mm 深度处，传感器的底面应与轨枕底面平行。但在实际测试中，一般以 150mm 最具有代表性。测点布置如图 4-67 所示。

道床应变盒的弹性元件是四个马蹄形弹簧，它的上盖和下底固定于弹簧的两端，在上盖和下底之间留有 3mm 的间隙，作为弹簧压缩时的变形空间。在四个马蹄形弹簧的圆弧处粘贴应变片，组成全桥。四个马蹄形弹簧的变形方向为无刚性元件，因此道床应变盒上方的压力分布不均匀，对应变盒的灵敏度不会有显著的影响。道床应变盒结构如图 4-69 所示。

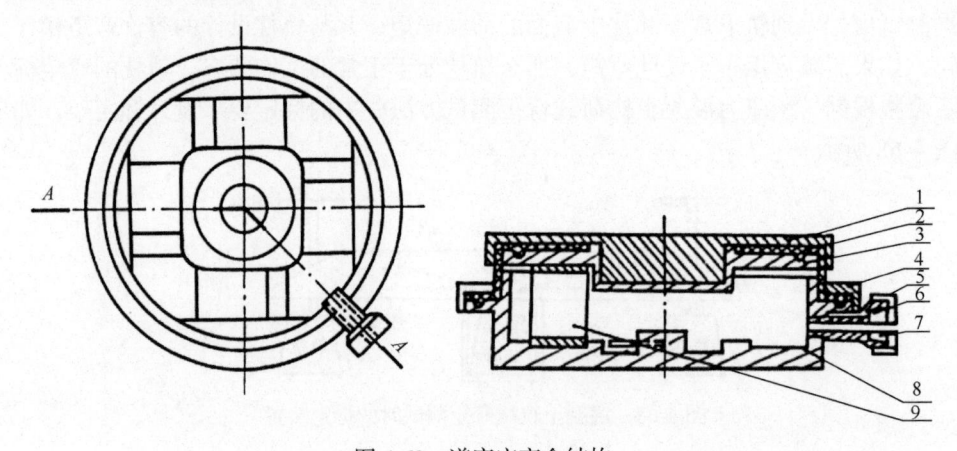

图 4-69　道床应变盒结构
1. 应变盒顶盖密封罩；2. 橡胶密封圈；3. 上盖；4. 下密封罩；
5. 出线嘴密封盖；6. 橡胶密封盖；7. 出线嘴；8. 下底；9. 马蹄形弹簧

不像轨下测力垫板，直接用一个标定系数计算误差较大，需要一个标定曲线或公式。而道床应变盒中的马蹄形弹簧在各级荷载作用下的应变输出线性较好，因此直接用一个标定系数即可。

道床应变盒测得的应变是马蹄形弹簧的应变，并非道床的实际应变，因此需要对应变盒进行标定。标定时需要一个特制的标定称，通过标定称对应变盒施加级差为 50N 的荷载，标定范围要求应变盒厚度应变达到 $6000\mu\varepsilon$，标定应重复 2～3 次，要求重复误差小于 5%。根据应变盒的厚度和压缩变形量计算应变盒的应变量，同时根据此级荷载作用下应变仪测出的应变，得出标定系数如式(4-38)所示：

$$a_\varepsilon = \frac{\varepsilon_c}{\varepsilon_i} \tag{4-38}$$

式中，a_ε——道床应变标定系数，$\mu\varepsilon/\mu\varepsilon$；

ε_c——在某一级荷载下根据应变盒厚度与其压缩量计算的应变，$\mu\varepsilon$；

ε_i——在某一级荷载下，应变仪测得的应变盒应变，$\mu\varepsilon$。

其中，

$$\varepsilon_c = \frac{\Delta d}{d}$$

式中，Δd——在某一级荷载下应变盒厚度的压缩变形量，mm；

d——应变盒厚度，mm。

在现场测试时，将测得的信号乘以标定系数，即可得到现场实际的道床应变，如式(4-39)所示：

$$\varepsilon_d = a_\varepsilon \varepsilon_{di} \tag{4-39}$$

式中，ε_{di}——列车荷载作用下应变仪现场测得的应变盒应变，$\mu\varepsilon$；

ε_d——现场测得的实际道床应变，$\mu\varepsilon$。

计算道床压应力时，根据标定秤上的荷载和应变仪上的应变值计算标定系数，如式(4-40)所示：

$$a_p = \frac{P_i}{\varepsilon_i} \tag{4-40}$$

式中，a_p——标定系数，$N/\mu\varepsilon$；

P_i——标定时的某一级荷载，N。

将现场测得的应变盒测试应变值乘以标定系数 a_p，即可得到现场实测的应变盒上的荷载，再除以应变盒的面积，即可得到道床压力(应力)。

4.6 无缝线路长钢轨纵向力的测定

4.6.1 长钢轨温度力测试方法

当道床松散或扣件松弛时，跨区间无缝线路有可能产生累积爬行，导致纵向力分布不均，并成为无缝线路胀轨和断轨的隐患。无缝线路长钢轨纵向力测定仪，可以监视长轨条内纵向力的变化，以保证跨区间无缝线路安全运营。目前，各国铁路相关部门广泛开展纵向力测定仪和测定方法的研究，已有以下几种长钢轨温度力测试方法[17]。

(1) 直接测量钢轨变形：这类方法所采用的仪器有机械变位计、电阻丝变形计等。

(2) 音响弹性测量法：应用应力使金属中的声速发生变化的现象测定纵向力。

(3) 声音放射法：检测因应力改变音频放射的情况，通过标定确定应力的大小。

(4) 巴克豪森法：应用应力使巴克豪森噪声发生变化的现象测定应力。

(5) X 射线法：应用应力随调射线反射而发生变化的原理测定应力量值。

(6) 超声波应力测定仪：材料承压时，压力方向上的弹性系数增大，声速也稍有增大，而且材料一旦磁化，在磁化方向上传播的超声波衰减增加，因此可利用这一原理测定纵向力。虽然向钢轨纵轴方向输入纵波的难度很大，但是使其传播表面波较容易，而且其位置可在钢轨的腹部(不宜在钢轨顶面，因列车长期运营表面材质硬化)，并采用容易拆装的卡具安装测定器。

(7) 磁导率测定法：应用应力使磁性体的磁导率发生变化的现象测定钢轨纵向力。德国和日本曾对这一测定方法进行了研究，但因钢轨残余应力及轨道上的动力电流电磁的影响，很难测得纵向力的绝对值。北京交通大学的易大斌经长期研究，采取测量磁性体的磁导率增量来确定无缝线路锁定轨温(钢轨处于零应力状态的轨温)，从而排除上述钢轨残余应力等的影响，使该测定方法近于实用。

(8) 垂向力法：在平面或立面上施加集中力 P，并测定钢轨挠度 δ，利用两者之比计算求得钢轨纵向温度力。匈牙利和美国曾采用这种方法确定无缝线路纵向力 N。1990 年，美国联邦铁路管理局将这一项目列入安全研究计划，通过研究，采用图 4-70 所示的加载车，在运营线上进行无缝线路纵向力的测定。

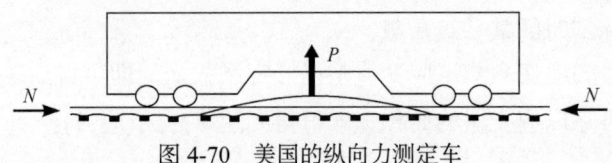

图 4-70　美国的纵向力测定车

英国 Vortok 公司开发了一种称为 Verse 的长钢轨锁定轨温测试装置(也称温度力测量器)，如图 4-71(a)所示。这种装置测试原理与图 4-70 测试方法的原理相同，在测试前需要将 20～30m 长的钢轨扣件松开。该仪器利用传感器测量千斤顶对钢轨的上拉力，并测量钢轨的位移。根据位移和拉力的大小计算钢轨中的温度应力，钢轨的残余应力不影响测量结果，测量精度为 0.2℃，测量标准差为 1.3℃。英国、美国、芬兰、意大利和加拿大的一些铁路公司使用了这一测量装置。我国铁路也使用这一技术测试了无缝线路长钢轨中的温度力，进而计算长钢轨的锁定轨温。

(a) 锁定轨温测试装置　　(b) 国内目前使用的测试装置

图 4-71　英国 Vortok 公司研制的锁定轨温测试装置和国内目前使用的测试装置

(9) 钢轨轴应力测定仪：日本铁路试制的钢轨轴应力测定仪，由钢轨长度测定器、记录装置、钢轨温度测定器、测针、测定用台座等构成。其在钢轨铺设前处于自由状态，在钢轨上安装测针，以测定两点间距、钢轨温度、测定器温度，并将以上测定结果作为初始值，无缝线路铺设运营后，进行同样测定，记录装置将两次测定的结果进行计算，并显示、打印轴向力的测定结果。这种钢轨轴应力测定仪曾在日本新干线上得到应用。其能保证一定的测量精度，但缺点是需要测量初始值。

(10) 测标法：1982 年，刘兴汉工程师研究提出标定轨长法，后经郑州铁路局和兰州铁道学院改进后定名为测标法。测标法的基本原理是通过钢轨线膨胀系数，将钢轨应变折合成相应的轨温变化幅度。测标法计算确定锁定轨温的基本公式如式(4-41)所示：

$$T_0 = T + \frac{\Delta l}{L_0 \alpha} \tag{4-41}$$

式中，T_0——钢轨处于零应力时的轨温，即锁定轨温，℃；

T——钢尺测量时的钢轨温度，℃；

Δl——钢轨未能实现的伸缩量，mm；

α——钢轨的线膨胀系数，取 0.0118mm/(m·℃)；

L_0——测标距离，m。

这一方法因测量轨温与尺温有误差，钢尺与钢轨的线膨胀系数也稍有差异，因此有一定的测量误差，但适用于现场单位对长钢轨锁定温度的评估。

4.6.2　横向力法测试钢轨温度力

从目前各种长钢轨温度力测试方法来看，松开一定长度的钢轨扣件将钢轨垂向上提，利用上提力和钢轨位移之间的关系计算长钢轨中温度力的方法较为实用。近几年来，利用钢轨作用横向力测试长钢轨中温度力的方法也得到了发展。钢轨的横向抗弯刚度小于垂向抗弯刚度，因此作用同样大小的力，钢轨的横向位移更加敏感。

使用横向力法测试钢轨温度力时，需要松开长度不小于 10m 的钢轨全部扣件，并撤出该段钢轨铺设的全部胶垫，保证松开扣件段钢轨处于悬空状态。之后在紧邻检测点两端的扣件螺栓上安装好相应的测量仪器、位移和温度传感器，在检测点的轨腰位置逐级施加至 800N 左右的横向力。当扣件松开的长度和钢轨横向受力的大小恒定时，钢轨形变量与钢轨温度力大小具有某种线性关系[18]。通过计算，可以直接得到实际锁定轨温和温度力的大小。在同一检测点反复测量 3~5 次，取几次测量结果的平均值作为最终结果。横向力法的检测装置如图 4-72 所示。

图 4-72 钢轨温度力测试的横向力法

扣件对钢轨可能发生的位移有一定的约束力，一旦解除扣件测量，测试段钢轨的温度力可能会产生变化，导致测量结果出现偏差，因此横向力法仅能测得扣件解除区段的平均温度力。

文献[19]对横向力法的基本原理进行了推导。其理论依据为：当一根两端刚性固定的杆件内部存在轴向拉力(或压力)时，对其跨中施加一个侧向荷载，在弹性变形范围内，其侧向挠曲变形与轴向拉力(或压力)的大小有密切关系。设杆件的两端为固定支座，其轴向力为 N，侧向力作用在梁跨中轨腰上的荷载为 P(图 4-73)，此时杆件跨中产生的侧向位移 δ 可用式(4-42)表示：

$$\delta = \frac{M(\cos\beta - 1)}{N} + \left(\frac{P}{2kN} - \frac{M}{kH}\right)\sin\beta - \frac{PL}{4N} \qquad (4-42)$$

式中，L——被测试段钢轨长度，m；

H——支座抗弯刚度，N·m；

M—— 在 P 和 N 作用下支座固端弯矩，N·m。

其中，

$$\beta = kl, \quad k = \sqrt{\frac{N}{EI}}$$

式中，E ——材料的弹性模量，MPa；

I ——钢轨截面惯性矩，m⁴；

EI ——杆件抗弯刚度，N·m²。

据此可得

$$\delta = f(P, N, M, H, L, E, I) \tag{4-43}$$

在 P 和 L 确定的情况下，δ 与 N 是密切相关的，由于两端固定的钢轨中所产生的温度力仅与温度变化幅度有关，而与钢轨本身长度无关，将此模型应用于钢轨计算，并求解钢轨的失稳条件。在钢轨不失稳的前提下，选取合理的参数，即可应用于无缝线路的温度力测量。

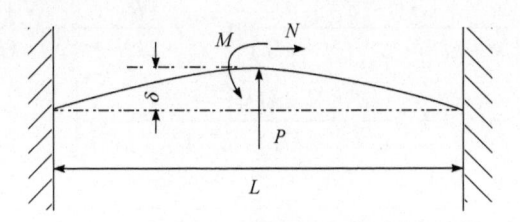

图 4-73　模型结构简图

假设钢轨是一个无限长的连续体，从其中截取一段作为研究对象，去除轨枕对它的约束，设其长度为 L，钢轨模型的力学计算分析如图 4-74 所示。

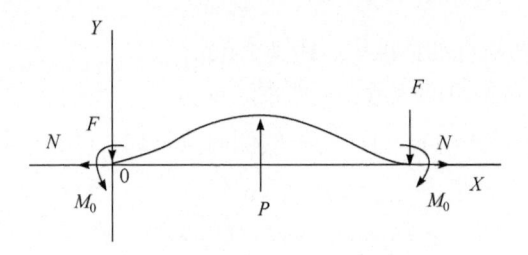

图 4-74　钢轨模型的力学计算分析

在跨中施加侧向力 P，在端部承受轴力 N、弯矩 M_0、侧向力 $F=P/2$，设抗弯刚度为 EI，弯矩沿 x 轴的变化规律如式(4-44)所示：

$$M(x) = -Ny + \frac{1}{2}Px + M_0 \tag{4-44}$$

则可得钢轨的挠曲线微分方程如式(4-45)所示：

$$EIy'' = -M(x) = Ny - \frac{1}{2}Px - M_0 \tag{4-45}$$

由 $k^2 = \dfrac{N}{EI}$，得

$$y'' - k^2 y = -\dfrac{Px}{2EI} - \dfrac{M_0}{EI} \tag{4-46}$$

求解微分方程(4-46)的特解和通解，得到

$$\begin{cases} y = A\mathrm{e}^{-kx} + B\mathrm{e}^{kx} + \dfrac{Px}{2N} + \dfrac{M_0}{N} \\ y' = -kA\mathrm{e}^{-kx} + kB\mathrm{e}^{kx} + \dfrac{P}{2N} \end{cases} \tag{4-47}$$

代入相应的边界约束条件，并取 $\alpha = \dfrac{kL}{2}$，求解式(4-47)，可得

$$y = \dfrac{\mathrm{e}^{2\alpha}P}{2kN}\left[\mathrm{e}^{-\alpha} - \dfrac{N + kH(1-\mathrm{e}^{-\alpha})}{\mathrm{e}^{\alpha}(N+kH) + \mathrm{e}^{-\alpha}(N-kH)}\right]\mathrm{e}^{-kx} - \dfrac{P}{2kN}\dfrac{N + kH(1-\mathrm{e}^{-\alpha})}{\mathrm{e}^{\alpha}(N+kH) + \mathrm{e}^{-\alpha}(N-kH)}\mathrm{e}^{kx}$$

$$+ \dfrac{Px}{2N} - \dfrac{P}{2kN}\left[\mathrm{e}^{\alpha} - (\mathrm{e}^{2\alpha}+1)\dfrac{N + kH(1-\mathrm{e}^{-\alpha})}{\mathrm{e}^{\alpha}(N+kH) + \mathrm{e}^{-\alpha}(N-kH)}\right]$$

$$\tag{4-48}$$

式中，H 为钢轨计算模型端部的抗弯刚度，如式(4-49)所示：

$$H = \dfrac{EI}{l}\sqrt{\dfrac{\beta^3}{\beta - 2\mathrm{th}\left(\dfrac{\beta}{2}\right)}} + H_1, \quad \beta = kl \tag{4-49}$$

式中，l ——相邻两轨枕的标准中心距离，mm；

H_1 ——扣件对钢轨的抗弯约束刚度，N·m。

将 $x=L/2$ 代入式(4-41)，可得跨中的侧向位移如式(4-50)所示：

$$\delta = \dfrac{P(1-\mathrm{e}^{\alpha})^2}{2kN}\dfrac{N + kH(1-\mathrm{e}^{-\alpha})}{\mathrm{e}^{\alpha}(N+kH) + \mathrm{e}^{-\alpha}(N-kH)} + \dfrac{P}{kN}(1-\mathrm{e}^{\alpha}) + \dfrac{PL}{4N} \tag{4-50}$$

式(4-50)为两端是弹性约束的情况下，跨中侧向位移 δ 与轴力 N 的函数关系。进而取 $H \to +\infty$，应用 Rayleigh-Ritz(瑞利-里茨)法，可以得到两端为固定约束时的关系，如式(4-51)所示：

$$\dfrac{P}{\delta} = \dfrac{2\pi^4 EI}{L^3} + \dfrac{\pi^2 N}{2L} \tag{4-51}$$

实际测试系统由千斤顶、反力支架、温度传感器、压力传感器、位移传感器、数据自动采集系统等组成。系统测量钢轨温度力的范围为-345.6～345.6kN，相当于测量轨温相对于实际锁定轨温变化-18～18℃时长钢轨中所产生的温度力，因

此若轨温与实际锁定轨温相差太大,则此方法并不适用于测试长钢轨中的温度力。

测试过程中钢轨中部的最大矢度变化范围为 2.65~19.63mm,满足钢轨轨底与扣件螺栓间最小距离的限制。鉴于两端固定的钢轨中所产生的温度力仅与温度变化幅度有关,而与钢轨本身长度无关,本次测试将单股钢轨被测点前后扣件松开一定长度(为测试方便,取用的试验钢轨长度为 $L=(10\pm0.5)$m),两端按无缝线路技术要求锁定,用专用高精度温度传感器(精度为 1‰)测出当下的轨温,用专用高精度压力传感器(精度为 1‰)对被测钢轨中点施加侧向力(0~1kN),用专用高精度位移传感器(精度为 5‰)测出被测点侧向位移,即可根据式(4-51)计算出被测钢轨的温度力。测试系统标定试验工艺简图如图 4-75 所示。

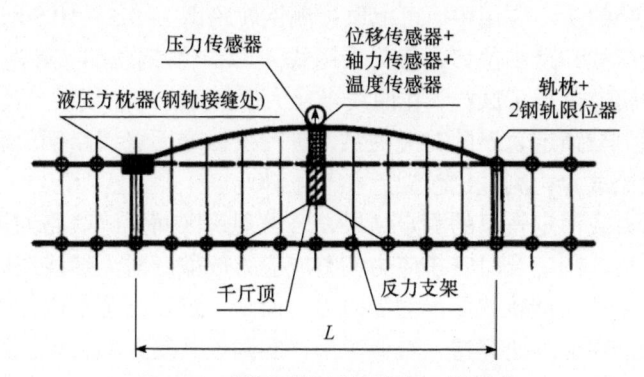

图 4-75 测试系统标定试验工艺简图

式(4-51)是两端为固定约束时的理论近似表达式,显然 $P/\delta\sim N$ 的关系为线性。但在实际测试过程中,实测值与理论值的分布并不完全吻合。其主要误差因素包括测试时梁的侧向弯曲导致的梁长度变化、线路纵横向阻力、磨耗引起的钢轨惯性矩变化和参数误差引起的纵向温度力计算结果的误差等。

因此,假设 $P/\delta\sim N$ 的关系式如式(4-52)所示:

$$\frac{P}{\delta}=\frac{2\mu^2\eta^2 EI}{L^3}+\frac{\mu^2 N}{2L} \tag{4-52}$$

式中,μ、η ——两个待定参数,由标定试验确定。

通过大量的现场标定试验可知,试验数据点的分布具有明显的线性关系。对研制的新型无缝线路温度力测试系统的精确性、稳定性进行了修正和检验,典型试验数据分析结果(以 60kg/m 钢轨为例)如图 4-76 所示。利用试验数据对式(4-52)进行线性拟合,得到 $\mu=3.1937$,$\eta=3.010806$,从而将式(4-52)转换为式(4-53):

$$\frac{P}{\delta}=\frac{184.89EI}{L^3}+\frac{10.20N}{2L} \tag{4-53}$$

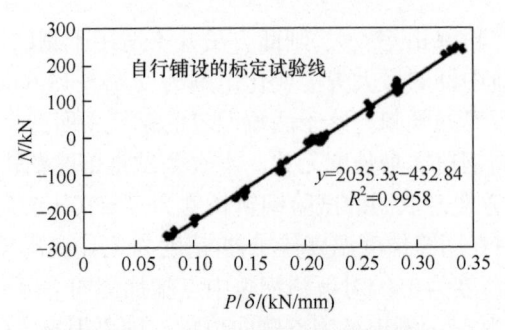

图 4-76 标定试验典型数据分析图

在测试系统的实际应用中，可以取被测钢轨跨度 L=9.5～10.5m，通过测定钢轨所受的横向荷载和跨中位移，最终采用式(4-52)求解钢轨的实际温度力。此外，还对曲线段的轨道进行了试验，在曲线半径大于 400m 的曲线段，式(4-52)仍然适用。鉴于温度力与锁定轨温的对应关系，进行了标准无缝线路钢轨温度力和锁定轨温测试的对比试验，测试比较误差小于 1.5℃。

根据纵向力或锁定轨温的测定结果，若发现跨区间无缝线路因累积爬行导致纵向力分布不均，则应及时安排应力调整或应力放散。对无缝线路胀轨跑道起决定性影响的不是某一钢轨截面上的纵向力，而是一定长度范围内的纵向力，因此目前世界各国仍在继续研究这一看似简单，实则极其复杂的无缝线路长钢轨温度力测定仪器。

参 考 文 献

[1] 曾树谷. 铁路道床密实度的测试[J]. 铁道建筑, 1989, 29(11): 24-27.
[2] 刘功贤, 钱雷平. 用同位素测试道床密实度的方法[J]. 铁道建筑, 1981, (3): 23-27.
[3] 须长诚, 杨顺焕. 用放射性同位素测量道床道碴密度[J]. 铁道建筑, 1993, 33(6): 31-35.
[4] 刘爱萍. 宝成二线路基基床与道床密实度试验研究[J]. 路基工程, 2001, (1): 29-31.
[5] 崔哲. 核子密度仪与薄膜密度仪现场试验方法及相关性分析[J]. 公路交通科技(应用技术版), 2020, 16(5): 108-109, 118.
[6] 王小韬, 汪盈盈. 人工破底清筛对道床阻力影响的测试与分析[J]. 山西建筑, 2007, 33(29): 274-275.
[7] 杨艳丽. Ⅲ型混凝土轨枕有砟道床纵横向阻力设计参数试验研究[J]. 铁道工程学报, 2010, 27(10): 49-51, 57.
[8] 王卫东, 宋善义, 颜海建, 等. 不同捣固阶段有砟道床阻力特性试验研究[J]. 中南大学学报(自然科学版), 2018, 49(8): 2003-2008.
[9] 金花. 移动式线路动态加载车轨道刚度检测系统研究与应用[J]. 铁道建筑, 2016, 56(12): 94-97.
[10] 潘振. 基于加载车的普速铁路轨道刚度管理标准研究[J]. 铁道建筑, 2021, 61(3): 128-132.
[11] 暴学志, 柴雪松, 李家林, 等. 移动式线路动态加载试验车加载机构设计[J]. 铁道建筑,

2011, 51(12): 113-115.
- [12] 曾树谷. 铁路轨道动力测试技术[M]. 北京: 中国铁道出版社, 1988.
- [13] 李奕璠. 轮轨力连续测试方法及车轮失圆的检测与识别研究[D]. 成都: 西南交通大学, 2013.
- [14] 李旭伟, 曾宇清, 李甫永, 等. 轮轨垂向力地面连续测量的复合测区方法[J]. 中国铁道科学, 2019, 40(5): 87-94.
- [15] 练松良. 铁路曲线钢轨磨耗及其减缓措施[M]. 北京: 中国铁道出版社, 2001.
- [16] 徐家铎, 任娟娟, 闫亚飞, 等. 客货共线无砟轨道扣件垂向力现场测试与分析[J]. 铁道科学与工程学报, 2017, 14(11): 2333-2338.
- [17] 练松良. 轨道工程[M]. 北京: 人民交通出版社, 2009.
- [18] 付久容. 钢轨温度力测量方法可靠性及其数据应用[D]. 北京: 中国铁道科学研究院, 2019.
- [19] 刘永前, 王建文. 新型无缝线路温度内力测试系统的研制[J]. 计量学报, 2006, (2): 145-148.

第 5 章 轨道结构的动态位移和振动测试

在列车荷载的作用下，轨道各部件都要产生位移，影响位移大小的主要因素是轨道整体刚度和车辆轮载。但对于现场实际运行的轨道结构，轨道整体刚度是一个随机的未知数，其范围相对较宽；对于车辆轮载，轨道平顺度、车轮圆顺度、转向架结构动力性能等均会对其产生影响，因此其大小也是一个随机数。两者结合来看，轨道结构的动态位移也是一个随机函数。轨道结构的动态位移应在一个合理的范围内，若位移过小，则一旦轨面和车轮踏面有缺陷，轨道结构的减振吸振能力不足，轮轨冲击力增大，造成钢轨及轨道其他部件的损伤增加，轨道结构和环境振动增大；若位移过大，则车辆运行的平稳性下降，轨道结构的残余变形积累增大，轨道的养护维修工作量增大。因此，现场对轨道结构进行动态位移测试可以判断轨道结构的工作状态是否处于合理的范围内。

影响轨道结构振动大小的因素包括轨面和车轮踏面状态，以及轨道结构和车辆转向架结构的力性能。所有这些因素叠加，造成轨道结构振动强度和频率结构具有随机性。轨道结构振动测试的目的是掌握轨道结构的实际振动水平。在现代轨道结构设计中，轨道结构的减振隔振性能是一个重要的评价指标。对于轨道结构，合理的轨道结构刚度和轨面平顺度与轨道结构的振动强度关系密切，保持良好的轨面平顺性和轨道整体刚度的合理性，目的是既可以实现减振隔振，又可以保证行车的平稳性和安全性。

5.1 轨道结构动态位移测试

为保证行车品质，一般对钢轨的动态位移进行一些限制。在不同线路的轨道结构和运行条件下，钢轨位移的限值不同，但还没有明确的规范规定，只有轨道动态几何形位偏差限值。目前对轨道结构的大量测试资料表明，一般要求钢轨垂向位移为 1.0～2.0mm，轨头横向位移小于 2mm，轨底横向位移小于 1.5mm。

5.1.1 钢轨位移测试

在对钢轨垂向位移测试时，测点在轨底中心处，布置位移传感器有一定的难度，因此一般将垂向位移的测点布置在轨底上方或下方的边缘处。结合轮轨力的测试结果，可分析轨道整体刚度的范围。若轨头和轨底的横向位移相差较大，一般情况下两者都需要测试,结合轮轨横向力分析,可评价钢轨的横向刚度,利用轨头和轨底的位移,也可以分析钢轨的侧翻和侧扭,以及轨顶坡的变化。

钢轨位移测点的位置一般在轨头和轨底,如图 5-1 所示。图中,$S_1 \sim S_5$ 表示垂向位移。

有砟轨道现场位移测点布置如图 5-2 所示。测试时需要选取一个基准作为参考,将钢钎打入路基以固定位移传感器。钢钎一般用直径为 30mm 左右的螺纹钢或圆钢筋制作而成,长度在 1.2m 左右,即要保证钎头露出道床面 200mm 左右(注意不能侵入铁路限界),以便安装传感器,道床厚度为 300~350mm,打入路基面要求在 0.5m 以上。钢钎与测点的距离不能太大,一般为 200~300mm,如果测点距离较远,就不能共用一根钢钎安装传感器,钢轨和轨枕的位移传感器安装在不同的钢钎上。

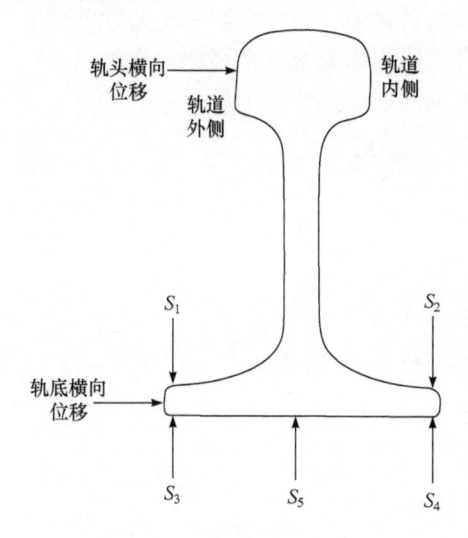

图 5-1 钢轨位移测点位置　　图 5-2 有砟轨道现场位移测点布置

对于无砟轨道,测试钢轨与道床之间的相对位移,用一块 10~12mm 厚的钢板,焊一根长为 200mm,直径为 12mm 的钢筋,并将钢板黏结在道床上,钢筋上安装位移传感器,如图 5-3 所示。测试钢轨与基础之间的位移,需要将传感器固定点设置在基础上,但由于基础距离钢轨较远,一般测量钢轨与道床的相对位移,以及道床与基础的相对位移,两者相加得到钢轨与基础之间的位移。

簧片式位移传感器的响应频率较低,而钢轨振动位移的频率较高,两者的跟随性不合拍,因此需要将位移传感器的头部与钢轨表面黏结起来,以保证两者之间具有良好的跟随性,进而提高测试精度。随着测试技术的发展,近几年来激光位移传感器应用越来越广泛。激光位移传感器的光束打在测试点处,两者之间无物理接触,传感器与测点之间的距离也能稍远些,因此安装相对方便,激光位移传感器安装实物如图 5-4 所示。激光位移传感器的尺寸较大，因此测量钢轨的垂向位移相对复杂。

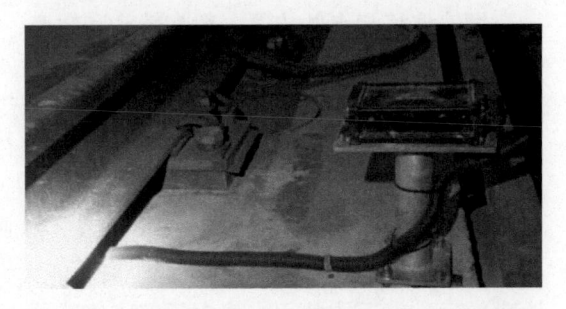

图 5-3　无砟轨道位移传感器的安装　　图 5-4　钢轨横向位移激光位移传感器安装实物

钢轨的垂向位移以轨底中心线处的位移为名义值，但由于轨底中心处的测点布置有些难度，一般只测轨底边缘处。可在轨底边缘处选取位移测试接触点，一般轨底上缘方便安装位移传感器。钢轨中点垂向位移如式(5-1)所示：

$$S_z = S_5 = \frac{S_1 + S_2}{2} = \frac{S_3 + S_4}{2} \tag{5-1}$$

轨底坡变化量计算如式(5-2)所示：

$$\Delta\alpha_1 = \frac{S_1 - S_2}{b} = \frac{S_3 - S_4}{b} \tag{5-2}$$

式中，S_i —— 钢轨各测点垂向位移，mm，$i=1\sim 5$，见图 5-1；

　　　S_z —— 钢轨中心位置的位移，mm；

　　　b —— 钢轨垂向位移两测点间的距离，mm；

　　　$\Delta\alpha_1$ —— 轨底坡变化量，rad。

钢轨的横向位移一般要求轨头和轨底同时测量。大多数情况下，轨头的横向位移大于轨底的横向位移，也即钢轨在横向力作用下，既有钢轨的平移和扭转，也有轨底不动轨头平移运动。若只考虑钢轨的扭转，则扭转角的变化量可用式(5-3)表示：

$$\Delta\alpha_2 = \frac{S_{Lh} - S_{Lb}}{h} \tag{5-3}$$

式中，S_{Lh} —— 钢轨轨头横向位移，mm；

　　　S_{Lb} —— 钢轨轨底横向位移，mm；

　　　h —— 钢轨轨头与轨底测点之间的距离，mm；

　　　$\Delta\alpha_2$ —— 钢轨扭转角变化量，rad。

一般情况下，$\Delta\alpha_1 \neq \Delta\alpha_2$，但两者相差并不大，在测试中，有时认为$\Delta\alpha_1$和$\Delta\alpha_2$

相等。

  簧片位移传感器测得的位移信号电量，一般需要用塞尺标定，将 0.5mm 厚的塞尺插入钢轨与传感器测点之间，标定塞尺厚度和输出电压相除，即可得到标定系数；激光位移传感器可直接输出物理量，不需要标定。图 5-5 为某次测试得到的钢轨垂向位移和横向位移信号曲线，数据取自一趟 6 节车厢编组的轨道交通列车，由信号曲线可知，各轮位的信息较为明显。对于垂向位移信号，方向较为一致，都是向下位移；对于横向位移信号，以指向轨道外侧的位移为主，但也有指向轨道中心线方向的钢轨横向位移，特别是在曲线上，内轨横向位移的方向指向轨道内侧的概率较大。一般钢轨的横向位移指向轨道外侧为正，指向轨道中心线为负。

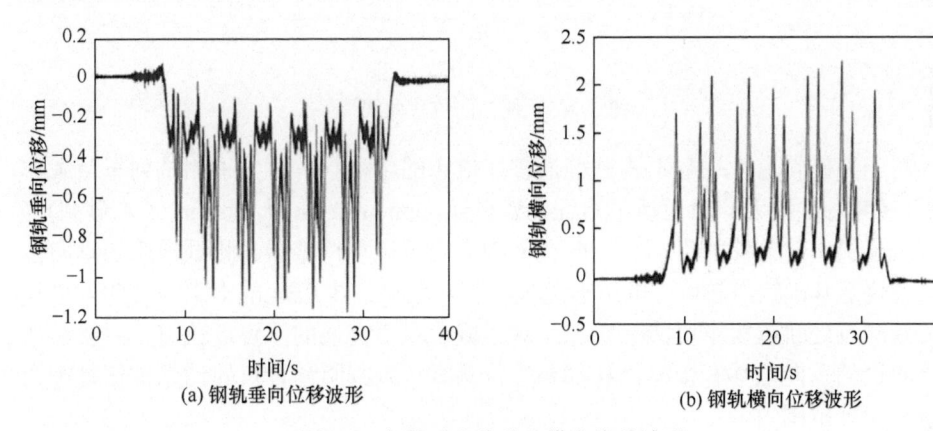

(a) 钢轨垂向位移波形

(b) 钢轨横向位移波形

图 5-5　钢轨垂向位移和横向位移波形

5.1.2　轨枕位移测试

  对于曲线轨道/轨枕的垂向位移测试，轨道内外侧的道床厚度不同，过欠超高引起内外轮载的不同，导致轨枕两端的垂向位移不一致。直线轨道虽然也存在轨枕两端位移不一致的情况，但差别较曲线上的小得多。轨枕垂向位移测试的测点布置如图 5-6 所示。根据内外侧轨枕垂向位移的变化量，可计算出轨道水平的动态变化，在曲线上也可看成曲线超高的动态变化。

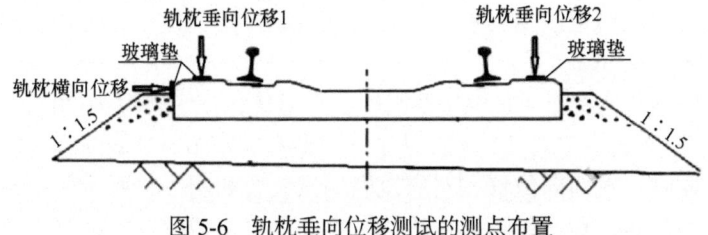

图 5-6　轨枕垂向位移测试的测点布置

在轨枕横向测试中，认为轨枕的两端横向位移是一致的，因此只测试一端即可。轨枕横向位移测点布置如图 5-6 所示。图 5-7 为现场实测的轨枕横向位移曲线。由图可以明显看出车辆轮位的信息，图中信号表明，轨枕的位移在 0.2mm 以下，但在反方向(轨道内侧方向)也有较小的位移。

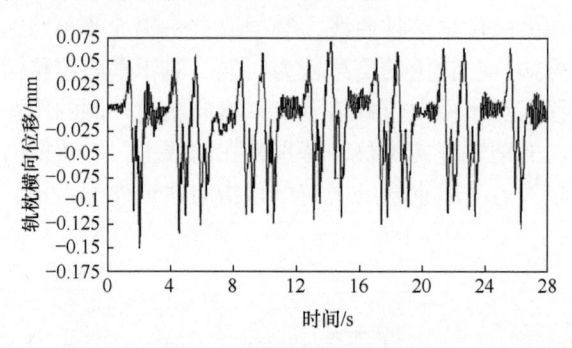

图 5-7 轨枕横向位移曲线

对于无砟轨道，一般不测试普通整体道床的位移。有时为了测试列车荷载作用下，CRTS I 型无砟轨道板下水泥沥青砂浆(cement asphalt mortar，CA 砂浆)变形对轨道板垂向位移的影响，一般在基础上安装位移传感器，测试道床的垂向位移。若轨下基础状态较好，则一般此位移相对较小，在 0.3mm 以下；若此位移较大，则测点处轨道板下可能有空隙。对于城市轨道交通的浮置板轨道，一般对浮置板轨道的垂向位移和横向位移都要进行测试，以判断浮置板的动态位移是否在要求的设计范围内。

5.1.3 温度变化对轨排横向位移影响的测试

无缝线路长钢轨不能自由伸缩，轨温变化是钢轨产生纵向温度力的主要原因，过大的温度力会使钢轨发生横向臌曲，严重的可导致无缝线路失稳，胀轨跑道，引起车辆脱轨，危及行车安全。因此，研究无缝线路的稳定性，尤其是轨温变化对轨道横向位移的影响具有重要的意义[1]。

轨温变化对轨道横向位移的影响测试不同于列车荷载作用下的钢轨位移测试，该测试的时段较长，一般需要测试 24h 以上。夏季一昼夜的轨温变化可达 20℃以上，因此仪器的稳定性相当重要。此类测试用拉线式位移传感器，温度变化下仪器的温漂要求在 3%以下。

试验段的钢轨为标准 CHN60 型钢轨、Ⅲ型枕，锁定轨温为 30℃。测试时间选在夏季(8 月 11 日和 8 月 12 日)，是年气温最高的季节，测试内容为轨排横向位移和轨温。监测钢轨横向位移和对应轨温测试装置如图 5-8 所示。一台仪器可监测 4 点钢轨的横向位移，每隔 4 根轨枕布置一个位移传感器，试验中轨道的监测长度为 7.2m，仪器的精度为 0.1mm，采样频率为 1 次/min。位移传感器固定桩采用直径为 30~35mm 的钢筋，桩长为 1.3~1.5m。

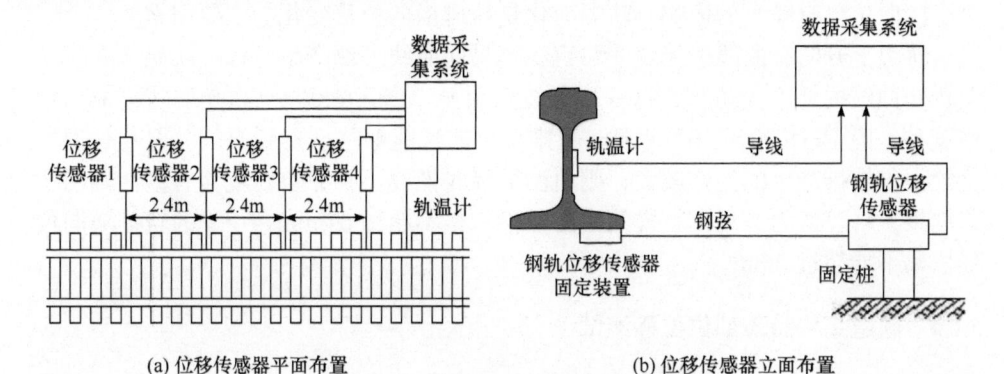

图 5-8 钢轨位移监测装置示意图

轨温和轨道横向位移曲线如图 5-9 所示。在低轨温时段(20:58~8:25)，轨排的横向位移在 0~0.25mm 波动，且表现出很强的随机性，这主要是由列车通过激扰等随机因素引起的。由轨温变化引起的轨排横向位移变化相对较小，这表明当轨温较低时，列车通过激扰等随机因素对无缝线路轨排横向位移的影响大于轨温的影响。

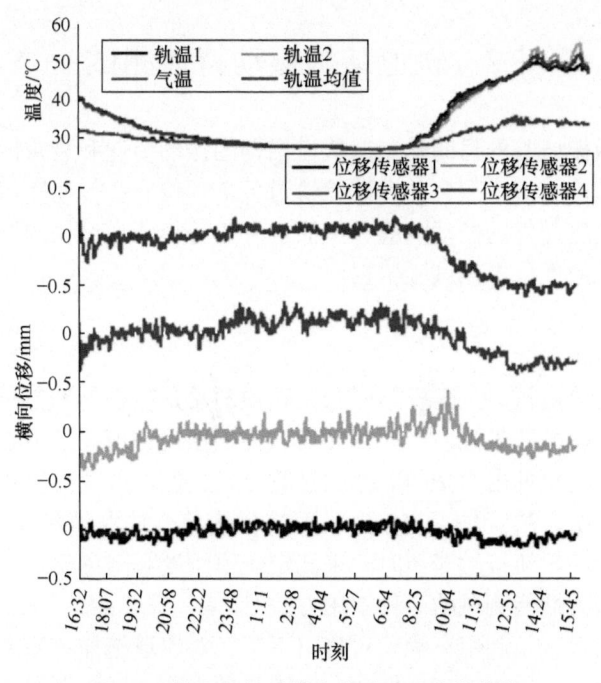

图 5-9 轨温和轨道横向位移 24h 变化曲线

在轨温较高时段(8:25～15:45)，轨排横向位移变化与轨温变化有很好的对应关系，且各个测点位移的变化规律差异性较小，说明温度应力对无缝线路曲线段轨排横向位移有较大的影响，轨温变化是轨排横向位移变化的主要因素。

轨温上升时，曲线段无缝线路钢轨容易向曲线外侧产生位移；轨温下降时，钢轨向曲线内侧产生位移，这一现象较为明显。白天(6:00～18:00)的轨排横向位移较小，晚上(18:00～6:00)低温时轨排反方向位能够移恢复到原位。但若轨温变化较大，轨排产生的位移较大，则轨温下降时恢复不到原位，就会有塑性横向位移积累，一般认为一昼夜轨排的横向位移积累不超过 0.2mm，一季的轨排横向位移积累不能超过 2mm。

5.1.4 轨道结构特殊部位位移测试

以上钢轨、轨枕测试是一些常规的轨道结构位移测试，除此之外，还要根据不同的试验目的，在不同的轨道结构部位上进行测试，主要有温度伸缩调节器的伸缩位移测试、道岔尖轨伸缩及其他部位的测试、桥梁端部扣件上拔量测试等，其中道岔部位的应力-应变、振动加速度、位移的测点最多。这些轨道结构特殊地点的位移测点、位移参考点的确定都需要专业技术人员根据测试目的而定，但无论如何测试，都要考虑测试位移的参考点，在参考点处安装支架和位移传感器，进而测试两者之间的相对位移。

5.2 轨道结构振动特性测试

轨道结构激振试验的目的是测试轨道结构的振动传递和衰减性能。在实验室建立一个实尺试验轨道模型，并在试验轨道各个部位安装加速度传感器，测试在激振条件下各轨道部件的振动响应，从而进一步分析轨道结构的振动响应特性，为轨道结构参数的优化提供试验依据。

5.2.1 落轴试验

列车在线路上运行时，车轮踏面和钢轨顶面总是存在各种各样的不平顺，这些不平顺成为轮轨的冲击源。早在 1960 年，英国德比铁道技术中心就提出了车轮通过钢轨接头的轮轨冲击力 P_1 和 P_2 的计算公式，但没有提出轮轨冲击动力性能和振动强度的分析方法。也是在 1960 年，日本铁道综合技术研究所的 Yoshihio Sato 提出用落轴冲击的轮轨接触滞留时间来测定轨道刚度和阻尼比。目前落轴试验已成为轨道结构动力性能测试的一种常用方法[2]。

落轴试验的思想是利用车辆轮对自由下落，对轨道施加一冲击荷载，使轨道结构在脉冲激励荷载作用下产生振动。由于是冲击荷载，测得的轨道结构振动主频率就是其结构本身的自振频率，且是自由衰减振动。落轴试验装置如图 5-10 所示。

图 5-10 落轴试验装置

以列车顺高低台阶通过钢轨接头为例，当车轮通过钢轨接头不平顺时，车轮踏面与钢轨顶面脱离。车辆转向架的一系弹簧处于压缩状态，当车轮脱空时，压缩弹簧就把轮对弹向轨面，从而造成轮轨冲击，所以当轮轨发生冲击时，参与冲击钢轨的质量一般为转向架的簧下质量，即轮对质量。由于车辆一系弹簧处于压缩状态，轮对冲击钢轨时的加速度要大于重力加速度。车辆越重，轮轨冲击的加速度越大，不平顺、冲击速度就越大；不平顺越大，轮轨冲击的速度也就越大。基于这一原理，用落轴试验模拟列车运行时轮轨的实际冲击，并以此来评价轮轨冲击及轨道结构的振动特性。关于列车运行时，车轮扁疤、错牙接头、低接头、焊缝等引起的轮轨冲击速度V_0的计算，可参考《车辆-轨道耦合动力学》中的第 3 章车辆-轨道系统激励模型[3]。

在研究轨道结构振动特性时，根据轮对的不同高度，计算得到轮轨的冲击速度。根据列车运行速度和轨面不平顺类型，计算得到实际轮轨冲击速度V_0，利用式(5-4)计算落轴高度：

$$h = \frac{V_0^2}{2g} \tag{5-4}$$

式中，h ——落轴高度，mm；

V_0 ——轮轨冲击速度，mm/s；

g ——重力加速度，取 9.81m/s^2。

钢轨表面凸台的轮轨冲击速度计算公式如式(5-5)所示：

$$V_0 = V\sqrt{\frac{2\delta}{R}} \tag{5-5}$$

式中，V——列车速度，mm/s；

δ——轨面凸台高度，mm；

R——车轮半径，mm。

假设轨面有 0.1mm 高的凸台,列车以 100km/h 的速度通过,车辆轮径为 1000mm,由式(5-5)可得轮轨冲击速度 V_0 = 322 mm/s,由式(5-4)可得落轴高度 h=5.28mm。根据目前的列车运行速度和轨面不平顺类型,一般取落轴高度为 5~30mm 即可满足试验所需的轮轨冲击速度,试验一般用 10mm 和 20mm 两种落轴高度。

落轴试验的关键有两点,一是需要一个瞬时轮对脱钩装置,使轮对能自由落体冲击钢轨;二是要求两轮接触钢轨的时间差小于 0.003s,否则一个车辆冲击钢轨后对另一侧钢轨的振动产生影响,造成测试结果出现偏差。试验可采用货车轮对,此试验对车轮踏面形状的要求不高,只需要保证轮轨接触点位于钢轨中心线 20mm 范围内即可,轮对质量一般在 1000kg 左右。

一般试验轨道为实尺模型,最短长度应在 1.2m 以上,即两对钢轨支座长度,也可在一段 25m 或以上长度的轨道上进行试验,但不同轨道长度的测试结果不具有可对比性,因此要求对比试验中两种轨道结构的长度应一致。轨道结构具有离散性和随机性,试验信号也具有随机性,因此试验时要求每个高度落轴 5 次以上。若信号离散性过大,则需要寻找产生此现象的原因,以提高测试数据的准确性。

Yoshihio Sator 在用落轴模型法测试轨道结构的振动参数时,模型如图 5-11 所示。首先确定落轴高度 h,根据图 5-11 可得轮对冲击钢轨的速度计算公式如式(5-6)所示:

$$V_0 = gT_0 = \sqrt{2gh}, \quad V_1 = gT_1, \quad V_2 = gT_2 \tag{5-6}$$

式中, g ——重力加速度,取 9.81m/s²。

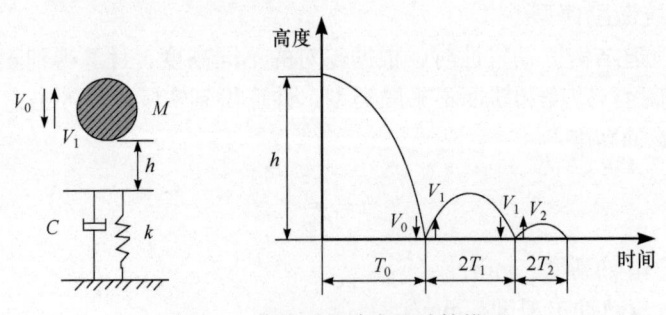

图 5-11 落轴引起冲击的计算模型

根据图 5-11 的力学模型建立动力学平衡微分方程,可得出临界阻尼系数比 $\zeta = c/(2\sqrt{mk})$ 与恢复系数 V_1/V_0 的关系,如式(5-7)所示:

$$\frac{V_1}{V_0} = e^{-\zeta \frac{\pi - \arctan \frac{2\zeta\sqrt{1-\zeta^2}}{1-2\zeta^2}}{\sqrt{1-\zeta^2}}} \tag{5-7}$$

图 5-12 为利用钢轨剪力法测得的轮轨冲击力实际波形(纵坐标的数值只作参考)。由图可见，第一个轮轨冲击波形有两个明显的峰值，称为 P_1 力和 P_2 力，P_2 力的形成是由于当轮轨冲击完成起跳时，钢轨在轨下基础的弹性作用下也同时起跳，而在此时，钢轨的起跳速度大于车轮的起跳速度，也即钢轨顶着轮对起跳，但达到一定高度后，钢轨回落，此时钢轨的回落速度大于轮对的下落速度(钢轨的振动频率较高)，从而造成车轮的滞空时间。P_1 力和 P_2 力的大小并不是所有的情况都相同，而是与轨下基础的刚度有关，若轨下基础的刚度较小，则 P_1 力较小，P_2 力较大；反之，若轨下基础的刚度较大，则 P_1 力较大，P_2 力较小。有时冲击力波形只有一个峰值。

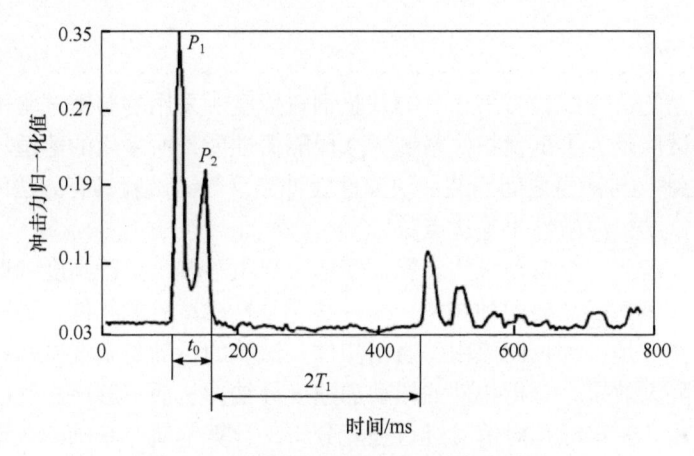

图 5-12 落轴后钢轨所受的冲击力波形

根据图 5-12 的波形可得知轮轨冲击持续时间 t_0 和车轮起跳后重新落下的时间间隔 $2T_1$。由此可算得轨道结构的动刚度和动阻尼，如式(5-8)和式(5-9)所示：

$$|k| = m \frac{\left(\pi - \arctan \dfrac{2\zeta\sqrt{1-\zeta^2}}{1-2\zeta^2}\right)^2}{(1-\zeta^2)^2 t_0^2} \tag{5-8}$$

$$c = 2\zeta\sqrt{kW/g} \tag{5-9}$$

式中，k —— 轨道结构动刚度，kN/mm；

W —— 车轮质量，N；

g —— 重力加速度，取 9.81m/s^2；

c —— 轨道结构阻尼系数，kN·s/m。

落轴试验的另一个目的是对轨道结构进行动力性能试验，测试钢轨、轨枕、道床(或基础)的振动加速度，利用此振动加速度，一方面可以分析钢轨、轨枕和基础之间的振动传递特性，另一方面可以分析两种轨道结构对基础振动的插入损失。在两种轨道结构试验中，一种轨道结构作为参照，另一种轨道结构作为试验目标，在得出两种轨道基础振动强度后，计算两种轨道结构对基础振动强度的插入损失，从而评价试验目标轨道结构的减振隔振效果。

5.2.2 落锤和锤击试验

在轨道结构动力性能试验中，落锤和锤击试验具有试验方便、可操作性强等优点，其虽不能反映实际的轨道结构振动水平，但能反映轨道结构的振动传递特性，以评价和优化轨道各部件刚度匹配和构件性能，因此在轨道结构动力性能测试中经常采用这两种试验。

1. 落锤试验

本节讨论的落锤试验与第 3 章中试验钢轨强度所采用的落锤试验不同，本节讨论的落锤试验是为了试验扣件系统的减振隔振性能，所采用的落锤较轻，质量为 50kg，在锤头与锤身之间安装一块弹性缓冲垫。落锤试验具有方法简单、可操作性强、测试结果离散性小等优点。

试验时，需要一个自动脱钩装置，使锤头自由落体，落锤高度一般为 100～200mm。试验时一般需要两种扣件，一种是对其性能试验的扣件，另一种是参照扣件。参照扣件是一种长期使用的通用扣件，试验的目的是掌握试验扣件相对于参照扣件的隔振效果。分析扣件的振动加速度导纳，从而了解该扣件的主要响应频带范围。用 1/3 倍频程对信号进行强度分析，计算钢轨与基础的振动强度等级及其振动传递损失，从而评价该扣件的减振效果。

试验时用扣件将 600mm 长的钢轨装在混凝土支承块上，将支承块固定在试验台上。在钢轨、支承块、试验台上安装加速度传感器。试验装置如图 5-13 所示。

图 5-13 扣件的落锤试验装置

落锤试验的钢轨和基础的振动加速度信号如图 5-14 所示。由图可知，在锤击荷载作用下，钢轨和基础的振动加速度信号是一个自由振动衰减曲线。振动加速度信号具有随机性和离散性，因此同一落锤高度试验需进行 10 次以上。在处理数据时，对时域数据的最大值进行分析对比，但主要还是对测试信号的 1/3 倍频程进行分析。冲击振动信号具有衰减特性，因此在进行 1/3 倍频程分析时，信号的零点和长度要取得一致，然后每一信号形成一条 1/3 倍频程曲线，取频域平均值得到该扣件的 1/3 倍频程曲线。对比两种扣件的 1/3 倍频程曲线的分贝值，并以此来评价试验目标扣件的减振效果和振动传递特性。

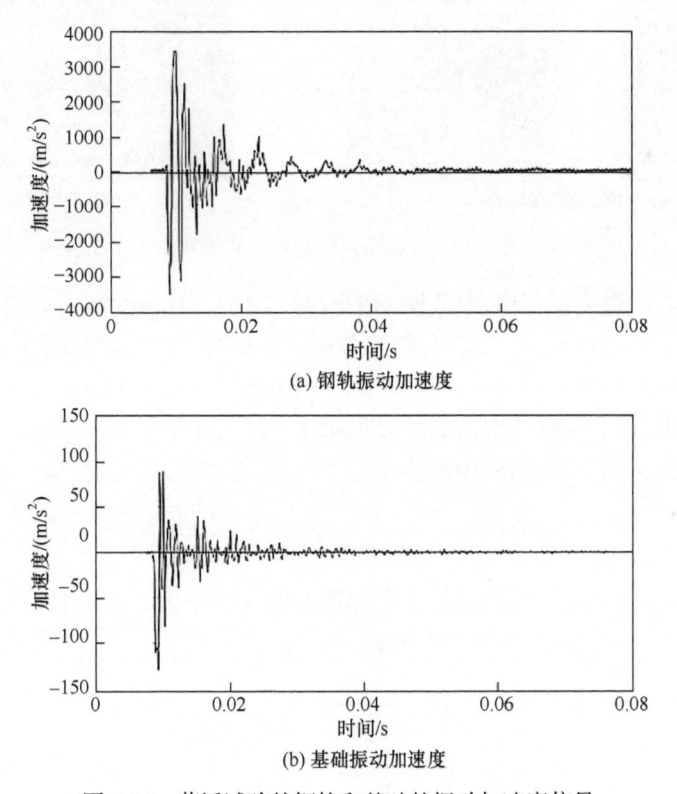

(a) 钢轨振动加速度

(b) 基础振动加速度

图 5-14 落锤试验的钢轨和基础的振动加速度信号

2. 锤击试验

文献[4]指出，轨道结构是由力学性能存在差异的材料所组成的，轨道结构的刚度大小受时间、地点、气候条件、通过运量等的影响，通过锤击试验可分析轨道结构的噪声和振动辐射特性，并据此分析轨道结构的动力性能。

锤击试验与落锤试验相同，都是作用给轨道结构一个激振动力，利用钢轨、轨枕、道床(轨下基础)的振动加速度响应，分析轨道结构的振动传递性能。锤击试验的锤击力较落锤试验的锤击力小得多，因此两者的振动强度不能对比，只有振动传递特性可以对比。锤击试验较落锤试验更加方便，在现场可方便实施。试验时在钢轨、轨枕、基础等位置安装加速度传感器，用测力锤锤击钢轨作为激振力，如图 5-15 所示。

(a) 现场无砟轨道试验　　(b) 实验室模型试验

图 5-15　现场无砟轨道和实验室埋入式钢轨的锤击试验

一般试验用测力锤可测得锤击力信号(图 5-16)，并将此锤击力信号与钢轨或基础的振动信号进行导纳(又称动柔度)分析。分析时，首先对测试信号的 1000 个测试数据点加矩形窗，以进行快速傅里叶变换(fast Fourier transform，FFT)计算得到互功率谱和自功率谱(功率谱的计算见第 8 章)，然后得到频率响应函数 $H_a(f)$ 和导纳 $H_d(f)$，计算如式(5-10)所示：

$$H_a(f) = \frac{S_{aF}(f)}{S_{FF}(f)}, \quad H_d(f) = \frac{H_a(f)}{(2\pi f)^2} \tag{5-10}$$

式中，$S_{aF}(f)$——锤击力和钢轨振动加速度的互功率谱，$(m/s^2) \cdot N/Hz$；

$S_{FF}(f)$——锤击力的自功率谱，N^2/Hz。

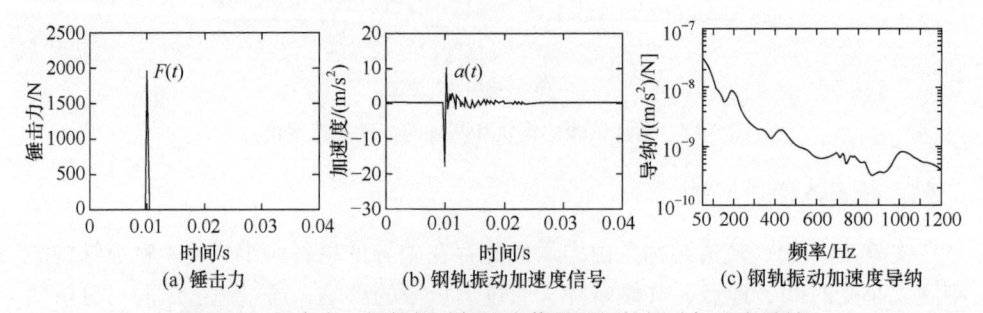

(a) 锤击力　　(b) 钢轨振动加速度信号　　(c) 钢轨振动加速度导纳

图 5-16　锤击力、钢轨振动加速度信号及钢轨振动加速度导纳

由图 5-16(c)可知，根据导纳谱线的峰值可得出轨道结构的共振峰，利用不同轨道结构的共振峰频率，可分析轨道结构的共振特性。

文献[5]用轻锤(质量约 1kg)和重锤(质量约 6kg)，并用硬锤头和 12mm 厚的塑料垫锤头对钢轨进行锤击试验，发现轻锤和硬锤头能激发 3kHz 左右的钢轨振动；对于重锤和软锤头，能激发 400Hz 以下的振动；无论是轻锤还是重锤，都难以激发 50Hz 以下的振动。因此，在用锤击法测试钢轨的冲击振动响应时，应根据分析目的选择合理的锤击工具。

落锤试验信号的处理也可与锤击试验信号相同，但两者的冲击强度大小不一致。因此，落锤试验可以用 1/3 倍频程分析轨道结构的振动强度插入损失，从而评估其减振效果，而由于锤击试验的锤头质量较轻，轨道结构被激振的强度水平不足以分析减振效果。

5.2.3 激振器激振试验

浮置板轨道结构是一个典型化的质量-刚度-阻尼振动体系，因此可用试验对其振动传递特性进行测试分析，以掌握该系统的频率响应特性，其他轨道结构也可如此分析。但不同的轨道结构部位，采用的激振器具和方法有所不同。对于大体积构件，若激振力较小，振动达不到一定的强度，则测得的信号较弱，信号的信噪比就较小，进而影响结构振动特性分析的准确性。

前述的锤击试验适用于钢轨的振动特性分析，由于钢轨的振动频率较高，且质量较轻，容易激振，激振激发的振动信号强度能满足分析的要求。但对于无砟轨道的道床板或浮置板，其质量较大，在锤击时产生的道床振动强度有限，因此应采用激振力较大的方法。当然落轴试验和落锤试验也能信任，但需要有一个自由落体的脱钩装置，有时现场也采用这两种方法试验轨道结构的振动传递特性。

文献[6]的作者在对浮置板振动特性试验时，利用随机频率激振器对浮置板进行激振试验，目的就是得到能够满足振动特性分析的浮置板振动强度。在现场用激振器对轨道结构进行激振，通过激振力和浮置板振动响应的导纳(频率响应函数)和相干分析，掌握浮置板轨道结构的振动频率响应特性。

激振力的作用位置设置在被试验浮置板的中间，并用膨胀螺栓在浮置板面上固定一铁件，铁件上安装测力传感器，通过测力传感器，用两端带螺纹的连接杆将浮置板与激振器连接。测试时测力传感器输出激振力信号，电磁激振器产生的随机频率为 3~60Hz 的激振力施加于预制浮置板上，使浮置板产生振动，激振试验现场如图 5-17 所示。为测试预制短浮置板的振动频率响应和振动传递特性，在浮置板上布置 4 个加速度传感器，基底布置 2 个加速度传感器，浮置板和基底的振动加速度测点布置如图 5-18 所示。

数据处理前先对测试数据的长度进行截取，以获得激振时的激振力和各测点振动加速度的稳定时域信号函数，舍弃未激振和激振结束后的信号，激振起始段和结束衰减段的信号也同样要舍弃；然后对截取的时域信号函数进行处理，并进行数据的频域计算分析，以得到振动体系的导纳和相干函数。

图 5-17 激振试验现场

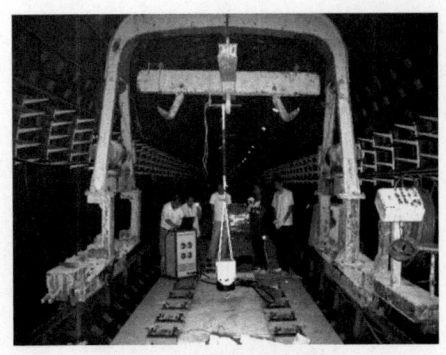

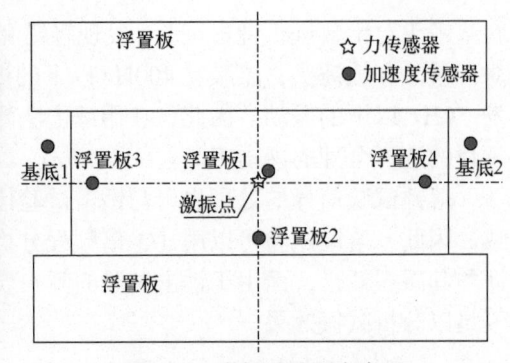

图 5-18 激振试验测点布置

激振器的频率和幅值都是随机的(是随机频率的谐振波叠加)，试验时，频率均匀分布于 3～60Hz，基本周期为 1s 的激振器输出力施加到浮置板中间，并记录各测点测试数据。预制短浮置板各测点及基底测点的振动加速度信号如图 5-19～图 5-22 所示。通过不同频率的激振力，可分析浮置板轨道结构在此频率范围内的响应特性。

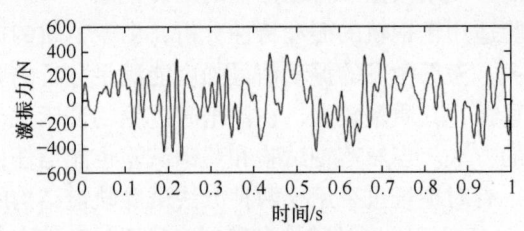

图 5-19 激振器的激振力

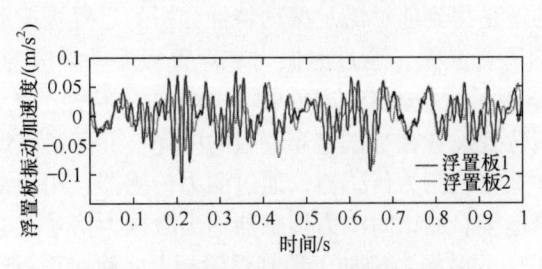

图 5-20 浮置板 1、2 测点的振动加速度

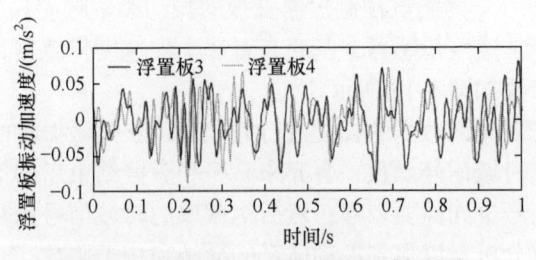

图 5-21 浮置板 3、4 测点的振动加速度

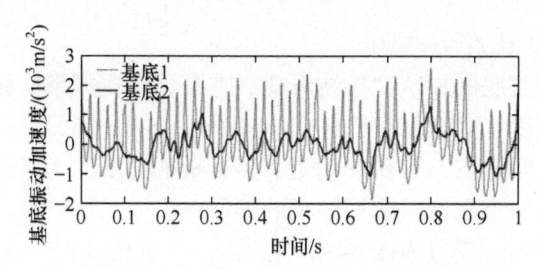

图 5-22 基底 1、2 测点的振动加速度

由图 5-19～图 5-22 可知，电磁激振器的最大激振力达 400N，产生的浮置板最大振动加速度达 0.075m/s^2，基底的振动加速度较浮置板小得多，只有 0.002～0.003m/s^2。

对测试数据进行离散傅里叶变换，然后进行导纳和相干函数的计算，如图 5-23～图 5-26 所示。

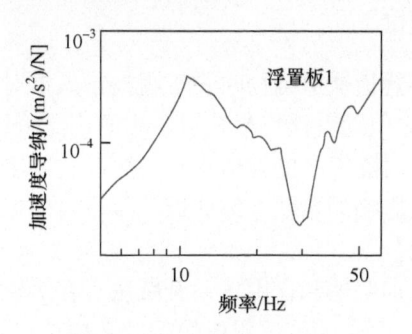

图 5-23 浮置板加速度导纳

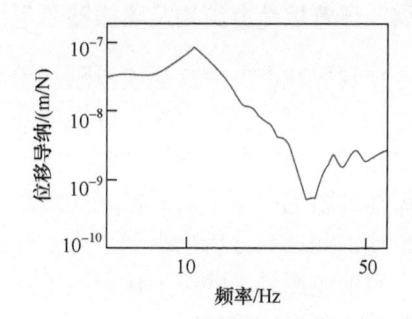

图 5-24 浮置板位移导纳

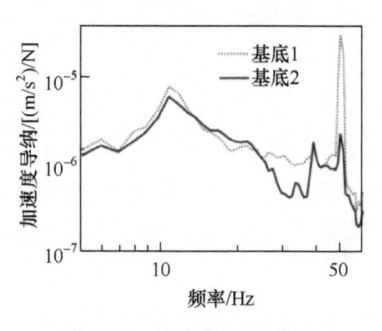

图 5-25 基底加速度导纳

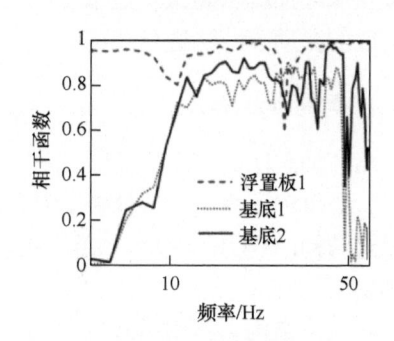

图 5-26 相干函数

由预制短浮置板轨道结构的振动加速度和位移导纳频率特性曲线(图 5-23～图 5-26)可知，在 3～60Hz 激振频率的作用下，系统的自振频率约为 11Hz 时被激发。当振动频率大于 15Hz 时，预制短浮置板轨道可起到良好的隔振作用。此类浮置板在两块浮置板交接处共用一个 KY 端置式隔振器，导致浮置板隔振器系统

的导纳在30Hz附近出现反共振点。

比较浮置板和基底的加速度导纳可知，在高于谐振频率的频段，浮置板加速度远高于基底加速度，前者为后者的50～60倍，表明预制短浮置板轨道结构具有优良的隔振作用；但是在5～10Hz附近，浮置板加速度约为基底加速度的10倍，表明预制短浮置板轨道在低于谐振频率的频段隔振效果比较差。

由相干函数可知，浮置板振动响应与激振力之间的相干函数在大部分频率点接近于1，说明浮置板振动的测试结果相当可靠。同时也说明，在激振力的作用下，浮置板的强迫振动频率与激振频率具有良好的跟随性。而激振力通过浮置板振动体系传递到基底，由于隔振器的隔振作用，基底振动频率与激振动频率的跟随性就要差得多。响应与激振力之间的相干函数只在12Hz以上时才达到0.8左右，因此道床在10Hz以下的振动响应只有一部分是由激励力而引起的，其余部分可能是环境振动引起的，也可能是其他原因引起的。

5.2.4 浮置板轨道结构及隔振器阻尼比的测试

在我国城市轨道交通建设刚开始采用浮置板轨道结构时，工程技术人员对隔振器的关注点主要集中在合理刚度的选择上，但随着浮置板轨道结构的广泛采用，以及对浮置板隔振、减振性能的深入了解，对隔振器的性能提出了更高的要求。隔振器的阻尼是一个对隔振减振效果有较大影响的参数，因此近几年来对隔振器阻尼比的测试和分析也得到了进一步的深入。

目前应用较多的阻尼比测试方法有循环加载法和自由振动衰减法。在对轨道结构进行阻尼比测试时，由于浮置板下有多个隔振器，浮置板的质量又相对较大，一般用循环加载法测试轨道结构的动刚度和阻尼比；而对于单个隔振器，可用单自由度的振动衰减法进行测试。

1. 循环加载法

循环加载法需要在实验室铺设一段实尺轨道结构，然后对其循环加载。在试验时，既可测试轨道结构的疲劳强度，同时也可测试不同循环荷载作用次数条件下轨道结构的受力和位移，并可据此分析浮置板的动刚度和阻尼比。加载装置如图5-27所示。

在轨道结构上作用荷载的大小与现场此类轨道结构上运行的机车车辆实际荷载有关，现场的轨道结构是无限长梁，对于2.4～2.5m轴距的转向架，荷载对轨道结构的影响范围在0～7m。实验室的轨道结构较短，作用其上的荷载完全由此段轨道结构承担，考虑荷载的动力系数，循环加载的最小/最大荷载取50～360kN。

图 5-27 轨道结构循环加载装置

测试不同荷载作用次数下的荷载和动位移，考虑荷载作用位置中心处的位移平均值计算整块浮置板的动刚度和阻尼比。疲劳试验的荷载为正弦谐波，因此轨道结构所受的荷载和位移时程曲线也均为正弦波，如图 5-28 和图 5-29 所示。

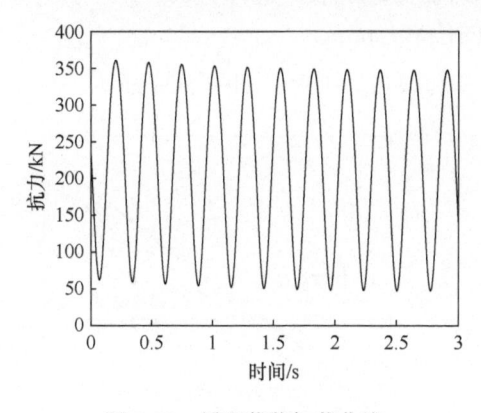

图 5-28 循环荷载加载曲线　　图 5-29 浮置板位移曲线

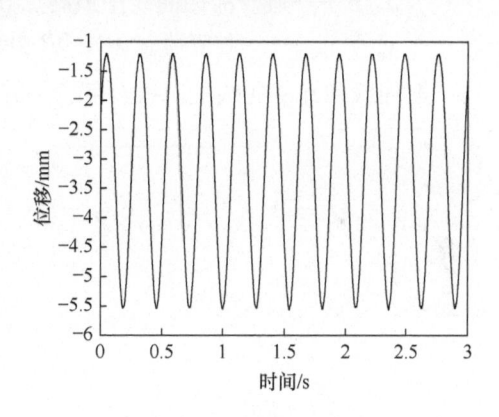

在试验时，根据不同荷载作用次数，取 250～500 个荷载和位移的谐波，根据荷载-位移对应关系，绘制滞回曲线，如图 5-30 所示。以此滞回曲线计算浮置板的整板动刚度和阻尼比。若单个隔振器循环加载试验，则可计算单个隔振器的动刚度和阻尼比。

1) 循环加载动刚度计算

循环加载试验时，若将位移测点设置在钢轨上，则测得的轨道刚度包括扣件刚度；若测试轨下基础刚度，则需要将位移测点设置在道床表面上。试验时，在道床表面安装多个位移传感器，在一个转向架荷载作用下，各个测点的位移大小不一，一般荷载作用点处的位移要大于其他测点的位移，计算轨下基础刚度时也只考虑荷载作用中心处的位移平均值。

循环加载试验机的加载频率一般为 3~5Hz，用其测得的刚度是低频率荷载作用下的名义刚度，计算公式如式(5-11)所示：

$$k_\mathrm{d} = \frac{P_i - P_j}{y_i - y_j} \tag{5-11}$$

式中，k_d——轨下基础动刚度，kN/mm；

P_i、P_j——滞回曲线的最高点、最低点荷载，kN；

y_i、y_j——滞回曲线的最高点、最低点荷载对应的浮置板位移，mm。

若考虑加载和卸载时的不同刚度，则计算公式如下：

$$k_\mathrm{d} = \frac{aP_i - bP_j}{y_{aP_i} - y_{bP_j}}$$

式中，P_i、P_j——计算加载刚度时，荷载曲线的最高点、最低点荷载，kN；

a、b——避开滞回曲线中最高点和最低点的系数，$a<1$，$b>1$；

y_{aP_i}、y_{bP_j}——对应荷载 aP_i、bP_j 处的位移，mm。

取加载和卸载曲线的割线刚度为加载和卸载名义刚度，如图 5-31 所示。

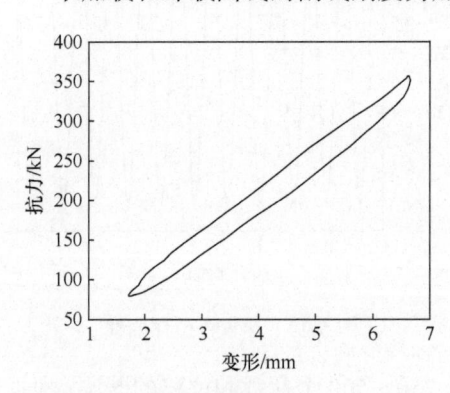

图 5-30 跨中断面荷载-位移滞回曲线　　图 5-31 刚度计算曲线

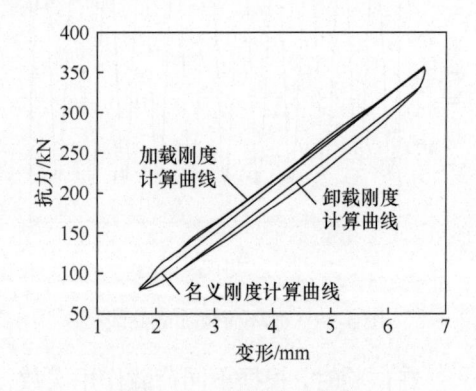

根据以往的试验情况，一般加载刚度要大于卸载刚度，但也有相反的情况，且 a 和 b 的取值不同，也会影响加载和卸载刚度的大小。一般两者相差在 10%以内。

2) 循环加载阻尼比计算

根据结构动力学理论，加载和卸载时的荷载-位移路径形成一个滞回环，通常将此阻尼力的滞回曲线称为阻尼力与位移之间的关系曲线，即 $f_\mathrm{D}\text{-}u$ 曲线。将简谐荷载作用下体系的振动解 $u(t)=u_0\sin(\omega t-\varphi)$ 代入黏性阻尼力计算公式，可得

$$f_D = c\dot{u}(t) = c\omega u_0 \cos(\omega t - \varphi) = c\omega\sqrt{u_0^2 - [u_0\sin(\omega t - \varphi)]^2} = c\omega\sqrt{u_0^2 - [u(t)]^2} \quad (5\text{-}12)$$

式中，u_0——荷载作用下最大位移量，mm；

c——阻尼，N·s/m；

ω——荷载作用频率，Hz；

φ——初相位角，rad。

图 5-32 为黏性阻尼和抗力滞回曲线。

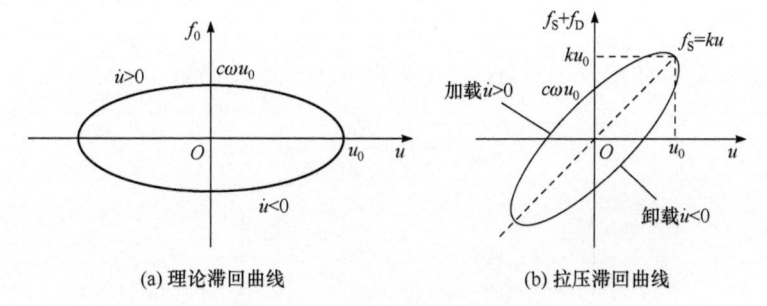

(a) 理论滞回曲线　　(b) 拉压滞回曲线

图 5-32　黏性阻尼和抗力滞回曲线

对式(5-12)整理得

$$\left[\frac{u(t)}{u_0}\right]^2 + \left(\frac{f_D}{c\omega u_0}\right)^2 = 1 \quad (5\text{-}13)$$

由图 5-32 可知，黏性阻尼和抗力滞回曲线为椭圆。黏性阻尼力在一个循环内所做的阻尼功等于滞回曲线所包围的面积，这可以由功的意义直接得出。该椭圆的面积如式(5-14)所示：

$$S_D = \pi(c\omega u_0)(u_0) = \pi c\omega u_0^2 = 2\pi\zeta\frac{\omega}{\omega_n}ku_0^2 = E_D, \quad c = 2\zeta\sqrt{km} \quad (5\text{-}14)$$

式中，ζ——阻尼比；

k——单自由振动系统的刚度，kN/mm；

m——单自由振动系统的质量，kg；

ω_n——系统固有频率，$\omega_n = \sqrt{\dfrac{k}{m}}$，rad/s。

对于图 5-32(b)，其面积与图 5-32(a)面积相等，f_S+f_D 有时称为抗力，因此抗力滞回曲线包围的面积等于阻尼力做的功。在实际测量时，测得的量是抗力，得到的滞回曲线的形状与图 5-32(b)相近。

根据能量耗散相等原理确定等效黏性阻尼比，即在一个振动循环内，等效黏性阻尼所做的功等于实际阻尼所做的功。

实测的抗力滞回曲线如图 5-33(a)所示，其中滞回曲线所包围的面积为 E_D，E_D 为一个循环内实际阻尼力做的功。如图 5-33(b)所示，设等效阻尼比为 ζ_{eq}，则在一个循环内等效阻尼力所做的功如式(5-15)所示：

$$E_D^{eq} = 2\pi \zeta_{eq} \frac{\omega}{\omega_n} k u_0^2 \tag{5-15}$$

由能量耗散相等原理可得

$$E_D^{eq} = E_D \tag{5-16}$$

将式(5-14)和式(5-15)代入式(5-16)，得到阻尼比计算公式为

$$\zeta_{eq} = \frac{E_D}{2\pi(\omega/\omega_n)ku_0^2} \tag{5-17}$$

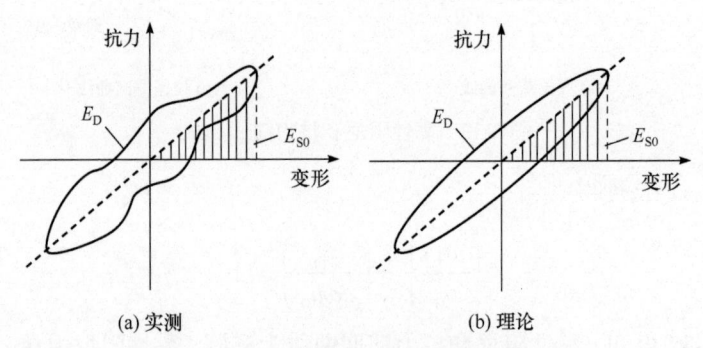

图 5-33 实测和理论的抗力滞回曲线

2. 自由振动衰减法

自由振动衰减法一般用于单个隔振器的阻尼比测试。此法简单方便，不需要采用循环加载装置，只需要一把测力锤，此法在结构动力学中有充分的理论依据。试验时，在隔振器上方放置一块与浮置板轨道结构中单个隔振器所承受的重量相当的混凝土块(或钢板)，如图 5-34 所示。在混凝土中心锤击位置粘贴一硬橡胶垫或钢板，以防混凝土被击碎。在锤击处垫一块橡胶垫，以降低锤击力的高频激振，但在阻尼比测试时，质量块的固有振动频率远低于锤击频率，因此在实际阻尼比计算时，高频部分也需要滤掉，在试块锤击处垫一块橡胶垫不会对阻尼比的测试结果产生影响。

考虑到混凝土块振动时，除了上下的一阶振动，还有两个方向的侧滚振动，因此锤击点四周布置四个位移传感器，以抵消混凝土块侧滚振动的影响。

图 5-34 单个隔振器锤击试验

在锤击试验时,有时需要测试锤击力,用于分析锤击力与阻尼比之间的关系,但试验表明,锤击力的大小与阻尼比无相关关系。若只测试阻尼比,则采用一般的测力锤即可。测力锤的试验结果可用于分析锤击冲击力与结构位移和振动加速度的关系。

在建立阻尼比计算模型时,将振动系统简化为一个单自由度系统,也即在隔振器上方放置一个混凝土质量块,如图 5-35 所示,形成等效的单自由度的质量-弹簧-阻尼系统模型,如图 5-36 所示,其自由振动方程如式(5-18)所示:

$$m\ddot{u} + c\dot{u} + ku = 0 \tag{5-18}$$

令 $u(t) = e^{st}$,代入式(5-18),同时考虑到弹簧隔振器为小阻尼体系,可得

$$s_{1,2} = -\zeta\omega_n \pm i\omega_n\sqrt{1-\zeta^2} \tag{5-19}$$

则

$$u(t) = e^{-\zeta\omega_n t}\left\{u(0)\cos(\omega_d t) + \left[\frac{\dot{u}(0) + \zeta\omega_n u(0)}{\omega_d}\right]\sin(\omega_d t)\right\} \tag{5-20}$$

其中,

$$c = 2\zeta m\omega_n, \quad \omega_d = \omega_n\sqrt{1-\zeta^2}$$

则任意两个相邻振动峰值之比如式(5-21)所示:

$$\frac{u_i}{u_{i+1}} = \frac{u(t_i)}{u(t_i + T_d)} = \exp(\zeta\omega_n T_d) = \exp\left(\frac{2\pi\zeta}{\sqrt{1-\zeta^2}}\right) \tag{5-21}$$

其中

$$T_d = \frac{2\pi}{\omega_d} = \frac{2\pi}{\omega_n \sqrt{1-\zeta^2}}$$

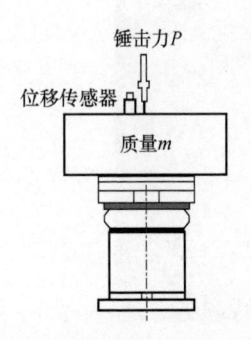

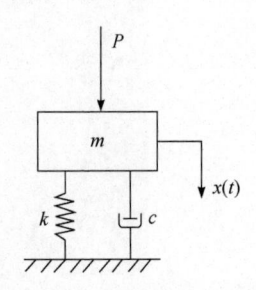

图 5-35　隔振器试验装置示意图　　图 5-36　等效单自由度系统

理论上，相邻振动峰值比仅与其阻尼比有关，与 i 的取值无关，但实际测试时是有差别的。相邻振动峰值比的自然对数值称为对数衰减率，用 δ 表示，如式(5-22)所示：

$$\delta = \ln\left(\frac{u_i}{u_{i+1}}\right) = \frac{2\pi\zeta}{\sqrt{1-\zeta^2}} \tag{5-22}$$

则阻尼比 ζ 如式(5-23)所示：

$$\zeta = \frac{\delta/(2\pi)}{\sqrt{1+[\delta/(2\pi)]^2}} \tag{5-23}$$

弹簧浮置板的阻尼比较小，为了获得更高的精度，可采用相隔几个周期的振动峰值比来计算其阻尼比，若相隔 n 个周期，则其对数衰减率和阻尼比如式(5-24)所示：

$$\delta = \frac{1}{n}\ln\left(\frac{u_i}{u_{i+n}}\right), \quad \zeta = \frac{\delta}{\sqrt{4\pi^2+\delta^2}} \tag{5-24}$$

式中，δ——单个波形对数衰减率；
　　　n——自由振动波形个数；
　　　u_i、u_{i+n}——第 i、$i+n$ 个波峰幅值。

根据结构动力学理论，在用激振衰减曲线法测试振动系统的阻尼比时，一般采用振动-位移衰减曲线。目前环境振动测试拾振仪既可以测量振动加速度，也可以测量振动速度和位移。但在测试时，环境的本底振动、结构本身除了含有一阶模态振动，还含有其他各阶模态的振动。在激振动条件下，一阶模态的振动成分远大于其他模态的成分,应对其他模态的成分进行处理,若不处理,则会影响阻尼比计算结果的精度。

根据系统的一阶振动主频(8~15Hz),对测试的位移信号进行滤波。考虑到试验场地周边环境的振动情况,将 5Hz 以下的信号进行高通滤波。滤波前后垂向振动位移衰减情况如图 5-37 所示。若信号中含有高频成分,则需要对测试信号进行低通滤波,滤波频率范围可通过信号的频谱分析判断获得。

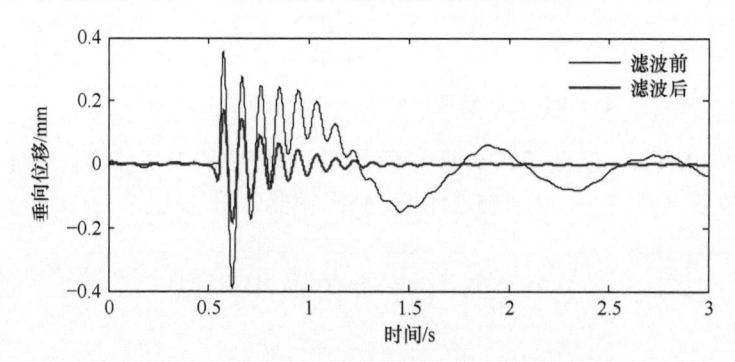

图 5-37 一次滤波后系统垂后振动位移衰减曲线

对滤波后的信号进行分析,通过提取相邻位移峰值位置的时间间隔 T_d(图 5-38),可以得到隔振器系统的有阻尼自振频率 $\omega_d = 2\pi/T_d$,考虑到当阻尼比 $\zeta \leq 0.3$ 时,$\omega_d \approx \omega_n$,若已知系统的总刚度,则可得系统的总质量 m;若已知系统的总质量 m,则可得系统的总刚度,如式(5-25)所示:

$$m = k\left(\frac{T_d}{2\pi}\right)^2 \tag{5-25}$$

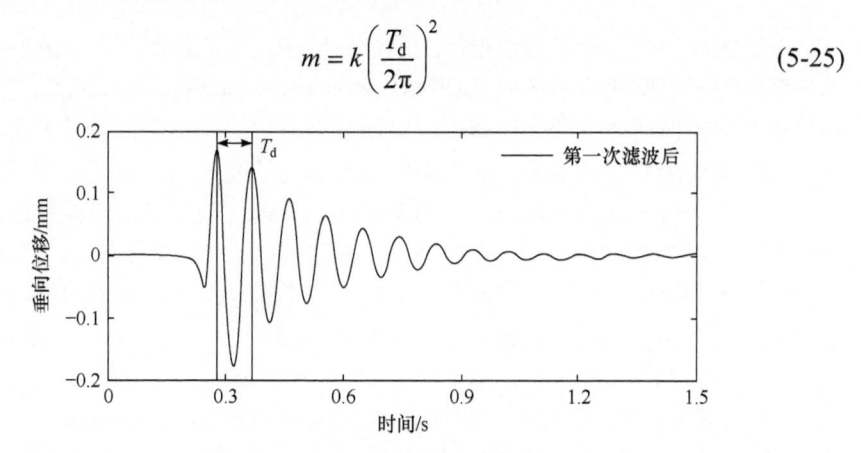

图 5-38 系统振动的自振周期 T_d

为了排除干扰信号对测试数据的影响,以固有频率为中心频率,上下扩大 20% 作为带通滤波的上下限频率,第二次滤波后,系统垂向振动位移衰减情况如图 5-39 所示,细实线为第一次滤波后的数据,粗实线为第二次滤波后的数据。

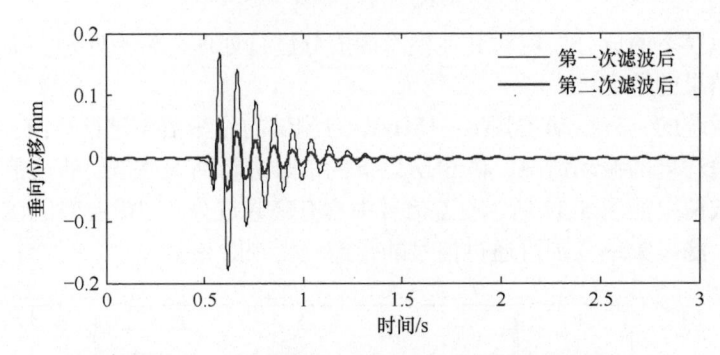

图 5-39 二次滤波后系统垂向振动位移衰减曲线

由图 5-39 可知，滤波后基本消除了位移波形图中的干扰信号。根据二次滤波后的振动位移衰减信号，由式(5-24)可得到隔振器的阻尼比。

5.3 车内振动和噪声测试

列车在运行过程中，车辆和轨道状态都会影响车厢内振动和噪声的强度。为了分析对比车辆在不同轨道区段行驶时车厢内振动和噪声的强度差异，评价轨道结构状态对车辆振动噪声的影响，需要经常对其进行测试，为改善轨道结构的动力学性能提供技术依据。

5.3.1 车辆运行平稳性评价指标

车辆振动加速度和平稳性指标的测量一般是由车辆检测部门完成的，但铁路工务部门为了掌握轨道不平顺、轨道结构不同状态对车辆振动加速度的影响规律，也需要对车辆振动加速度进行测试，以便分析对比同一车辆在通过不同轨道区段时对车辆振动加速度的影响，从而采取轨道结构的改进措施，提高行车品质。

在车辆运行平稳性评价中，采用车辆振动加速度和平稳性两项指标。根据中国铁路总公司 2019 版的《普速铁路线路修理规则》(TG/GW 102—2019)评价车辆平稳性，车辆平稳性影响因素主要是车辆的水平振动加速度和垂向振动加速度，超限标准分为四个等级，加速度指标均为半峰值。

(1) 日常保养标准(Ⅰ级)：垂向 $a_V \leqslant 1.0 \text{m/s}^2$；横向 $a_L \leqslant 0.6 \text{m/s}^2$。
(2) 适度管理标准(Ⅱ级)：垂向 $a_V \leqslant 1.5 \text{m/s}^2$；横向 $a_L \leqslant 0.9 \text{m/s}^2$。
(3) 急补修管理标准(Ⅲ级)：垂向 $a_V \leqslant 2.0 \text{m/s}^2$；横向 $a_L \leqslant 1.5 \text{m/s}^2$。
(4) 限速管理标准(Ⅳ级)：垂向 $a_V \leqslant 2.5 \text{m/s}^2$；横向 $a_L \leqslant 2.0 \text{m/s}^2$。

车辆运行平稳性评定标准采用《机车车辆动力学性能评定及试验鉴定规范》(GB/T 5599—2019)中的各项规定，分别按平稳性指标、平均最大加速度评定，同时也给出了最大加速度作为评定参考。

车体加速度响应数据的采样从车辆运行一段距离后开始进行，数据的采样、处理和分析方法，以及平稳性指标(Sperling 指标)计算方法和评定指标的依据也参考《机车车辆动力学性能评定及试验鉴定规范》。根据此标准，车辆运行平稳性指标计算如下。

平稳性指标分量：

$$W_i = 3.57 \sqrt[10]{\frac{A_i^3}{f_i} F(f_i)}$$

平稳性指标：

$$W = \sqrt[10]{W_1^{10} + W_2^{10} + \cdots + W_n^{10}} = \sqrt[10]{\sum_{i=1}^{n} W_i^{10}} \quad (5\text{-}26)$$

式中，W——车辆运行平稳性指标；

A_i——振动加速度，m/s²；

f_i——振动频率，Hz；

$F(f_i)$——频率修正系数，如表 5-1 所示。

表 5-1　频率修正系数

垂直振动		横向振动	
0.5Hz≤f＜5.9Hz	$F(f_i) = 0.325 f_i^2$	0.5Hz≤f＜5.4Hz	$F(f_i) = 0.8 f_i^2$
5.9Hz≤f＜20.0Hz	$F(f_i) = 400/f_i^2$	5.4Hz≤f＜26.0Hz	$F(f_i) = 650/f_i^2$
f≥20.0Hz	$F(f_i) = 1$	≥26.0Hz	$F(f_i) = 1$

车辆运行平稳性指标评定等级列于表 5-2，表中垂向和横向采用相同的评定等级。

对车辆加速度功率谱分析可得到列车在不同轨道结构上运行时车辆振动的剧烈程度，同时还可得到车辆振动主要频率的范围，为维修不利波长的轨道不平顺提供技术依据。轨道结构对列车车体振动加速度功率谱影响的对比分析可参考《机车车辆动力学性能评定及试验鉴定规范》有关频谱分析的规定。

表 5-2　平稳性指标评定等级

平稳性等级	评定	客车平稳性指标	货车平稳性指标
1 级	优	W≤2.50	W≤3.50
2 级	良好	2.50＜W≤2.75	3.50＜W≤4.00
3 级	合格	2.75＜W≤3.00	4.00＜W≤4.25

5.3.2 车辆运行振动加速度测量

根据《机车车辆动力学性能评定及试验鉴定规范》中关于车体加速度测点布置的规定，客车和动车组车体振动加速度测点布置如图 5-40 所示。图中，a_{ty} 为横向振动加速度传感器；a_{tz} 为垂向振动加速度传感器。

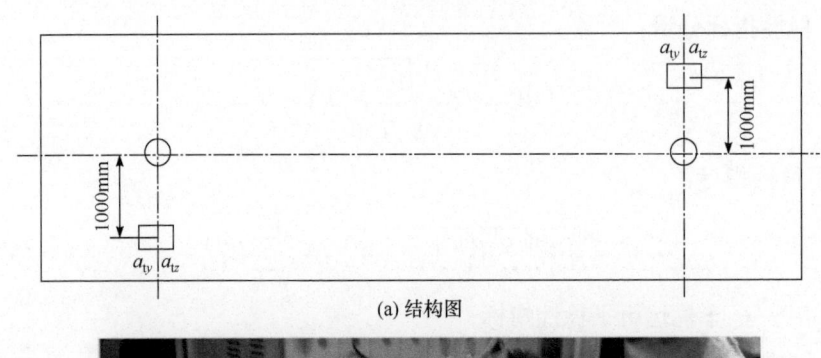

(a) 结构图

(b) 实物图

图 5-40 客车和动车组车体振动加速度测点布置示意图

根据车辆振动的频率，取采样频率为 500Hz，利用数据处理软件读出数据，根据波形将数据进行分割分组，再将两车站之间的车辆振动加速度分段列出，然后将每一段的分组数据分别存入电子表格中进行数据处理。

一趟列车从 A 站经停 B 站，到达 C 站的车辆垂向振动加速度和横向振动加速度测试数据信号，如图 5-41 所示。由图可知，列车停靠车站时，加速度基本为零，列车在区间运行时，车辆振动加速度波形明显，但不同的线路区段，振动加速度大小也不相同。

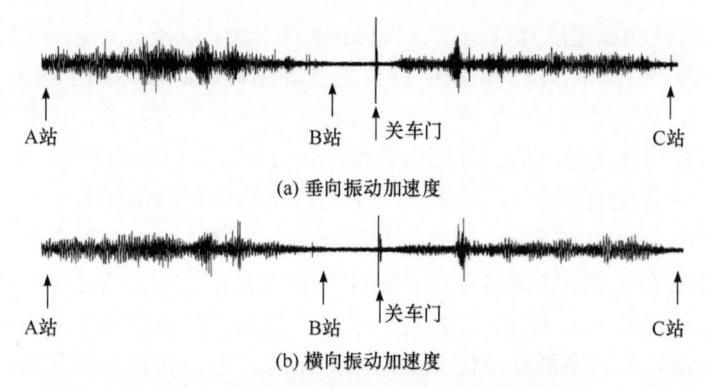

第 5 章 轨道结构的动态位移和振动测试 ·231·

(a) 垂向振动加速度

(b) 横向振动加速度

图 5-41 车辆垂向/横向振动加速度时间历程

为分析列车运行时车辆振动加速度的变化情况，取浮置板地段和相邻普通轨道地段的车辆振动加速度信号时段放大，从中可知列车在加速和减速区段，振动加速度相对较小，但在区间中间，列车的运行速度相对较高，车辆振动加速度也相对较大，车辆垂向振动加速度和横向振动加速度都具有这一特性。在列车起动前关门时，车辆也会出现较大的振动，如图 5-42 所示。列车在进入道岔时，手动产生一个脉冲作为标记，进入隧道后再产生一个脉冲作为标记。

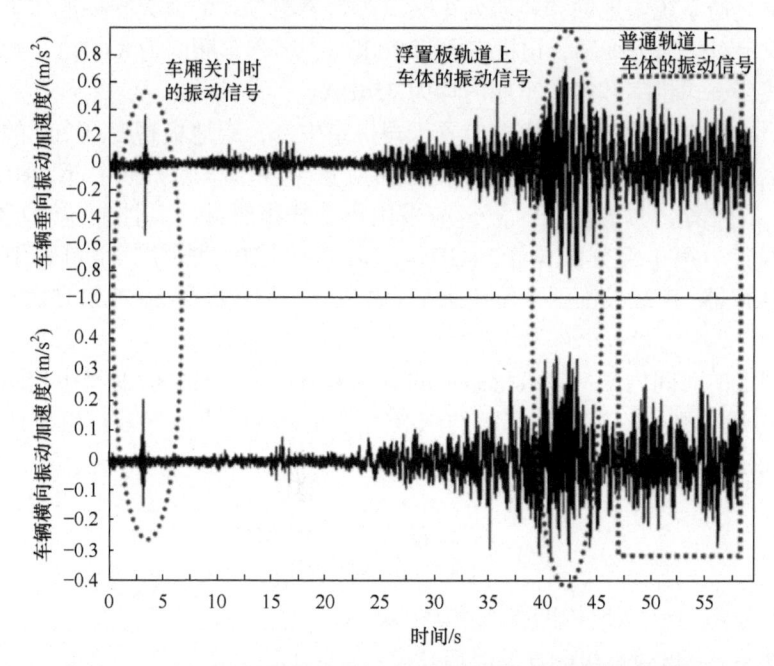

图 5-42 列车通过浮置板和普通轨道地段的车体振动加速度信号

由图 5-42 可知，在浮置板轨道上的车体垂/横向振动加速度幅值大于普通轨道。车辆横向振动加速度都在适度管理标准的 0.9m/s² 以下，垂向振动加速度都在日常保养标准的 1.0m/s² 以下，说明列车运行的总体平稳性达到了适度管理标准。

根据《机车车辆动力学性能评定及试验鉴定规范》的要求，计算车辆的平稳性指标时需要对每次分析的数据截取长度 18~20s，在截取的数据中每 2s(1000 个数据)计算一个平稳性指标，然后取各个平稳性指标的平均值作为平稳性指标测试值。在测试中，通过浮置板轨道的时间为 6~8s，具体时间根据车速而定。为了说明浮置板轨道与普通轨道对车辆平稳性影响的差异，截取通过浮置板轨道和普通轨道的信号长度 8s，每 2s 计算一个平稳性指标，然后取各个平稳性指标的平均值作为该趟列车的平稳性指标测试值。结果为：普通轨道地段垂向 Sperling 指标为 1.82 左右，浮置板地段为 1.86 左右，都在"优"级范围内，但浮置板地段的平稳性指标稍大于普通轨道地段，说明浮置板轨道结构对车辆运行的平稳性具有一定的影响。

5.3.3 车厢内噪声评价标准

国外列出了噪声等级与噪声源之间的直观关系[7]。对于车内噪声，主要参考《城市轨道交通列车噪声限值和测量方法》(GB 14892—2006)中的规定，该规范对城市轨道交通系统中地铁和轻轨列车噪声等效声级 L_{Aeq} 的最大容许值作了相应的要求，规定对于地下线路，司机室内为 80dBA，客车车厢内为 83dBA；对于地面和高架线路，司机室和客车车厢内均为 75dBA。

在司机室内测量时，传声器应置于司机室中部，距地板高度 1.2m 的位置，方向朝上；在客车车厢内测量时，传声器应置于客车车厢纵轴中部，距地板高度 1.2m 的位置，方向朝上。测量应采用积分式声级计，其性能应满足《电声学　声级计　第 1 部分：规范》(GB/T 3785.1—2010)的规定，也可采用性能等效的其他仪器。声级校准器性能应满足《电声学　声校准器》(GB/T 15173—2010)的规定。

在规定的时间内某一连续稳态声的 A 计权声压，具有与时变噪声相同的均方 A 计权声压，则这一连续稳态声的声级就是此时变噪声的等效声级，计算式如式 (5-27)所示：

$$L_{Aeq,T} = 10\lg\left[\frac{1}{T}\int_{t_1}^{t_2}\frac{p_A^2(t)}{p_0^2}dt\right] \tag{5-27}$$

式中，$L_{Aeq,T}$ —— T 时段的等效声级，dBA；

T —— 等效声级的计算时段长度，$T = t_2 - t_1$，s；

$p_A(t)$ —— 噪声瞬时 A 计权声压，Pa；

p_0 —— 基准声压，取 2×10^{-5}Pa。

5.3.4 车厢内噪声测试

为研究不同轨道结构对列车车厢内噪声的影响，选择一段具有 120m 长的钢弹簧浮置板轨道结构，其余为普通轨道结构的线路，对比分析两种轨道结构对车厢内噪声的影响，并对列车通过浮置板和普通轨道结构线路时的车厢内噪声进行测量。

试验过程中，视频记录列车速度仪表盘，与所记录音频文件的时间相对应，以得到列车通过浮置板轨道结构区段的运行速度。测量时间选取在夜间 22:00 以后至运营结束，以及早晨 5:30~9:00 客流较少的时间段，以减少车厢内人员对测量效果的干扰。

测量过程中完整记录列车运行于两站之间的时间历程声压数据。根据记录的时间历程，截取记录数据中列车通过浮置板道床段的信号，以及对应的普通道床段的信号作为测量的分析数据。列车通过浮置板道床段的信号分为有语音干扰(车厢内广播声)和无语音干扰两部分，对比语音信号对测试结果的干扰程度。

测量分析量中给出列车通过浮置板及对应普通轨道结构时的 1/3 倍频程频谱声压级，以及线性、A 计权声级。测量结果中分别以图和表的形式给出列车通过两种轨道结构时车内噪声的 1/3 倍频程频谱声压级和 A 计权声级，以及用 1/3 倍频程频谱、A 计权声级的噪声变化量。

图 5-43 为列车通过两车站之间时其中一个区间的车内声压时序图，图 5-44 为对应的声压级变化曲线。图 5-45 给出了对应的 1/3 倍频程声压级随时间变化的时频图。

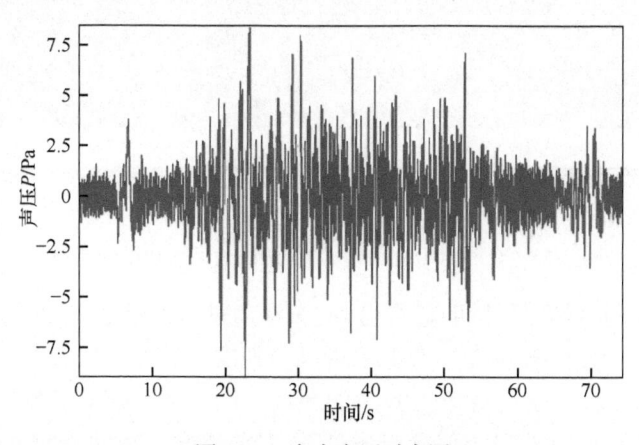

图 5-43 车内声压时序图

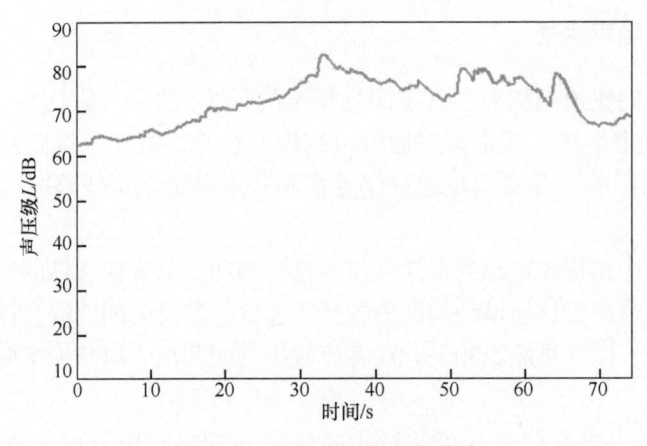

图 5-44 车内声压级变化曲线

由图 5-44 可明显看出列车在两站之间运行时的车内声压级幅值变化，图 5-44 显示对应的车内声压级变化体现了列车从加速到减速运行状态所产生噪声声压的变化。

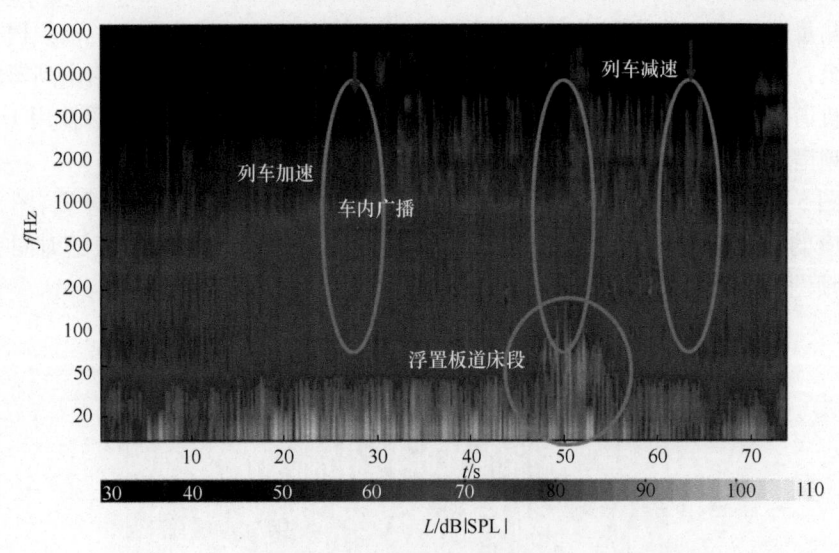

图 5-45 车厢内 1/3 倍频程声压级随时间变化的时频图

由图 5-45 的时频图可以明显看出，列车在通过浮置板道床段时会引起低频部分噪声的变化，在 80Hz 附近 2 倍频程的噪声强度均显著增加。

为对比两种轨道结构对车内噪声的影响，图 5-46 给出了列车通过浮置板轨道结构地段及对应站间相似运行条件下(列车速度、线间距相同)普通轨道结构地段的 1/3 倍频程频谱的噪声强度比较。由图可知，列车通过浮置板轨道结构段所引起的250Hz以下的低频噪声显著高于普通轨道结构地段。在80Hz附近的2倍频程,列车通过浮置板轨道结构段比普通道床段的低频噪声高5dBA以上,在63Hz、80Hz高出约15dBA。列车通过浮置板轨道结构段的车厢内噪声声级为72dBA,小于《城市轨道交通列车噪声限值和测量方法》中的83dBA,较普通轨道结构地段噪声增大了3.2dBA。

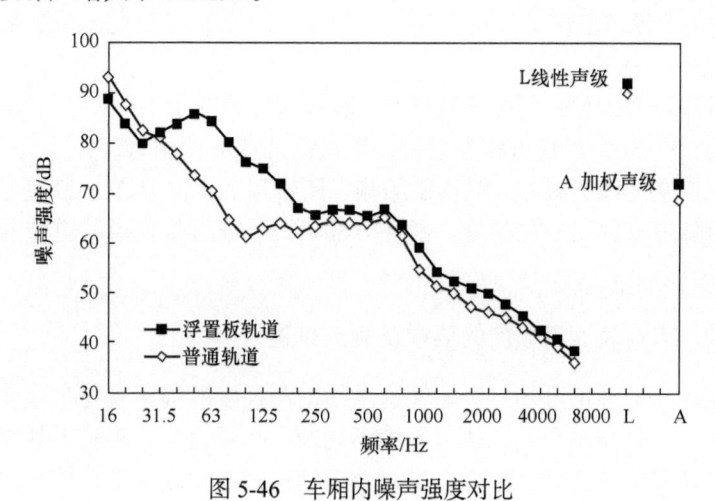

图 5-46 车厢内噪声强度对比

5.4 现场轨道结构及隧道壁的振动测试

  轨道结构的振动测试是现场常规测试的主要内容之一,目的是分析轨道结构的工作状态,并据此分析引起振动异常的原因,为治理轨道结构提供技术依据。地铁线路直接下穿振动敏感区(如医院、音乐厅、学校、古建筑、精密设备仪器使用加工单位等),需要对轨道结构采取有效的隔振减振措施,以控制地铁列车运行所产生的环境振动强度。无论是新建线路,还是已经运营一段时间的浮置板轨道结构线路,都需要对其减振效果进行测试评估,以掌握轨道结构的隔振减振效果是否还能满足保护目标的要求。

5.4.1 轨道结构振动加速度范围

  对于轨道结构和隧道壁的振动,目前还没有限值标准,因此,只对不同轨道结构产生振动的强度进行相对分析和评价。

  对于钢轨振动,一般垂向振动加速度大于横向振动加速度。垂向振动加速度的范围较大,对于城市轨道交通,轨面状态良好,一般钢轨振动加速度为 $20g$~

$50g$，若轨面状态较差，则可达 $100g$ 左右；对于国铁常速铁路货车，由于其轴重较大，一般钢轨振动加速度可达 $100g$ 左右；对于普通钢轨接头，钢轨振动加速度可达 $300g$ 以上，甚至 $500g$。因此，一般对两种轨道结构的测试值进行比较，以分析轨道结构存在的差异。

对于有砟轨道，轨道状态的优劣对轨枕振动加速度的影响较大，小至 $1g$~$2g$，大至 $10g$ 左右。道床的振动加速度测点一般位于轨底面以下 150mm，最大振动加速度可达 $0.5g$~$1g$。

对于无砟轨道的普通混凝土道床，一般振动加速度在 $1g$ 以下；对于浮置板道床，一般为 $2g$~$3g$，若轨道状态较差，则振动加速度就相对较大。

对于轨道交通地下线路，隧道壁的测点距轨顶面 1.0~1.25m 高度，普通混凝土道床轨道隧道壁的振动加速度一般在 $0.5g$ 以下，浮置板轨道隧道壁的振动加速度在 $0.1g$ 以下。

5.4.2 测试地点对轨面平顺度的要求及测点布置

由轮轨动力学理论可知，影响轨道结构振动强度的因素有列车速度、轨道几何形位不平顺、轨面不平顺、轨道刚度不均匀、车轮扁疤、车轮不圆顺等。在对轨道结构振动强度测试时，轨面状态对轨道结构的振动强度影响较大，需要在振动测试前对测点附近的轨面不平顺进行测量。

一般在对两种轨道结构状态进行相对比较分析时，要求这两种轨道结构处于同一个区间，从而尽量使列车运行的速度接近，轨面的平顺度状态一致。若两种轨道结构类型不同，则应排除轨面不平顺对轨道结构振动强度测试结果的影响；若两种轨道结构类型相同，则应分析不同列车运行工况或车辆类型对轨道结构振动的影响。

有砟轨道的测试内容有钢轨、扣件、轨枕、道床等的振动加速度；无砟轨道的测试内容有钢轨、扣件、铁垫板、道床板、基底、隧道壁等的振动加速度。在现场实测时，对扣件和铁垫板的振动加速度测试较少，因为扣件和铁垫板是一个中间连接零件，既不是激振体，也不是受振体，只有在分析轨道结构传递特性时，扣件和铁垫板的振动特性才会引起相应的重视。

实际上，轨道结构部件的不同位置(如钢轨轨头、轨腰、轨底)，其振动加速度也有一定的差别，因此在测试选择安装传感器位置时，要选择具有代表性的测点位置。在测试轨道结构振动加速度时，在轨道测试断面布置加速度传感器，拾取列车通过被测轨道结构断面时的钢轨、轨道板或道床、基底或路基及隧道壁的振动加速度信号，以分析不同轨道结构的振动特性差异和减振隔振特性。

第 5 章　轨道结构的动态位移和振动测试

对于有砟轨道的轨枕振动加速度测点，有时放在轨枕中间，有时放在钢轨外侧轨枕头上，二者测得的轨枕振动加速度大小和频率也有所差异。道床振动加速度的测试位置位于钢轨和轨枕中心线相交点下方，距轨枕底面 150mm 的位置，如图 4-67 所示。

图 5-47 为典型的浮置板轨道和普通无砟轨道的振动加速度测点布置图。图 5-48 为各测点的振动加速度传感器布置图。钢轨垂向振动加速度传感器一般布置在轨底中心线上，但由于轨底坡与水平面不垂直，一般情况下不考虑轨底坡的影响，若要求严格，则应在轨底增加一个与轨底坡相适应的传感器坐垫。有时将垂向振动加速度传感器粘贴在轨底斜坡上，但要有一个与斜坡相适应的传感器坐垫，如图 5-48(a)所示，对比的轨道结构钢轨振动加速度传感器也要粘贴在相同的位置。钢轨横向振动加速度传感器一般布置在轨腰中和轴附近，也有可能布置在轨头外侧面，二者测得的振动加速度大小和频率结构有一定的差别，有时需要依靠专业人员确定测点位置。

(a) 浮置板轨道结构断面

(b) 普通无砟轨道结构断面

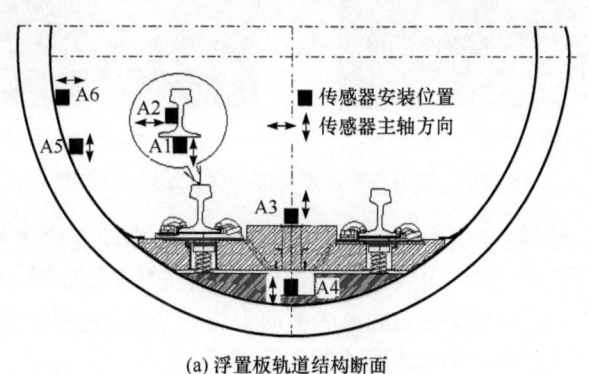

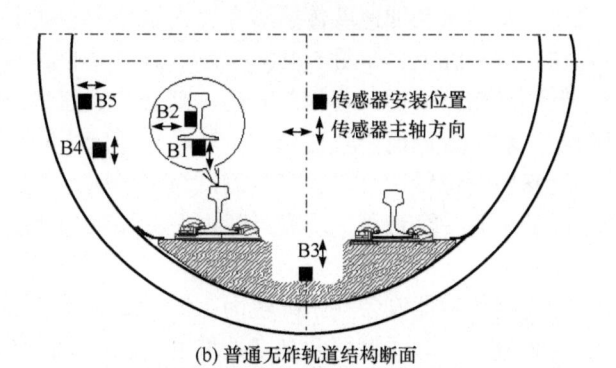

图 5-47　轨道结构及隧道壁振动加速度测点布置图

(a) 钢轨振动加速度传感器　　　　　　　(b) 道床振动加速度传感器

(c) 浮置板基底振动加速度传感器　　　　(d) 隧道壁振动加速度传感器

图 5-48　轨道各部件振动加速度传感器布置图

无砟轨道道床的振动加速度传感器一般布置在两钢轨支座中间的轨道中心线上，如图 5-48(b)所示，这样得到的振动加速度具有较好的代表性，也有可能将振动加速度传感器布置在钢轨外侧的道床板肩上，一般此处振动加速度的大小和频率结构与线路中心线处测得的结果稍有不同。

对于浮置板轨道，基础振动加速度传感器布置在线路中心线上，通过基底检查孔将传感器布置在轨道基底上，如图 5-48(c)所示，有时基底的测点与其他测点不在同一断面上，但不能相差太远，若相差太远，则会造成列车速度的不同，影响数据分析的可信度。对于普通道床轨道结构，基底与道床之间没有弹性元件，因此布置在尽量靠近基底的位置即可。大多数测试结果表明，普通轨道结构道床与基底的振动加速度处于同一个量级，基底与隧道壁的振动加速度也处于同一个量级。

隧道壁的振动加速度传感器安装在距离轨面 1.0～1.25m 高度处，如图 5-48(d)所示，测点位置需要布置一个与隧道壁此高度处坡度角相适应的传感器支架，以保证传感器处于垂直和水平位置。传感器支架最好采用具有一定厚度的钢材焊接，若支架的刚度太小，则会影响振动加速度的测试精度。

钢轨、扣件、道床、基础、隧道壁振动加速度测点布置的数量，应根据专业技术人员对轨道结构振动特性分析的需要而定。

加速度传感器的响应频率和量程的选择一般取决于被测对象的振动强度和最高频率。根据常规的测试，钢轨的振动加速度传感器的响应频率应在10kHz以上，最大量程为500g(对于轨道结构状态较差或测试钢轨接头振动加速度，量程应在1000g以上)；对于道床，响应频率应在500Hz左右，量程在20g左右；对于基底和隧道壁，响应频率应在500Hz左右，量程在5g左右。但大多数情况下，传感器响应频率和量程的选择还是要根据专业技术人员对测试对象和测试数据的要求而定。

5.4.3 测试结果分析

一般一个测试断面有几个测点就需要几个仪器通道，各个通道统一采样，因此数据采样频率由各个通道中最高频率通道决定，但测试仪器不同，采样的设置也有所不同。测试时，一般需要对被测对象的最高振动频率进行评估，取采样频率为测试最高振动频率的2倍以上。如果采样频率过低，就采集不到信号的高频部分数据。对于目前轨道结构振动测试，钢轨的振动频率最高，振动频率的成分也最丰富。钢轨的振动分析频率要求达2kHz以上，因此一般取采样频率为5kHz即可满足需求。若需要对钢轨振动的高频部分进行分析，则采样频率可取10kHz。

通过截取列车通过测点时的信号，实现信号的波形分析、幅值统计、有效值计算、频谱分析、1/3倍频分析和Vlz振级分析。

为对比分析两种轨道结构的振动特性，两个测试断面分别选取20趟以上列车的有效测试数据进行分析，幅值统计计算各趟列车通过时各测点加速度幅值的最大值，再将这些最大值按照测试断面分组取最大值和平均值；有效值(均方根(root mean square，RMS))统计中以1s为单位计算各趟列车经过时各测点振动加速度时程有效值，再对其取平均值，随后将这些平均值按照测试断面分组取最大值和平均值；频谱分析中计算各次列车通过时测点振动加速度功率谱密度的平均值；1/3倍频分析中取分组内各次列车通过时测点振动加速度1/3倍频程的平均值。

1. 时域分析

为了解各测点在列车经过时振动加速度信号的时频域特征，首先选取一组各测点波形图。图5-49为钢轨垂向和横向振动加速度波形图。由图可知，两种轨道结构的钢轨振动加速度从量级上来看差别不大，但浮置板轨道结构的钢轨振动加速度稍大于普通轨道结构的振动加速度，还需要利用其他方法作进一步的分析。在钢轨振动加速度信号中，车辆转向架的信息较为明显(6节车辆)，轮位信息不明显。

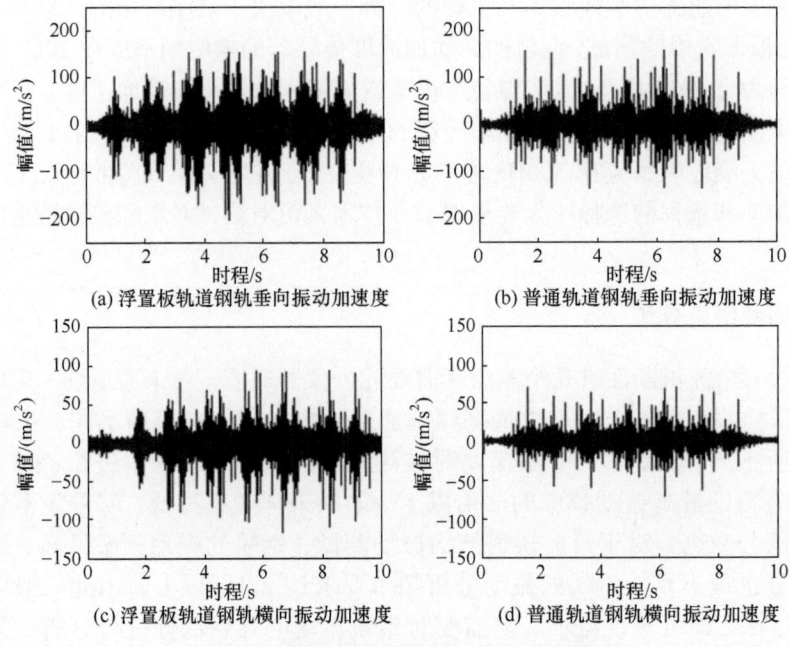

图 5-49　钢轨垂向和横向振动加速度波形图

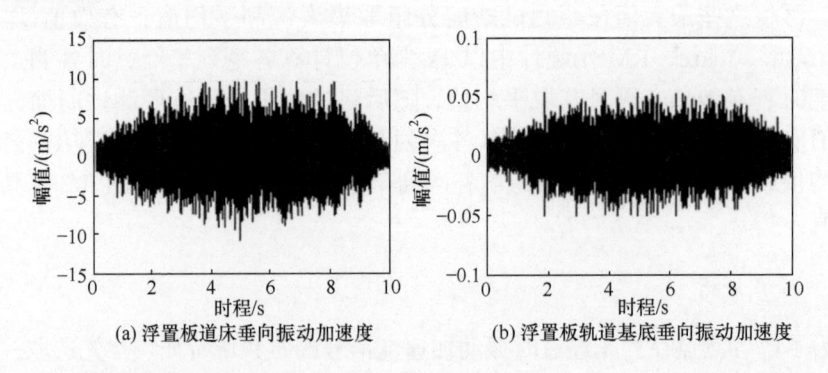

图 5-50 为浮置板和普通轨道道床的垂向振动加速度波形图，浮置板道床的振动加速度较普通轨道道床的振动加速度大将近一个数量级，而浮置板轨道的基底要比普通轨道道床的振动加速度小一个数量级，由此也可明显看出浮置板具有良好的隔振效果。

(c) 普通轨道道床垂向振动加速度

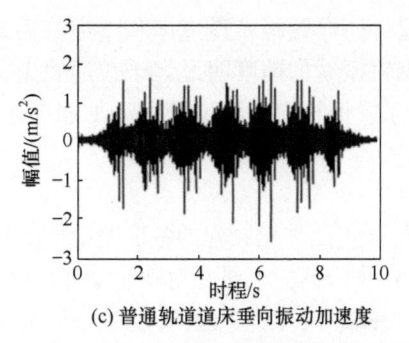

图 5-50　道床垂向振动加速度波形图

由图 5-50 可知，浮置板道床的垂向振动加速度约为普通轨道道床的 5 倍以上，而普通轨道道床的垂向振动加速度约浮置板轨道基底的 20 倍，说明浮置板轨道结构的隔振器增大了振动传递损失，隔振效果明显。浮置板轨道的道床振动加速度信号中车辆信息不明显，但普通轨道道床振动加速度信号中车辆信息明显。

隧道壁的振动加速度波形如图 5-51 所示。由图可知，浮置板轨道结构的隧道壁振动加速度较普通轨道结构小 5~10 倍，说明浮置板具有较好的隔振效果。

(a) 浮置板隧道壁垂向振动加速度

(b) 普通轨道隧道壁垂向振动加速度

(c) 浮置板隧道壁横向振动加速度

(d) 普通轨道隧道壁横向振动加速度

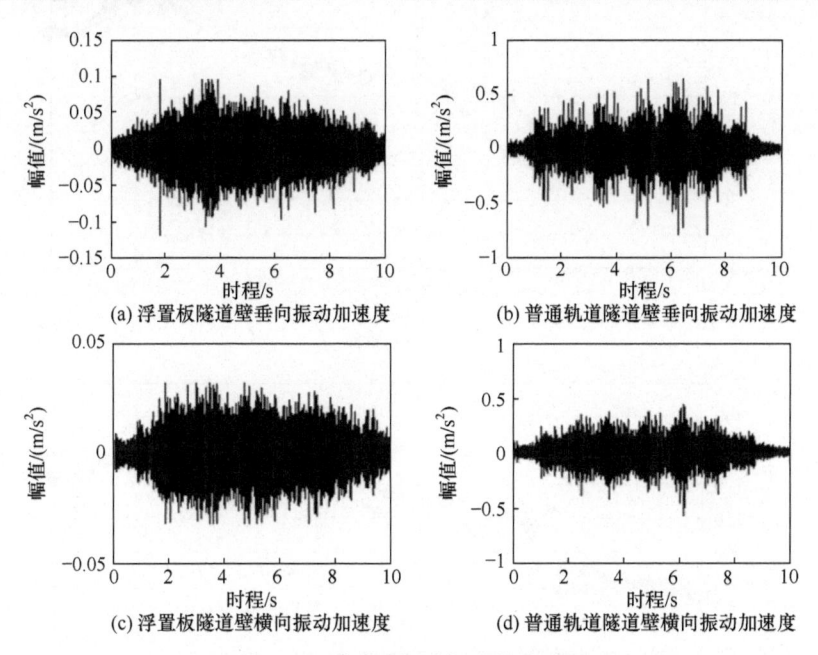

图 5-51　隧道壁振动加速度波形图

由图 5-49~图 5-51 可知，在列车通过时，测试数据的波形具有如下特性：由钢轨的振动加速度时程曲线可以分辨出列车编组情况，但是波形并不具有拍波特性，说明两测试断面轨面状态较好。从普通轨道道床和隧道壁振动加速度波形中，可分辨出列车编组情况，而浮置板轨道道床和隧道壁振动波形无法反映列车编组情况。浮置板轨道的钢轨振动加速度明显大于普通轨道，浮置板道床的振动加速度也大于普通轨道，但浮置板轨道的隧道壁振动加速度比普通轨道小一个数量级。

2. 频域分析

振动分析研究表明，利用 1/3 倍频程的各项振动强度分析具有较好的可对比性，且清晰明了。因此，近年来，研究人员在对轨道交通的结构和环境振动中较多采用 1/3 倍频程的分析方法，并取得了良好的效果。为分析不同频带的浮置板轨道结构隔振效果，对列车经过时各测点的振动加速度测试信号进行 1/3 倍频程振级强度分析[7]。

浮置板和普通轨道钢轨振动加速度的 1/3 倍频程平均振级对比如图 5-52 所示。由两种轨道结构列车通过时的钢轨振动加速度振级对比分析可知，浮置板和普通轨道钢轨的垂向、横向振动趋势比较相近，在 80Hz 以下时浮置板的钢轨垂向振动加速度略高于普通轨道，在 400Hz 以下时浮置板的横向振动加速度略高于普通轨道，在其他频段下两种轨道的振动加速度相差不大。

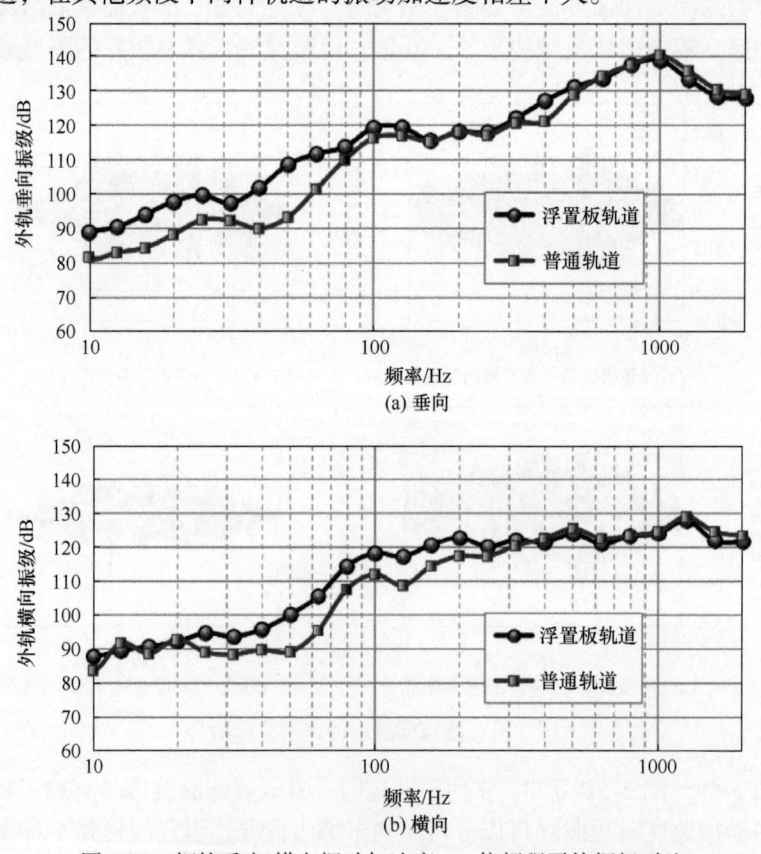

图 5-52 钢轨垂向/横向振动加速度 1/3 倍频程平均振级对比

浮置板和普通轨道道床中心处的垂向和横向振动加速度 1/3 倍频程平均振级对比如图 5-53 所示。由图可知，与普通轨道相比，浮置板轨道的道床面振动在全频率段都有放大的现象。在 10~15Hz，浮置板道床面的振动强度增大 30dB 左右，该频段包含浮置板的一阶振动固有频率。

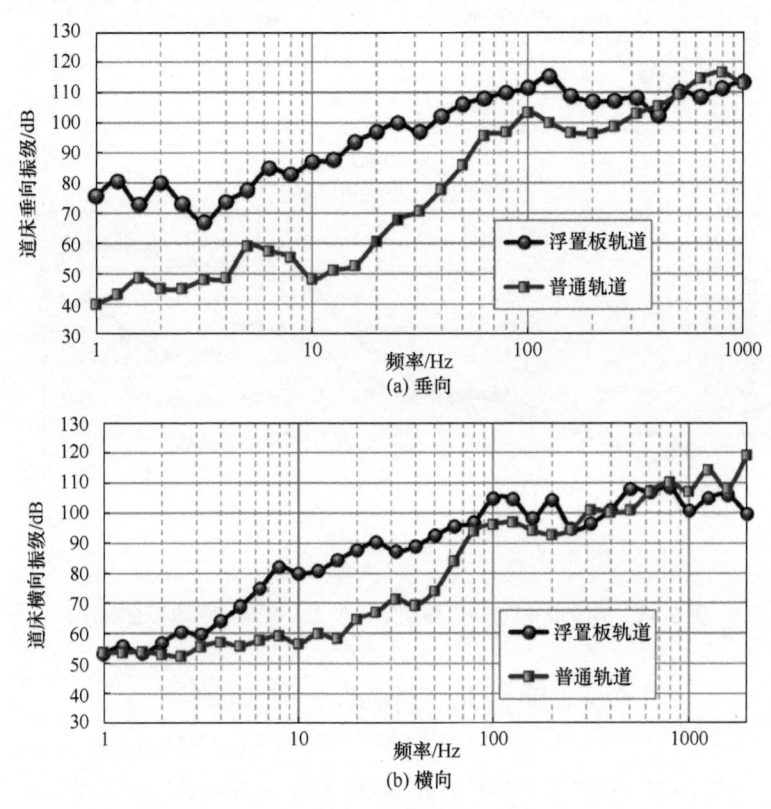

图 5-53 道床垂向/横向振动加速度 1/3 倍频程平均振级对比

浮置板轨道和普通轨道隧道壁的垂向/横向振动加速度 1/3 倍频程平均振级对比如图 5-54 所示。在 5~80Hz，两种轨道结构的隧道壁振动强度均随频率的增大而增大。在 8~20Hz，普通轨道隧道壁振动强度略大于普通轨道。在 25Hz 以上频率区段，浮置板轨道系统发挥减振作用，隧道壁振动强度明显低于普通轨道；在 63Hz 及 150Hz 以上的频率区段，插入损失均达 15dB 以上。浮置板轨道隧道壁的振动强度在 8~20Hz 略高于普通轨道，说明浮置板轨道系统在该频段范围内存在共振频率。

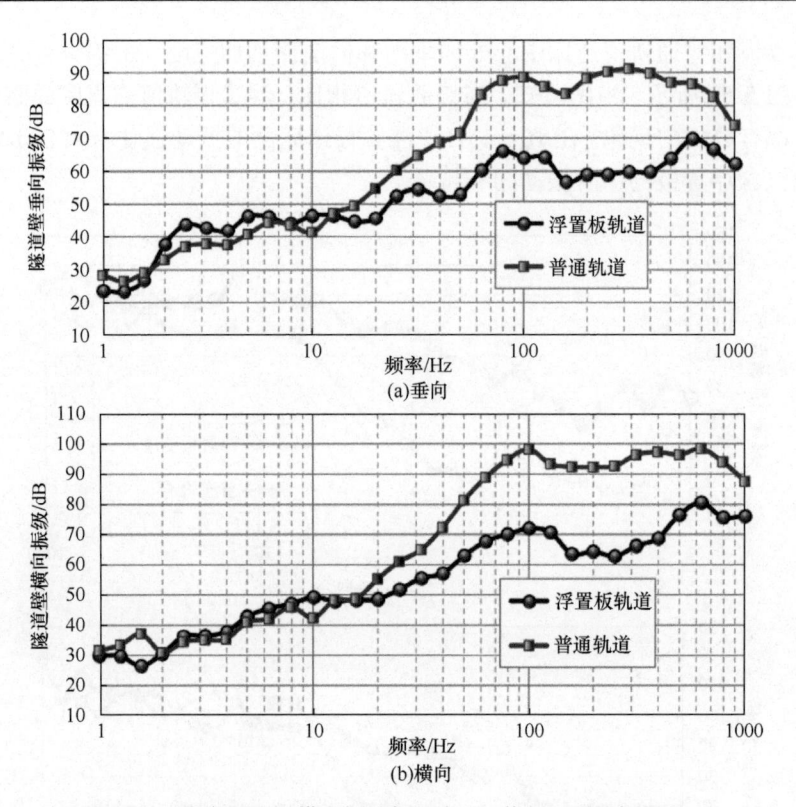

图 5-54 隧道壁垂向/横向振动加速度 1/3 倍频程平均振级对比

5.5 地面环境振动与噪声测试

  对各种轨道结构隔振效果进行评估，最终目标是落实对环境振动水平的评估。环境振动在地面测试，不需要进入线路和隧道，因此测试难度较轨道结构振动测试低。一般来说，轨道结构的基底振动加速度的大小与环境振动加速度的大小直接正相关，且与隧道埋深、隧道上方的土质结构、土体的含水量、测点与线路中心的距离、隧道上方地面硬化程度和建筑物的结构类型等因素有关。因此，在用环境振动评价浮置板轨道结构隔振效果时，要求测试点的浮置板轨道和普通轨道的隧道埋深相同；测点位置与线路中心线的距离一致；地面状态一致；列车运行速度一致，以便分析对比，确定各种轨道结构的减振隔振效果的差异。

  噪声监测一般在地面线或高架线沿线，对于地下线，有时需要测试列车通过时引起地面建筑物内的结构二次噪声。测试的目的主要是确定环境噪声是否达到标准要求，以及对比两种轨道结构的噪声强度，有时也需要对比两种车辆或运行工况对环境噪声强度的影响。

5.5.1 环境振动噪声标准

地面的环境振动具有明确的执行标准，在诸多环境振动标准中，《城市区域环境振动标准》(GB 10070—1988)是主要的标准之一，目前在城市轨道交通环境评估中也采用此标准。该标准给出了城市各类区域 Z 振级标准限值，如表 5-3 所示。

表 5-3　城市各类区域沿垂向 Z 振级标准限值　　　　（单位：dB）

区域类型	适用地带范围	昼间	夜间
0	特殊住宅区	65	65
1	居民、文教区	70	67
2	混合区、商业中心区	75	72
3	工业集中区	75	72
4	交通干线道路两侧	75	72
	铁路干线两侧	80	80

我国 1990 年 11 月发布的《铁路边界噪声限值及其测量方法》(GB 12525—1990)中明确规定了铁路边界的噪声限值，即等效声级 L_{Aeq} 为 70dBA。轨道交通线路大部分穿越人口密集的城区，因此其噪声还必须符合《声环境质量标准》(GB 3096—2008)的限值，标准中规定了城市五类区域的环境噪声最高限值，如表 5-4 所示。

表 5-4　等效声级 L_{Aeq}　　　　（单位：dBA）

功能区类别	昼间	夜间
0 类，指康复疗养区等特别需要安静的区域	50	40
1 类，指以居民住宅、医疗卫生、文化教育、科研设计、行政办公为主要功能，需要保持安静的区域	55	45
2 类，指以商业金融、集市贸易为主要功能，或者居住、商业、工业混杂，需要维护住宅安静的区域	60	50
3 类，指以工业生产、仓储物流为主要功能，需要防止工业噪声对周围环境产生严重影响的区域	65	55
4 类，指交通干线两侧一定距离内，需要防止交通噪声对周围环境产生严重影响的区域，包括 4a 类和 4b 类两种类型。4a 类为高速公路、一级公路、二级公路、城市快速路、城市主干路、城市次干路、城市轨道交通(地面段)、内河航道两侧区域；4b 类为铁路干线两侧区域	4a　70	55
	4b　70	60

5.5.2 环境振动测试

地面环境振动测试时，两种轨道结构的隧道埋深和列车的运行工况应相同，通过对两种轨道结构在列车通过时地面垂向和横向振动加速度信号强度的振级计算，分析目标轨道结构的减振效果。

测试时，每个测点均分别布设垂向传感器和横向传感器，如图 5-55 所示。对于土质地面，传感器黏接在一块厚度为 10mm 以上、面积在 100mm×100mm 以上的钢板上，钢板下方焊接一长约 200mm、粗约 8mm 以上的铁钉，将铁钉钉入地面；对于混凝土地面，可直接将传感器黏接在混凝土地面上，注意传感器底面与测试表面之间不得有弹性垫层。自测试开始，连续采集本底各次列车通过测试断面时测点振动数据。地面测试数据的离散性和随机性都较大，因此要求测试有效数据不少于 20 趟列车。

图 5-55 地面环境振动传感器布置图

1. 时域分析

环境振动测试的分析频率达 200Hz 即可满足环境评价的要求，因此传感器的响应频率为 500Hz，量程为 0.5m/s^2，就能满足测试要求。数据的采样频率可取 500Hz。所截取的信号应确保为列车通过该测试轨道结构断面时的有效信号，尽量避免其中包括本底振动之外的其他振动干扰，如相反方向轨道列车通过时所引发的振动或周边突发性环境振动、地面交通引起的振动等。截取本底振动信号时，应保证截取时段内无列车通过且无显著激扰，信号应相对平稳。

列车经过浮置板地段引起地面振动的影响较小，且该地面测点周边还存在其他振源的本底振动，很难在原始波形中将列车经过时的信号分离出来，因此采用滤波比对的方法对列车经过浮置板断面时的地面振动信号进行截取，时长为 1800s，如图 5-56 所示。预处理数据时，首先在整段信号中选取由列车经过浮置板断面时引起的地面振动信号进行频谱分析，可以发现其主频主要集中在 20～90Hz；再分析截取的疑似本底振动频谱，其主频主要集中在 30Hz 以下。为使由列车经过浮置板断面时引起的地面振动信号从本底振动信号中显现出来，对原始信号进行 30～90Hz 带通滤波，以保留列车引起振动的主要成分，而减弱本底振动成分。随后，综合考虑列车发车频率(3～5min/班次)和经过浮置板断面引起地面振动影响时长(10～12s)，在滤波信号中找出疑似列车经过浮置板断面地面振动的

第 5 章 轨道结构的动态位移和振动测试 ·247·

起止时刻，提取原始信号中该起止时刻的振动信号并分析比对频谱。在合理的发车间隔和作用时长情况下，若截取信号频谱大体一致，则可确认为列车经过浮置板轨道断面时的地面振动信号。同样，本底振动信号截取时也需要比对频谱，以避免其他振动信号的干扰。

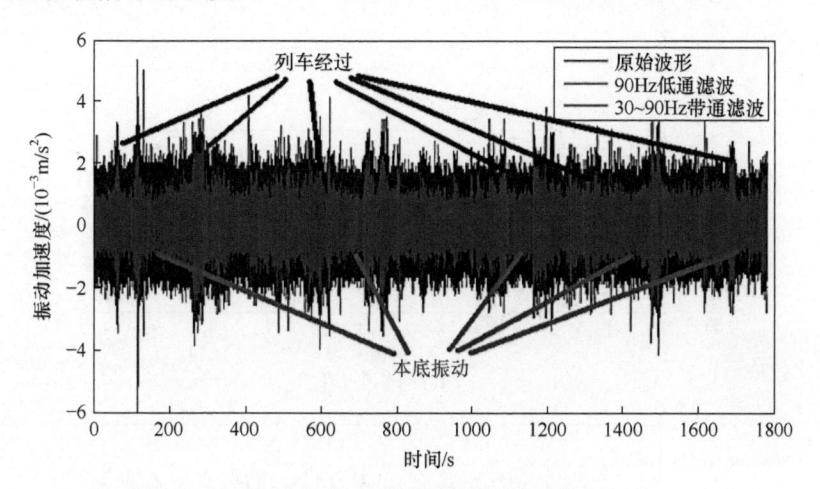

图 5-56 浮置板地段地面振动信号

列车经过普通轨道结构时引起的地面振动较浮置板大得多，甚至可以清楚地辨识每一节车厢通过时的振动信号，即典型的列车经过振动波形，信号截取1800s，如图 5-57 所示。本底振动信号截取时除了需要通过波形幅值进行判断，还需要比对频谱，以避免其他振动信号的干扰。

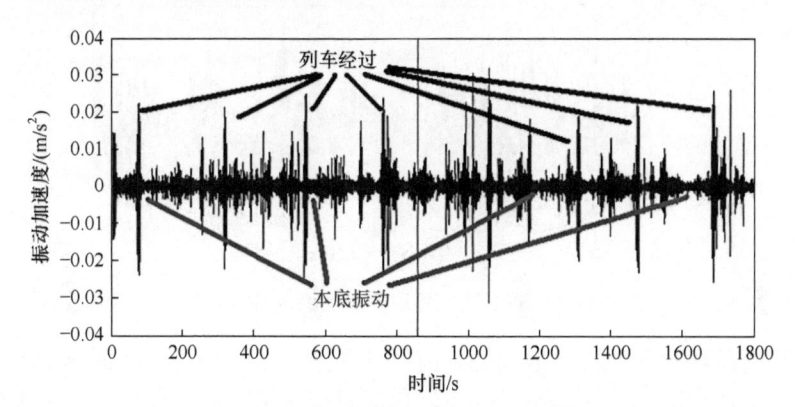

图 5-57 普通轨道地段地面振动信号

从图 5-56 中截取的列车通过浮置板地段时的地面振动信号和本底振动信号，如图 5-58 所示。由图可见，从信号中分辨不出列车车辆的信息。

(a) 列车通过时

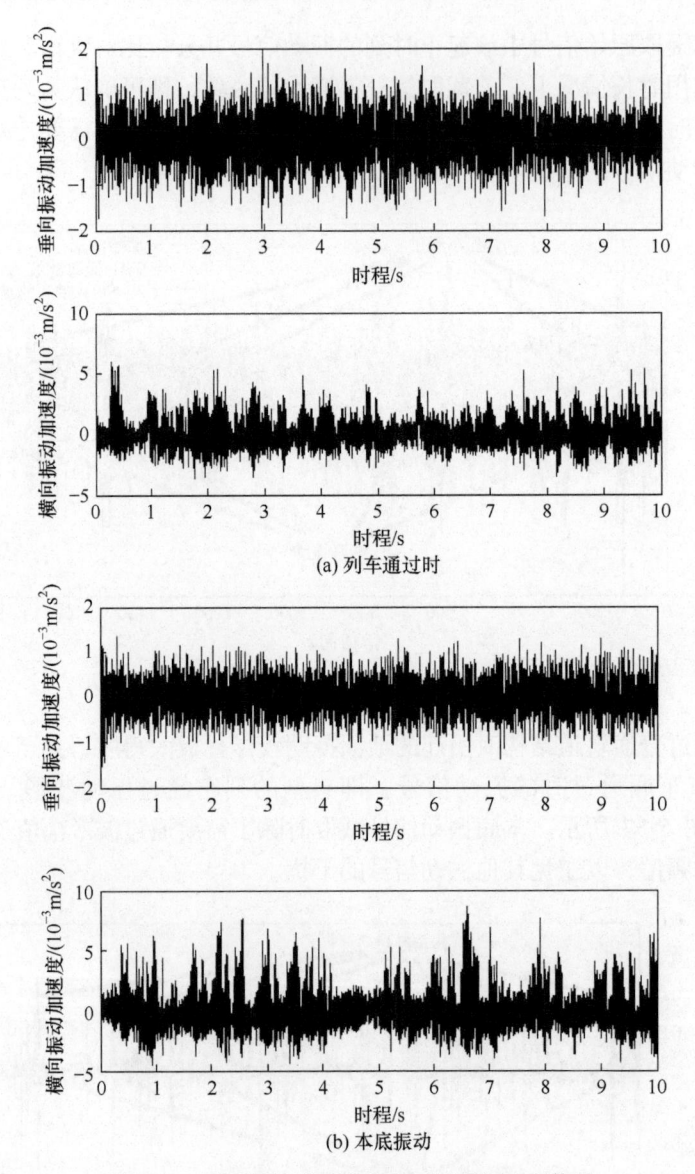

(b) 本底振动

图 5-58 浮置板轨道地段的地面振动加速度信号

列车通过浮置板地段时地面的垂向振动加速度最大约为 0.002m/s², 略大于垂向本底振动加速度 0.0015m/s²。列车经过浮置板轨道时的总体振动水平很低, 且与本底振动水平相接近。

通过分析浮置板测点地面振动波形和频谱, 可以得到以下结论: 列车通过浮置板断面引起的轨道上方地面垂向振动加速度主频为 64.8Hz, 对地面横向振动加速度影响极小; 整体振动水平很低, 表明浮置板具有很好的隔振效果。

从图 5-57 中 20 趟列车通过时的测试信号中截取某一趟列车经过普通轨道断面时的地面振动信号和从 16 段本底振动信号中任意选取一段，如图 5-59 所示。

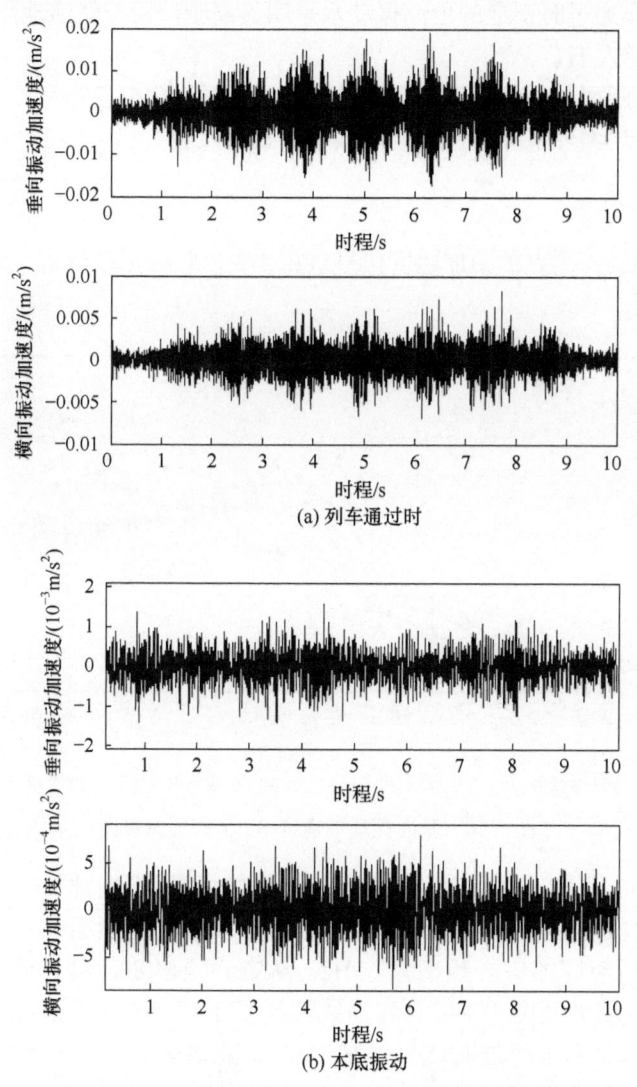

图 5-59　普通轨道结构地段的地面振动加速度信号

对比图 5-58 和图 5-59 可见，普通轨道地段地面测点在列车通过时的振动加速度波形呈现出典型的列车激励波形，可明显看出列车车辆的信息，但轮位信息不明显。

列车通过时的垂向振动加速度最大可超过 $0.02m/s^2$，明显大于垂向本底振动加速度 $0.0015m/s^2$，而列车通过时的横向振动加速度最大可达到 $0.008m/s^2$，同样明显大于横向本底振动加速度 0.0008m/s²。列车通过时的总体振动水平明显高于浮置板地段，而本底振动水平低于浮置板地段。通过地面振动最大加速度分析可明显看出，列车通过时引起的地面振动水平明显高于浮置板轨道地段和本底振动，两者相差 10 倍左右。

普通轨道断面与浮置板道床断面的本底环境振动强度基本一致，而列车通过时普通轨道的地面环境振动强度明显大于浮置板轨道。

2. 频域分析

对采集到的各测点振动加速度信号进行 1/3 倍频程振级分析，结果如图 5-60 和图 5-61 所示。

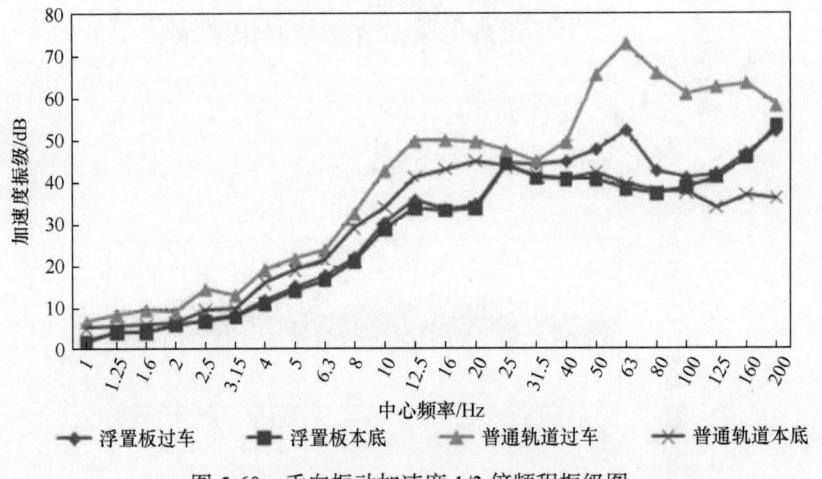

图 5-60 垂向振动加速度 1/3 倍频程振级图

由图 5-60 可知，普通轨道断面列车经过时的地面振动加速度信号在所有 1/3 倍频程频段的振动强度都明显高于浮置板轨道的地面振动强度，最大值达到 73dB，其所对应的中心频率为 63Hz。从中心频率 8Hz 处开始，普通轨道测点过车时的振动加速度 1/3 倍频程曲线明显高于该测点本底振动 1/3 倍频程曲线；浮置板断面列车经过时的振动加速度 1/3 倍频程曲线只有在中心频率为 31.5～80Hz 时高于本底振动加速度 1/3 倍频程曲线，在中心频率 63Hz 处取得最大值 53dB。

横向振动加速度 1/3 倍频程计算结果如图 5-61 所示。与垂向振动类似，普通轨道断面列车经过时的振动加速度 1/3 倍频程曲线明显高于其他测点，最大值达到 60dB，其所对应的中心频率为 63～80Hz。浮置板断面列车经过时的振动加速度 1/3 倍频程曲线只有在中心频率为 63Hz 时高于本底振动 1/3 倍频程曲线，在中心频率 63Hz 处取得最大值 40dB，同样与其振动主频相近。

图 5-61 横向振动加速度 1/3 倍频程振级图

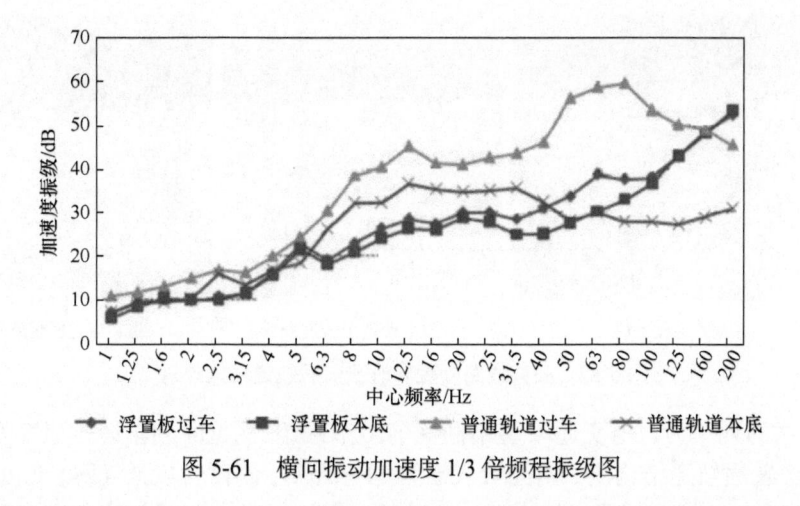

3. Vl$_z$ 振级分析

参照《城市区域环境振动标准》(GB 10070—1988)中的方法计算地面垂向振动 Z 振级 Vl$_z$。计算结果表明，普通轨道地段列车经过时的地面振动加速度 Vl$_z$ 振级明显大于其他地段，最大值达到 69dB。浮置板轨道地段列车经过时地面振动加速度 Vl$_z$ 振级与其本底振动加速度 Vl$_z$ 振级相差很小，平均值大于本底振动，最大值小于本底振动，均维持在 40~46dB 的较低水平，表明列车通过浮置板地段对地面振动的影响很小。浮置板地段的地面振动加速度振级较普通轨道结构地段低 17.3dB，最大值达到 24.7dB，表明浮置板轨道具有优良的隔振效果。

5.5.3 高架浮置板轨道结构环境噪声测试与分析

为分析评估高架浮置板轨道结构的降噪性能，在列车实际运行条件下，对浮置板轨道结构线路的高架桥下噪声水平进行测试，通过与普通道床轨道同位置、同状态的对比测试，分析评估浮置板轨道结构对高架线路桥下降噪效果的影响。

在普通轨道测试工作完成后，将原轨道拆除，铺设浮置板轨道，并通过设置刚度和高度的过渡段与普通轨道相连。浮置板轨道采用预制短板，是专门为轨道高度受限且桥梁二次结构荷载要求严苛的高架线路而设计的，板厚仅 260mm，为目前所有钢弹簧浮置板中最薄的板型，完成室内静载试验和疲劳试验后，在上海龙阳路高架实训段线路铺设试验段。测试地段的高架线路外观如图 5-62(a)所示，轨道结构改造前后的外观如图 5-62(b)和(c)所示。

(a) 试验区段外观　　　　(b) 改造前轨道外观　　　　(c) 改造后浮置板轨道外观

图 5-62　高架线路外貌和改造前后轨道结构外观

测试的列车为轨道交通 A 型车辆空车,6 节编组,测试时列车运行速度为 60～80km/h。普通轨道结构测试时当天气温为 11～15℃,测试时段天气阴,北风微风,湿度为 72%～76%;浮置板轨道结构测试时当天气温为 0～6℃,测试时段天气晴,西北风小于 3 级。噪声测点布置如图 5-63(a)所示,拾音器位于桥下运行线路中心线下,离地面高度 1.2m,实际安装如图 5-63(b)所示。

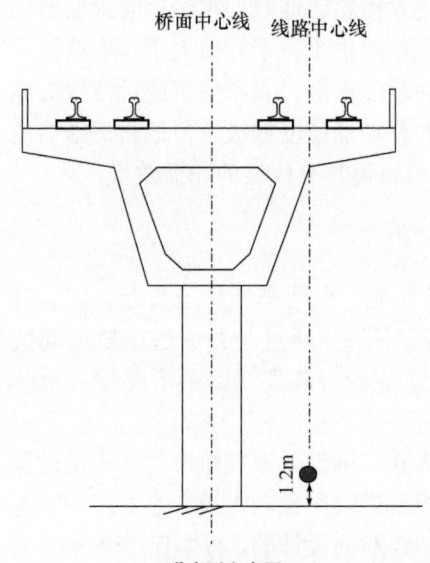

(a) 噪声测点布置　　　　　　　　　　(b) 现场实测图

图 5-63　噪声测试断面与测点布置示意图及现场噪声传声器布置

噪声测试时采样频率为 65.536kHz,分析频率为 25.6kHz。用 PULSE 系统软件分析噪声 1/3 倍频程谱及 A 计权声压级,并将各次测试结果进行统计分析。测得的噪声信号如图 5-64 所示。由图可知,普通轨道结构的噪声强度明显高于浮置板轨道结构。

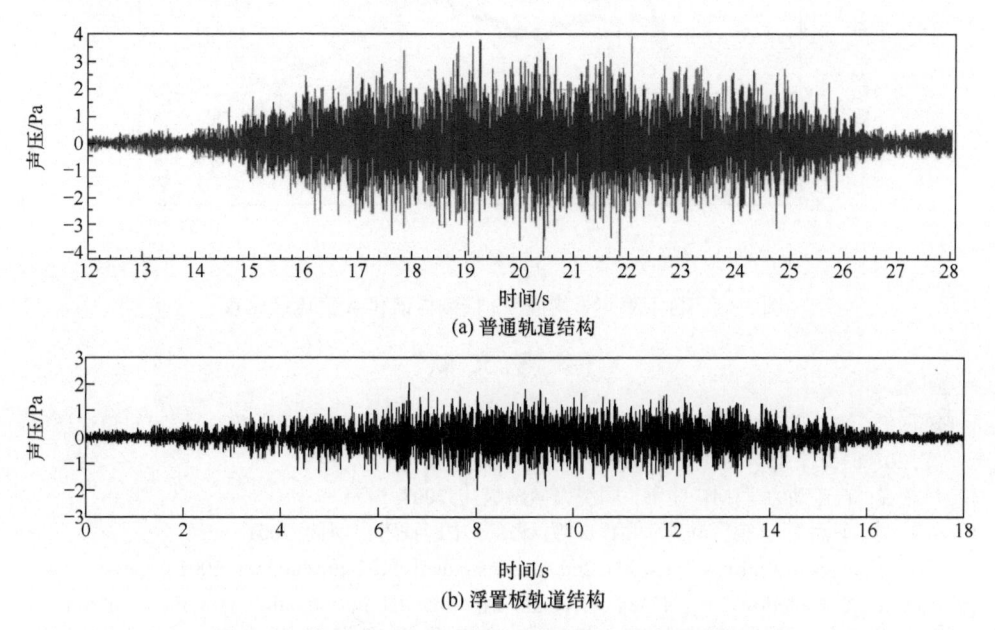

图 5-64 车速为 60km/h 时桥下噪声测点的声压时程曲线

桥下噪声主要反映了桥梁结构振动的二次噪声,也即浮置板轨道结构的隔振效果降低了桥梁结构振动,从而降低了二次噪声的辐射强度。对测得的声压信号进行 1/3 倍频程强度分析,各次测试在高频段离散性相对较大,这可能与背景噪声的影响有关。对于普通轨道结构,噪声峰值为 100Hz,最高达 70dB,A 级加权噪声平均值为 77.0dBA。对于浮置板轨道结构,噪声的主要频段在 60～2000Hz,高频段噪声离散性较大。噪声的其中两个明显的峰值分别在 60～80Hz 及 600～800Hz 附近,最大噪声在 63dBA 左右,在 200Hz 附近为低谷值,A 级加权噪声平均值为 67.4dBA,较普通轨道结构的噪声降低 9.6dBA。两种轨道结构的 1/3 倍频程噪声强度曲线如图 5-65 所示。由图可知,浮置板对桥下降噪效果最好的频率在 60～600Hz,而在 60Hz 以下,浮置板基本没有降噪效果,在 600Hz 以上,各频段都有相同的降噪效果,但较 60～600Hz 时的降噪效果差。

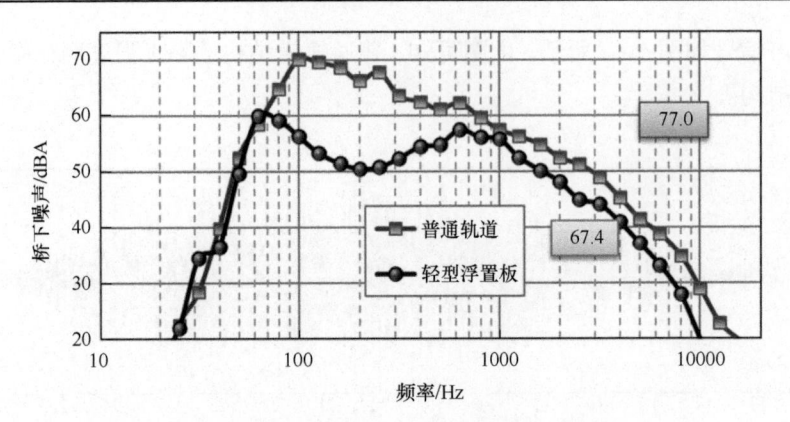

图 5-65　桥下噪声平均值 1/3 倍频程谱和 A 声压级比较

参 考 文 献

[1] 陈敏敏, 练松良, 程小平. 提速铁路轨温对轨道横向位移影响实测分析[J]. 城市轨道交通研究, 2012, 15(1): 41-44.
[2] 练松良. 轨道动力学[M]. 上海: 同济大学出版社, 2003.
[3] 翟婉明. 车辆-轨道耦合动力学[M]. 2 版. 北京: 中国铁道出版社, 2001.
[4] Esvel C. Modern Railway Track[M]. 2nd ed. Amsterdam: MRT-Productions, 2001.
[5] Oregui M, Molodova M, Núñez A, et al. Experimental investigation into the condition of insulated rail joints by impact excitation[J]. Experimental Mechanics, 2015, 55(9): 1597-1612.
[6] 李增光, 吴天行. 上海轨道交通 7 号线浮置板轨道静动态特性研究报告[R]. 上海: 上海交通大学, 2008.
[7] 练松良, 尹学军. 浮置板轨道理论研究与实践[M]. 北京: 中国铁道出版社, 2021.

第6章 轨道轨面不平顺的测量及钢轨探伤和测力轮对

轨道轨面不平顺不仅幅值和波长的变化范围大,而且其影响也各不相同。短波不平顺可能引起簧下质量与钢轨间的冲击振动,产生很大的轮轨作用力。周期性成分可能引起机车车辆的谐振,而中、长波尤其是敏感波长成分常常是引起车体产生较大振动,降低车辆运行舒适度的重要原因。

随机性轨道轨面不平顺的波长范围很宽,常见 0.01~200m 波长的不平顺。不平顺分为轨道几何形位不平顺和轨面不平顺,钢轨焊接接头、轨面剥离掉块擦伤等都可纳入轨面不平顺范畴。

波长 30~200m,波幅 1~60mm,此波段多由道床及路基不均匀沉降、路基施工过程中形成的先天性不平顺、桥梁动挠度、隧道头尾刚度差异等形成。200m 以上的长波多由地形起伏、线路坡度变化等形成。此波长范围的不平顺主要影响快速列车和高速列车运行的舒适性。对于城市轨道交通,40m 以上的波长对列车运行的舒适性影响不大。

波长 3.5~30m,波幅 1~40mm,此波段主要由道床路基的不均匀残余变形、各部件的间隙不等、道床弹性不均匀、焊头形成的以轨长为基波的复杂周期波成分,以及桥、隧头尾、涵洞等轨道刚度突变和桥梁动挠度等形成。此波段的不平顺主要影响轮轨动作用力、噪声、安全、平稳、舒适性,以及运营成本(高速时影响大增)。

波长 1~3.5m,波幅 0.1~2.0mm,此波段主要是新轨的轨身不平顺,主要对列车的动力作用和行车舒适度产生影响。

波长 1m 以下,波幅 0.1~1.0mm,此波段属于轨面不平顺,主要由钢轨接头焊缝、不均匀磨耗、轨头擦伤、剥离掉块、波浪和波纹磨耗,以及轨枕间距等形成。

一般认为,波长 1m 以上的不平顺称为轨道几何形位不平顺,其轨头和轨底上下起伏平行变化。波长 1m 以下的不平顺称为轨面不平顺,轨面上下起伏变化,轨底不随轨面上下起伏变化。

轨面粗糙度(rail surface roughness)是一种小波长的轨面不平顺,其波长在几毫米以内,会影响轮轨接触斑的连续性。

理论分析表明,轨道几何形位不平顺对行车平稳性和安全性有较大的影响,轨面不平顺对轮轨动力作用有较大的影响，轨面粗糙度对轮轨滚动噪声有较大的影响。三种不平顺都是列车运行时的激振因素，但激振的频率范围不同。

当不平顺波长和行车速度一定时，轨道不平顺幅值越大，所引起的车辆振动和轮轨作用力等响应也越大；波长越长，影响越小，呈非线性递减，但敏感波长、周期性的谐振波长影响大。当轨道不平顺幅值和波长一定时，速度越高，影响越大，呈非线性递增。

轨道几何形位不平顺和轨面不平顺，由于波长不同，采用的检测方法和设备也不同。目前轨检车只能检测波长在1m以上的轨道不平顺，对于波长在1m以下的轨道不平顺，轨检车无法检测，而轨面不平顺测量仪能满足波长在1m以下的轨面不平顺的测量要求。

在列车车轮的碾压下，钢轨表面及其内部都会产生不同程度的损伤和裂纹，一旦钢轨的损伤和裂纹引起钢轨断裂，就会造成行车事故，因此铁路部门需要定期对钢轨进行探伤，以确定损伤程度和位置，从而采取有效的防范措施，降低断轨事故的发生。目前国内外铁路大量采用超声波法探测钢轨的损伤，包括手推钢轨探伤小车，以及采用普通车辆构架的大型钢轨探伤车，两者互为补充，确保铁路轨道的运行安全。

轨道结构是一个长大的工程结构物，列车在轨道上行驶，各区段的动力性能有所差异，这些差异直接反映在轮轨的动力响应中。测力轮对是在轮对上装置测力或加速度元件，以获取车辆在线路上行驶时的轮轨垂向力、轮轨横向力、轮对振动加速度等动力响应，从而评价车辆在轨道上的运行品质，并与动态轨道几何形位检测相结合，分析引起车辆运行品质变化的影响因素。实际上，目前我国铁路研究人员着重研究测力轮对，测力轮对的测试目标与轨道发展联系紧密，因此本章对测力轮对的原理进行简单介绍。

6.1 轨道几何形位不平顺的测量与分析

轨道几何形位不平顺统称轨道不平顺，是影响车辆运行平稳性和安全性的主要因素之一。轨道几何形位不平顺的测量分为静态测量和动态测量。静态测量是指轨道上无列车荷载状态下测量轨道几何形位偏差测量值；动态测量是指轨道上有列车荷载作用下测量包括轨道弹性变形的轨道几何形位偏差测量值。

以往轨道几何形位偏差的静态测量由人工完成，一般采用道尺、弦线、木尺测量，效率低，且测量精度与测试人员的技术水平有较大的关系。随着技术的发展，近20年来在高铁、城市轨道交通的轨道几何形位测量中，越来越多地应用轨检测量小车。

6.1.1 轨道几何形位动态不平顺的测量

轨道检查车(简称轨检车)是安装了轨道几何形位、车辆动力响应和线型等检测设备的特种车辆，可以对轨道状态进行动态检测，能及时发现轨道病害，指导线路维修，保障线路运行安全，是最普遍、最重要的轨道几何动态检测设备。

20世纪50年代，中国铁道科学研究院技术人员根据弦测法原理研制了GJ-1型轨检车，该轨检车可测试轨距、水平、三角坑和晃车加速度。20世纪60年代后期研制的GJ-2型轨检车，在保留了GJ-1型轨检车弦测法的基础上，增加了高低不平顺检测项目。20世纪80年代初研制成功的GJ-3型轨检车，可测试高低、水平、三角坑、轨距、车体垂向/横向加速度。1985年，我国成功引进美国Ensco公司的T-10型轨检车技术，并成功研制了XGJ-1型轨检车，该车采用惯性基准检测原理，使用陀螺、光电、伺服电机传感器，可测量轨距、轨向、高低、水平、曲率、三角坑，同时可检测轴箱振动加速度和道岔、桥梁及道口等地面标志物，经过数据处理，根据轨道不平顺管理标准的评判，得出轨道几何形位偏差超限报告。1995年，我国在XGJ-1型轨检车的基础上成功研制了GJ-4型轨检车，并得到了广泛应用，我国的轨检技术得到了质的飞跃。20世纪末，我国向无移动部件、检测项目齐全、故障判断高智能化、检测系统网络化、数据处理科学化方向发展，并于2003年成功研制GJ-5型轨检车，我国的轨检水平达到了同类检测的世界水平。近几年来，随着我国高速铁路的发展，铁路检测部门研发了最高速度达400km/h的高速铁路轨检车——GJ-6型轨检车。GJ-6型轨检车的轨道检测系统摒弃了不安全的悬挂方式，去掉了伺服机构等移动部件，采用激光摄像式的轨道检测技术，克服了阳光干扰，采用数字图像技术，提高了检测精度，同时探索出新的标定方法，采用实时控制技术进行精确控制和测量，实现了里程精确定位[1]。

目前，GJ-5型轨检车和GJ-6型轨检车已成为主型轨检车，这两个型号的轨检车的最高检测运行速度可达到200km/h，其外观如图6-1所示。

(a) 160km/h轨检车　　(b) 200km/h轨检车

图6-1　我国轨检车外观

GJ-6 型轨检车轨道几何检测系统的基本工作原理为：使用激光摄像系统测量钢轨相对于检测梁的横向位移和纵向位移；采用惯性基准原理，通过惯性传感器，如加速度传感器、陀螺等多种传感器测量车体和检测梁的姿态变化。传感器将需要检测的位移、速度、加速度等物理量转换为相应的模拟电信号，经过放大和模拟滤波处理后输入数据采集系统和处理计算机中。处理计算机对输入的模拟信号进行数字转换、存储、滤波、修正及补偿处理，经过综合运算，合成得到所需的轨道几何参数，并按照一定的检测标准，录取超限数据，输出统计报表，实时显示及存储轨道几何波形图。GJ-6 型轨检车构架如图 6-2 所示。

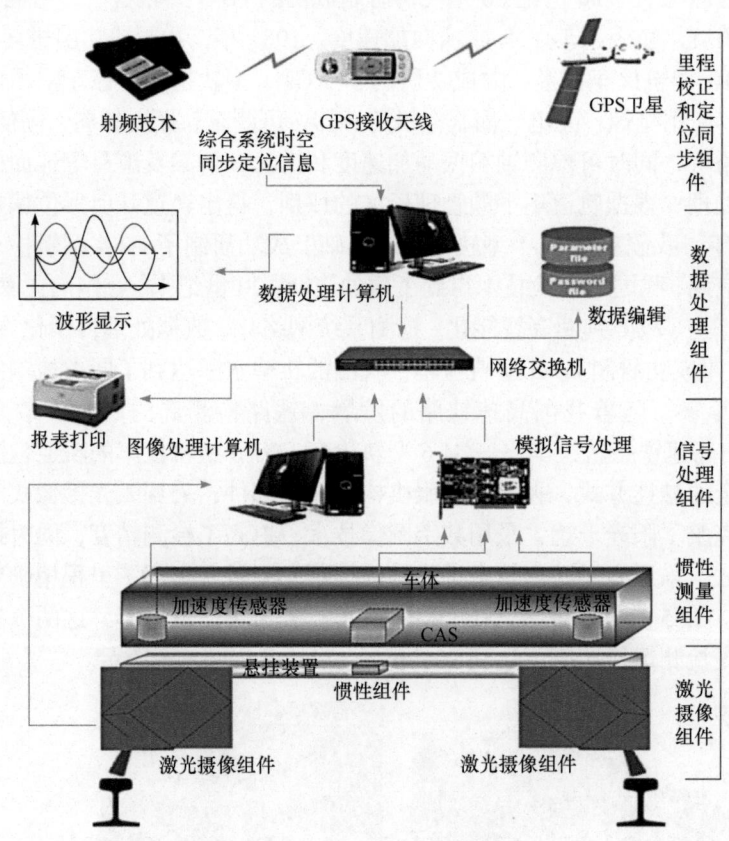

图 6-2　GJ-6 型轨检车构架
GPS 为全球定位系统；CAS 为自动避碰系统

1. 高低不平顺检测

高低不平顺主要是指钢轨顶面的上下起伏变化，国内外检测轨道高低不平顺的方法主要有两种，即弦测法和惯性基准法[2,3]。以前的轨检车用弦测法，GJ-4 型轨检车和 GJ-5 型轨检车采用惯性基准法测量轨道的实际波形,得到高低变化的空间曲线，数据采样点间隔为 0.305m(英制 1ft)或 0.25m(GJ-5 型轨检车)，并可换算成 5m、10m、20m 或其他弦长测量法的测量值。

1) 弦测法

三点弦测法检测原理如图 6-3 所示。将图 6-3 中 A、C 两轮与轨道接触点的连线 ac 弦作为测量的"基准线"，将 B 轮与轨道接触点 b 偏离 ac 弦的数值 bd 作为轨道不平顺的测量值。弦测值 bd 通过测量 A、B、C 三轮的轴箱相对于车体主梁的位移按式(6-1)求得

$$bd = bO_2' - dO_2' = bO_2' - \frac{1}{2}(aO_1' + cO_3') \tag{6-1}$$

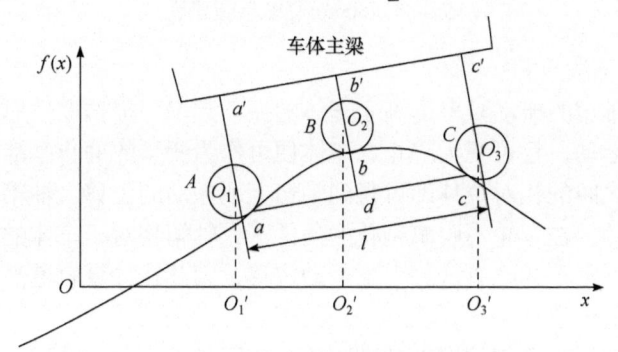

图 6-3 三点弦测法检测原理

对于正弦形轨道不平顺，可用数学方法推出弦测法的测量值与实际值之间的关系。以相同轮重作用下轨道完全平顺状态作为"实际基准线"(x 轴)，轮轨接触点 b 偏离实际基准线的数值 bO_2'，即轨道不平顺的实际值，用 $f(x)$ 表示。bd 为弦测值，用 $M(x)$ 表示，如式(6-2)所示：

$$M(x) = f(x) - \frac{1}{2}\left[f\left(x - \frac{l}{2}\right) + f\left(x + \frac{l}{2}\right)\right] \tag{6-2}$$

正弦波的轨道不平顺，可用式(6-3)表示：

$$f(x) = F_0 \sin\left(\frac{2\pi x}{\lambda}\right) \tag{6-3}$$

式中，λ——正弦形的不平顺波长，mm。

将式(6-3)代入式(6-2)，可得弦测值如式(6-4)所示：

$$M(x) = F_0 \sin\left(\frac{2\pi x}{\lambda}\right)\left[1 - \cos\left(\frac{\pi l}{\lambda}\right)\right] = f(x)H(\lambda) \tag{6-4}$$

式中，$H(\lambda)$——波长传递函数。

当 $H(\lambda)=1$ 时，才有 $M(x)=f(x)$，但 $H(\lambda)$ 并不恒为 1，如图 6-4 所示。

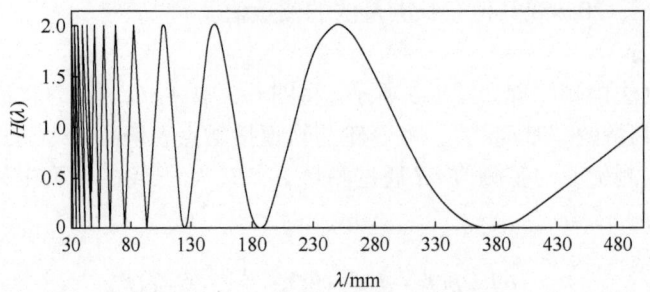

图 6-4　750mm 弦长传递函数

2) 惯性基准法

由于车辆轴箱的振动频率远高于车体的振动频率，根据惯性原理，车体不能跟随轴箱上下运动，且可视为静止，车体便可作为测量的静止基准，此时只要测得轴箱与车体之间的相对位移即可得到轴箱上下振动的位移。轴箱的位移是由轨道不平顺引起的，在车轮不脱离钢轨的条件下，轴箱相对于车体的位移就是轨道不平顺。但实际上车体也有低频上下运动位移，因此在计算轨道高低不平顺时也应考虑这部分的位移。

现代轨检车实际采用的惯性基准法原理如图 6-5 所示。高低不平顺等于车体上下运动位移与车体和轴箱之间的相对位移之和，车体对其惯性基准线的位移可用测得的车体加速度二次积分得到，计算如式(6-5)所示：

$$\eta = Z + W = \iint \ddot{Z} \mathrm{d}t \mathrm{d}t + W \tag{6-5}$$

式中，η —— 轨道高低不平顺幅值，mm；

Z —— 车体对其基准线的位移，mm；

W —— 车体与轴箱之间的相对位移，mm。

图 6-6 为几种测量方法传递函数的比较，显然惯性基准法的传递特性最佳，其传递函数在设定的波长范围内都是平直的，而弦测法就没有这一特性，所以目前的轨检车均采用惯性基准法测量轨道的高低不平顺偏差。

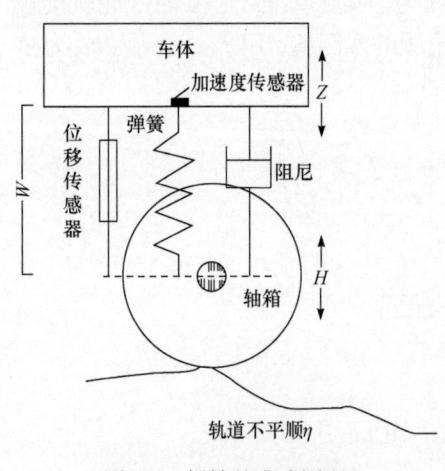

图 6-5　惯性基准法原理

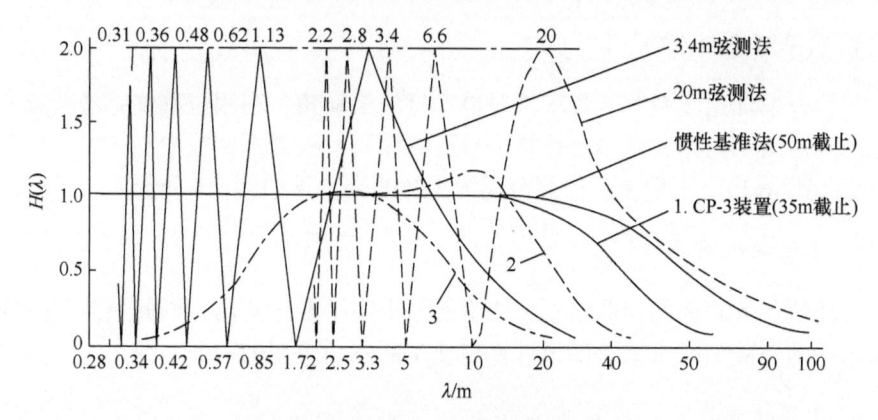

图 6-6 几种测量方法传递函数的比较

1. 振动质量法(自振频率 1.5Hz，阻尼 0.5，车速 80km/h)；2. 轴箱振动加速度积分法(高通滤波截止频率 3Hz，车速 80km/h)；3. 惯性位移法

2. 轨距不平顺检测

激光钢轨图像摄像轨距检测系统采用图像测量技术，用摄像传感器获取钢轨断面轮廓图像，对该图像进行实时处理，从而得到钢轨上被测点的空间位置信号。在理想情况下，用激光光源照亮钢轨断面的轮廓线，用摄像机采集断面垂直方向的图像；但实际上被照亮的钢轨轮廓线并不是一条宽度为零的亮线，而是有一定的宽度，摄像机也不可能在垂直方向拍摄，所以在数据处理时需要对钢轨轮廓亮带的中心线和图像角度进行几何校正。GJ-4 型轨检车的轨距检测装置如图 6-7 所示。监测范围为 1415~1480mm，误差为±1mm。

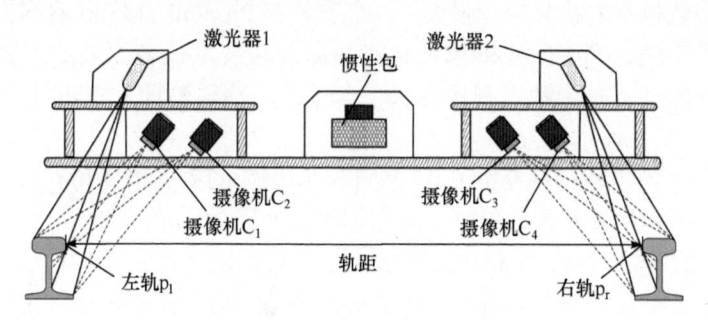

图 6-7 激光钢轨图像摄像轨距检测系统[4]

3. 方向不平顺检测

方向不平顺是指钢轨内侧面轨距测量点的水平位置变化。测试时，利用左右股轨距测量装置所测得的左右股钢轨的左右位移量，计算相对于钢轨中线的偏移轨迹，即可得到轨向的不平顺数据。测量目标是左右股钢轨的轨向，监测范围为±100mm，误差为±1.5mm，模拟弦长为 20m。

4. 水平不平顺检测

采用补偿加速度系统测量车体对地垂直的滚动角，利用位移传感器测量车体轨道的相对滚动角，二者结合计算出轨道的倾角，根据两钢轨中心线之间的距离(1500mm)计算出水平偏差。监测范围为±200mm，误差为±1.5mm。

5. 三角坑的测量

三角坑代表轨面的扭曲状态，轨道的水平不平顺已测出，因此只需要按规定基长取两轨道断面的水平差即可计算出轨道的三角坑扭曲值。

6. 曲率的测量

曲率是指一定弦长的曲线轨道(30m)对应的圆心角的大小。轨检车通过曲线时，测量每通过30m后车体方向角的变化值，计算出相应的圆心角变化值，即曲率。此项检测内容只作参考，不作为轨道质量的考核依据。

7. 振动加速度的测量

车体的垂向和水平振动加速度基本上都是车辆对轨道几何形位偏差的动力响应，这也是评价车辆运行平稳性的测量指标。车辆振动加速度与列车的运行速度成正比。车体振动加速度测量由在车体规定部位安装的加速度传感器完成。

6.1.2 轨道动态不平顺的谱分析及轨道质量评价

GJ-5 型轨检车的检测功能强大，该车安装有 Laserail TM300 型钢轨断面和几何形位测量系统，采用激光摄像和高速图像处理技术代替原来的伺服技术。运用惯性基准原理、非接触式测量方法，实时提供钢轨断面和轨道几何形位测量数据。

我国轨检车(以我国铁路的 GJ-5 型轨检车为例)的数据采样间隔为 250mm，美国 Ensco 公司的 T10 系列轨检车，其数据采样间隔为 1ft(304.8mm)。因此，无论采用何种类型的轨检车，其最短的轨道不平顺检测波长都在 1m 左右。轨检车不同，能检测的最大波长也不同，一般在 40m 以上。对于高速铁路的轨检车，其长波不平顺会影响列车运行的平稳性，因此要求能检测到更长波长的轨道不平顺，GJ-5 型轨检车的检测波长可达 70m，GJ-6 型轨检车的轨向、高低项目还包含截止波长为 120m 的长波不平顺[5]。轨检车一般都挂在列车后部。测试内容有左轨向、右轨向、左高低、右高低、轨距、水平和三角坑等 7 项主要指标，此外还包括超高、曲率、车体水平加速度、车体垂向加速度、速度和地面标志等 6 项指标。GJ-5 型轨检车测得的各项不平顺空间域函数如图 6-8 所示。

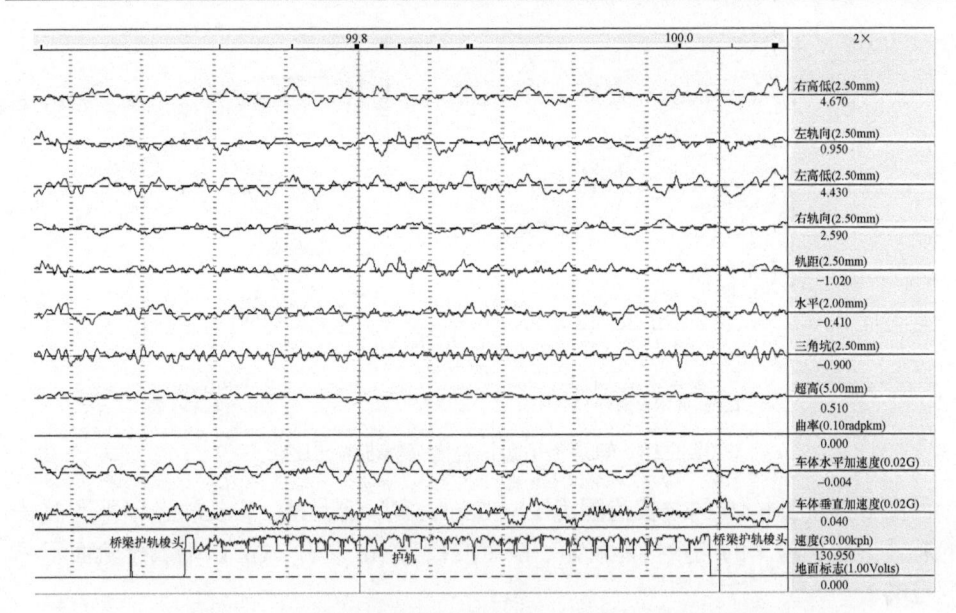

图 6-8 GJ-5 型轨检车测得的轨道几何形位空间域数据波形

将轨检车测得的轨道不平顺空间域函数进行功率谱计算，轨道不平顺在不同波长的能量下变化较大，因此谱线并不光滑。为了进行轨道不平顺的谱分析，需要对谱线进行拟合，拟合结果如图 6-9 所示。轨检车的采样间隔为 0.25m，功率谱的波长到 1m 为止，实际上对于普通轨检车，检测波长在 40mm 左右，GJ-5 型轨检车的最大检测波长为 70m，因此大于 70m 的波长谱值仅作参考。

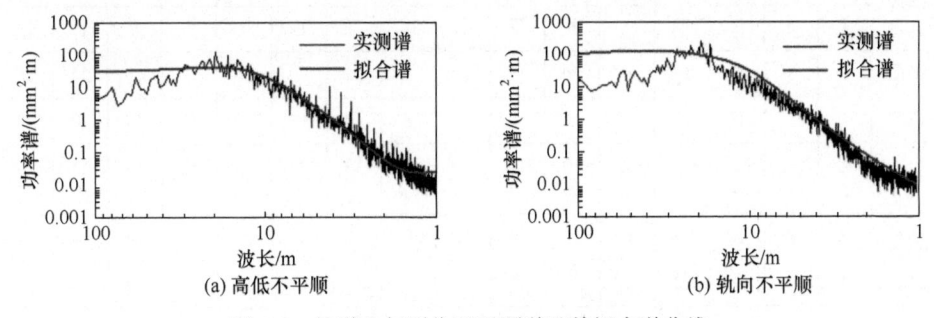

(a) 高低不平顺 (b) 轨向不平顺

图 6-9 轨道几何形位不平顺谱及其拟合谱曲线

为分析轨道不平顺状态的优劣，一般将拟合谱与标准谱进行比较，如图 6-10 所示。若拟合谱值大于标准谱值，则说明轨道不平顺劣于标准状态；若拟合谱值小于标准谱值，则说明轨道不平顺优于标准状态。

(a) 高低不平顺

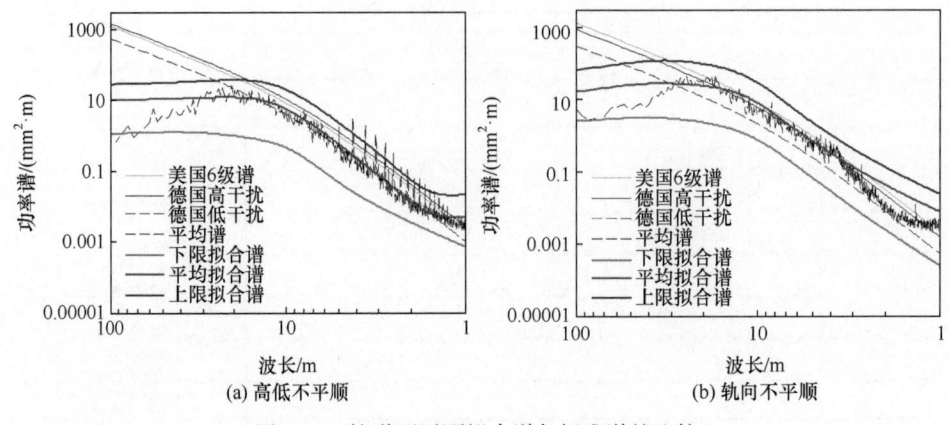

(b) 轨向不平顺

图 6-10 轨道不平顺拟合谱与标准谱的比较

图 6-9 和图 6-10 的波长范围为 1~100m，实际情况是：最长轨道不平顺波长的有效谱由轨检车的测量性能确定，最短波长为 1m 左右，1m 以下属于轨面不平顺范畴。

目前，除了轨道不平顺谱综合评价轨道平顺状态的优劣，尚有Ⅳ级扣分和轨道质量指数(track quality index, TQI)评价轨道质量。在《普速铁路线路修理规则》(TG/GW 102—2019)中，提供了轨道动态容许偏差Ⅳ级扣分管理值标准，如表 6-1 所示。

表 6-1 轨道动态几何不平顺容许偏差管理值 （单位：mm）

项目	160km/h 以上				120~160km/h				80~120km/h				80km/h 以下			
	Ⅰ	Ⅱ	Ⅲ	Ⅳ	Ⅰ	Ⅱ	Ⅲ	Ⅳ	Ⅰ	Ⅱ	Ⅲ	Ⅳ	Ⅰ	Ⅱ	Ⅲ	Ⅳ
高低	5	8	12	15	6	10	15	20	8	12	20	24	12	16	24	26
轨向	5	7	10	12	5	8	12	16	8	10	16	20	10	14	20	23
轨距	+4,-3	+8,-4	+12,-6	+15,-8	+6,-4	+10,-7	+15,-8	+20,-10	+8,-6	+12,-8	+20,-10	+23,-11	+12,-6	+16,-8	+23,-11	+25,-12
水平	5	8	12	14	6	8	12	16	8	12	18	22	8	12	22	25
三角坑	4	6	9	12	5	8	12	14	8	10	14	16	10	12	16	18

各项局部不平顺峰值的扣分标准为：Ⅰ级每处扣 1 分，Ⅱ级每处扣 5 分，Ⅲ级每处扣 100 分，Ⅳ级每处扣 301 分。车体垂向和水平加速度的Ⅳ级标准见 5.3.1 节。以千米为单位，将 1km 内的 7 项轨道不平顺和 2 项振动加速度的扣分值相加，总扣分在 50 分以内为优良；51~300 分为合格；300 分以上为失格。

在对轨道几何形位质量进行区段管理时，采用 TQI 评价。TQI 是左高低、右高低、左轨向、右轨向、轨距、水平、三角坑等 7 项轨道几何不平顺在 200 区段的标准差之和，计算公式如式(6-6)所示：

$$\text{TQI} = \sum_{i=1}^{7}\sqrt{\frac{1}{n}\sum_{j=1}^{n}(x_{ij}^2 - \bar{x}_i^2)}, \quad \bar{x}_i = \frac{1}{n}\sum_{j=1}^{n}x_{ij} \tag{6-6}$$

式中，x_{ij} —— 轨检车测得的轨道不平顺值，mm；

i —— 7项轨道不平顺值，$i = 1 \sim 7$；

j —— 200m区段的轨道各项偏差幅值，若采样间距为250mm，则每项轨道不平顺的采样点个数 $n = 800$。

列车运行速度不同，轨道的TQI也不同。随着我国铁路列车速度的提高，对TQI的要求越来越严格，有些工务部门要求TQI在5以下。根据不同的列车速度，《普速铁路线路修理规则》中的TQI标准如表6-2所示。

表6-2 轨道质量指数　　　　　　　　　　　　　(单位：mm)

速度	左高低	右高低	左轨向	右轨向	轨距	水平	三角坑	总TQI
80km/h以下	2.2~2.5	2.2~2.5	1.8~2.2	1.8~2.2	1.4~1.6	1.7~1.9	1.9~2.1	13~15
80~120km/h	1.8~2.2	1.8~2.2	1.4~1.9	1.4~1.9	1.3~1.4	1.6~1.7	1.7~1.9	11~13
120~160km/h	1.5~1.8	1.5~1.8	1.1~1.9	1.1~1.9	1.1~1.3	1.3~1.6	1.4~1.7	9~11
160km/h以上	1.1~1.5	1.1~1.5	0.9~1.1	0.9~1.1	0.9~1.1	1.1~1.3	1.0~1.4	7~9

将200m区段的轨道不平顺TQI超过管理值的大小作为扣分T_{200}，每千米5个单元区段的扣分T_{200}之和为T。T_{200}根据单元区段内TQI超过对应管理值的程度来确定。未超过管理值扣0分；超过0%~10%扣40分；超过10%~20%扣50分；超过20%扣61分。若5个单元区段的T_{200}之和T为零，则称为"均衡"状态；若为0~100，则需要安排"计划维修"；若大于100，则需要安排"优先维修"。线路维修作业后，TQI不应出现超过管理值的单元区段。

6.1.3 轨道几何形位不平顺的静态测量

以前轨道几何形位静态偏差测量由人工完成，用道尺测量轨距、水平和曲线超高；用弦线木尺测量轨道方向、高低及曲线正矢；用支距尺测量道岔的导曲线支距。线路是一个长大的工程结构物，每隔一段距离就要测量一次轨道静态几何形位偏差，因此工作量较大，且测量精度会受到测量人员的技术水平、责任心等的影响，测量效率和测量精度都不能满足当前铁路维修养护的要求。近20年来，我国静态测量轨检仪测试技术得到了极大的发展。

1. 静态轨检测量小车简介及发展

轨检仪是一种在无列车轮载作用下可检测静态轨道各项平顺性参数的便捷工

具，且能够直接在轨道上手推行驶，因此也被称为"轨检测量小车"。它采用电测传感器、专用便携式计算机等先进检测和数据处理设备。其机械结构根据测量的轨道参数和机械机构的不同共分为三种结构形式，即 H 型、T 型和 I 型。其中，H 型可用于测量左右轨向和左右轨高低、轨距、水平和里程等 7 个参数；T 型可用于测量单股的轨向和高低，以及轨距、水平和里程等 5 个参数；I 型可用于测量轨距、水平和里程等 3 个参数。

按轨检测量小车的测量方式，可分为轨道几何形位相对测量和绝对测量。相对测量是指在没有外部参考基准的情况下，轨检测量小车根据观测数据分析检测点之间相对的轨道几何形位变化。绝对测量是指在有外部 CPⅢ 平面控制测量网参考基准的情况下，除了能够检测轨距、水平、超高、正矢、轨向、高低、扭曲，还能够确定线路里程及轨道中心点绝对位置偏差。轨检测量小车的内部测量单元可独立测量轨道几何形位，外部测量单元由全站仪、CPⅢ 棱镜组等组成。

轨检测量小车的测试精度及要求必须满足《铁路轨道检查仪》(TB/T 3147—2020)的各项要求，对于用于行车速度大于 200km/h 的客运专线的轨检测量小车，其必须达到 0 级轨检测量小车的标准[6]。

我国最早从国外引进的轨检测量小车为瑞士安博格 GRP1000、GRP3000、GRP5000 等系列和德国 GEDOCE 系列，国内轨检测量小车经历了相对测量、绝对测量、绝对+相对测量、GPS+惯导的发展过程。目前，高速铁路所采用的轨检测量小车主要是应用绝对+相对测量的模式，以后发展 GPS 定位与高速惯导融合，可放弃绝对测量对 CPⅢ 控制网的依赖，提高测量效率。

早期的轨检测量小车只具有相对轨道几何形位测量功能[7,8]，主要使用弦测法，只能测量轨道的轨距、超高、轨向、高低、扭曲等内部参数，测量精度不高，主要应用于有砟线路的平顺性检测。

自我国大力建设高铁以来，在引进国外产品的基础上，通过积极吸收、消化、学习、改进，自主设计研发了具有绝对测量功能的第二代轨检测量小车，能够测量轨道的轨距、超高、扭曲等内部参数，以及轨道空间位置等外部参数，测量精度高，但测量效率低，适用于高速铁路轨道修建、运行调试期间的轨道静态测量。

第三代轨检测量小车具有绝对+相对快速测量功能，充分利用高精度陀螺仪(或惯导设备)、位移传感器和倾角传感器、里程计等设备，动态测量轨道三维空间姿态的变化，只需全站仪测量约束点位置的三维坐标，极大地减少了轨道静态测量的时间，提高了测量效率，可以在满足轨道空间位置测量精度的前提下，快速得到轨道的空间位置信息，其测量结果可直接用于钢轨扣件调整。目前，第三代轨检测量小车已投入使用或正在进入线路试验阶段。

第四代轨检测量小车充分结合自身在 GPS 测量中的技术优势，将 GPS 定位与高速惯导相对测量融合在一起，创新性地研制出了 GPS 惯导轨检仪，它彻底放弃了绝对测量对线路 CPⅢ 控制网的依赖，并利用 GPS 高精度惯性导航系统测量得到线路的绝对坐标，高速惯导测量打破了普通移动测量移动速度不能超过 8km/h 的限制，进一步提高了测量效率，为中、高动态环境下对轨道进行高精度实时连续定位提供了一种新的途径。

2. 轨道几何形位绝对位置的测量

高速铁路和城市轨道交通建设中，为了得到准确的轨道几何形位和线路位置，需要对轨道进行静态精调。轨道静态调整是在联调联试之前，根据轨道静态测量数据对轨道进行全面系统地调整，无砟轨道精调作业是指通过对轨道工程质量进行全面检查，进而对道床、扣件、钢轨等存在的问题进行调整，使轨道几何形位误差保持在要求的精度范围内。

轨道几何形位的平顺性对列车运行的高平稳性和高舒适性的影响极大，高速列车尤其如此，因此要求高速铁路轨道具有极高的平顺性。《高速铁路工程测量规范》(TB 10601—2009)中给出了 250～350km/h 高速铁路轨道静态平顺度允许偏差，如表 6-3 所示。为了保证获得高平顺性的轨道几何形位，轨道精密测量技术和精细调整技术是控制质量的关键。

表 6-3 高速铁路轨道几何形位静态允许偏差

序号	项目	无砟轨道 允许偏差	无砟轨道 检测方法	有砟轨道 允许偏差	有砟轨道 检测方法
1	轨距	±1mm	相对于 1435mm	±1mm	相对于 1435mm
		1/1500	变化率	1/1500	变化率
2	方向	2mm	弦长 10m	2mm	弦长 10m
		2mm/(8a)	基线长 48a	2mm/5m	基线长 30m
		10mm/(240a)	基线长 480a	10mm/150m	基线长 300m
3	高低	2mm	弦长 10m	2mm	弦长 10m
		2mm/(8a)	基线长 48a	2mm/5m	基线长 30m
		10mm/(240a)	基线长 480a	10mm/150m	基线长 300m
4	水平	2mm	—	2mm	—
5	扭曲(基长 3m)	2mm	—	2mm	—
6	与设计高程偏差	10mm		10mm	
7	与设计中线偏差	10mm		10mm	

注：a 代表轨枕(扣件)间距；站台处的轨面高程应不低于设计值。

为了达到精调后的轨道几何形位偏差的允许要求，需要建立分级控制的轨道精密测量网，通过各级平面和高程控制网组成的测量系统实现轨道位置的精确定位。

高速铁路工程测量平面控制网分为三级，三级控制网的作用和精度各不相同。第一级为基础平面控制网(CPⅠ)，主要为勘测、施工、运营维护提供坐标基准，沿线路走向面布设，是全线各级平面控制测量的基准；第二级为线路控制网(CPⅡ)，在CPⅠ的基础上沿线路附近面布设，是勘测、施工阶段的线路平面控制和无砟轨道施工阶段桩基控制网起闭的基准；第三级为基桩控制网(CPⅢ)，主要为铺设无砟轨道和运营维护提供控制基准，起闭于CPⅠ或CPⅡ。三级平面控制网间的关系如图6-11所示。

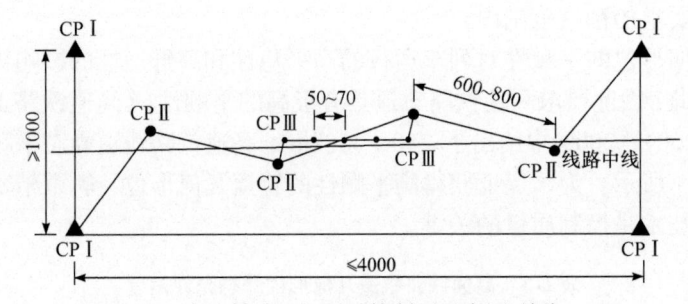

图6-11 高速铁路三级平面控制网示意图(单位：m)

CPⅢ控制点设置在稳固、可靠、不易破坏和便于测量的位置，测量标志应全线统一。测量方法采用自由设站交会法，纵向网点间距为50～70m，横向网点间距为10～20m。测试与沿线CPⅠ、CPⅡ及同等级控制网连接，观测网示意图如图6-12所示。

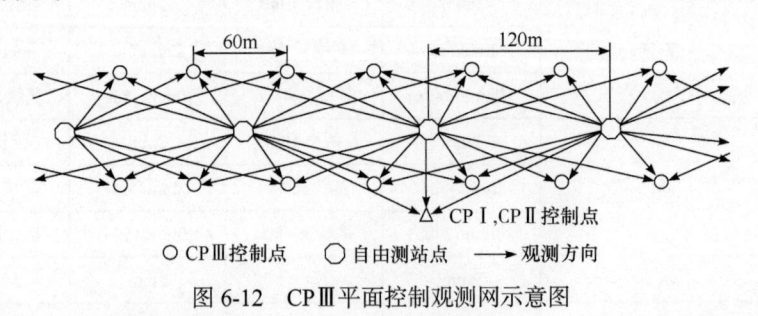

图6-12 CPⅢ平面控制观测网示意图

CPⅢ高程控制网采用二等水准的电子水准仪测量，并与沿线二等水准加密点联测，观测网示意图如图6-13所示。

绝对测量时，高速铁路轨道几何形位状态是以高精度的全站仪自由设站测量为前提的。目前，轨道测量主要采用具有自动照准、自动识别目标、自动测量功能的智能型全站仪,包括 Leica TPS 系列和 Trimble S 系列。根据线路两侧 CPⅢ控制点的坐标数据,采用自由设站交会法,进行全站仪高精度自由设站测量。

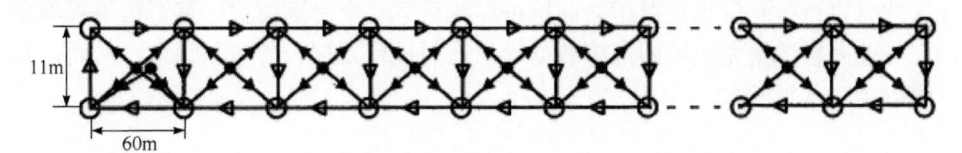

图 6-13 矩形法 CPⅢ高程控制观测网示意图

全站仪自由设站测量应选择测量区间内距离设站点最近的 8 个 CPⅢ控制点进行自由设站测量。全站仪自由设站测量的具体过程如下:

(1) 人工选定 2 个 CPⅢ控制点进行学习测量。

(2) 根据已学习的两个 CPⅢ控制点的测量数据和 8 个 CPⅢ控制点的已知三维坐标,由机载数据采集软件控制全站仪对剩余 6 个 CPⅢ控制点进行半盘位的边角自动测量。

(3) 根据自由设站三维边角后方交会法测量的 CPⅢ控制点观测数据和 CPⅢ控制点已知坐标进行三维严密平差计算和精度确定,得到全站仪中心的三维坐标及设站精度。

此外,全站仪自由设站测量过程中,通过对平差后的 CPⅢ控制点残差进行判断,剔除观测质量较差的观测值和不稳定的 CPⅢ控制点,然后重新进行平差计算,直至设站精度满足规范要求。

设站完成后,全站仪应照准轨检测量小车上的棱镜并锁定(图 6-14 和图 6-15),将轨检测量小车推到数据采集位置,使轨检测量小车静止,由轨检测量小车的控制终端控制全站仪测量轨检测量小车上的棱镜,以获得棱镜中心的三维坐标,并将棱镜中心的三维坐标通过无线信号传输到控制终端,再结合倾角传感器和轨距传感器的测量数据、线路设计文件、线路中线点坐标的计算模型、轨道点对应的

图 6-14 轨检测量小车　　图 6-15 全站仪照准轨检测量小车上棱镜示意图

线路中线点里程计算模型和左右轨实测坐标计算模型等，实时计算轨检测量小车所处位置轨道点对应的中线里程，中线和左右轨实测三维坐标及其各项平顺性参数，然后将轨检测量小车继续向前推进并测量下一个待测位置，直至数据采集完毕。外业采集数据完成后即可将数据导出，并进行处理、分析和管理，从而得到轨道的绝对位置参数。

6.2 轨面不平顺的测量与分析

轨面不平顺的波长为几毫米至几十毫米，钢轨波磨(rail corrugation)的波长也在此范围内，此范围内的波长对轮轨作用力的影响最大。当波幅在零点几毫米至2mm时，轮轨之间的冲击力有时可达静轮载的3倍以上，较大的轮轨冲击力使轨道结构振动增强，造成钢轨损伤、扣件断裂、混凝土道床开裂、车辆转向架开裂等问题，同时影响环境振动，产生轮轨冲击噪声。

波长几毫米的不平顺称为轨面粗糙度，车辆在此波长范围内的轨面上运行时，主要造成轮轨接触斑不连接，从而产生较强的轮轨滚动噪声。

近几年来，我国铁路和城市轨道交通部门对轨面不平顺的研究越来越深入，为提高列车的运行品质提供了技术保障。在研究过程中，引进的国外轨面不平顺测量工具有波磨尺、轨面不平顺测量仪等，对轨面不平顺进行监测，同时我国研究单位也在积极研发同类产品，以满足国内市场的需要，降低成本。

6.2.1 轨面不平顺和粗糙度测量仪器

1. 钢轨波磨尺

钢轨波磨尺又称轨面平直仪。最早我国铁路和城市轨道交通引进德国Elektro-Thermit 公司生产的 SEC-RC 型钢轨波磨尺，如图 6-16(a)所示。SEC-RC型钢轨波磨尺采用掌上电脑控制和采集数据，利用蓝牙技术与波磨尺通信和传输数据，并带有数据自动处理软件和显示功能。近几年来，随着我国科技的发展，国产多种型号的波磨尺也得到了较多的应用，图 6-16(b)为国产某型波磨尺。

一般钢轨波磨尺的长度为 1m，采样点间距为 5mm，共有 201 个采样点。采样点间距为 5mm，能测得的最短波长为 20mm 左右。目前，轨道交通的钢轨波磨一般波长在 30~300mm，钢轨波磨尺也能基本满足测量的要求。钢轨波磨尺的基准是尺两端，即尺两端的两个点的读数为零，若前后连续测量轨面不平顺，则钢轨波磨尺的数据是不能衔接的，所以目前钢轨波磨尺主要以测量钢轨焊接接头为主，一般专业考虑焊接接头的范围是 0~1m，1m 以外就不考虑为焊接接头的范围，因此测量数据主要用于评价钢轨焊接接头的平顺性水平。

(a) SEC-RC型钢轨波磨尺   (b) 国产某型波磨尺

图 6-16　钢轨波磨尺

2. 轨面不平顺测量仪

世界铁路使用的轨面不平顺测量仪类型较多，近几年来国内也有生产轨面不平顺测量仪，我国铁路工务部门应用相对较少，主要研究单位应用较多，因此目前轨面不平顺测量仪仍以采用国外的仪器为主。RRT-CAT 型轨面不平顺测量仪目前在国内应用得较多，如图 6-17 所示，该仪器可用于研究轮轨噪声发声机理和钢轨高质量打磨，并自带数据处理软件，可根据 ISO 3095 评价轨面粗糙度。

(a) 单轨测量   (b) 双轨测量

图 6-17　RRT-CAT 型轨面不平顺测量仪

国产的 RMF-2.3E 型波磨测量仪主要用于钢轨波磨的连续检测，如图 6-18 所示。该仪器在 2 个端框外端的同一水平面上等距布置 184 个高精度辊子，测量时辊子沿着钢轨表面滑动，2 个端框各有一个类似于弦的直边与钢轨接触，形成一个 2.2m 长的弦。各个直边的中点都有一个数字传感器。该传感器用于探测不平顺轨面对滑动直边造成振动的强弱。振动强弱信号被传送到计算机后可被转换成被检测轨面的 X、Y 坐标值，其中 X 坐标值表示轨面距离，Y 坐标值表示波磨波深。

图 6-18 RMF-2.3E 型波磨测量仪

RMF1100 型波磨测量仪如图 6-19 所示,其检测原理与 RMF-2.3E 型波磨测量仪基本一致,用于连续动态测量双轨的波磨状态。波磨测量仪基于 1m 级的长基准弦,使用机械探头跟踪钢轨表面的波动情况,波磨测量精度可达 0.01mm。在后处理软件中可进行滤波,分波段分析波磨状态。目前这类仪器已在我国高速铁路的钢轨打磨后轨面平顺性评估中得到应用。

图 6-19 RMF1100 型波磨测量仪

波磨测量仪的采样频率为 500 点/m,采样点间距为 2mm,利用该类仪器的测试数据可分析 10mm 波长的轨面波磨。波磨测量仪的测试效率较高,且可测试的波长较短,因此目前较多应用于轮轨噪声、波磨成因和发展的研究测量中。

波磨测量仪在轨面上连续推动时,可测得轨面的不平顺连续波形,即空间域随机函数,如图 6-20 所示。图中,尖峰表示钢轨焊接接头处的轨面不平顺,两尖峰的间隔为 25m,说明钢轨焊接接头区的轨面不平顺明显高于非接头区。钢轨部位不同,轨面的平顺性有所不同,因此需要将钢轨不同区段的轨面不平顺数据分段统计分析,分析时将测得的数据分割为接头区、小腰区(25m 长钢轨 1/4 长度处)

和大腰区(25m 长钢轨 1/2 长度处)，然后分别进行 1/3 倍频程分析，并与 ISO 3095 标准对比，分析不同钢轨区段的轨面不平顺水平。

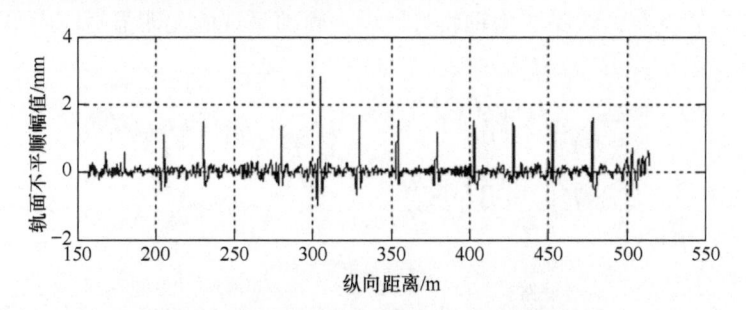

图 6-20　轨面不平顺(波磨)空间域数据波形

3. 轨面和车轮踏面粗糙度测量仪

波长为几毫米，最小波深在 1μm 以下的称为轨面粗糙度，国外将此粗糙度称为声学粗糙度，主要是考虑到此波长范围内的轨面粗糙度影响车轮滚动时轮轨接触斑的连续性(轮轨接触斑长度一般为 5～10mm)，使列车在通过时产生"隆隆"的轮轨噪声，在对噪声敏感的地区，为了降低轮轨噪声，往往需要对轨面粗糙度进行控制。轨面粗糙度对列车运行的平稳性和安全性影响较小，因此目前对轨面粗糙度的研究要弱于轨道不平顺和轨面不平顺[9]。

对于测量工具，目前应用较多的是德国 Müller BBM 公司生产的 mbbmRM1200 型轨面粗糙度测量仪，如图 6-21 所示。此仪器安装在轨头上，在测量时，可一次在轨头横截面上自动测量 20 条轨面粗糙度，也可测量其中的几条，范围为钢轨中心线附近 60mm。该仪器长 1200mm，采样点间距为 0.5mm，检测最短波长为 2mm。传感器测量范围为 0～12mm，分辨率为 0.5μm。测得的轨面粗糙度数据的评价也采用 ISO 3095 标准 1/3 倍频中谱线短波部分。

图 6-21　mbbmRM1200 型轨面粗糙度测量仪
1. 右支架支承在另一轨上；2. 紧固支架手柄；3. 张开的折叠把手

图 6-22 为几种典型轨道状态的轨面粗糙度时域测量数据波形。线路 1 钢轨表面出现的主波长为 5~6mm 短波的周期性磨损；线路 2 钢轨表面出现的主波长为 100mm 左右的波磨；线路 3 为钢轨打磨后，轨面呈现的无明显短波不平顺状态。

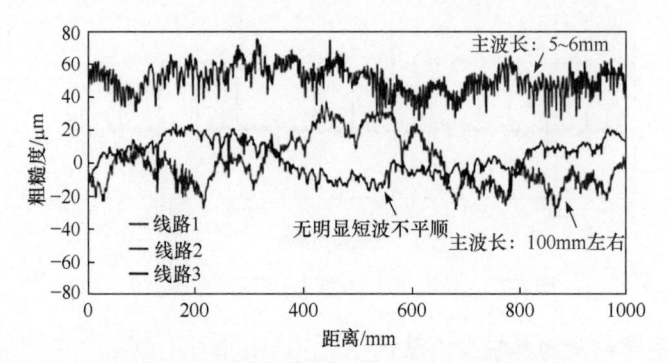

图 6-22　轨面粗糙度的现场实测数据波形[10]

车轮粗糙度的轮轨动力作用与轨面粗糙度一样，在分析轮轨粗糙度时，车轮踏面的粗糙度测试也是必不可少的，德国 Müller BBM 公司研发的 m|wheel 车轮踏面粗糙度测试仪结构如图 6-23 所示。车轮粗糙度测试需在车辆检修库内的待检修车辆的车轮上进行，车轮粗糙度测试实测现场如图 6-24 所示。测试时首先支起车辆，使待测轮对脱离与钢轨的接触可以自由转动，要保证待测车轮表面清洁无尘；测量时通过旋转手柄(先外拉然后旋转到头)，将 m|wheel 车轮踏面粗糙度测试仪吸附在钢轨中心线上，使位移测量轮与被测车轮接触，并保证轮对平衡位移指示在中间位置；通过调整测量倾角，依次松开锁紧螺丝、向磁铁方向拉位移

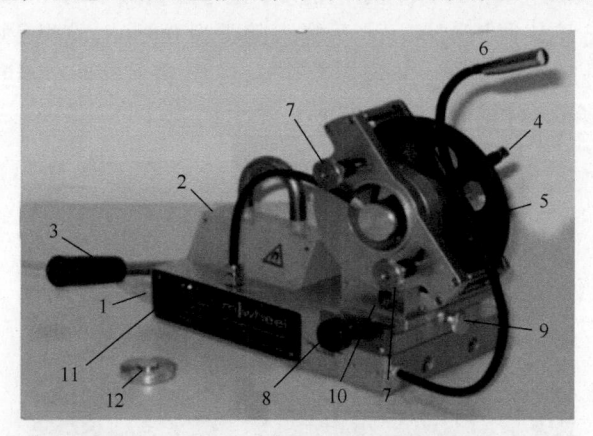

图 6-23　m|wheel 车轮踏面粗糙度测试仪
1. USB 接口；2. 轨道安装磁座；3. 磁座锁紧杆；4. 机械式位移传感器；5. 位移传感器轮；6. 磁力传感器(触发信号)；7. 倾角设置锁紧螺母；8. 横向调整螺丝；9. 横向锁紧螺丝；10. 轮对平衡位移显示；
11. 控制显示 LED 灯；12. 轮对触发磁铁

轮，调整螺丝，松开位移轮并拧紧锁紧螺母，保证机械位移传感器指向被测车轮的圆心，如图 6-25 所示；将触发磁铁调整到车的侧前方表面，并调整有标记的具有触发信号功能的磁力传感器，使其端部的金属部分靠近触发磁铁。

图 6-24 车轮粗糙度测试实测现场

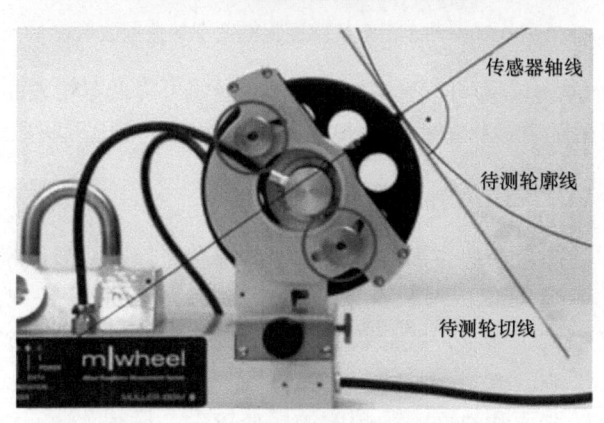

图 6-25 车轮粗糙度设备位置关系示意

文献[10]对高铁 CR400BF 型动车组的车轮进行了踏面粗糙度测试，该动车组的可持续运行速度为 350km/h，车轮直径(新轮/全磨耗)为 920mm/850mm，周长为 2890mm/2670mm。根据不同的运行里程，对 CR400BF 型动车组的车轮粗糙度进行跟踪测量。测量数据表明，粗糙度水平随着车辆运行里程的增长而增大，如图 6-26 所示。车轮 1 至车轮 8 是指不同运行里程和镟修后的车轮周向粗糙度实测数值，车轮 9 是镟修后的表面粗糙度，较其他车轮的表面粗糙度明显小得多。

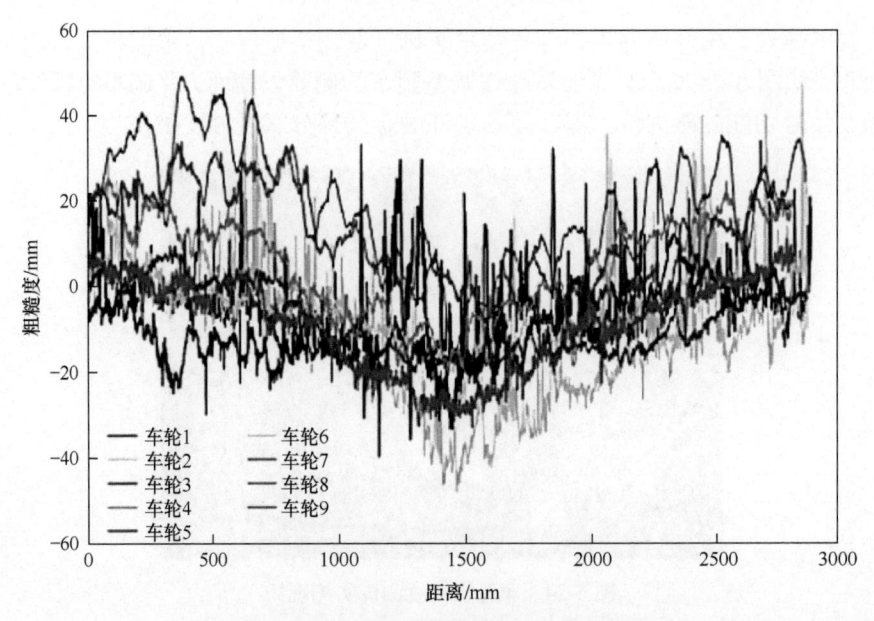

图 6-26 动车组车轮踏面粗糙度实测数据波形

如图 6-26 所示,一方面可以直观地看出车轮镟修可降低车轮表面短波段粗糙度;另一方面,镟修后随着运行里程的增加,车轮表面粗糙度出现明显的周期性波动。

6.2.2 轨面不平顺度(粗糙度)计算和评价标准

轨面不平顺的衡量指标主要有两个,即波幅和波长。一般波幅是指波峰至波谷的深度,也称为峰-峰值,波长是指峰-峰或谷-谷之间的长度。轨面不平顺的波长长短不一,波幅大小不一,成分较为丰富;波磨是波长和波幅成分相对较为集中的一种轨面不平顺。

目前评价车轮踏面和轨面不平顺度的标准较少,只有欧洲铁路部门在研究轮轨噪声时修订了车轮踏面和轨面粗糙度的水平 ISO 3095 标准。此标准 1/3 倍频程谱中,波长达 10~630mm 部分已是钢轨波磨和轨面不平顺的范畴,因此目前国内在评价轨面不平顺时,也是采用此标准。

1999 年首次发布了 ISO 3095,2001 年部分修改后重新发布,2005 修订了新版本 EN ISO 3095:2005(E),2013 年又发布了修改后的版本 EN ISO 3095:2013(E)。

在 EN ISO 3095 标准中,对轨面不平顺度的计算进行了详细的叙述。首先是计算测量值的均方根,此值是轨面不平顺度的有效值,其单位为微米(μm)。车轮踏面和轨面不平顺度的计算公式如式(6-7)所示:

$$L_r = 20\log\left(\frac{r}{r_0}\right) \tag{6-7}$$

式中，L_r——不平顺度(粗糙度)水平，dB；

r——车轮踏面和轨面不平顺的均方根，μm；

r_0——参考不平顺度，$r_0=1$μm。

EN ISO 3095:2005(E)中，轨面不平顺和粗糙度的限值标准用 1/3 倍频程表示，如图 6-27 所示。EN ISO 3095:2013(E)中，对轨面粗糙度的 1/3 倍频程粗糙度的限值标准进行了调整，如图 6-28 所示。此标准中要求，列车速度达 190km/h 时，波长的带宽至少是 3～100mm，对于更高速度，波长的带宽至少是 3～250mm。比较图 6-27 和图 6-28，可见新标准对轨面的平顺度要求更高。

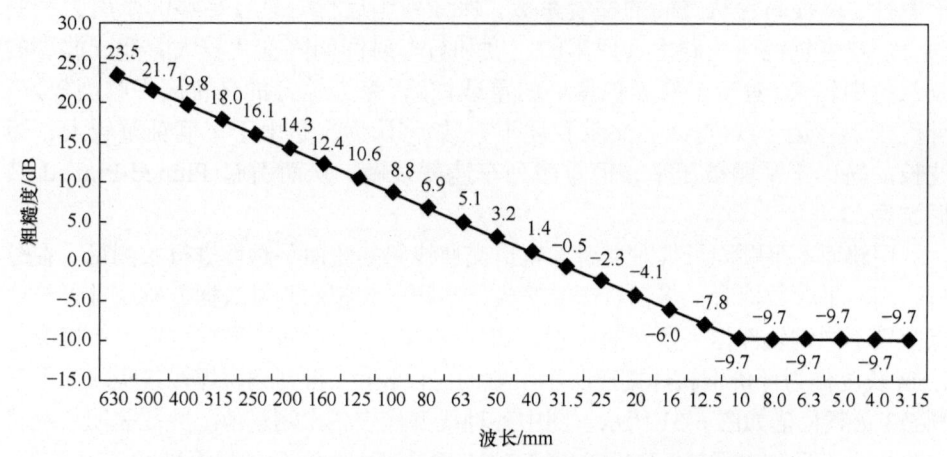

图 6-27 EN ISO 3095:2005(E)车轮踏面和轨面粗糙度标准限值

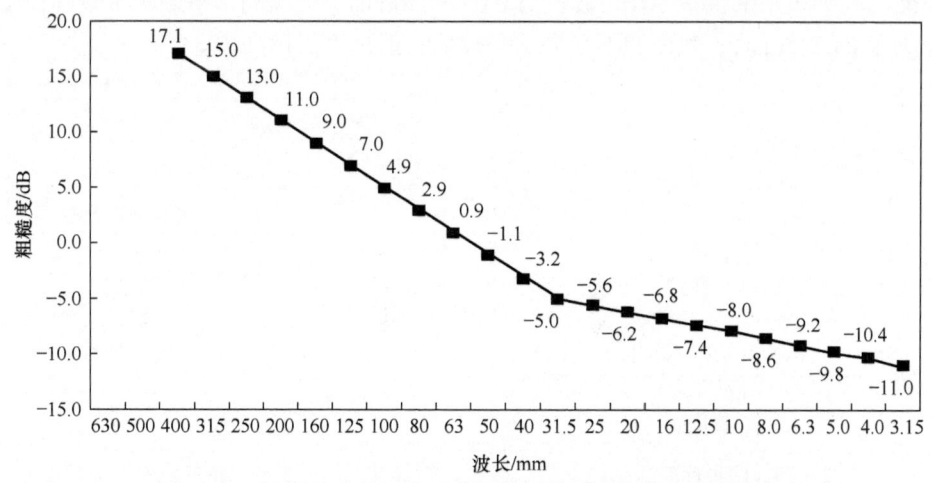

图 6-28 EN ISO 3095:2013(E)车轮踏面和轨面粗糙度标准限值

在对钢轨打磨时采用 EN 13231-3:2006 标准评价轨面的平顺度，图 6-29 是 EN 13231-3:2006 和 EN ISO 3095:2005(E)两种标准的对比，由图 6-29 可知，

EN 13231-3:2006 的波长范围较小,为 50~1000mm,量值较 EN ISO 3095:2005(E) 稍大。

欧洲铁路对不同线路的轨面不平顺进行了测量分析,结果如图 6-30 所示。地铁线路是在钢轨打磨前测量的轨面不平顺。由图可知,地铁波磨有一非常明显的波长范围,可直观看出有固定波长的波磨,认为这是地铁车辆单一、运行速度单一所致。对于轻轨线路,车辆的运行速度也相当单一,与地铁相同,波磨的波长也有一明确的范围。轻轨线路不同于其他类型的线路,短波长波磨(小于 30mm)较多,且不随着运行时间的增长而降低幅值,这是由于该轻轨线路经常撒沙,以提高轮轨之间的黏着系数,保证列车运行时具有足够的牵引力和制动力。在客货混运线路上,列车的速度和行车时间间隔变化较大,造成波磨的波长范围较大。对于维修养护良好的重载铁路,令人惊奇的是轨面平顺度较好,且优级于客运专线(与某些文献叙述不一致),认为这是由于车辆轴重较大,短波长的轨面不平顺被压平,但重载列车速度较慢,从而引起 Pinned-Pinned 共振波磨。

用轨面不平顺测量仪对上海某轨道交通线路的轨面平顺性进行了测量。在分析轨面不平顺数据时,将钢轨焊接接头、小腰、大腰的测量数据分别统计计算,以区别不同钢轨部位平顺性的差别。如图 6-20 中的轨面不平顺波形,取接头区 1mm 长度作为评价钢轨焊接接头不平顺的区段长度,得到钢轨焊接接头轨面不平顺 1/3 倍频程谱如图 6-31 所示。图中各种线型代表各次测量值。此图表明,钢轨焊接接头不平顺水平较 EN ISO 3095:2005(E)标准值大得多,但不同的频率范围,轨面的不平顺水平也不一样,波长为 0.05~0.4m 时,轨面的不平顺水平较高,波长小于 0.0315m 时,轨面的不平顺水平较低,但仍大于标准谱。

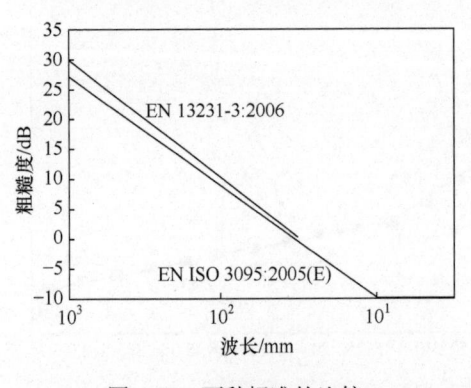

图 6-29 两种标准的比较

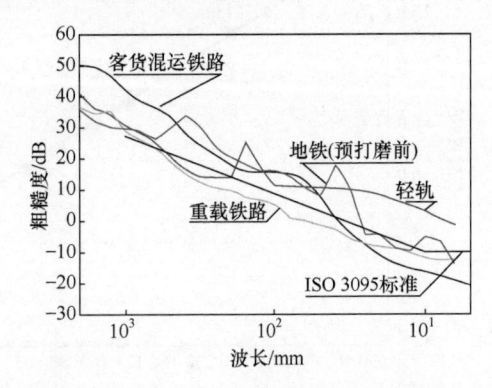

图 6-30 不同类型线路的轨面不平顺水平

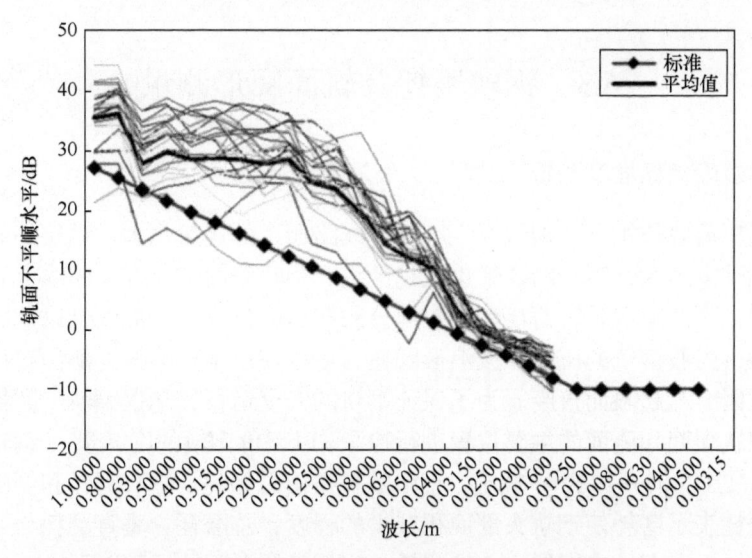

图 6-31 钢轨焊接接头轨面不平顺 1/3 倍频程谱

图 6-32 为钢轨小腰处轨面不平顺 1/3 倍频程谱。由图可知，在不同频段，轨面不平顺水平不同，在 0.05~0.4m 频段，不平顺水平大于标准谱，在其他频段，两者相接近，或小于标准谱。与图 6-31 相比较可知，钢轨小腰处的轨面平顺性比钢轨焊接接头轨面好得多，大腰处的轨面不平顺情况与小腰处基本类似，本节不再赘述。

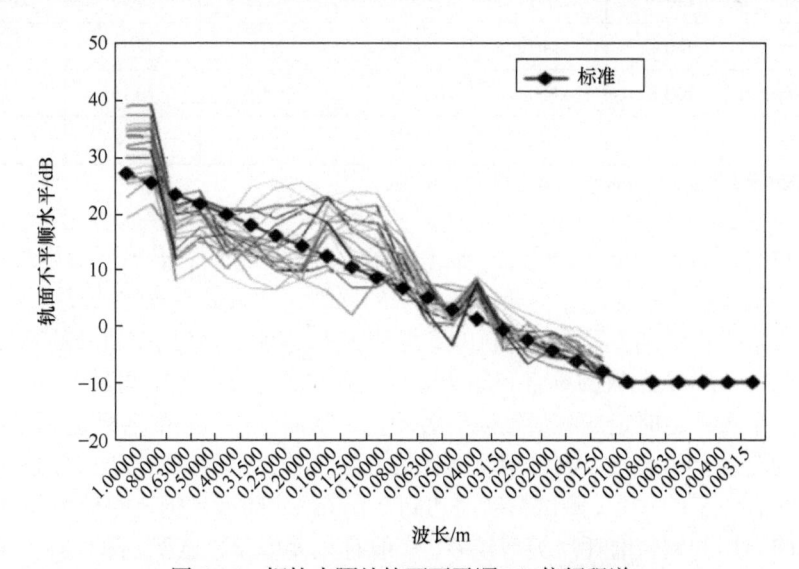

图 6-32 钢轨小腰处轨面不平顺 1/3 倍频程谱

6.3 钢轨磨耗及轨面廓形测量

6.3.1 钢轨磨耗标准及测量

在列车荷载作用下，钢轨产生磨耗，线路通过的运量越大，钢轨的磨耗量越大，车辆轴重越大，钢轨的磨耗也就越严重。钢轨磨耗在直线和曲线上表现为不同的形式，直线上以垂直磨耗和接头部分的鞍形磨耗为主；曲线上以外股钢轨的侧面磨耗，内股钢轨的压溃和波浪形磨耗为主。在小半径曲线上侧面磨耗尤为严重，往往因磨耗超限而报废。为了保证钢轨的安全运行，掌握钢轨的磨耗规律，需要对钢轨顶面和侧面的主要位置进行检测，以评价钢轨的磨耗量。《钢轨允许磨耗限度》(TB 2097—1989)中规定，钢轨磨耗量由总磨耗、垂直磨耗和侧面磨耗表征。总磨耗表示磨耗使钢轨头部面积减少的程度，总磨耗为垂直磨耗与 1/2 侧面磨耗之和，垂直磨耗在钢轨中心处测量，侧面磨耗在距轨顶面以下 14mm 的轨距面处测量，钢轨的轻伤和重伤磨耗标准如表 6-4 所示。

表 6-4 钢轨轻伤、重伤允许磨耗限度　　　　(单位：mm)

钢轨类型	总磨耗		垂直磨耗		侧面磨耗	
	正线到发线	其他站线	正线到发线	其他站线	正线到发线	其他站线
60kg/m	14/16	16/18	9/11	10/12	14/20	16/22
50kg/m	12/14	14/16	8/10	9/11	12/18	14/20
43kg/m	10/12	12/14	7/9	8/10	10/16	12/18
38kg/m	9/10	10/12	7/8	8/9	9/14	11/16

注：表中分子数据为轻伤标准；分母数据为重伤标准。

钢轨磨耗是一种正常的现象，根据现场工程师的经验，若磨耗速度过快，则需要对钢轨磨耗进行监测，分析磨耗过快的原因，并采取有效的减缓措施。工务部门在日常工作中，还需要对钢轨的磨耗情况进行测量，使用钢轨磨耗测量尺(简称"磨耗尺")测量钢轨的垂直和侧面磨耗，但此磨耗尺是人工测量，只能在线路上选取几个点，定时定点测量钢轨的磨耗量，从而分析钢轨的磨耗速率与线路运量之间的关系。用磨耗尺测量钢轨磨耗量方法简单，但测试精度与测试人员的技术和手法有一定的关系，测试精度需达到 0.1mm，才能满足钢轨磨耗的分析要求。

目前使用的钢轨磨耗尺类型较多，一般有刻度型和数显型。图 6-33 为目前工务部门常用的钢轨磨耗尺。

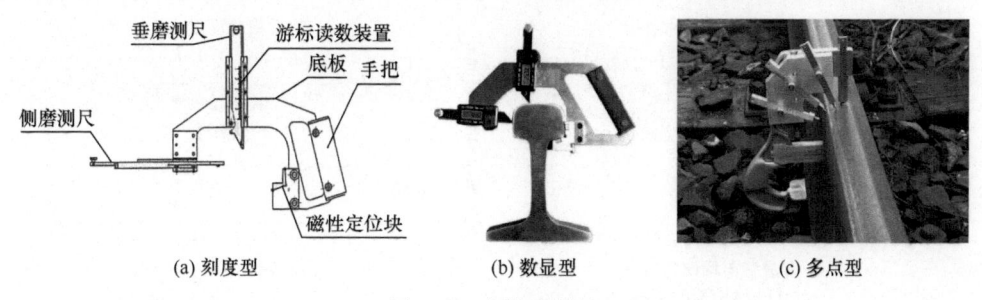

(a) 刻度型　　　　　　　　　(b) 数显型　　　　　　　　(c) 多点型

图 6-33　钢轨磨耗尺

钢轨打磨后的钢轨廓形是否达到设计的廓形要求，一般用模板、塞尺测量，此方法测量方便、直观。图 6-34 是单模板测量，单模板不能反映轨顶坡的变化。图 6-35 是双模板测量，两块模板用连接杆连接，若轨顶坡发生变化，则轨面与模板之间的间隙就会发生变化。两种模板现场都有较多应用。

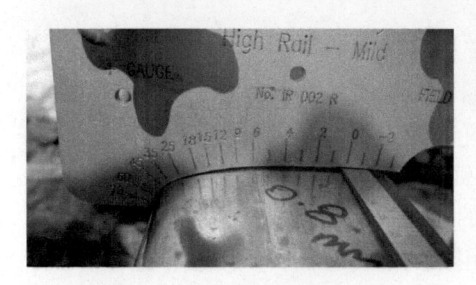

图 6-34　模板与轨头形状的配合 　　　图 6-35　带有四模板的轨头形状测量杆

6.3.2　车轮钢轨廓形测量

大多数情况下，工务部门只要掌握钢轨的垂直和侧面磨耗量，根据表 6-1 就可判断出钢轨是处于轻伤状态还是处于重伤状态，但由磨耗尺测得的数据不能计算钢轨的截面强度损失，因此钢轨截面的强度损失也只是一个估计值，由磨耗尺测得的数据也不能得到钢轨的廓形，因此也不能用于计算轮轨接触点的位置。

轮轨接触状态的优劣直接关系到轮对运行的平稳性和轮轨之间磨耗率的大小，因此轮轨接触和磨耗一直是铁路研究工作者的一个重要研究方向。在轮轨动力学仿真计算中，需要确定轮轨接触点的位置和轮轨接触点处的形状函数，以计算轮轨接触点的接触应力、轮轨蠕滑率。当轮对在轨道中发生横向移动时，轮轨接触点的位置也产生相应的变化[10]。

不同的车轮和钢轨踏面廓形，在轮对横移量相同的情况下，其接触点的位置和形状也不同，图 6-36 为两种形状的车轮踏面与 CHN60 轨的轮轨接触情况。

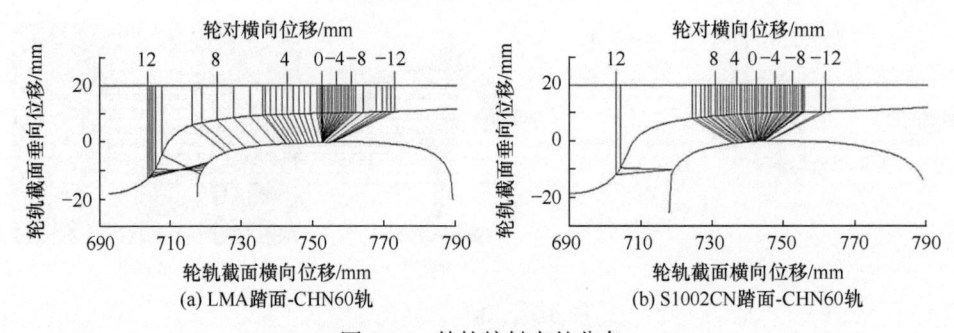

(a) LMA踏面-CHN60轨　　(b) S1002CN踏面-CHN60轨

图 6-36　轮轨接触点的分布

实际上，在轮轨运行的摩擦作用下，车轮和钢轨的廓形一直在变化，所以需要对廓形进行跟踪测量，掌握车轮和钢轨踏面廓形的变化规律，从而为优化轮轨踏面廓形提供基础数据。在钢轨打磨前后，也要对轨面廓形进行测量，以计算钢轨打磨量的大小。

20 世纪 90 年代，丹麦 Greenwood 工程公司研制了 MiniProf 系统[11]，目前在世界各国的铁路领域仍在采用这一仪器测量车轮和钢轨的踏面廓形。目前也有相应国产的轮轨廓形仪可供选择使用。

轮轨廓形仪是由车轮测量单元或钢轨测量单元相连的便携式计算机组成的。车轮和钢轨测量单元采用相同的传感器，该传感器由一个小磁性轮组成，磁性轮直径约 12mm，连在两铰接点的延伸杆的端部。磁性轮在测量过程中能保证可靠地与被测物体接触。通过人工移动磁性轮，延伸杆实现转动，如图 6-37 所示。实际上这是一个具有 2 个自由度的极坐标系统。这两个角度由光电编码器测量，测量精度可达微米级，能满足轮轨踏面廓形测量的精度要求。

图 6-37　轮廓测量仪原理

计算机以极坐标的形式采集传感器数据，以笛卡儿坐标系的形式计算被测轮廓的廓形数据，其分辨率为 1μm。通过平均采样间隔很小的测值，大大提高了精度。系统记录了磁性轮中心的位置，软件可通过减去垂直于记录轨道的磁性轮半径自动地计算真实轮廓廓形数据。通过上述计算，实际轮廓、基准轮廓和一些特性参数将显示于计算机屏幕上，以便于研究人员进行对比分析。除此之外，还可得到根据廓形数据计算出来的 x 和 y 坐标、斜度、曲率等数据，以及计算不同轮对横移量条件下的轮轨接触点位置。通过改变延伸杆的长度，可根据用户的需要调整测量的范围，并在软件中输入长度参数。图 6-38 为钢轨和车轮踏面廓形测量仪的工作状态。

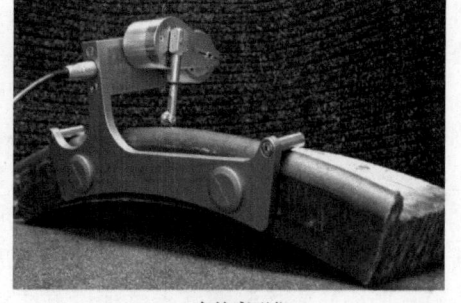

(a) 钢轨廓形仪　　　　　　　　　(b) 车轮廓形仪

图 6-38　钢轨和车轮踏面廓形测量仪的工作状态

6.3.3　钢轨廓形全断面动态测量

铁路运营里程和行车密度的增加，运行速度的提高和运量的增大，都会加速钢轨轮廓的变形。钢轨产生的外观变形主要是波磨、侧磨、肥边、鱼鳞状磨耗、剥离等。这些危害将影响车辆运行的稳定性，严重时甚至引发重大安全事故。

随着我国铁路的发展，对列车运行的平稳性和安全性的要求也越来越高，而轮轨关系的优劣直接影响列车运行的品质。利用 MiniProf 等廓形仪人工测量钢轨廓形虽然测量精度较高，但效率较低，只能选择几个断面测量，测量数据主要用于分析轮轨的接触状态，但较难评价线路纵向钢轨廓形的变化规律。

近 20 多年来，随着机器视觉测量技术的飞速发展和计算机图像处理技术的快速提升，非接触式钢轨廓形检测系统已应用于轨道检测领域。采用机器视觉技术对钢轨廓形进行检测，通过线激光照明钢轨廓形线，用工业摄像机对钢轨表面进行信息采集，将获取的原始图像数据通过总线发送给数据处理终端，利用图像处理技术和视觉测量原理完成图像特征点的提取和空间坐标变换，得到钢轨廓形测量数据。为满足钢轨廓形高精度、快速检测的要求，国内外相关学者对钢轨轮廓测量方法开展了广泛的研究，将结构光技术应用于钢轨廓形检测，通过对获取的光条图像进行处理，利用三角测量原理，完成钢轨廓形的实时检测，并计算钢轨的磨耗量和强度。

目前，国内轨检车中普遍配备的是 2 组激光摄像式传感器，只能对左右股钢轨标准工作边的半断面轮廓进行测量，无法完成钢轨轮廓全断面测量。钢轨非标准工作边包含丰富的数据信息，对钢轨磨耗计算、基准选取、钢轨轮廓匹配、车辆振动补偿及道岔区域轨道几何参数计算等具有重要的参考价值。近年来，随着计算机视觉测量技术的快速发展及视觉测量成本降低，国外相关研究人员针对钢轨半断面检测在轨形监控、钢轨磨耗计算、钢轨缺陷判定等方面所存在的不足，加强钢轨轮廓全断面动态测量技术方面的研究，研制了相关产品,其中具有代表性的公司有意大利 MERMEC 公司、美国 Ensco 公司和 KLD Labs 公司。

针对我国轨道检测技术现状,结合国外轨道检测最新研究进展及国内轨道检测车研制背景,对影响钢轨轮廓全断面检测精度的关键技术问题进行研究,主要包括钢轨轮廓全断面测量中多视角条件下不同视觉传感器全局标定,以及考虑车辆蛇形运动的钢轨轮廓测量数据多自由度振动补偿;梳理形成系统的钢轨轮廓全断面检测技术方法;将研究方法应用于现场钢轨轮廓全断面动态测量中,为提高钢轨全断面轮廓检测精度提供理论方法和技术手段。

采用激光摄像技术进行钢轨轮廓全断面动态测量,系统检测原理如图 6-39 所示[12,13]。要实现左右股钢轨轮廓全断面测量,至少需要使用 4 组激光摄像系统,每组由 1 台线结构激光光源和 1 台摄像机所构成,其空间布置如图 6-40 所示[14]。受车底安装空间限制及视角影响,要实现钢轨轮廓全断面测量,须在同一股钢轨内外侧的不同视角条件下对称安装 2 组激光摄像式传感器。安装时,须保证内外侧激光摄像式传感器投射的结构光平面重合。

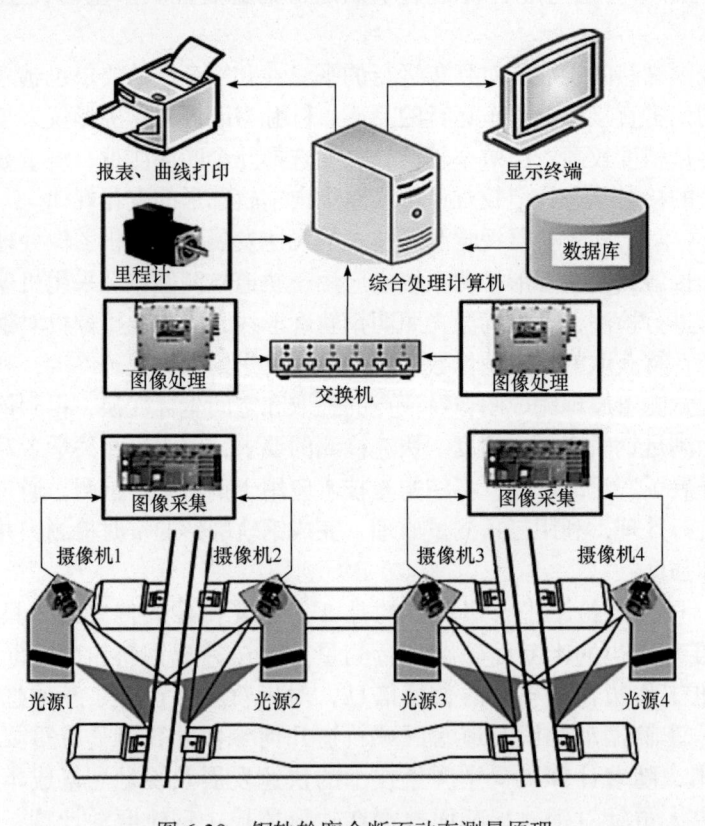

图 6-39 钢轨轮廓全断面动态测量原理

单侧钢轨轮廓激光视觉测量模型如图 6-41 所示。测量时，为了得到钢轨的全断面廓形，内外侧激光摄像式传感器投射的结构光平面与钢轨相交，在钢轨表面形成一条包含钢轨轮廓信息的激光光条曲线，如图 6-42 所示。旁侧摄像机与结构光平面呈一定角度拍摄钢轨激光轮廓图像，基于激光三角测量原理，实现钢轨轮廓检测。

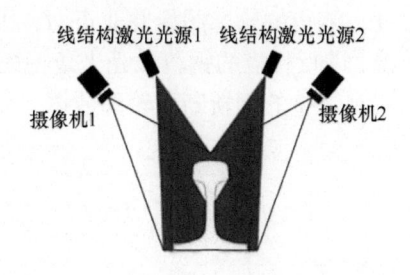

图 6-40 单股钢轨全断面测量示意图

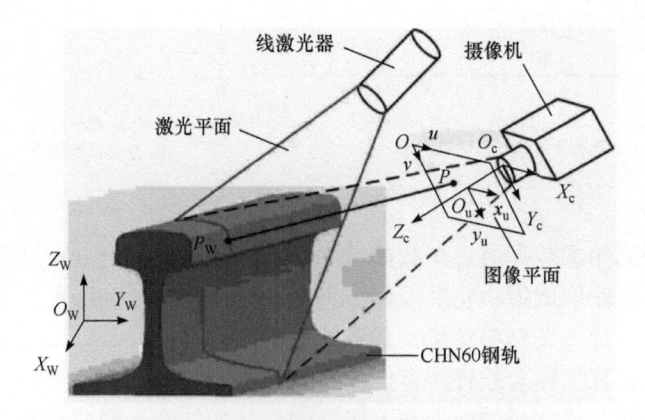

图 6-41 单侧钢轨轮廓激光视觉测量模型

图 6-42 钢轨上的激光轮廓线

在测试列车运行时，车轴转动带动光电里程计旋转输出脉冲信号，检测系统采集光电脉冲信号后，作为触发信号同时传输给左右股钢轨轮廓检测的 4 台摄像机，完成同一时刻钢轨激光光条图像采集。

图像采集系统获取到钢轨轮廓图像后，由于摄像机的方向与光平面呈一定角度，测得的轮廓图像并非正面，因此需要将钢轨轮廓图像实时传输给图像处理系统，进行相应的钢轨激光光条特征提取、激光光条坐标换算和重合区域坐标融合，得到完整的钢轨断面轮廓数据，如图 6-43 所示。

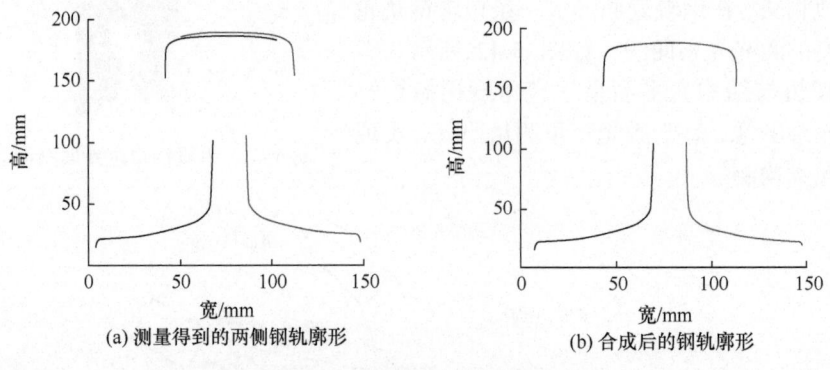

(a) 测量得到的两侧钢轨廓形　　(b) 合成后的钢轨廓形

图 6-43　钢轨断面轮廓线的合成

钢轨全断面轮廓数据通过车载局域网络实时传输给综合处理计算机。综合处理计算机将实时获取的钢轨轮廓与标准钢轨轮廓进行对比和匹配，通过轨腰曲线固有特征信息，计算车辆振动量，并依此进行振动补偿。

综合处理计算机结合软件中存储的线路数据库信息和光电里程计实时定位信息，将钢轨轮廓最终测量的数据与上述空间信息相结合，形成检测数据记录，写入存储磁盘，同时在显示器和打印机中同步显示和打印。

6.4　钢轨探伤

钢轨探伤车是对铁路线路上在役钢轨损伤进行快速检测的特种车辆，简称探伤车。钢轨探伤车主要采用超声技术检测在役钢轨内部损伤（如钢轨轨头横向裂纹、螺栓孔裂纹等），能够自动检测并识别出钢轨损伤，检测速度可以达到 80km/h。

我国在用的钢轨探伤车主要型号有 GTC-40 型、GTC-60 型和 GTC-80 型(GTC 为钢轨探伤车拼音的首字母，半字线右侧的 40、60、80 表示检测速度为 40km/h、60km/h、80km/h)，GTC-80Ⅱ型探伤车和 GTC-80x 型探伤车分别如图 6-44(a)和(b)所示。

GTC-40 型探伤车，采用自走行动力集中式铁路专用车辆和 SYS-1000 型超声波探伤系统(24 超声通道)，使用小车机构承载装置，通过道岔时需要人工锁定，检测速度为 40km/h，最高运行速度为 100km/h。

GTC-60 型探伤车，采用自走行动力分散式铁路专用车辆和 Frontier 型超声波探伤系统(24 超声通道)，使用改进型小车探轮承载装置，能够自动通过道岔，检测速度为 60km/h，最高运行速度为 100km/h。

(a) GTC-80Ⅱ型探伤车

(b) GTC-80x型探伤车

图 6-44　钢轨探伤车

GTC-80 型探伤车，采用自走行动力集中式铁路专用车辆和 SYS-1900 型超声波探伤系统(30 超声通道)，使用 H 型转向架探轮承载装置和电磁对中方式，能够自动通过道岔，检测速度为 80km/h，最高运行速度为 120km/h。

GTC-80Ⅱ型探伤车，采用自走行动力下沉集中式铁路专用车辆和国产化 SYS-1900 型超声波探伤系统(30 超声通道)，使用 H 型转向架机械机构承载装置和激光对中方式，能够自动通过道岔，检测速度为 80km/h，最高运行速度为 120km/h。

GTC-80x 型探伤车，采用自走行动力下沉分散式铁路专用车辆和自主化 TKGT-Ⅰ型超声波探伤系统(30 超声通道)，使用某型大空间转向架机械机构承载装置和激光对中方式，能够自动通过道岔，检测速度为 80km/h，最高运行速度为 120km/h。

6.4.1　钢轨内部伤损探伤

根据钢轨探伤设备的工作原理，钢轨内部伤损探伤分为电磁探伤、超声波探伤和涡流探伤三大类[15]，目前我国铁路钢轨内部伤损以超声波探伤为主。

针对钢轨内部伤损，如核伤，世界上大多数国家铁路领域使用超声波钢轨探伤仪。超声波在不同材料中传播的声速和波长不同，超声波探伤中常使用的频率范围为 0.5～10MHz，在 5MHz 时，声速的波长如表 6-5 所示。当超声波由一种介质倾斜入射到另一种介质上时，若两种介质不同，则在界面上会产生声波反射、折射和波型转换现象，若超声波在传播过程中遇到尺寸不同的障碍物，则会发生不同的反射、折射和透射。超声波探伤就是利用这一原理进行工作的。当超声波射入钢轨的核伤、裂纹和其他伤损时，在钢与空气的界面上受阻，产生反射波，经过电子仪器的接收并显示，可以发现钢轨内部存在的伤痕，还可以根据超声波发射与反射的时间间隔及其在钢轨内的传播速度，判断伤痕的深度[16]。

表 6-5　不同材料的波速和 5MHz 时的波长

材料	密度/(g/cm³)	纵波 波速 C_0/(m/s)	纵波 波长 λ/mm	横波 波速 C_0/(m/s)	横波 波长 λ/mm
铝	2.69	6300	1.3	3130	0.63
钢	7.8	5900	1.2	3200	0.64
有机玻璃	1.18	2700	0.54	1120	0.22
水	1.0	1500	0.30	—	—
油	0.92	1400	0.28	—	—
空气	0.0012	240	0.07	—	—

钢轨探伤的主要元件是超声波探头，超声波探头是一个能量转换装置，它可以将电能转换为声能，也可以将声能转换为电能。每一探头盒内装有两片压电换能器，一片发射超声波，一片接收超声波。超声波探头有各种角度的发射晶片，不同探伤仪使用不同声波角度的探头，一般有 0°、30°、35°、50°、70°探头。图 6-45 为一个 6 通道的超声波探头排列。这种排列方式可探测轨头和轨腰的水平、垂向裂纹，以及螺栓孔裂纹和角度达 20°的轨头核伤。超声波钢轨检测系统适用于检测从 CHN43 到 CHN75 的所有轨型，可检测出常见的钢轨伤损，它利用不同角度的超声波换能器向钢轨发射超声波，并采集回波信息，再通过计算机技术分析处理超声波回波信号，并由系统完成对钢轨伤损的自动识别，如图 6-46 所示。

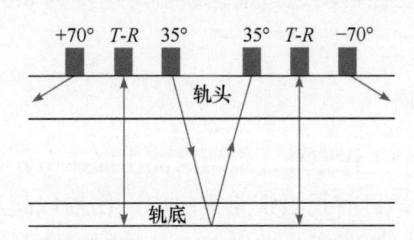

图 6-45　6 通道超声波探头排列

钢轨探伤车探测小车架共安装有四个结构完全相同的超声波轮探头，每股钢轨上两个，同侧钢轨上的两轮探头以镜像方式安装。每个轮探头内有 6 个换能器：1 个 0°，3 个 70°，1 个 45°，1 个侧向 45°。这 6 个换能器以不同的角度进入钢轨并最大限度地覆盖钢轨。工作时，同股钢轨上的两个轮探头并不完全独立，系统判伤时要同时借助两个轮探头的回波信息，但左右两轨上的轮探头无任何联系，可单独工作。这样，钢轨探伤车在正常情况下应该是 24 个通道同时工作。不同角度换能器声束在钢轨中的覆盖范围如图 6-47 所示。

图 6-46 轮探头在钢轨上的位置

(a) 0°超声波声束在钢轨中覆盖区

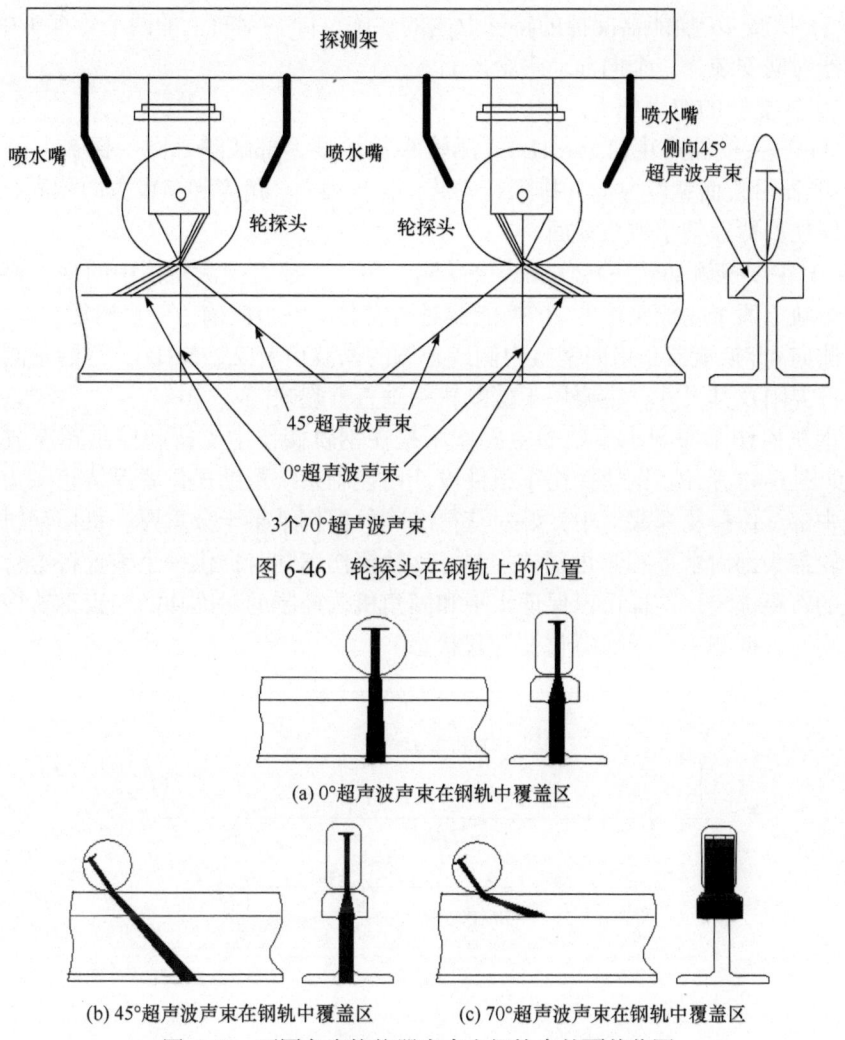

(b) 45°超声波声束在钢轨中覆盖区　　(c) 70°超声波声束在钢轨中覆盖区

图 6-47 不同角度换能器声束在钢轨中的覆盖范围

0°换能器的作用有以下三个。

(1) 检测伤损：0°纵波(3.5MHz)声束垂直于轨面进入钢轨，通过轨腰到达轨底，因此该换能器可探测挡住轨底回波的缺陷，也可检测钢轨中如轨头和轨腰中水平方向的缺陷，此外，还可探测螺孔裂纹及其他螺孔缺陷和轨头纵向劈裂。

(2) 底波监视：0°换能器有一个非常重要的作用，即监视 0°声束的钢轨轨底回波作为探头调整和对中调节的基准信号。

(3) 界面跟踪：检测钢轨界面回波，产生界面跟踪闸门。

45°换能器的作用如下。

(1) 45°横波声束(2.25MHz)主要用于探测轨腰部分缺陷，尤其是螺孔裂纹。

(2) 探测70°换能器漏掉的特殊取向的缺陷，同一钢轨上的两个轮探头中45°换能器对向安装，一个向前，一个向后。

70°换能器的作用如下。

(1) 三束横波声束(2.25MHz)探测轨头及轨腰上部缺陷，同一探头上的三个70°换能器沿轨面宽度方向并排平行安装，各自独立，角度和声束方向相同，用一次波探伤，覆盖整个轨头截面。

(2) 主要探测如轨头核伤和焊缝缺陷，另外，还可探测轨头中的垂直劈裂。同一钢轨上两个轮探头中的70°换能器对向安装，一个向前，一个向后。

侧向45°换能器：指向钢轨内侧或外侧的横波声束(2.25MHz)，目的是测量钢轨颚部界限及其尺寸，主要用于探测轨头垂直劈裂缺陷。

钢轨探伤车探测小车架的主要作用是在钢轨探伤中支持和控制超声波轮探头，如图6-48所示。钢轨探伤车组件设计用控制系统帮助操作者保持轮探头对准钢轨中部，保持轮探头对中良好对获得准确的探伤结果十分重要。每根钢轨上的两个轮探头都由水平和倾角调节控制，钢轨探伤车同时提供一个装置将走行轮按钢轨的轨距锁定，这样可以保证水平和倾角机构控制的对准功能。当钢轨探伤车不检测时，探测小车架保持收缩升起状态。

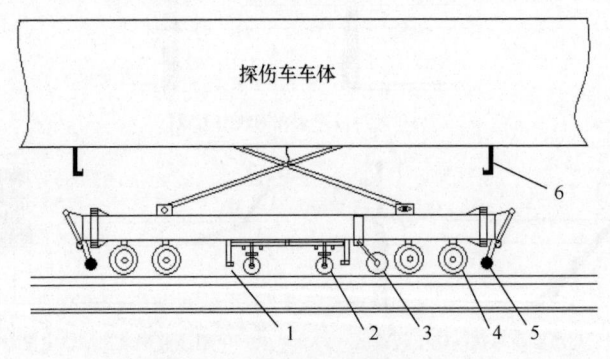

图 6-48 钢轨探伤车探测小车架
1.耦合水喷嘴；2.轮探头；3.测速轮；4.走行轮；5.平衡轮；6.挂钩

探测小车架上安装有控制钢轨探伤车各部件动作的各种气压、液压、传感及电子等器件。各种信号线、电缆、电气控制线等通过不同接线盒连接到车上检测和控制系统。通过钢轨探伤车操作室内的控制面板，可实现控制钢轨探伤车的各种动作，如升降、气缸伸缩、探头对中调节、耦合水开关、过岔锁定等。

线路上的探伤设备有手推式探伤车和大型探伤车。世界各国有各种形式的钢轨探伤车，但原理基本相同。图6-49为以色列Scan Master Systems公司生产的SRI-10型手推式钢轨探伤车，目前国内也生产了多种型号的单轨和双轨钢轨探伤车，如图6-50和图6-51所示。一般钢轨探伤车由车架、仪器、水箱及其他一些附件等组成。水箱的作用是为轨面刷水,增加超声波与钢轨的耦合,减少杂波的产生。

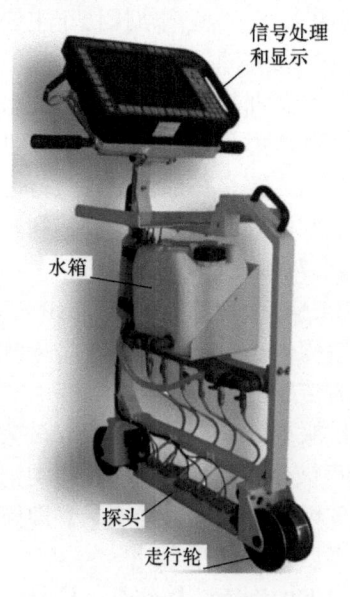

图 6-49 SRI-10 型手推式钢轨探伤车 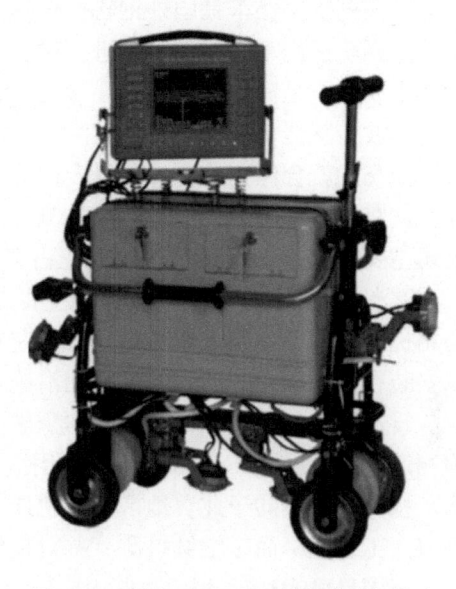　　图 6-50 国产 CT-8 型钢轨超声波探伤车

图 6-51 自行式双轨超声波探伤车

单轨探伤车的效率较低,工人劳动强度较大,探伤速度是工人走行的速度;自行式双轨探伤车速度有所提高,且双轨可以同时探测,但在行车密度较高的线路上难以使用,所以近年来越来越多的人使用大型钢轨探伤车。大型钢轨探伤车通常是指能同时对两股钢轨进行快速探测,并能实时分析、处理和记录探测结果

的钢轨探伤设备。大型钢轨探伤车主要由动力、供电、车辆行走、制动等系统，以及钢轨探伤检测系统和生活设施等部分组成。

大型钢轨探伤车是国外钢轨探伤的主要设备[17]，而小型钢轨探伤车主要用于对大型钢轨探伤车的探伤结果进行复验。美国地处北美洲，冬天气温比较低，货运的主要形式是铁路运输，存在多处有缝线路，北美洲的钢轨探伤车主要采用轮式超声波传感器。钢轨探伤车在检测过程中，检测速度一般为20km/h，一旦发现可疑损伤，就会停止检测，经过专门的操作员现场复核，在损伤位置进行标记后移交铁路维修部门，再进行后续检测。为北美地区提供钢轨探伤车制造和检测的公司主要是美国SPERRY公司，它占有北美地区75%的市场份额。

欧洲钢轨探伤车的制造和检测主要由瑞士SPENO公司和英国EURAILSCOUT公司提供，检测速度一般为40km/h左右。钢轨探伤车自带动力，小型检测车可以安装在钢轨探伤车的腹部，采用滑靴式超声波传感器。

日本铁路的钢轨探伤车多为本土生产，提供服务的公司是TOKIMEC公司，检测速度一般在30～40km/h，亦采用滑靴式超声波传感器。欧洲和日本的钢轨探伤车检测模式不同于北美地区，钢轨探伤车发现可疑损伤后，并不是立即停止，采取人工复核，而是继续检测，并对损伤进行事后处理。

我国自1993年开始引进美国生产的SYS-1000型钢轨探伤车，检测速度为40km/h。2000年以后，SYS-1000型检测系统进一步升级为Frontier型检测系统，检测速度达60km/h。近年来，美国SPERRY公司针对我国铁路最新开发了SYS-1900型检测系统，在声学设计上借鉴我国铁路小型钢轨探伤车的技术特点，增加偏转70°超声波探头，以期提高对轨头核伤的检测能力；探轮直径由6.5in(1in=2.54cm)改为9in，以减小超声波轮内声程。2003年铁道部基础设施检测中心的GTC-001型钢轨探伤车通过系统改造升级，最高检测速度已超过70km/h。

图6-52是我国目前最新型号的钢轨探伤车——GTC-80型钢轨探伤车的总体布置。

GTC-80型钢轨探伤车是由宝鸡南车时代工程机械有限公司与美国SPERRY公司合作生产、用于探测线路钢轨内部各种伤损的专用车辆。该车利用先进的探伤仪器设备和微机处理系统对钢轨伤损的类型、位置、程度，以及累计变化进行自动检测、分析、显示、记录和打印。同时，其还装有一套钢轨表面擦伤和波浪磨耗的检测装置，能对钢轨表面擦伤和波浪磨耗进行检测。该车具有独立行走功能，并可与国内准轨车辆连挂，是铁路线路维护与检测部门的重要设备。

在探伤车平台最高检测速度80km/h的条件下，实现钢轨表面伤损、侧面状态、扣件状态、轨道板表面状态(无砟轨道)、轨枕和道床表面(有砟轨道)的动态采集，实现图像浏览和大容量数据的压缩、存储和数字化管理功能，实现车载检测系统的精确定位和里程同步功能。

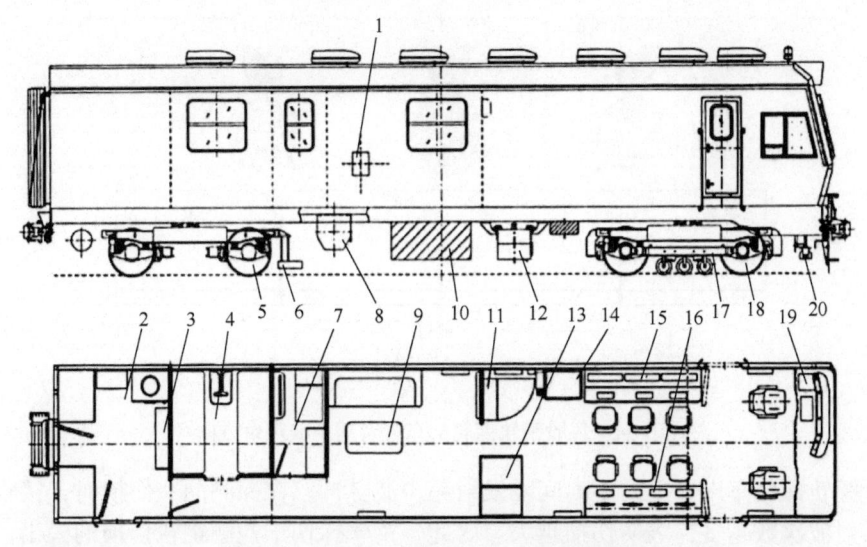

第 6 章 轨道轨面不平顺的测量及钢轨探伤和测力轮对 ·293·

图 6-52 GTC-80 型钢轨探伤车总体布置[18]

1. 射频阅读器；2. 耦合介质室；3. 耦合介质泵柜；4. 卧铺间；5. 检测车后转向架；6. 钢轨廓形检测系统；7. 探轮恒温控制室；8. 收线器；9. 会议室；10. 空调主机；11. PLC 空调主机；12. 副油箱；13. 巡检系统控制柜；14. SYS-1000 主机；15. 探伤操作台；16. 巡检操作台；17. 探轮承载机构；18. 检测车前转向架；19. 后司机台；20. 轨道状态巡检系统

钢轨探伤车超声检测系统配备 4 个 A 型探轮和 2 个 B 型探轮，对称安装在探轮支持机构上，探伤轮及车辆走行部如图 6-53 所示。检测系统由美国 SPERRY 公司研制生产，采用 SYS-1900 系统[19]。钢轨探伤车共配有 6 个 9in 探轮、4 个标准探轮和 2 个偏斜 70°探轮(X-fre 探轮)，即每股钢轨 2 个标准探轮和 1 个偏斜 70°探轮。6 个探头能够检测钢轨中不同位置和不同取向的伤损。A 型探轮内配有 6 个超声换能器(简称探头)，即 0°探头(1 个)、37.5°探头(1 个)、70°探头(3 个)及侧打探头(1 个)；B 型探轮内配有偏斜角探头(简称 XF，2 个)和 0°探头(1 个)，如图 6-54 所示。

图 6-53 探伤轮及车辆走行部

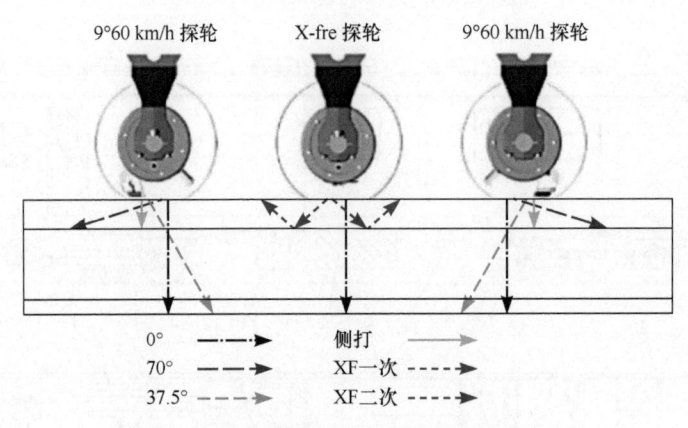

图 6-54 每股钢轨探轮的布置及超声波声束方向

钢轨探伤车以固定的距离间隔发射超声波脉冲,在探测同一伤损时,接收到的反射波次数越多,表明伤损越大。因此,钢轨探伤车检测钢轨伤损的大小,主要由检测到的回波数目或探头的移动长度来确定。超声波以脉冲方式发射,为了防止漏伤,要求超声波发射的间隔距离不能太大。在钢轨探伤车检测速度相同的情况下,发射超声波脉冲空间间隔越小,检测精度越高。

6.4.2 钢轨表面疲劳裂纹深度检测

超声波只能检测钢轨内部一定深度的伤损,对于钢轨表面、亚表面的疲劳裂纹检测,目前多采用涡流探伤,如图 6-55 所示。由于电磁感应,当导体处于变化的磁场或相对于磁场运动时,其内部会感应出呈闭合回路和旋涡状流动的电流,称为涡流。涡流探伤是利用金属材料在交变磁场作用下产生涡流的现象,根据涡流的大小和分布检测出铁磁性及非铁磁性材料表面或近表面的缺陷。

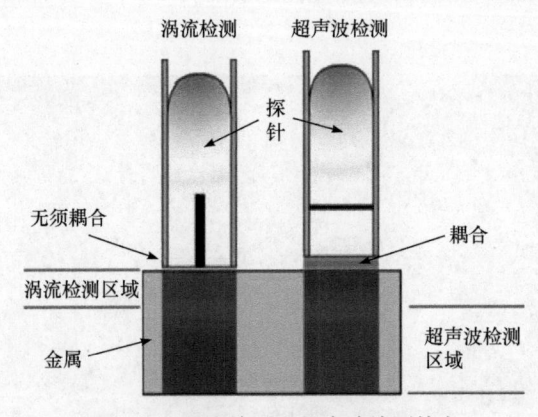

图 6-55 涡流检测和超声波检测特点

涡流探伤非常适用于检测钢轨表面疲劳裂纹，且不需要耦合剂，但无法检测钢轨内部伤损，因此涡流检测和超声波检测可以互补使用，同时完成钢轨表面疲劳裂纹深度、内部核伤位置和严重程度的检测，如图 6-56 所示。通过在钢轨探伤车上安装不同入射角度的超声波探头和涡流探头，实现在役钢轨主要轮轨接触区的表面疲劳裂纹深度、钢轨轨头、轨腰和轨底中部的核伤检测。

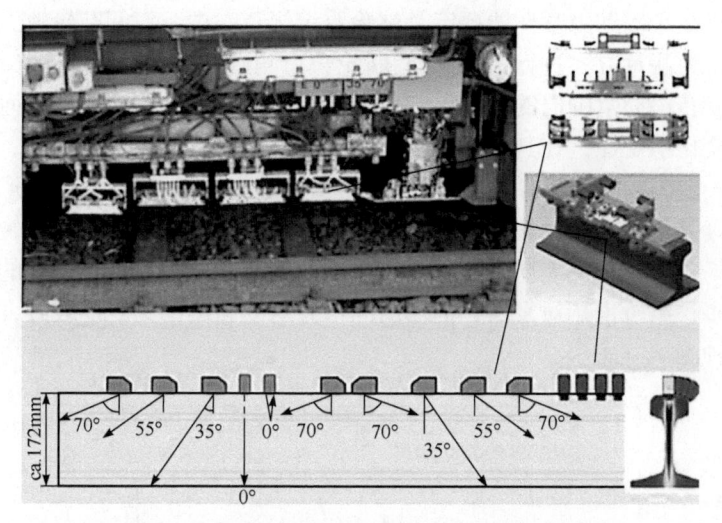

图 6-56 同时装备超声波检测和涡流检测的探伤车

6.5 测力轮对

轮轨关系是车辆、轨道系统中最基本也是最复杂的问题，对轮轨间接触状态的准确测量是深入研究轮轨关系的基础，目前轮轨力的测试方法有在地面钢轨上贴应变片和安装测力轮对，两种方法互为补充。地面测量是在地面轨道上选择一处典型的轨道断面，定点测试各车轮通过该点时的轮轨动力响应，其信号是每个车轮通过测点时有一个峰值；测力轮对是在车轮上贴应变片，当车辆在轨道上运行时，可测得沿轨道的连续轮轨力信号曲线，从而可判断轨道状态对轮轨力的动力响应。

安装测力轮对检测轮轨力的方法是目前检测精度最高的测试方法。采用先进的连续测量测力轮对，可精确测量轮轨接触点位置与垂向、横向、纵向轮轨接触力，实现脱轨系数、减载率、轮轴横向力等安全性指标的连续高速测量。

设计测力轮对时，需要对轮轨力测试方法的优化和高速状态下高频轮轨力的精确测量进行理论分析，具体内容包括理论分析与仿真计算轮对静态、动态荷载作用下辐板应变特性，提出测试方案优化准则，统计其对辐板应变桥路输出的影响，建立高频冲击振动误差模型，设计数字补偿滤波器，扩展测量频率范围；通过对高速铁路干线轨道谱进行分析，结合车辆动力学仿真技术，研究轮轨耦合模型中轨道不平顺谱对测力轮对动力响应的影响。

目前测力轮对的贴片方法有多种，不同的贴片位置，需要采用相应的组桥方式。在《机车车辆动力学性能评定及试验鉴定规范》中，对间断轮轨力测量方法和连续轮轨力测量方法进行了叙述。间断轮轨力测试的应变片贴片操作相对简单，仅在车轮旋转整周范围内的个别特定角度位置上获取有效检测数据，而由于感应灵敏度的变化不受控，在其他绝大多数角度位置上无法获取检测数据，输出的波形是每个轮轨力的峰值，可能会漏检不良轨面处产生的最大轮轨力，波形如图6-57所示。连续测量是在车轮整周范围内任意角度位置上都能保持恒定灵敏度，从而在车轮任一角度位置都能获得有效测量数据，连续轮轨力测量所需要的应变片较间断式的多，组桥也相对复杂，但输出的信号对轮轨的动力响应较好，也是目前常用的一种测试方法。

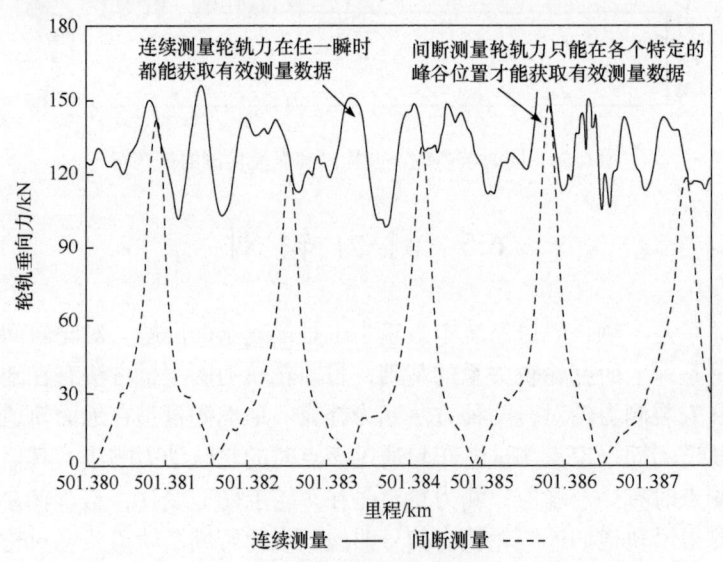

图6-57 测力轮对间断测量与连续测量效果对比[20]

在《机车车辆动力学性能评定及试验鉴定规范》中，轮轨垂向力的应变片布置如图6-58所示，在车轮的每一面粘贴8片应变片(径向)，随后按照图6-59所示方法组桥，当车轮承受恒载时，输出信号A、B桥都是近正弦波信号，将A、B信号进行组合，得到如图6-59所示的连续轮轨力输出信号。

(a) 剖面图　　(b) 外侧轮面　　(c) 内侧轮面

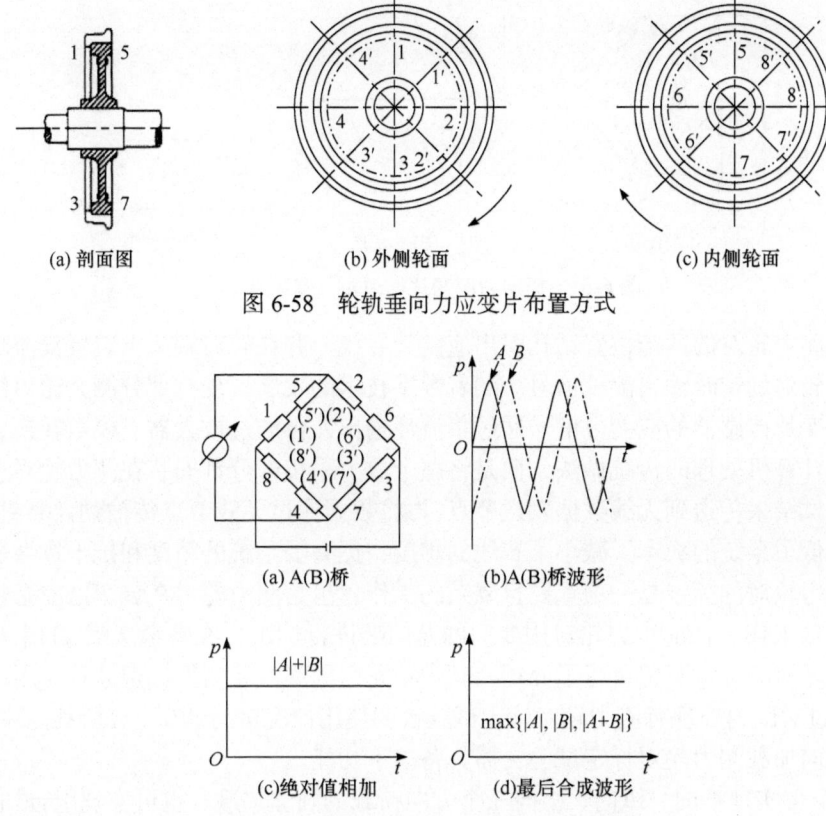

图 6-58　轮轨垂向力应变片布置方式

(a) A(B)桥　　(b) A(B)桥波形

(c) 绝对值相加　　(d) 最后合成波形

图 6-59　垂向力应变片的组桥与输出波形

轮轨横向力应变片布置如图 6-60 所示。在车轮的一侧粘贴 16 片应变片(径向)，然后按照图 6-61 组成 A、B 两个全桥，通过对 A、B 桥的信号进行组合，得到如图 6-61 所示的连续波形信号。

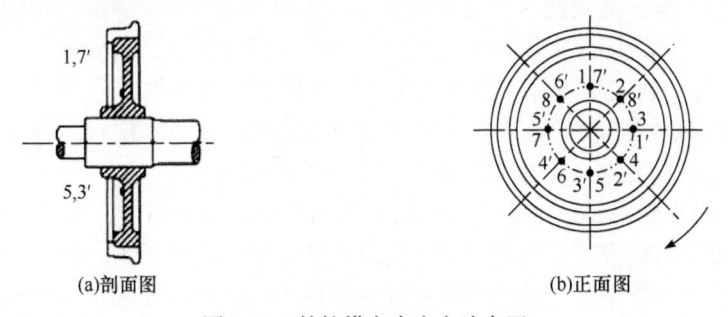

(a) 剖面图　　(b) 正面图

图 6-60　轮轨横向力应变片布置

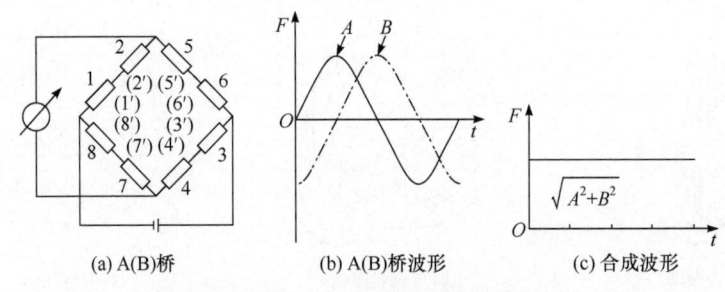

(a) A(B)桥　　(b) A(B)桥波形　　(c) 合成波形

图 6-61　横向力应变片的组桥与输出波形

在测力轮对的适当位置钻孔引出应变片导线，并在轮对轴头上装置集流环，以便在轮对旋转时输出测试信号。随着数字技术的发展，现有部分测力轮对没有采用应变片传感器的应变电信号通过集流环输出，再经过放大器、模数转换，最后交由计算机处理的传统做法，而是将整个放大采集部分都安装在测力轮对上，并将测试结果传送到无线数据发送节点，再将数据通过无线节点传输到计算机中，大大降低了系统的成本，减小了布线的难度，提高了系统的精度和抗干扰性能。

测力轮对的标定是一项重要且复杂的工作，也是测力轮对在装车之前必须要做的一项工作。目前测力轮对用专门的龙门架进行标定，在参考文献[21]中对几种测力轮对的标定装置进行了介绍，其中单龙门架和双龙门架标定装置应用得最多。通过对国内外现有测力轮对标定试验台的使用情况进行调研，分析其优缺点，确定三向加载测力轮对标定试验台需具备以下功能。

(1) 可实现垂向、纵向、横向三个方向荷载的独立加载，也可实现组合加载，同时还要满足未来可能出现的 40t 大轴重机车测力轮对的标定需求。

(2) 能适应不同轨距(1000～1524mm)和不同轮径(530～965mm)测力轮对的标定需求。

(3) 具备轮轨接触点横移量调整并给出指示的功能，以实现以滚动圆为基准的轮轨接触点横移量调整与设定，能够实现从测力轮对轮缘顶部到轮辋外侧面范围内的全程可调，即应将轮轨接触点位置调整范围设置在±20mm。

(4) 能方便地实现各种类型测力轮对的安装与拆卸作业。

(5) 门架系统能较好地适应不同轮径测力轮对，并对其位置高度提出可调整要求，即门架系统应具有垂向位置在较宽范围可调的功能。

(6) 采用在轮对轴颈上作为垂向荷载的加载点，并采用组合 V 形块作为对被标定测力轮对实施限位及垂向加载、横向及纵向限位的中间体。该组合 V 形块应能满足各种不同类型轮对轴承外径尺寸对其提出的适应性要求，且应具有方便装卡的特性，同时要能兼容带轴箱的轮对测力标定试验。

(7) 可采用液压加载方式提供垂向、横向、纵向等所需的静态荷载。

单龙门架测力轮对的标定装置如图 6-62 所示。两条钢轨支承测力轮对，垂向荷载千斤顶吊挂于龙门框架的横梁上，且其底部与测力轮对铰接，从而能够对测力轮对施加垂向荷载。纵向荷载千斤顶的前端与垂向力测试单元铰接，测力轮对安装于垂向力测试单元上方，纵向荷载千斤顶能够通过垂向力测试单元向测力轮对施加纵向力。横向荷载千斤顶的两端能够分别与测力轮对的两轮轮背相抵，向测力轮对施加横向荷载。各方向可以单独加载，也可以组合加载，通过三向综合标定，能够满足机车、城轨、动车组全系列不同载重车型的测力轮对垂向、纵向、横向的标定。

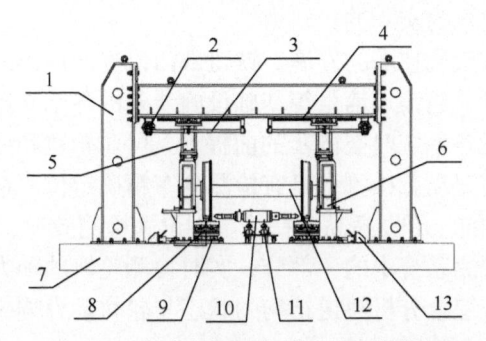

图 6-62 单龙门架测力轮对的标定装置
1. 龙门框架；2. 丝杠驱动电机；3. 丝杠；4. 横向直线导轨；5. 垂向作用动作器；6. 垂向加载限位导架；7. 支承平台；8. 垂向力测试单元；9. 纵向直线导轨；10. 横向加载测试单元；11. 高度调节装置；12. 测力轮对；13. 轨距调整动作器

双龙门架测力轮对的标定装置如图 6-63 所示。该标定装置采用可移动结构，龙门分为左右两个，可在较大范围内实现向外和向内移动，以满足不同轨距测力轮对加载位置调整的需求，同时也便于测力轮对的装入和取出；组合 V 形块能够适应不同轴承外径轮对垂向加载，且拆装方便，同时配合轴颈用保护轴瓦，可防止加载过程中 V 形块对轴颈的侵害；活动横梁垂向的运动由垂向油缸带动，横梁

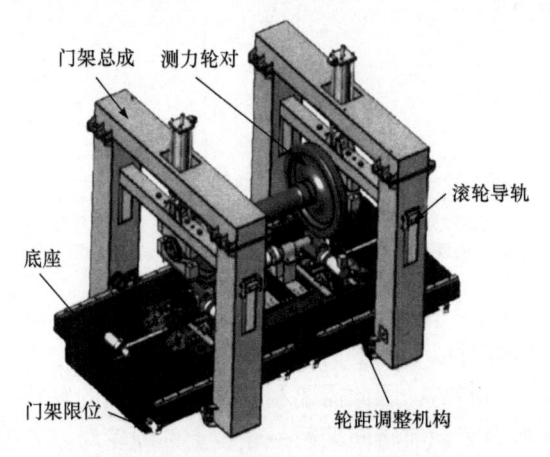

图 6-63 双龙门架测力轮对的标定装置[22]

滚轮提供导向；轨距的调整由电动推杆带动，其自带的编码器控制位置，拉线位移传感器精确定位；纵向加载装置可以实现在一定范围内的横向和纵向的水平运动，以适应标定过程中轮对承受不同方向的荷载后产生弹性变形。

标定时，根据不同荷载下的信号值大小计算标定系数。较多的标定资料表明，测得的应变与荷载的线性关系较好，如图 6-64 所示。由图可知，左右轮的正负加载应变线性较为一致，从而能保证轮轨力的测试精度。因此，标定系数可根据现场测得的实际应变换算为实际的轮轨力。

近几年来，随着检测技术的发展，铁道部门以高速铁路的动车组为载体，将线路轨道、牵引供电、通信、信号等基础设施装备的各个专用检测系统组成综合检测系统[23]，在保证各系统时空同步的前提下，可对轮轨和弓网接触状态及列车舒适性指标等进行高速动态检测；具有检测列车精确定位、在线数据集成、综合处理和分级评判等功能，可提高高速铁路基础设施检测效率，指导铁路养护维修。测力轮对作为综合检测系统中的一部分，实时检测轮轨的动力响应，并结合轨道几何形位的检测信号综合分析轨道结构的状态与轮轨动力响应之间的关系。

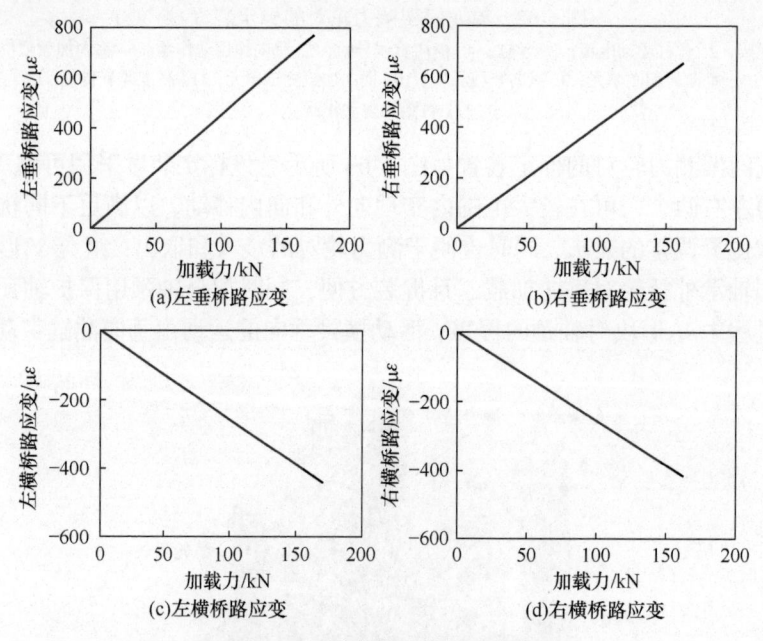

图 6-64 测力轮对的标定曲线

各种类型的车辆都可以采用测力轮对测试轮轨力的动力响应，但每种车辆的转向架和轮对结构是不同的，因此需要利用该类型车辆的轮对制作测力轮对，并将测力轮对替换该类型车辆前转向架第一轮位上的原轮对。各种类型车辆的测力轮对检测系统结构基本相同，该系统主要分为三个模块，即高精度连续测量测力轮对模块、轮轨力数据采集用传输模块和轮轨力数据综合分析模块，每个模块包含 3～4 个小模块，如图 6-65 所示。图 6-66 为我国高速铁路动力综合检测车上安装测力轮对转向架的情况。

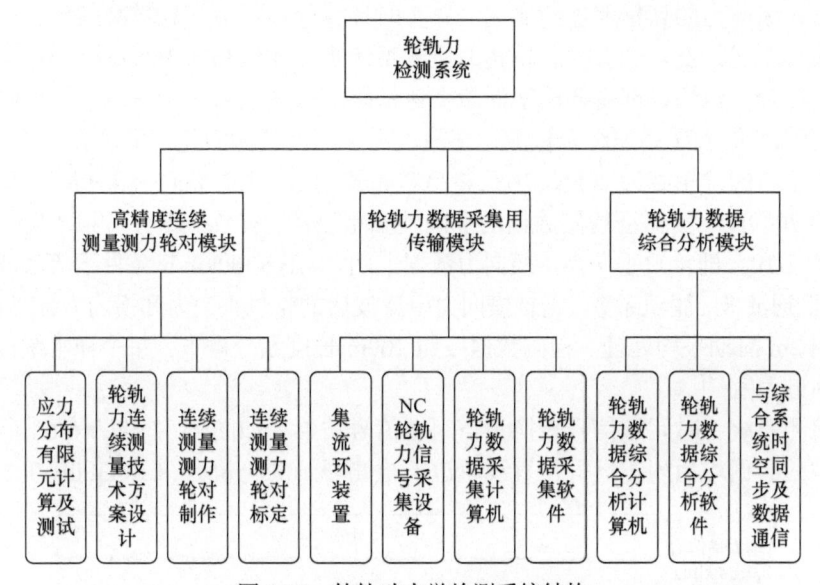

图 6-65　轮轨动力学检测系统结构

图 6-66　安装测力轮对转向架的情况

列车在线路上运行时，有些轨检车的轨道不平顺检测系统是以距离采样数据，采样点间隔为 250mm，但测力轮对是以时间间隔采样，采样频率为 500Hz，因此两者需要统一分析，并通过速度转换到时间域和空间域进行。

铁道科学研究院在高速铁路动力系统综合检测中，将测力轮对安装在

CRH380B-002 高速综合检测列车 3 号轨道动力学检测车上，轮轨力检测系统是轮轨动力学检测系统的主要组成部分[23]。该系统采用连续测量测力轮对实现在高速综合检测列车运行速度最高达到 400km/h 的条件下，轮轨间相互作用的垂向力、横向力、纵向力的高精度连续检测，并实时计算脱轨系数、轮重减载率、轮轴横向力等列车运行安全性参数。轮轨力检测系统是高速铁路轨道状态综合检测的重要组成部分，检测数据主要用于保障高速铁路的安全运营，指导轨道养护维修。

CRH380B-002 高速综合检测列车轮轨力检测系统测力轮对的轴载为 140kN，左轮和右轮的静轮载为 70kN。为采集高频轮轨冲击荷载，轮轨力检测系统采样频率设为 2000Hz。为保证检测数据的准确性和重复性，有效数据分析频率设为采样频率的 1/10，即轮轨垂向力、横向力数据采用 200Hz(300km/h 条件下等效波长约 40cm)低通滤波，脱轨系数、轮轴横向力由滤波后的轮轨垂向力和横向力计算得到，并采用 2m 滑动平均处理。检测数据按照 200m 长度划分样本，每个样本统计检测数据的最大值[24]。

检测系统将时间域信号转换为空间域信号波形，如图 6-67 和图 6-68 所示。两图中的数据均为列车运行在直线轨道上检测得到的轮轨力，CRH380B-002 高速

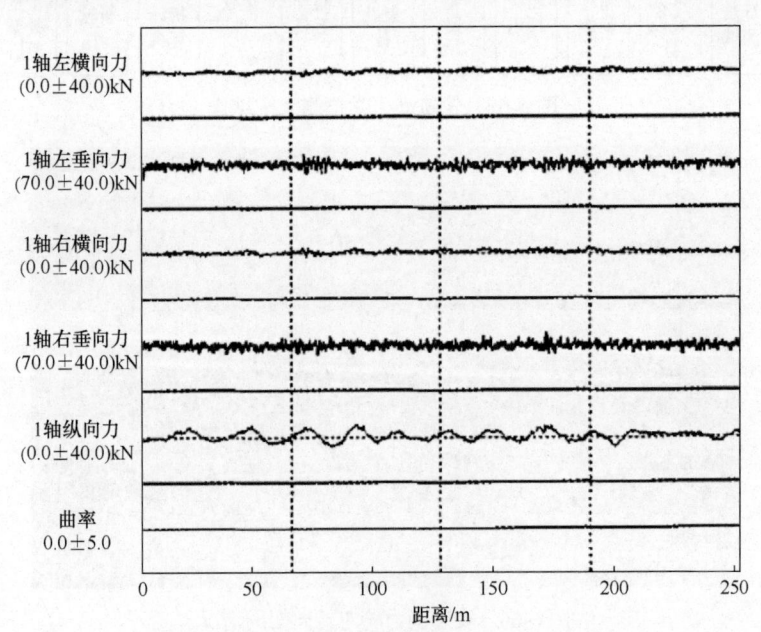

图 6-67 轨道状态良好的轮轨力检测波形图

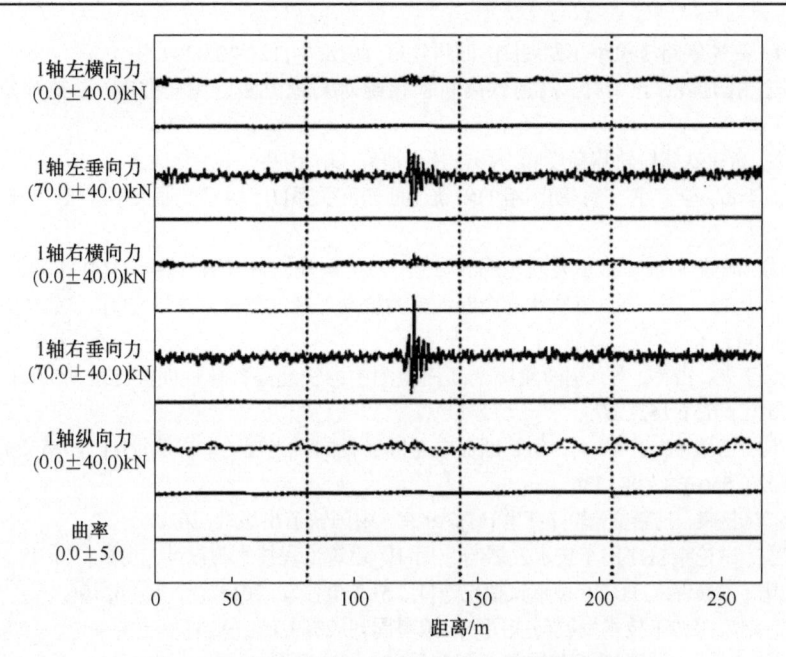

图 6-68　轨道局部存在缺陷的轮轨力检测波形图

综合检测列车的运行速度为 297km/h。对比分析这两个波形图，正常情况下左轮和右轮的垂向力在静轮重 70kN 的基础上有±10kN 的动态波动量，图 6-68 中 125m 处左右轮均出现了较大的垂向力波动，右轮垂向力最大值达到了 123.0kN，可以判断该处轨道存在缺陷。在对轨道状态进行评判时，关注重点应该是轮轨作用力在准静态值基础上的动态波动量。

由图 6-67 和图 6-68 可知，轮轨力的检测波形可较为明显地反映出轨面不良状态引起轮轨的动力作用增大，可为轨面或轨道几何形位缺陷的判定提供强有力的技术支持。

参 考 文 献

[1] 高亮, 江成. 高速铁路轨道[M]. 北京: 中国铁道出版社, 2021.
[2] 李学哲, 冯其波, 崔建英, 等. 激光非接触式测量轨道高低不平顺度的研究[J]. 测试技术学报, 2002, 16(S2): 1341-1344.
[3] 罗林, 张格明, 吴旺青, 等. 轮轨系统轨道平顺状态的控制[M]. 北京: 中国铁道出版社, 2006.
[4] 韩国阁. 动态非接触式轨距检测方法研究[D]. 上海: 上海工程技术大学, 2011.
[5] 魏世斌, 李颖, 赵延峰, 等. GJ-6 型轨道检测系统的设计与研制[J]. 铁道建筑, 2012, 52(2): 97-100.
[6] 周太平, 刘春兰, 蒲华侨. 轨检小车在高速铁路轨道检测及精调中的应用[J]. 电脑与电信, 2018, (11): 66-70.

[7] 徐金锋. 高速铁路轨检小车发展[J]. 四川建材, 2018, 44(12): 202-204.
[8] 杨友涛, 孔延花, 孔书祥. 高速铁路轨检仪绝对测量方法应用研究[J]. 铁道建筑, 2010, 40(12): 97-99.
[9] 徐俊杰. 高速铁路轮轨粗糙度噪声影响特性研究[D]. 南昌: 华东交通大学, 2018.
[10] 徐凯, 李苇, 李东宇, 等. 动车组的轮轨型面匹配关系[J]. 西南交通大学学报, 2017, 52(2): 389-399.
[11] 田葆栓. 丹麦MINIPROF轮轨轮廓测量系统[J]. 国外铁道车辆, 1994, 31(4): 43-45.
[12] 占栋, 于龙, 肖建, 等. 钢轨轮廓全断面高精度动态视觉测量方法研究[J]. 铁道学报, 2015, 37(9): 1-11.
[13] 冯凯, 于龙, 占栋, 等. 钢轨轮廓全断面检测中的快速高鲁棒性匹配方法研究[J]. 铁道学报, 2019, 41(5): 162-167.
[14] 李文涛, 王培俊, 王猛, 等. 钢轨断面全轮廓磨耗的激光视觉动态测量[J]. 西南交通大学学报, 2020, 55(6): 1328-1336.
[15] 周宇, 练松良, 杨新文. 轨道工程[M]. 北京: 中国铁道出版社, 2020.
[16] 李建友. 试论钢轨探伤车技术发展与应用[J]. 建筑工程技术与设计, 2016, (27): 48.
[17] 张向阳, 张高锋. GTC-80型钢轨探伤车[J]. 机车电传动, 2013, (6): 94-96, 106.
[18] 李娟. 钢轨探伤车技术发展与应用[J]. 城市周刊, 2019, (3):79.
[19] 张永刚. GTC-80型钢轨探伤车简介与应用[J]. 科技论坛, 2017, (4): 350-352.
[20] 李谷, 祖宏林, 储高峰, 等. 轨检车轮轨力检测系统研制与应用[J]. 中国铁路, 2018, (10): 74-78.
[21] 张一文. 测力轮对标定试验台研制及其关键技术研究[D]. 成都: 西南交通大学, 2016.
[22] 辛树国, 孙法明, 尹俊锋. 三向加载测力轮对标定试验台的研制[J]. 铁道车辆, 2016, 54(4): 31-35.
[23] 康熊, 王卫东, 李海浪. 高速综合检测列车关键技术研究[J]. 中国铁路, 2012, (10): 3-7.
[24] 祖宏林, 张志超, 汪伟. 轮轨力测量在高速铁路轨道检测中的应用研究[J]. 铁道机车车辆, 2012, 32(4): 19-24.

第 7 章　轨道状态监测与智慧工务管理

测试的目标是轨道结构在某一时刻或某一时段的动力响应水平，而监测的目标是轨道结构的动力响应水平随时间的变化规律，所以认为监测是现场测试的延续。以往通过现场测试，对测试数据进行分析，可以掌握列车通过时轨道结构状态对轮轨动力性能的影响，但也只能测试几趟车或几天时间。监测的目标虽然与现场测试大致相同，但其时间往往较长，一般是几周、几个月，甚至几年，以观察轨道结构状态变化对轮轨动力响应的影响和发展规律。监测需要有一监测平台，对现场输入的数据进行实时计算分析，并根据预先设置的格式输出结果，供现场管理人员对轮轨运行状态实时判断并作出相应的决策。

当今互联网技术的应用已渗透到航空航天、土木、机械、交通等工程及社会的各个领域。随着各项技术的发展，工程结构测试、数据传输、数据分析与判断等物联网(internet of things，IoT)技术也得到了较大的发展。智慧工务就是利用物联网技术，将现场监测的数据实时传输到智慧工务系统的决策平台，其目的是通过各种检查、检测、监测手段更透彻地感知工务设备状态，工务生产系统各级管理人员能够根据自己的权限和需要，更快速、更便捷地获得所需要的生产信息，通过对设备感知数据的建模，管理者能够掌握设备状态变化规律，科学安排修理；决策平台根据实时传输的数据进行自动判断识别，以判断轨道结构的所处状态，并根据不同的轨道状态划分不同的等级，发出相应的预警，从而为工务部门及时处理轨道结构的故障和问题提供时效保障。该系统应有相应的技术接口，可作为轨道智慧交通管理系统的一部分。

智慧工务管理涉及各方面的技术，涉及的对象种类多、数量大，不仅包括轨道和桥隧等实体对象，还包括大型装备、人员、数据、决策、维修活动、地理信息等；智慧工务的建设需要结合多项新兴技术，如大数据、物联网、人工智能等；工务系统的数据如轨检、探伤、基础台账、设备履历等不仅量大，而且包含数值、视频、图片等众多形式，多源异构数据的处理、融合与关联复杂。另外，智慧工务的建设是一个长期持续的过程，因为新数据不断被采集，新线不断被建成，新技术不断发展，必然要求智慧工务是一个开放、可扩展的系统；智慧工务还应是智慧轨道交通的有机组成部分，其基本规划、架构、准则等需服从智慧轨道交通总体规划要求。

对于轨道结构，首先对列车通过时轨道各部位的位移、振动加速度、轮轨力的响应等进行动态监测，及时掌握列车运行时轨道结构的动力响应参数，判断轨道结构的所处状态，为工务采取有效措施提供技术依据；其次对轨道的状态和动力响应参数判断标准进行选择，对于不同的轨道结构，选择的参数判断标准也不相同，但行车安全参数必须放在第一位；然后对测试仪器仪表进行选择，仪器仪表的测试精度、稳定性、温度漂移性、响应频率范围等必须达到所需要求，也即要有一个良好的性价比；最后是数据传输问题，目前采用互联网 5G 技术，使传输大量的测试数据成为可能。

7.1 轨道现场监测内容

不同的轨道结构，监测内容也有所不同。有砟和无砟轨道无缝线路、高速无砟道岔、长大桥梁无砟轨道无缝线路、高架站无砟轨道无缝道岔，以及特殊类型轨道结构等，对铁路整体的运营安全、乘车舒适性和工程投资均会产生深刻的影响，因此需要建立一套完整的检算及监测系统和技术，以对结构设计进行检算和评估[1]。

对于所有轨道结构，共同的监测内容有钢轨垂向位移、钢轨横向位移、轮轨垂向力、轮轨横向力、轨道结构振动加速度等。对于普通有砟轨道，监测内容有轨枕垂向位移、轨枕横向位移，以及钢轨振动加速度、轨枕振动加速度等。

7.1.1 无缝线路

理论研究和现场试验分析表明，影响无砟轨道无缝线路状态的主要参数包括锁定轨温、线路在长期运营条件下钢轨蠕变伸长引起的实际锁定轨温变化；无缝线路温度力变化、轨道板的温度变化；桥梁端部伸缩位移、梁端转角、梁跨中挠度；钢轨纵向位移、轨道板纵向位移、无缝线路轨道几何形位等。

有砟轨道无缝线路的监测内容除了部分与无砟轨道相同，尚有轨排的横向位移、纵向位移等，包括弹性位移和位移积累。

1. 轨温及锁定轨温

轨温受气温、日照、风力、湿度等气候条件及线路走向的影响，并且钢轨不同部位的轨温也不相同。

锁定轨温，又称零应力轨温。设计、施工、运营情况不同，运用锁定轨温的概念不同。设计确定的锁定轨温称为设计锁定轨温，施工确定的锁定轨温称为施工锁定轨温，无缝线路的运行过程中处于温度力为零状态时的轨温称为实际锁定轨温。

无缝线路在运营过程中，应力状态可能改变，实际锁定轨温也会发生变化。

若直接测定无缝线路实际锁定轨温，可采用钢弦位移尺测量钢轨位移，通过计算确定实际锁定轨温的变化。测量时需将长轨条上的扣件拆除，并抬上滚筒放散应力，使长轨条处于自由状态，然后测量一定标距内钢轨在放散前与放散后的伸缩量。实际锁定轨温测量工序多、时间长，在天窗期间几乎无法完成整个测量，因此在高速铁路无缝线路运营期间，无法直接测量实际锁定轨温，需采用监测温度力、温度变化的方法间接推定实际锁定轨温的变化。另外，还可以考虑在无缝线路铺设完成但还未通车时，上道测量实际锁定轨温。无缝线路锁定轨道及温度力的测试详细内容参见第4章。

无缝线路长轨条受到接头阻力、扣件阻力和道床阻力的约束，当轨温发生变化时，在长钢轨中就会产生轴向温度力，轨温上升，长轨条中产生轴向压力；轨温下降，长轨条中产生轴向拉力。为了保证列车安全运行，无缝线路长钢轨中的温度力必须满足强度和稳定性的要求。

长钢轨内的温度力可用式(7-1)计算：

$$P_t = \sigma_t F = 2.48 \Delta t F \tag{7-1}$$

式中，Δt —— 轨温变化幅度，℃；

F —— 钢轨截面积，mm^2。

现场可以实时测得某一断面的钢轨温度，将其与施工锁定轨温相减即可得到轨温差 Δt，从而计算出该断面钢轨内的温度力，但线路运营后，由于钢轨的蠕变伸长、残余应力释放等，实际锁定轨温将会发生变化，用这种方法测得的温度力是不准确的。

2. 钢轨纵向位移和横向位移

钢轨纵向位移是无缝线路状态的综合体现，涉及温度力、伸缩力、列车荷载、轨道板与桥梁位移等各个方面。钢轨纵向位移过大会引起扣件松动，扭矩下降，影响轨道几何形位的保持，进而影响列车运行的安全性和平稳性，因此需要进行严格控制。

钢轨纵向位移影响因素过多，对其进行长期监测的精度很难保证，因此钢轨纵向位移暂不作为长期监测的指标，但利用监测到的温度力、伸缩力、轨道板位移、梁体位移等其余指标可以间接推算钢轨纵向位移。

有砟轨道的横向累积变形对无缝线路的稳定性极为不利，因此有时需要在一些可引起温度压力峰的区段设置横向位移监测点。

3. 轨道几何形位

保证轨道几何形位正确，是保证机车车辆安全、平稳运行的必要条件，因此轨道几何形位检测非常重要。轨检车是检查线路几何状态的主要设备，检测速度高，检测项目多，检测精度高，可直接打印出超限报告、曲线报告、区段与公里总结报告、轨道质量评价结果等，并能对数据进行分析。该方面的研究可以使用轨检车的数据，并将检测数据输入监测系统平台。

轨道几何形位检查仪的静态测试数据也应纳入监测系统平台，通过与轨检车动态测试数据的对比分析，判断轨道结构的病害及刚度变化不正常的现象。

7.1.2 道岔

对于道岔，最应关注轨道结构的强度、稳定性和几何形位方面的问题，以保证道岔的工作状态及列车运行的平稳安全。铁路道岔的监测内容主要有以下几部分。

(1) 钢轨、无砟轨道板温度：包括轨温、气温，以及轨道板不同深度的温度。

(2) 钢轨纵向附加力：尖轨跟端钢轨附加力。

(3) 无缝道岔主要部位的轮轨垂向力和横向力，据此计算脱轨系数和轮重减载率。

(4) 钢轨与轨道板相对纵向位移。

(5) 有砟道岔轨排横向位移。

(6) 逆向进岔时的尖轨尖端开口量，测试顺向出岔时的尖轨尖端轨距扩大量。

(7) 护轨开口段及平直段横向位移。

为测试道岔不同部位的动刚度，在转辙器、导曲线和辙叉部位的直基本轨上分别选取一断面测试钢轨的垂向力、垂向位移和横向位移。

由于监测内容较多，在实际监测时，可根据监测目标需要，选择重点关注的监测内容。

7.1.3 长大桥梁上无缝线路

对于长大桥梁无砟轨道无缝线路，最为关注的是轨道结构强度、稳定性和耐久性方面的问题，通过理论与试验研究，确定以下监测内容。

(1) 长钢轨温度、无砟道床温度梯度：轨温最小值为最低气温，最大值为最高气温+20℃，无砟道床的温度范围和气温相差不大。

(2) 梁温度测点布置在梁上，在梁的两端各布置一个测点。钢轨温度测点布置在基本轨上，从道岔起点每隔四个枕跨布置一个测点。

(3) 钢轨与轨道板相对纵向位移：对于CRTS II 型板式无砟轨道，扣件使钢轨和无砟道床形成一个整体，相对位移非常小，一般在几毫米以内。

(4) 梁轨相对位移测点：梁缝处布置梁轨相对纵向动位移测点，尖轨及心轨尖端各布置梁轨相对纵向动位移测点。

(5) 梁体与轨道板间的纵向位移：由于设置两布一膜滑动层，桥梁和无砟轨道的相对位移较大，量级在几十毫米。

(6) 梁端伸缩位移：梁体的伸缩量为梁长、温度变化幅度和线膨胀系数的乘积，伸缩位移的量级一般在几十毫米。

7.1.4 高架车站无砟道岔

桥上无缝道岔与长轨条同样要承受无缝线路温度力的作用，同时还要承受尖轨传递过来的附加温度力，道岔前后的温度力不一致，使无缝道岔中的钢轨受力和位移发生变化，这是无缝道岔设计、铺设和维修养护中需要处理的核心问题。

根据高速铁路高架站无砟轨道无缝道岔结构形式，确定以下监测内容。

(1) 钢轨、无砟轨道及桥梁温度：需测试轨温、气温，以及轨道板不同深度的温度、梁体的温度。

(2) 钢轨纵向附加力：大跨度连续梁上伸缩附加力、梁端挠曲力，量级在0~1000kN。

(3) 钢轨与轨道板相对纵向位移：量级在几毫米，最大为几十毫米。例如，在对伸缩调节器进行监测时，钢轨相对位移往往较大，应选择合理量程的传感器。

(4) 梁体与轨道板间的纵向相对位移：对于单元板、双块式无砟轨道，梁体与轨道板间的纵向位移基本为零。对于 CRTS Ⅱ型板式无砟轨道，相对位移往往较大，量级在几十毫米。

桥梁位移的监测属于桥梁工程范畴，但桥梁的位移会影响轨道结构的受力，因此一般在监测桥上无缝线路长钢轨受力时，需要同时监测桥梁的位移，以研究分析桥梁位移对无缝线路长钢轨纵向力的影响。桥梁监测的内容包括梁端位移，由于桥梁梁体的伸缩量与桥梁的温度跨长直接相关，梁体的伸缩通过道床传递给钢轨，从而对钢轨产生桥梁伸缩的附加温度力，监测点梁体伸长量应在几十毫米范围内，桥梁的温度跨越长，伸缩长度越大。

桥梁墩顶水平位移会带动梁体的纵向位移，因此有时还需要监测线路纵向的墩顶水平位移。

7.1.5 轨道交通浮置板工作状态监测

为了降低城市轨道交通振动噪声对周围环境的影响，城市轨道交通建设中在振动噪声敏感区段采用减振降噪效果最佳的浮置板轨道结构。但随着运行时间的增长，浮置板轨道结构也出现不同的病害，并且减振降噪的效果会下降。

浮置板轨道结构具有特殊性，因此其监测内容也有别于其他普通的无砟轨道结构。

1) 浮置板垂向/横向位移监测

浮置板轨道的减振原理就是利用浮置板的惯性隔振,所在浮置板位移必须达到一定值才能达到设计的隔振效果。根据《浮置板轨道技术规范》(CJJ/T 191—2012),列车通过时浮置板相对于基础的垂向位移应在 0~3mm,但现场实践中一般认为 3.5~4mm 的隔振效果和保证行车平稳性的效果较好。

为了保证浮置板的横向稳定性,一般要求列车通过时浮置板相对于基础的横向位移在 0.3~0.5mm。若浮置板的垂向位移和横向位移过大或过小,则认为浮置板的工作状态异常,需要对其进行深入的检查,以消除产生异常的因素。

2) 浮置板板端位移和转角监测

一块现场现浇浮置板的长度为 25m,预制浮置板的长度为 3.6m、4.8m 和 6.0m,目前相邻浮置板一般用上置式、侧置式和内置式剪力铰连接。两板板端的垂向位移差和板端转角是衡量两板协同工作的重要参数,若两板板端的垂直位移差或板端转角过大,则说明两板的支承状态存在差异,需要进行一些校正性的调整。

3) 浮置板和隧道壁的振动加速度监测

浮置板支承在隔振器上,因此浮置板道床的振动加速度要大于普通无砟轨道道床的振动加速度,而浮置板轨道区段的隧道壁振动加速度要明显小于普通无砟轨道区段的隧道壁振动加速度。通过对测得的振动加速度大小进行判断,分析浮置板是否处于有效的隔振状态。

4) 城市轨道交通环境振动和噪声监测

浮置板的减振降噪效果最后要落实到列车通过时的环境振动和噪声强度对标上。根据城市环境振动和噪声的测试与评价方法,在地下线路上方、高架线和地面线路旁边的建筑物内外相应位置设置测点。

7.2 轨道现场监测参考规范和标准

目前与铁路相关的规范和标准较多,与大部分轨道监测的内容均有关联,因此在制定轨道监测项目时,需要根据相应的规范和标准对监测数据进行评判,从而确定轨道所处的实际工作状态。以下列出了部分规范和标准。

(1)《普速铁路线路修理规则》(TG/GW 102—2019)。

(2)《铁路无缝线路设计规范》(TB 10015—2012)。

(3)《无缝线路铺设及养护维修方法》(TB/T 2098—2007)。

(4)《标准轨距铁路道岔》(TB/T 412—2020)。

(5)《普速铁路桥隧建筑物修理规则》(TG/GW 103—2018)。

(6)《机车车辆动力学性能评定及试验鉴定规范》(GB/T 5599—2019)。

(7)《浮置板轨道技术规范》(CJJ/T 191—2012)。

(8)《城市区域环境振动标准》(GB 10070—1988)。
(9)《城市区域环境振动测量方法》(GB 10071—1988)。
(10)《声环境质量标准》(GB 3096—2008)。

在实际监测中，部分监测参数有相对应的标准和规范，部分则没有，因此需要对监测数据进行对比，一是对照被监测参数的变化趋势，二是与标准的轨道结构相应参数进行比较分析。

轨道几何形位的静态和动态参数在相应的规范和标准中都有详细规定，在对轨道几何形位监测和测量中，参照这些规范和标准执行即可。

在钢轨、轨道板等的温度监测中，温度变化是没有一个标准限值的，只是根据监测到的温度变化范围分析轨道结构所处的工作和应力状态，若轨道结构的工作状态不佳，则需要采取相应的防范措施，以免轨道的工作状态恶化。对于无缝线路，要根据长钢轨的允许温升和允许温降确定轨温的变化范围。

钢轨、轨枕、道床(无砟轨道道床板)及隧道壁的振动加速度的变化范围较大，且没有一个相应的标准范围。在5.4.1节中，列出了轨道结构、隧道壁的振动加速度的大致范围。

与振动相同，列车通过时，轨道结构的各个部件都会产生位移，为保证行车的安全性和平稳性，所有的位移都应保持在一个合理的范围内，但不同部位的位移的大小不同。对于钢轨、轨枕、道床的位移监测，规范和标准中没有明确的一个定值，但根据大量的资料和经验，在5.1节中对钢轨的位移进行了部分表述。在城市轨道交通中使用的高弹性扣件，钢轨与道床板之间的相对位移就较大，如先锋扣件，钢轨的垂向位移可达5mm以上。普通无砟轨道道床的位移一般较小，在0.3mm以下，但浮置板道床的位移可达3～4.5mm。由此可知，不同轨道结构的钢轨、道床相对位移差别较大，相互之间较难比较。一般认为，只要普通扣件轨道结构的钢轨垂向位移大于3mm，轨头横向位移达到3mm，维修部门就要重视。

道岔部位的各项位移更加复杂，如尖轨的纵向位移、尖轨尖端与基本轨之间的垂向和横向相对位移、可动心轨与翼轨之间的相对位移。不同的道岔部位，其允许的位移量也不同，如尖轨、心轨的开口量，根据经验，一般认为不能大于4mm。因此，应根据结构的设计要求、行车的安全性和平稳性要求等确定不同部位的允许位移量。

对于桥上线路，普通轨道和道岔与桥梁之间的纵向相对位移需要严格控制，以免导致桥梁伸缩引起钢轨或道岔各部件的受力过大，影响轨道结构的正常工作。对于梁轨相对纵向位移允许值的大小，一般需要通过规范和计算轨-桥相互作用得到。

轮轨垂向力的大小一般从两个方面控制，一方面是轮轨接触疲劳，另一方面是脱轨系数和轮重减载率。无论是城市轨道交通、普通铁路，还是重载铁路，轮轨接触疲劳都是不可避免的，但重载铁路的轮载较大，其接触疲劳的发生和发展都较其他铁路严重，所以一般都是根据该线路运行的机车车辆的最大静轮载及动力系数确定动轮载。

轮轨横向力的大小一般是从考虑车辆运行安全性的角度加以限制，也即通过轮轨垂向力和横向力之比(脱轨系数)确定，若静轮载较小，则相应的允许轮轨横向力也较小，这样才能保证脱轨系数小于安全限值。脱轨系数和轮重减载率在相应的规范和参考文献中都有详细的计算方法和控制限值。对于有砟轨道，过大的轮轨横向力会造成轨排的横向位移过大，从而积累的横向位移也大，进一步就会影响无缝线路的稳定性。例如，在曲线上，过大的轮轨横向力会造成严重的钢轨侧面磨耗，因此一般也要采取相应的措施来限制轮轨横向力。

钢轨及其他轨道部件的应力强度应控制在相应材料的允许应力水平之内。例如，钢轨会受到温度力、轮载、爬行力、列车牵引和制动力、桥梁伸缩力等，所有力的叠加对钢轨产生的应力大小不可大于钢轨材料的允许应力。

总之，在轨道监测过程中，监测人员需要具备相应的轨道结构专业知识，并对监测数据进行相应的评估分析。

7.3 轨道监测装置及指标

7.3.1 无缝线路钢轨轨温及附加温度力的监测

对无缝线路质量的检测与跟踪，特别是对无缝线路长钢轨温度力及锁定轨温的准确测量，是目前国内外普遍提出而又未能圆满解决的测量技术难题。TS 系列钢轨温度应力测量仪是一种通过测量微小位移变化来测量钢轨的温度应力、温度力等参数的仪器，如图 7-1 和图 7-2 所示。

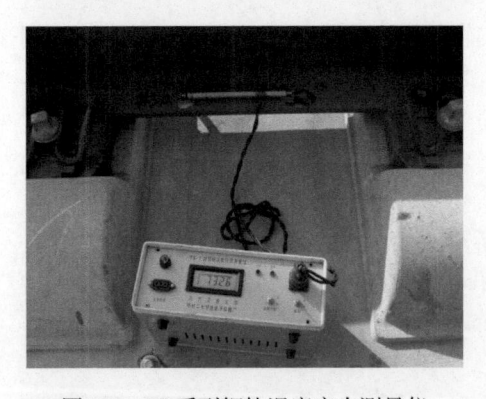

图 7-1　TS 系列钢轨温度应力测量仪　　　　图 7-2　现场测试照片

TS 系列钢轨温度应力测量仪具有以下特点。

(1) 可测量无缝线路、无缝道岔的纵向温度应力的分布。

(2) 可监测无缝线路长钢轨应力放散状态。

(3) 可测量或监测铁路上无缝线路钢轨或其他金属制件的纵向温度应力。

(4) 作为一般传感器,可以测量物体的微小位移或微小变形。

(5) 采用高精度电感传感技术、结构和电路设计的双重温度补偿技术及高精度定位等新技术,结合专门设计的测标安装杆和标准校准座,保证测量、定位、安装及校准的准确性,其传感器的零点不随外界温度的变化而变化。

(6) 采用单片机处理系统,可存储测量数据,通过通信功能实现自动计算和打印温度应力、应变和锁定温度等参数,并可通过自身的标准校准座,自动修正传感器本身的测量误差。

仪器结构简单合理,测标安装方便,测量仪器体积小、重量轻,可充电工作,携带和使用均比较方便。

TS 系列钢轨温度应力测量仪的测试原理如下所述。定义 L 为测标初始距离,d_1 和 d_2 分别为轨温 T_1、T_2 时测标距离相对于初始值的变化量,则可得到轨温为 T_1、T_2 时的钢轨标定长度如式(7-2)所示:

$$\begin{cases} L_1 = L + d_1, & \text{轨温为} T_1 \text{时} \\ L_2 = L + d_2, & \text{轨温为} T_2 \text{时} \end{cases} \tag{7-2}$$

测标距离的变化量 d_1 和 d_2 远小于测标初始距离 L,钢轨在荷载作用下的纵向应变 ε 可按式(7-3)计算,钢轨的纵向附加力 P 可按式(7-4)计算:

$$\varepsilon = \frac{L_2 - L_1}{L_2} = \frac{d_2 - d_1}{L_2} \approx \frac{d_2 - d_1}{L} \tag{7-3}$$

$$P = EF(\alpha \Delta T - \varepsilon) \tag{7-4}$$

式中,E——钢轨弹性模量,MPa;

F——钢轨截面面积,mm^2;

α——钢轨热膨胀系数,大小为 0.0118mm/(m·℃);

ΔT——轨温差,℃,$\Delta T = T_2 - T_1$。

对于无缝线路结构,钢轨内力的测试主要存在以下问题。

(1) 钢轨的变形被约束,应变测试困难,这是无缝线路工作的基本特点。

(2) 扣件的阻力使钢轨不能自由伸缩,如果一根钢轨铺设在路基上完全被锁定,那么在温度的变化下其应变为零,但温度应力是存在的。

(3) 温度力与伸缩力同时作用在钢轨上,难以区分哪些是由温度升高引起的,哪些是由桥梁伸缩引起的。

7.3.2 无缝线路长钢轨静力指标

1. 钢轨强度

目前，在无缝线路设计中进行钢轨强度检算时，作用在钢轨上的应力应满足

$$\sigma_{\text{底d}} + \sigma_{\text{t}} + \sigma_{\text{f}} \leqslant [\sigma] = \frac{\sigma_{\text{s}}}{K} \tag{7-5}$$

式中，$\sigma_{\text{底d}}$ —— 轮载作用下轨底边缘动弯应力，MPa；

σ_{t} —— 钢轨最大温度应力，MPa；

σ_{f} —— 钢轨最大附加应力，MPa，对于路基无缝线路，取列车制动应力，大小为10MPa；

$[\sigma]$ —— 钢轨容许应力，MPa，一般钢轨强度$[\sigma]=351\text{MPa}$；

σ_{s} —— 钢轨屈服强度，MPa；

K —— 安全系数，取1.3。

2. 轨道稳定性

无砟轨道扣件系统直接与混凝土道床连接，轨道稳定性较好，不易发生失稳，但在较大升温条件下极易出现钢轨碎弯，或者钢轨压溃。较多的钢轨碎弯、较大的扣件扣压力损失和组装公差等共同作用，对高速列车的平稳运行产生了不利影响。

近年来，国内研究人员针对无砟轨道提出采取控制长钢轨的压弯变形作为检算条件，进行无砟轨道无缝线路允许温升的计算，并用于探索曲线地段扣件及无砟轨道轨下基础的横向抗力计算。轨道处于平衡状态，无砟轨道允许温升采用"压弯变形公式"进行计算，温度压力 P 的计算如式(7-6)所示：

$$P = \frac{\tau_{\text{i}} + \tau_{\text{m}}}{\tau_0} \tag{7-6}$$

$$\tau_{\text{i}} = 4EI\pi^2 \left(\frac{f}{l^2} + \frac{di_0}{l_0}\varphi \right), \quad \tau_{\text{m}} = \frac{2\psi H}{\pi^2} f^{\frac{1}{u}} \times l^{\frac{u-1}{u}} + \frac{2l^2}{\pi^2} CKf^{\frac{1}{N}}$$

$$\tau_0 = f + li_0\eta + \frac{l^2}{R\pi^2}$$

式中，E —— 钢轨弹性模量，大小为$2.059 \times 10^5 \text{MPa}$；

I —— 一股钢轨截面对垂直轴的惯性矩，mm^4；

f —— 轨道弯曲变形矢度，通常取0.2mm；

R —— 轨道曲线半径，m；

l —— 轨道弯曲波长，mm；

d —— 轨道初始弹性弯曲矢度 f_{0e} 占总初始弯曲矢度的百分比，$d = f_{0e}/f_0$；

i_0 —— 轨道初始弯曲矢度 f_0 与初始波长 l_0 之比，$i_0 = f_0/l_0$；

η —— 初始弯曲积分函数；

φ —— 弹性初始弯曲积分函数；

C、N —— 扣件横向系数，扣件横向抗力表示为 $Q = Cy^{1/N}$；

K —— 扣件阻力增值积分函数；

ψ —— 扣件阻矩积分函数；

H、u —— 扣件阻矩系数，N·mm/mm。

长钢轨的允许升温轨温差 ΔT 如式(7-7)所示：

$$\Delta T = \frac{P - \Delta P}{\alpha EF} \tag{7-7}$$

对于路基上无缝线路，ΔP 为非均匀分布的纵向温度压力，一般取温升 8℃时所产生的温度压力；桥上无缝线路 ΔP 应包括桥梁伸缩施加给钢轨的压力或挠曲压力，无缝道岔 ΔP 还应包括基本轨附加纵向压力。

在计算无砟轨道无缝线路的允许温升时，将限制轨道产生横向累积变形作为先决条件。计算时，取钢轨产生弹性弯曲变形矢度 $f = 0.2$mm 压弯变形所对应的温差 $\Delta T_{0.2}$ 作为允许温升$[\Delta T_e]$。只有采取轨道加强措施，才可将压弯变形量扩大，相应允许温升幅值增大，但允许压弯变形量的最大值不得超过 0.5mm。

无缝线路在冬季可能出现断轨，断缝拉开过大，危及行车安全。钢轨断缝可按式(7-8)检算：

$$\lambda = \frac{EF(\alpha\Delta T_{d\max})^2}{r} \leqslant [\lambda] \tag{7-8}$$

式中，λ —— 无缝线路钢轨断缝计算值，mm；

α —— 钢轨钢线膨胀系数，取 1.18×10^{-5}℃$^{-1}$；

$\Delta T_{d\max}$ —— 无缝线路最大降温幅度，℃，$\Delta T_{d\max} = T_u - T_{\min}$；

T_u —— 设计时最高锁定轨温，℃；

$T_{\min}$ —— 铺轨地区的最低轨温，℃；

r —— 线路纵向阻力，kN/m。

一般情况下，高速铁路无砟轨道无缝线路钢轨断缝允许值$[\lambda] = 70$mm；困难条件下，断缝允许值可适当放宽，取$[\lambda] = 90$mm。

3. 钢轨碎弯

无砟轨道无缝线路在轨条纵向力、钢轨初始弯曲和线路横向抗力共同作用下，容易出现以轨枕间距为波长的钢轨碎弯，碎弯变形的出现势必会破坏轨道的平顺性，进而对车辆运行的安全性、平稳性和舒适性造成不利的影响。因此，应确保扣件具有稳定、正常的横向阻力，以及防止轨条出现波幅2.0mm以上的初始弯曲，包括轮轨作用下的横向弯曲，并对钢轨碎弯下的动力响应进行检算分析。严格控制钢轨碎弯变形量，对防止胀轨跑道问题的发生及保障行车安全具有十分重要的意义。

目前，还没有相关的规定统一指出钢轨碎弯变形的上限值，但可通过某一钢轨碎弯变形量下无缝线路的静力学指标和动力学指标(如钢轨静力学指标轨距、轨向的变化值，动力学指标减载率、脱轨系数等)分析来评判该碎弯量是否超限，从而间接得出合理的钢轨碎弯量限值。

7.3.3 道岔尖轨及心轨监测指标

1. 钢轨伸缩位移

道岔尖轨及新轨监测指标主要包括尖轨和心轨伸缩位移量，取值如表 7-1 所示。

表 7-1 无缝道岔尖轨及心轨允许伸缩位移量

类型	尖轨允许伸缩位移量/mm	心轨允许伸缩位移量/mm	说明	
			锁闭机构	尖轨跟端结构
客专系列	±40	±20	多机多点钩型外锁	限位器、双间隔铁或无传力部件
CZ 系列	±45	±30	第一牵引点拐肘外锁	无传力部件
CNTT 系列	±40	±20	多机多点自调式外锁	限位器

2. 道岔横向变形

道岔的轨距变化量限值为±1mm，轨距变化率限值为0.67‰(1/1500)；轨向变化量限值为2mm，轨向变化率限值为0.2‰。

3. 高架站无缝道岔

高架站无砟轨道无缝道岔相比于桥上无缝道岔受力更为复杂。桥上无缝道岔基本轨要承受附加力的作用，道岔相关部件承受剪力，尖轨及可动心轨产生较大的伸缩位移，同时桥梁的变形将直接引起无缝道岔几何形位的变化，进而影响列车的平稳运行。因此，桥上无缝道岔除了具有高速道岔、桥上无缝线路的所有静力检算指标和动力检算指标，还必须结合桥上道岔的特点，对道岔-无砟轨道相对位移进行检算和监测。道岔-无砟轨道相对位移限值如表 7-2 所示。

表 7-2 梁板相对位移限值 (单位: mm)

类型	钢轨与轨道板	轨道板与桥面
一般要求	20.7	0
转辙器	20.7	0
辙叉部分半径 $R \geqslant 3000m$	0.7	0
辙叉部分半径 $R=1100m$	3.7	0

4. 无缝道岔动力性能指标

在列车高速通过道岔时，轮岔相互作用强烈，高速道岔必须保证合理的几何形位，以保证行车的安全性和平稳性。因此，对于高速道岔，不仅需要对其轮轨相互作用力、列车平稳性和安全性等进行检算，还需要对道岔结构本身的动态变形进行检查。

车辆过岔时，若轨道部件的弹性位移过大，则可能会加剧车辆的振动，从而造成运行安全的问题，因此必须对钢轨件的横向弹性位移进行限制。车辆直向过岔时，钢轨件横向弹性位移应不大于 1.5mm；车辆侧向过岔时，钢轨件横向弹性位移应不大于 3mm。

尖轨、心轨开口量是衡量尖轨与基本轨、心轨与翼轨斥离状态的参数。《客运专线铁路工程竣工验收动态检测指导意见》(铁建设〔2008〕7号)指出，尖轨、心轨开口量过大可能导致车轮冲击尖轨、心轨而脱轨掉道，应当对其进行必要的检测。尖轨、心轨开口量的评定标准是根据结构分析而制定的。当轮缘磨耗使轮缘达到73°时，轮缘的避开距离为4mm。根据轮缘的避开距离应大于心轨的隐蔽距离和转辙机在避开距离大于等于4mm 时不锁闭，在小于4mm 时锁闭的原则，确定尖轨和心轨开口量应小于4mm。

7.3.4 桥梁监测指标

1. 桥梁竖向挠度

根据《高速铁路设计规范》(TB 10621—2014)，梁部结构在 ZK 静活载作用下，梁体竖向挠度应不大于表 7-3 中的限值。

表 7-3 桥梁挠度限值

设计速度/(km/h)	跨度范围		
	$L \leqslant 40m$	$40m < L \leqslant 80m$	$L > 80m$
250	$L/1400$	$L/1400$	$L/1000$
300	$L/1500$	$L/1600$	$L/1100$
350	$L/1600$	$L/1900$	$L/1500$

表 7-3 中的限值适用于 3 跨及以上的高速铁路双线简支梁；对于 3 跨及以上一联的连续梁，梁体竖向挠度限值按表中数值的 1.1 倍取用；对于 2 跨一联的连续梁、2 跨及以下的双线简支梁，梁体竖向挠度限值按表中数值的 1.4 倍取用。对于单线简支或连续梁，梁体竖向挠度限值按相应双线桥限值的 60%取用。

2. 梁端转角

荷载布置的不同，会导致一侧桥梁转动，另一侧桥梁或台尾未转动的情况。一般情况下，桥梁受荷载时会发生向下转动，但当连续梁邻跨作用有荷载时，易引起本跨向上拱起，此时梁端转角将反向。

随着梁端转角的增大，扣件中最大拉力和压力均增大。当梁端转角为负时，扣件中最大拉力的增长速度明显大于最大压力，会产生较大的扣件上拔力；梁端转角继续增大，仅由弹条承受拉力，对弹条受力不利。当梁端转角为正时，最大压力的增长速度大于最大拉力的增长速度，同梁端转角为负时的影响相反，即使梁端转角较大，扣件上拔力仍在容许的范围内。

梁端偏转后，将引起轨道系统某些部件工作状况发生改变。这种偏转最终将会导致轨面在高低上出现不平顺，应从功能和结构强度上予以保证，使其不至于影响高速行车和轨道结构的功能要求，尤其是对于扣件系统。梁端偏转后将导致扣件系统出现不均匀的拉压受力。尤其是拉力的作用，在拉力超过弹条的扣压力后，将导致弹条产生塑性变形或被拉断，因此扣件承受拉力不应超过弹条所能提供的扣压力。

《高速铁路设计规范》规定，在 ZK 竖向静活载作用下，桥梁梁端竖向转角限值应符合表 7-4 中的规定。

表 7-4 梁端转角限值

桥上轨道类型	位置	限值/rad	备注
有砟轨道	桥台与桥梁之间	$\theta \leqslant 2.0$ ‰	—
	相邻两孔梁之间	$\theta_1 + \theta_2 \leqslant 4.0$ ‰	—
无砟轨道	桥台与桥梁之间	$\theta \leqslant 1.5$ ‰	梁端悬出长度≤0.55m
		$\theta \leqslant 1.0$ ‰	0.55m<梁端悬出长度≤0.75m
	相邻两孔梁之间	$\theta_1 + \theta_2 \leqslant 3.0$ ‰	梁端悬出长度≤0.55m
		$\theta_1 + \theta_2 \leqslant 2.0$ ‰	0.55m<梁端悬出长度≤0.75m

相邻两孔梁的转角之和 $\theta_1 + \theta_2$ 除应符合规定的限值，还应符合桥台与桥梁之间转角规定的限值。梁端转角示意图如图 7-3 所示。

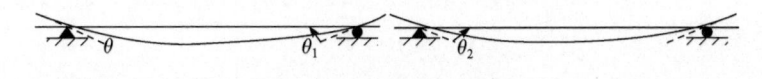

图 7-3　梁端转角示意图

3. 横向变形

根据《高速铁路设计规范》，梁体横向变形的限值应符合以下规定。

(1) 在列车横向摇摆力、离心力、风力和温度的作用下，梁体的水平挠度不应大于梁体计算跨度的 1/4000；

(2) 无砟轨道桥梁相邻梁端两侧的钢轨支点横向相对位移不应大于 1mm；

(3) 梁端水平折角应不大于 1‰ rad。

4. 梁端水平折角

根据《高速铁路设计规范》，在 ZK 活载、横向摇摆力、离心力、风力和温度的作用下，墩顶横向水平位移引起的桥面处梁端水平折角应不大于 1‰ rad。

7.4　长期监测分类

轨道监测的内容较多，类型也较为复杂，因此需要采用不同的监测方法加以应对。一般认为，监测可分为人工监测、定点监测和移动监测，但各种方法之间没有一个严格的分界线，如目前钢轨小型探伤仪、轨道几何形位测量仪等，都是人工推动仪器在线路上探测，所以可认为是人工监测，也可认为是移动监测。

1. 人工监测

当前的电子技术、光电技术、互联网技术得到了极大的发展，在轨道监测中大量应用了这些技术的监测手段，但人工监测仍在应用，主要原因是人工监测灵活方便，但测试精度与测试人员的技术水平有较大关系，测得的数据也需要进行人工处理或人工输入计算机进行处理，所以效率相对较低。

对于轨道几何形位的测量，目前人工测量所用的道尺、弦线、木尺等仍在使用。此外，对于轨道平纵断面的测量，也是借助仪器人工测量，然后进行数据处理分析。对于轨道几何形位的检测，大多采用轨道几何形位测量仪。此外，轨道的空吊板、钢轨接头、防爬设备、轨枕、道口、道岔等工作状态需要人工观察记录，然后将观察内容纳入轨道状态监测系统。

随着图像处理和 GPS 自动定位技术的发展，越来越多的人工现场巡视监测工作由车上移动监测所代替，从而大大提高轨道状态的巡检效率。

2. 定点监测

定点监测也是目前应用得较多的一种方法。定点监测就是在轨道上安装各种传感器，如温度传感器、位移传感器、加速度传感器、角度传感器等，以监测列车通过时轨道结构的参数变化，然后将数据传输到数据处理中心。

在定点监测中，位移的监测最为常见，如钢轨的垂向位移、横向位移，并以此来评价轨道结构的稳定性和扣件的工作状态。激光位移传感器安装方便，性能稳定，量程较大，精度较高，目前钢轨的垂向位移传感器较多采用激光位移传感器，但也有采用发光二极管(light emitting diode, LED)位移传感器或其他类型的位移传感器。需要注意的是，位移传感器在长期工作状态中时间零漂和温度零漂应达到精度要求，以前测试中使用的自制悬臂梁应变式位移传感器很难达到精度要求。

道岔各部位的位移监测也是定点监测，并根据需要决定监测时间的长短。有时需要将监测数据输入工务监测平台，实时评判道岔的实际工作状态。

近几年来，城市轨道交通的浮置板轨道结构应用得越来越多，运行一段时间后，浮置板的工作状态就会发生改变，病害也相继出现，因此需要定点监测浮置板的各项位移及其减振性能，从而工务管理技术人员能从工务监测平台上及时掌握浮置板的工作状态，一旦出现异常情况，也能在第一时间掌握并及时采取相应的措施。

随着监测时间的增长，应掌握被监测轨道结构及其工作状态和恶化趋势，以便及时对轨道结构进行养护维修，消除病害，通过监测及时反映维修养护取得的改善效果。

3. 移动监测

随着光电技术的发展，轨道结构状态的测试越来越多采用自动测试。采用光电技术和计算机技术，测试精度、效率等均得到了极大的提高，因此目前在铁路部门得到了广泛应用。

移动监测的效率最高，目前移动监测的主要内容有轨道几何形位、轮轨动力响应、钢轨探伤、钢轨廓形激光成型、轨道部件图像识别等。

目前，轨道几何形位检测车在我国各种类型的铁路中得到了广泛的应用，并对轨道几何形位进行了长期的监测，这对于提高我国铁路和轨道几何形位的平顺性起到了极大的作用。将轨道几何形位检测车的检测数据输入工务监测平台，以分析轨道几何形位的变化趋势，从而为工务部门提供养护维修的决策依据。大型轨道几何形位检测车测得的是轨道动态几何形位，而人工推行的轨道检测车测得的是轨道静态几何形位，两者互为补充。当前轨道几何形位检测车的应用越来越普及，成为工务部门对轨道几何形位状态监测的重要工具。

轮轨动力测试车一般将测力轮对安装在轨检车上或其他车辆上，当列车在轨道上行驶时，可测得轮轨垂向力、轮轨横向力、轮对横移量、轴箱振动加速度等轮轨动力响应参数，并据此分析行车的安全性。目前轮轨动力测试车也得到了较多的应用，从而为评价车辆的运行品质提供丰富的数据资源。目前高铁采用的轨道综合检测车，检测内容更加全面，不仅可检测轨道的状态和轮轨动力响应，还能检测接触网的状态，同时还可检测铁路的运行环境状况，为保证高铁的安全运行提供技术保障，故此检测车也称为"黄医生"。

钢轨探伤车有地面小型钢轨探伤车和大型钢轨探伤车。大型钢轨探伤车工作时的行车速度一般为40km/h，现在SYS-100型钢轨探伤车的检测速度已从40km/h提高到60km/h。人工推行的小型钢轨探伤车也是经常采用的一种探伤设备，其探测的钢轨伤损数据也可输入工务监测平台，为工务管理人员判断钢轨的伤损状态提供技术数据。

随着激光技术和计算机成像技术的发展，利用激光图像识别钢轨廓形的技术也得到了较多的应用，从而为评估钢轨截面材料损失提供技术数据。目前激光钢轨廓形成像测试设备可装在轨检车上，也可装在人工推行的小车上，两者的成像原理基本相同，只是大型车辆的移动速度较快，对激光成像采集的要求更高。

7.5　高速铁路综合监测技术

轨道常年裸露在大自然中，经受着风雨冻融和列车荷载的作用，几何位置不断变化，钢轨、连接零件及轨枕不断被磨损、锈蚀，服役状态逐渐恶化。及时检测轨道状态，加强检测管理是掌握线路设备的变化规律、确保轨道质量、保证运输安全的基础性工作。

由于高速铁路运行速度高、行车密度大、天窗时间短，需要高效率、高精度的轨道检测设备作为支撑。目前，我国高速铁路坚持"动态检测为主，动静态检测相结合，结构检查与几何尺寸检查并重"的原则。动态检测以综合检测列车和探伤车检测结果为主要依据，巡检设备、车载式线路检查仪和添乘检查作为动态检测的辅助手段；发现问题时，结合现场静态检测复核，全面分析原因，合理确定维修方案和计划。

1. 综合检测列车

高速综合检测列车体现了一个国家铁路科技的综合实力。日本是国际上最早研制和使用综合检测列车的国家，1994年研制出了适用于新干线高速铁路的电气式轨道综合检测列车，称为"黄色医生"，实现了高速铁路轨道几何状态、钢轨断面、轮轨作用力、接触网、信号、无线通信、环境监视等综合检测功能；法国国营铁路公司于 2002 年开发研制了具有轨道几何状态、接触网、通信信号、钢轨断面、轨枕扣件、轨道动力响应加速度、环境监视等综合功能的高速综合检测列车——IRIS 320，最高检测速度可达 320km/h；意大利研制了最高检测速度可达 220km/h 的"阿基米德"号；英国研制了最高检测速度可达 200km/h 的"NMT"等高速综合检测列车，并建立了地面数据分析中心。

2007 年，中国铁道科学研究院研制了我国第一列综合检测列车——CRH2A-2010 高速综合检测列车，其最高检测速度达 250km/h，如图 7-4(a)所示。2008 年

(a) CRH2A-2010高速综合检测列车

(b) 0号高速综合检测列车

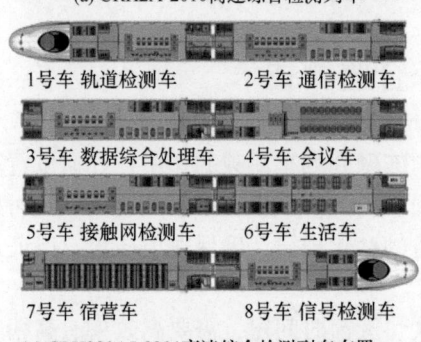

(c) CRH380AJ-0201高速综合检测列车布置

(d) CRH380BJ-0301高速综合检测列车

(e) CRH380AM-0204高速综合检测列车

(f) CRH380BJ-A-0504高速综合检测列车

图 7-4 我国研制的高速综合检测列车

6月，中国铁道科学研究院和中车长春轨道客车股份有限公司研制了"0号高速综合检测列车"(现命名为CRH5J-0501高速综合检测列车)，系统包括轨道几何形位、弓网、轮轨力、车辆动态响应、通信、信号和综合检测等，如图7-4(b)所示。2010年4月，CRH2C-2150高速综合检测列车下线，其是我国首列具有完全自主产权、检测项目齐全的高速综合检测列车，持续运营速度为350km/h，最高运行速度可达380km/h。2011年，CRH380AJ-0201高速综合检测列车(图7-4(c))、CRH380BJ-0301高速综合检测列车(图7-4(d))研制成功，检测速度可达350km/h以上，最高试验速度达到400km/h，具有对高速铁路轨道、轮轨动力学和车辆动态响应、接触网、通信、信号等数百个参数进行实时同步检测的功能。"更高速度试验列车CIT500"(现命名为CRH380AM-0204高速综合检测列车)于2015年5月正式投入使用，在综合滚动试验台上创造出605km/h的实验室速度，标志着我国研制500km/h以上速度高速列车的开端，如图7-4(e)所示。2016年4月，CRH380BJ-A-0504高速综合检测列车下线，其主要用于高寒地区高速铁路的综合检测，如图7-4(f)所示。

高速综合检测列车按照一定的运行图对高速铁路线路进行检测，具有对各系统参数进行同步检测及综合处理的能力。其可以在模拟旅客列车运行的条件下，对基础设施状态进行检测、质量综合评估，检测结果主要用于指导基础设施的养护维修和新线验收，为列车安全、秩序、舒适和经济运行提供依据。高速综合检测列车检测系统一般包括轨道几何形位检测系统、弓网检测系统、轮轨力检测系统、车辆动态响应检测系统、通信检测系统、信号检测系统和综合系统等。

(1) 轨道几何形位检测系统。

采用惯性基准、激光摄像测量等技术，将检测的位移、速度、加速度等物理量经转换、存储、滤波、修正及补偿处理，合成得到所需的轨道几何参数，并按照一定的检测标准摘取超限数据，输出统计报表，实时显示及存储轨道几何波形图。

(2) 弓网检测系统。

采用接触式、非接触式测量技术，实现接触网几何参数、弓网动态作用参数、供电参数的动态实时检测。

(3) 轮轨力检测系统。

通过检测轮轴垂向力、横向力、脱轨系数、车辆振动加速度等参数，实现对高速综合检测列车运行安全性和舒适度指标的在线检测及评估。

(4) 车辆动态响应检测系统。

该系统可检测两个或三个断面的轴箱、构架、车体加速度，采用分布式采集技术和动态响应评价、分析模型，辅助评价轨道状态。

(5) 通信检测系统。

该系统由数据采集系统和数据处理子系统组成，可对线路轨道的通信信号进行实时数据采集控制、存储、处理和分析。

(6) 信号检测系统。

该系统由应答器检测设备、轨道电路检测设备、补偿电容检测设备、列车超速防护系统(automatic train protection，ATP)、信息记录设备、数据处理系统和自诊断系统等组成，具有检测和记录轨道电路信息、补偿电容、电流不平衡率及谐波、应答器信息、中国列车运行控制系统(Chinese train control system，CTCS)2级ATP工作状态等功能。

(7) 综合系统。

采用全球卫星导航系统(global navigation satellite system，GNSS)、射频标签、高精度编码器等多种方式为全车各检测系统发布统一的速度、时钟、里程和视频等信息，以实现各检测系统的所有参数同步检测、精确定位。

2. 轨道检查车和钢轨探伤车

轨道检查车和钢轨探伤车的内容也可纳入轨道的监测范畴，具体内容见第6章。

7.6 工务基础设施状态检测与监测系统

经过多年的研究，国外已经逐步建成综合检测与监测-科学评估-辅助维修的工务检测维修管理体制，普遍采用检测车对轨道几何形位、钢轨磨耗、表面伤损、波浪磨耗、线路限界、道床、路基、隧道衬砌、桥梁状态等进行检测。同时，在地面安装监测设备监控列车的运行状态，并在地面建立综合数据分析和诊断中心，对检测数据和维修信息进行综合分析处理，制订养护维修计划，为管理者的决策提供参考[2]。

近几年来，我国也研发了多种用于基础设施设备状态检测的检测车，如高速综合检测列车、钢轨探伤车、工务巡检车、隧道检查车等，用于对轨道几何形位、轮轨力、钢轨伤损、扣件状态、隧道衬砌状态、限界等进行检测，地面也安装了断轨监测设备、桥梁健康监控系统、沉降自动化监测系统、风雨雪监测设备等，监控基础设施设备的安全。但我国的各种检测设备或系统之间相互独立，种类繁多，数据格式不统一，数据中心不能做到数据的集中管理，无法进行综合分析和后期养护维修预测，不利于安全风险源的识别、研判和防控。因此，急需构建高速铁路工务基础设施状态检测与监测系统。

1. 系统组成与总体功能

高速铁路工务基础设施状态检测与监测系统组成如图 7-5 所示。该系统是在前期各种检测设备运行的基础上，通过完善功能、技术集成，形成完整的平台化系统。其目的是对高速铁路的工务基础设施状态进行全方位、全覆盖、全天候的检测、监测和数据综合运用，具备检测、监测、数据交互、数据存储、综合分析、数据发布等功能。

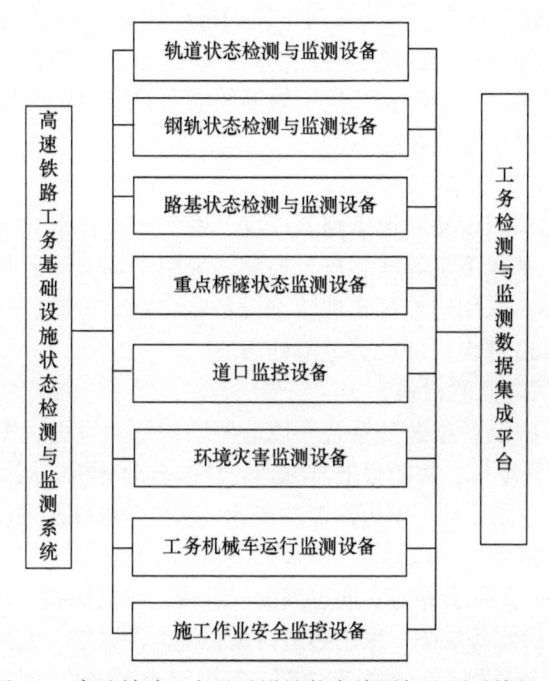

```
                    ┌─────────────────────┐
                  ┌─┤ 轨道状态检测与监测设备 ├─┐
                  │ └─────────────────────┘ │
高                │ ┌─────────────────────┐ │ 工
速                ├─┤ 钢轨状态检测与监测设备 ├─┤ 务
铁                │ └─────────────────────┘ │ 检
路                │ ┌─────────────────────┐ │ 测
工                ├─┤ 路基状态检测与监测设备 ├─┤ 与
务                │ └─────────────────────┘ │ 监
基                │ ┌─────────────────────┐ │ 测
础                ├─┤ 重点桥隧状态监测设备 ├─┤ 数
设                │ └─────────────────────┘ │ 据
施                │ ┌─────────────────────┐ │ 集
状                ├─┤    道口监控设备     ├─┤ 成
态                │ └─────────────────────┘ │ 平
检                │ ┌─────────────────────┐ │ 台
测                ├─┤   环境灾害监测设备   ├─┤
与                │ └─────────────────────┘ │
监                │ ┌─────────────────────┐ │
测                ├─┤ 工务机械车运行监测设备 ├─┤
系                │ └─────────────────────┘ │
统                │ ┌─────────────────────┐ │
                  └─┤ 施工作业安全监控设备 ├─┘
                    └─────────────────────┘
```

图 7-5 高速铁路工务基础设施状态检测与监测系统组成

高速铁路工务基础设施状态检测与监测系统既包括车载系统，又包括地面分散系统，点多面广，因此需要建设检测与监测信息网络来实现工务基础设施各类设备状态的自动收集和集中管理，建成分散检测、集中报警、网络监测、信息共享的工务检测与监测数据集成平台。各类设备必须遵照统一的接口、数据格式和通信协议，实现与集成平台的数据交互。集成平台对各系统数据进行集成、综合分析、信息共享，为工务管理决策部门和维修部门服务。

2. 单项设备组成和功能

1) 轨道状态检测与监测设备

在轨道检查车、高速综合检测列车上安装轨道几何状态检测设备、轮轨动力学检测设备和车辆动态响应检测设备，进而对轨道几何状态、车辆动态响应等进行动态检测；在轨道加载检测车上安装轨道刚度检测设备，进而对轨道刚度、结构变形等进行动态检测；在运营车辆上安装车载式线路检查仪，或添乘人员携带便携式线路检查仪，进而对车体加速度进行动态检测；采用地面监测设备对特殊区段无缝线路锁定状态、道岔和伸缩调节器状态、轨道结构变形等进行在线监测。

2) 钢轨状态检测与监测设备

采用巡检车和探伤车上的轨道巡检设备对钢轨的表面状态、钢轨轮廓等进行动态检测；采用钢轨探伤车、探伤仪对钢轨内部伤损进行检测；采用钢轨探伤车、探伤仪对钢轨顶面裂纹进行检测；在探伤车、轨检车上安装钢轨波磨检测设备，进而对钢轨波磨进行动态检测；采用钢轨断轨监测设备对钢轨完整性进行监测，实现钢轨折断的实时预警和报警。

3) 路基状态检测与监测设备

采用探地雷达探测设备对道床路基厚度、密实度、含水异常、翻浆冒泥、道砟囊、道床脏污、基床下沉等病害进行检测；采用路基沉降监测设备监测路基的沉降处所和沉降量；采用边坡稳定性监测设备监测路堑边坡、崩塌落石、护墙开裂、危岩坍塌、隧道进出口仰坡等危险处所。

4) 重点桥隧状态监测设备

在桥梁结构上安装桥梁监测系统，以监测结构的动应力、振幅、挠度、支座位移、行车状态、环境等，并能根据监测到的数据自动分析，从而对桥梁的状态进行评估；采用水文监测系统，掌握河流的流速、水位、水深及河流冲刷情况；通过地质雷达对隧道衬砌结构加以检测，掌握隧道衬砌结构的厚度、衬砌内部空洞及疏松、衬砌后部空洞、钢筋分布等；通过表面三维或二维成像技术，分析隧道表面的裂缝、剥离掉块、渗水等缺陷；采用隧道衬砌裂缝监测系统，监测隧道衬砌裂缝发展情况；采用测力传感器，监测衬砌内部、钢拱架或围岩的应力和水压力状态。

5) 道口监控设备

道口监控设备能够对道口进行有效、准确、实时监测，为道口管理人员和列车司机提供报警、预警信息，实时显示并存储通过道口的车辆和行人，以及道口工作人员的视频信息。

6) 环境灾害监测设备

环境灾害监测设备能够对高速铁路沿线风、雨、雪、地震、限界及异物侵入进行有效、准确、实时监测，为调度指挥及维护管理提供报警、预警信息。

7) 工务机械车运行监测设备

防火监测设备主要用于监测工务机械车的司机室、操作室、发动机间等关键位置的工作环境温度，防止发生火灾；视频检测设备实时视频监视和记录工务机械车的车前端、车后端、司机室、操作室、动力间和主要作业机械部位的工作状态；轴温监测设备通过安装在车轴不宜打开检查的轴箱的温度传感器，监测并记录轴箱温度。防撞监测设备分为两类：①工作装置防撞监测是采用激光测距、无线测距、限位传感器等手段，测量铁路设施与工务机械车工作装置的相对位置，监测工作装置的作业限界，判断是否会发生碰撞；②车与车之间防撞监测是通过测量工务机械车之间的距离，结合车辆行驶的速度，判断是否会发生碰撞。超速监控设备通过实时监控车辆运行的速度、车况、地面轨道信号灯等信息判断车辆是否超速行驶。

8) 施工作业安全监控设备

借助先进成熟的地理信息系统、全球定位系统和移动通信技术，实现工务作业的定位跟踪和数据回传，可为安全生产管理和应急故障处理等提供技术支持；使用具备摄像功能的移动终端，综合移动通信、终端软件远程控制等技术，实现对路外施工、防洪区段、现场作业等现场环境的实时监控，可为安全生产管理、应急故障处理等提供实时可视化支持；借助远距离无线通信技术获取列车位置信息，为工务现场作业防护提供信息预警；利用二维码图像扫描识别技术在上道作业和作业结束下道前点验人员、机具和主要材料，加强上线作业安全管理，避免机具和材料遗漏。

3. 网络组成

工务检测与监测网络应纳入铁路信息网络，并符合铁路信息网络安全有关规定，其总体结构如图 7-6 所示。

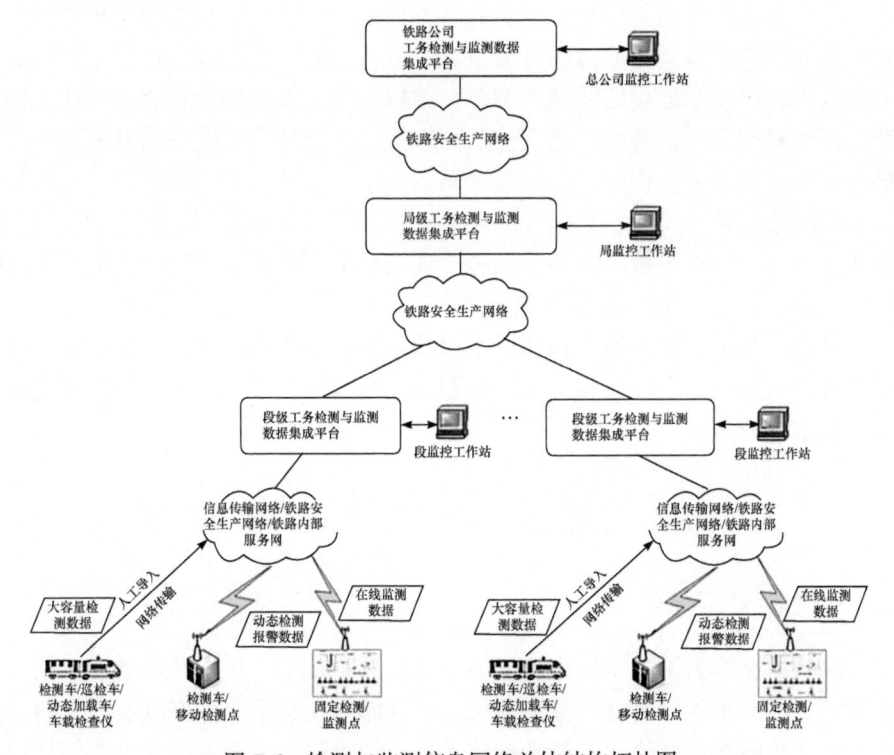

图 7-6　检测与监测信息网络总体结构拓扑图

总公司、铁路局信息网络局域网由外部服务网、内部服务网和安全生产网组成，工务段信息网络局域网由内部服务网和安全生产网组成。工务检测与监测网络应包括总公司、铁路局、工务段检测与监测中心局域网、检测与监测中心广域网接入、网络安全、网络布线等内容。工务安全监控系统监测信息流程设计为：①现场监测点将实时采集、监测到的各种数据信息发送到段监控中心；②段检测与监测集成平台汇总各监测点、移动检测设备上传的检测与监测及设备状态数据，并发送到段监控终端；③段监控终端接收到传输来的监测、报警、预警及设备状态信息后，按不同警告等级，通知业务部门及时处理，并反馈处理结果，上报铁路局检测与监测集成平台；④同时，段检测与监测集成平台对现场监测点设备工作状态实行远程监控，及时报警并发出维修信息。

4. 工务检测与监测数据集成平台

工务检测与监测数据集成平台负责高速铁路工务基础设施的检测与监测数据集中存储、处理、发布展示，为工务生产提供决策支持。工务检测与监测数据集成平台分为总公司、路局、工务段三级架构，工务段级集成平台负责收集各类生产检测与监测数据，并向路局集成平台和总公司集成平台上报各类汇总数据；路局集成平台接收总公司集成平台下达的各类信息，并转发给相关段级集成平台；总公司集成平台汇集全路上传的各类报警、设备故障、处理等信息，集中存储。

集成平台存储和处理的数据类型多、结构复杂，系统用户专业多样化、需求复杂，需要具有高可扩展性、易用性、高性能、稳定性。系统采用 B/S 架构，总公司集成平台系统由数据库、Web 服务器、网络设备和监控终端构成；路局集成平台由检测数据录入设备、数据库、Web 服务器、网络设备和监控终端构成；段级集成平台由设置在段管内线路上的若干现场监测点上的各类固定监测设备、数据传输单元、数据库和 Web 服务器组成。

在铁路总公司、铁路局、各基层站段及车间设立用户终端，工务管理、检修人员通过终端上传、下载、浏览各类检测与监测数据，以满足不同部门对设备进行管理维修的需求。

7.7 光纤光栅和视频测试方法及监测平台

7.7.1 测试原理

目前轨道结构测试主要应用传统的电参数测试技术。该技术测试精度较高，方法成熟，但由于信号干扰、传感器失效、存储空间有限等，难以实现长期、远距离、自动化的轨道监测。光纤光栅技术是一门感知和传输被测量对象信号的新型传感技术，它以光波为载体，光纤为媒介。与传统的电参数测试技术相比，光纤光栅技术测量精度高，抗电磁干扰能力强，无零漂，防水防潮性能好，长期使用性能稳定，可满足高速铁路长期监测的需要。目前，光纤传感技术已经广泛应用于结构检测、健康监测等领域中。光纤光栅的布拉格方程如式(7-9)所示[3,4]：

$$\lambda_B = 2n_{eff} \cdot \Lambda \tag{7-9}$$

式中，n_{eff}——光纤纤芯区有效折射率；

Λ——光纤布拉格光栅(fiber Bragg grating，FBG)的栅与栅之间的距离，即周期。

由式(7-9)可知，光纤光栅的布拉格波长 λ_B 取决于光栅的周期 Λ 和反向耦合模的有效折射率 n_{eff}。当宽带光波信号在光纤光栅中传输时，满足布拉格方程的光波信号将被反射；当光纤光栅所处环境的温度、应变或其他物理量发生变化时，光栅的周期或纤芯折射率将发生变化，从而引起光纤布拉格波长的漂移。通过对比变化前后波长的漂移量，即可获得待测物理量的变化情况。光纤光栅测试原理如图7-7所示。

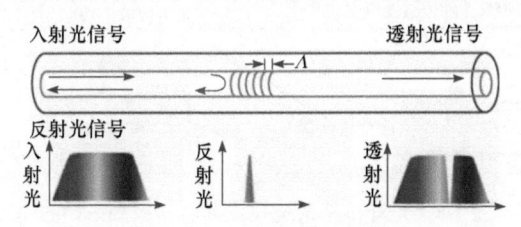

图7-7 光纤光栅测试原理

光纤光栅是利用光纤中的光敏性制成的。光纤中的光敏性是指当激光通过掺杂光纤时，光纤的折射率将随光强的空间分布发生相应变化的特性。而在纤芯内形成的空间相位光栅，其实质就是在纤芯内形成窄带滤波器或反射镜。基于FBG的光纤传感器，其传感过程是通过外界参量对布拉格中心波长的改变来实现的。当光纤光栅所处环境的温度、应力、应变或其他物理量发生变化时，光栅的周期或纤芯折射率将发生变化，从而使反射光的波长发生变化，通过测量物理量变化前后反射光波长的变化，即可获得待测物理量的变化情况。通过特定的技术，可实现对应力和温度的分别测量和同时测量。通过在光栅上涂敷特定的功能材料(如压电材料)，可实现对电场等物理量的间接测量。

光纤光栅传感器具有以下特点：

(1) 各类强度电磁干扰不影响输出结果。

(2) 不会对传感器输出结果的稳定性和可靠性产生过大的影响。

(3) 造价低，制作方便，具有很好的制作重复性和一致性。

(4) 灵敏度高，测量范围宽，结构简单。

光纤光栅传感器的输出为反射波长的位移量，且该位移量与被测量(如应力、温度、压力等)的变化呈线性关系，因此其更具有实用前景，可满足现场恶劣条件下高速铁路轨道监测的需求。

7.7.2 状态监测平台

无砟轨道系统监测平台由光纤光栅传感器、光纤传输线、调制解调器、采集服务器、后台数据服务器、数据无线传输、监测终端等硬件部分组成，包括数据测量子系统、数据采集传输子系统及数据管理分析子系统三大子系统。图 7-8 为监测平台组成拓扑图。

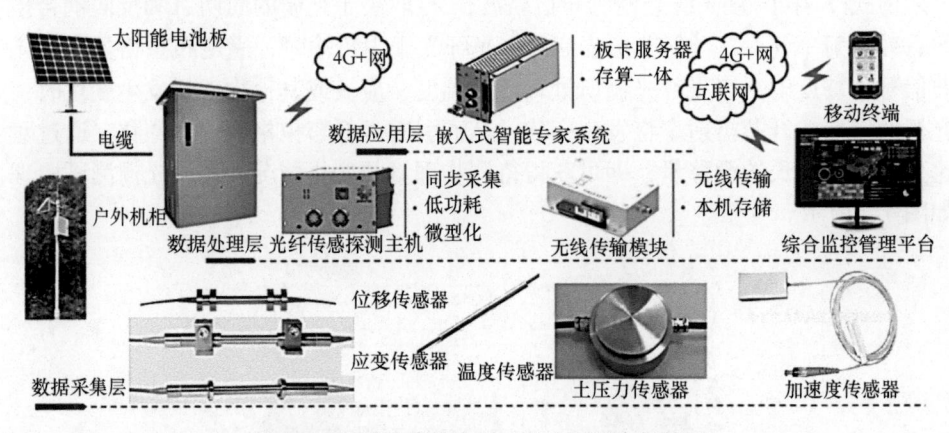

图 7-8 光纤传感系统在工务监测平台拓扑图

(1) 数据测量子系统：由温度传感器、应变传感器、位移传感器、加速度传感器，以及各种传感器的调制解调设备组成，安装在无砟轨道上。

(2) 数据采集传输子系统：采集服务器软件将收集到的传感器监测数据存储于采集服务器中，同时通过互联网将数据传输到路局、工务段或其他监测中心的监测服务器中。

(3) 数据管理分析子系统：监测服务器将数据存储于本地数据库中，进行数据的存储、分析、查询和预测预警等，供监测用户端调用查看。

7.7.3 轨道主要光纤传感器监测点举例

1. 温度测点

FBG 的温度传感特性是 1℃对应中心波长变化 10pm，如果将光栅两端粘贴在金属毛细管上，热膨胀系数较高的金属就会拉动光栅，使温度灵敏度达到 1℃对应光栅中心波长 25pm 的变化，从而达到增敏效果。

温度的监测内容包括气温、轨温、轨道板温度梯度和桥梁温度等，根据监测的需要在监测点设置温度传感器，图 7-9 为 FBG 温度传感器。

图 7-9　FBG 温度传感器

2. 应力测点

FBG 应变传感器采用预先将 FBG 悬空粘贴在镂空的钢片槽内制成应变片，再将应变片用抗老化的钢结构胶直接粘贴在钢轨中性线经打磨面上的方式。应力的监测包含钢轨的伸缩附加力、轨道板应力和底座板应力等，在监测点设置光纤光栅应变传感器。图 7-10 为 FBG 应变传感器。

图 7-10　FBG 应变传感器

3. 位移测点

FBG 位移传感器由受力环、拉簧、拉杆、壳体等组成。将受力环的一端固定在壳体上，另一端通过拉簧和拉杆感受被测位移的变化。位移监测包含钢轨与轨道板相对位移、凸形挡台与轨道板相对位移、轨道板与底座相对位移。图 7-11 为监测现场采用的 FBG 钢轨位移传感器。

图 7-11　FBG 钢轨位移传感器

7.7.4　视频感知技术

光纤光栅技术能长期监测轨道结构的应力和变形,但其接触式的测量方式无法满足道岔结构敏感部位(如道岔尖轨、心轨等)的安全监测要求。视频感知技术对光照、不良气候等具有良好的鲁棒性,可适应野外恶劣的环境条件,并且其非接触式的测量方式正好满足轨道敏感部位监测的需要。视频识别主要包括前端视频信息的采集及传输、中间的视频检测和后端的分析处理三个环节。例如,对尖轨位移进行监测,通过布置于现场的图像传感器和标尺,将尖轨位移图像实时自动传回服务器。尖轨位移自动判读软件基于层次梯度积分算子,对尖轨位移图像进行自动判读,实现对尖轨位移的实时自动监测。除此之外,还可以通过控制摄像头的移动和旋转实现对岔区整体状态的在线监控。

为了监测尖轨的伸缩量变化,在尖轨尖端附近的桥梁栏杆上安装了一个摄像头,以监测尖轨的伸缩位移。尖轨位移的图像识别精度为 0.1mm。图 7-12 为现场的尖轨尖端纵向位移测点。

图 7-12　尖轨尖端纵向位移测点

7.7.5 数据采集传输子系统

数据采集传输子系统由光纤光栅解调仪、交换机、采集服务器和远程数据传输设备等组成。

采集中心的宽带光源通过传输光缆传到各类传感器中，入射光遇到光纤光栅传感器后发生反射，反射光再传回采集中心，经光纤光栅解调仪解调后连同摄像头图像信号被计算机采集，采集数据经过现场存储和初步处理后，由通用分组无线服务(general packet radio service, GPRS)网络远程传输到监控中心服务器进行处理和分析。

数据管理分析子系统包括数据接收和控制命令发送模块、数据管理模块和数据分析模块。数据接收和控制命令发送模块接收现场采集服务器通过无线网络传输来的原始数据。数据管理模块将原始数据解析处理为温度、应变等数据，并转化为统一格式存储于数据库内，供数据分析模块调用。数据分析模块对数据库内的监测数据进行分析处理，通过管理信息系统可以实现数据查询和输出、数据对比分析、预测预警等功能。通过发送摄像头控制命令，控制监测现场摄像头的移动旋转，实现对道岔区整体状态的在线监控。

7.8 基于"BIM+GIS"的运营城市轨道交通安全监测

随着智慧城市建设的快速推进，作为城市基础配套设施的轨道交通也将加入其行列。积极打造城市轨道交通运营监测与评估一体化平台，有助于实现城市轨道交通运营维护阶段的标准化、信息化及智能化管理。建筑信息模型(building information modeling, BIM)技术利用轨道交通的几何信息、物理特性及功能特性等数据建立三维模型，可实现对模型内部信息的存储和分析管理，但其宏观建模能力较差，模型不包含地理空间信息。地理信息系统(geographic information system, GIS)技术一般用于处理海量地理空间信息数据，适用于城市轨道交通的总体表达，将其与 BIM 技术相结合，有望利用各自的优势构建智能监测平台[5]。

时空一体化监测成果表达以地面、地下的三维实景模型为框架，选择或构建合适的三维地理信息系统，对运营城市轨道交通监测与评估信息的成果进行表达和发布，以实现运营城市轨道交通监测和保护工作的标准化与信息化管理。

三维视频融合技术通过把多个摄像头视频序列与相应的三维实景场景进行匹配和融合，生成一个基于三维实景模型的动态虚拟场景，以三维地理信息系统平台为依托，实现视频的精准定位和时空动态分析。三维视频融合监控涉及的关键技术主要有视频监控点位置规划、图像重叠区域的拼接及三维模型与视频画面融合。视频监控的融合质量与每个摄像头的位置布局息息相关，各摄像头监控画面需设置合理的重叠度，既要保证拼接和画面有合理过渡，又要避免浪费，并注意调整摄像头之间的距离来减少图像变形。在进行图像重叠区域拼接时，可通过对三维实景模型进行编辑修改实现融合拼接；选择参照物时需从形状、颜色及位置等方面考虑实现更快、更准地拼接。三维实景模型与视频画面的融合是将视频画面进行三维模型的贴图，由于视频拍摄为透视图，需要将其转化为轴测图。在某邻近地铁隧道的基坑开挖监控中，将摄像头的视场、焦距、画幅等参数输入系统，计算得到摄像头的最佳安装位置，同时通过多摄像头视频流拼接技术将多个摄像头视频流影像动态叠加到倾斜摄影模型上。

在城市轨道交通运营阶段进行安全监测，以地铁隧道结构为保护对象，以邻近地铁施工的非地铁建设项目为监管对象，结合真实的地铁三维实景数据，实现城市轨道交通既有结构监测信息的成果表达和发布，实现主体结构、周边环境等在时间域及空间域上的信息表达。以隧道结构沉降监测为例，为方便用户查看监测数据的差异和变化量，以及进行趋势预测，在三维地理信息系统平台上可进行隧道管片信息的查询定位，对隧道管片上监测点的基本信息和监测数据进行立体显示，同时支持采用热力图的形式进行监测数据的显示。为方便数据的自动收集、录入、分析及成图，系统还可支持监测传感器的直接接入，对于变化速率和累积变化量超限的监测点应及时报警。

无人机沿城市轨道交通控制保护区拍摄，利用机器学习识别威胁地铁隧道安全的风险源时，可将风险源图像与地理信息系统的地图相匹配，制作风险源专题地图，并进行展示预警。为了使无人机采集的风险源影像与 GIS 地图匹配，需要知道至少 1 个点的坐标、航高及航向角信息。根据航高可以计算航摄比例，即影像中一个像素所对应的实际距离，再根据某已知点的坐标，可将影像移动到地理信息系统坐标系对应的位置，最后利用航向角信息对影像进行旋转即可实现风险源影像与 GIS 地图的匹配。其中，某已知点坐标可根据无人机飞行时的位置和姿态信息，投影转换为影像中心点的坐标。

信息安全及监控体系在标准体系的约束和保障下分为五层，包括采集传输层、通信网络层、数据资源层、应用支持层和业务应用层。采集传输层包括自动采集、人工采集、外部接入、离线交换等，该层主要负责自动化数据和人工数据的采集，对应的硬件包括现场部署的传感器、数据传输单元(data transfer unit，DTU)、人工采集设备等。通信网络层包括局域网、广域网、专网和移动互联网等，该层主要负责网络数据的稳定传输。数据资源层包括基础数据库、业务管理数据库、成果数据库、元数据库、数据字典等。该层主要负责系统静态和动态数据的存储与管理，包括系统基本的用户、交互、权限、数据流、原始数据、报警数据、分析成果数据、地理空间数据、BIM 基础数据的管理与存储。应用支持层为该系统提供主要的后台功能，包括 BIM、GIS、WebGL、IoT、消息服务、空间数据引擎等关键技术。业务应用层是面向用户的实际业务应用，包括实时监控、预警报警、用户管理、项目管理、历史统计、报表分析、数据分析、虚拟仿真等业务。信息安全及监控体系的系统架构如图 7-13 所示。

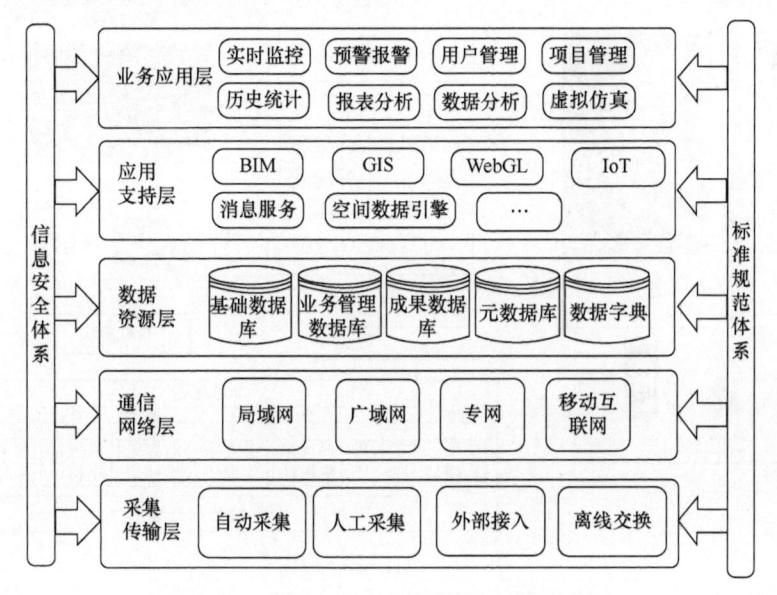

图 7-13 信息安全及监控体系的系统架构[6]

目前,"BIM+GIS"技术在轨道交通监测领域中的应用尚处于研究发展阶段,轨道交通的各个部门需要采集相应的一手数据和信息输入监测平台,从而为轨道交通的全方位安全监测提供实时数据。

7.9 CRTS Ⅱ 无砟轨道监测实例

为了及时有效地实现无砟轨道结构服役性能参数的有效监测,采用在结构物内部布设温度传感器、在层间布设位移传感器的方式进行监测,系统采用自主研发的温度及位移智能化数据采集平台。系统整体结构主要由太阳能供电,由管理系统、气象参数采样节点、温度采样节点、变形采样节点与底层主控采集及发送系统构成。系统可进行线路全线间隔敷设,设备适用的环境温度为−40~60℃,其现场测试表面具有较好抵抗高电磁干扰的特点。系统采用太阳能能源,其通过光伏 MPPT(maximum power point tracker)一体机将能量回收并存储于锂电池组内,并供给主控系统。主控系统一方面通过 485 总线采集、存储和发送各个温度节点的数据,另一方面管理整个系统的供电,确保温度场监测系统的长时间在线监测。此外,为了高效地分析和管理数据,利用 DTU 模块和阿里云服务器,开发了 Oracle 无砟轨道监测实时数据库,并建立了相应的数据信息管理系统,整体结构如图 7-14 所示[7]。

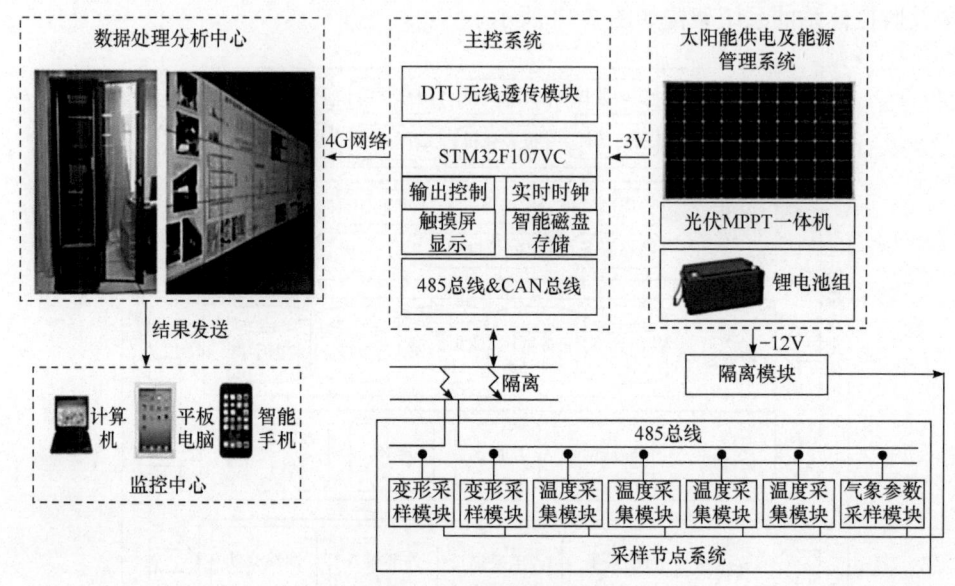

图 7-14 监测系统结构

1. 传感器的选择及布设

目前，对于无砟轨道结构温度与变形监测的传感器选型，尚无统一的适用标准，往往根据实际测试的方案与工程造价确定。在选择监测方案时，定位于提供一种低造价成本的长期监测方案，采用性能较为稳定可靠、功耗低且价格较低的电阻式位移传感器和接触式温度传感器，辅以自行开发的数据采集主控系统进行数据处理。对于测量轨道板结构位移的电阻式位移传感器，其适用于长期测量混凝土或高分子材料构造物层间的位移情况，并具有温度自动补偿功能，由试验可知温度修正系数很小，使用中不需要温度修正，测量精度较高。传感器通过专门开发的支架结构，固定于需要测量的层间部件处，如图 7-15 所示。

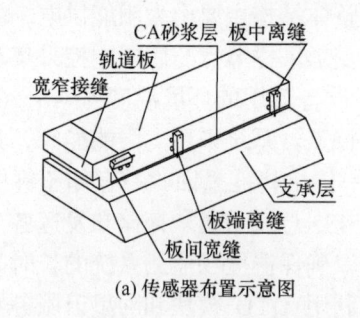

(a) 传感器布置示意图　　(b) 传感器现场安装图

图 7-15 位移传感器布设

对于无砟轨道内部布设的接触式 PT 温度传感器,其测温元件与轨道板之间需要有良好的热接触,通过热传导及对流达到热平衡,此时的示值即为被测位置的温度。为了增加接触面积及 0.01℃的精度控制,温度传感器选择 PT100 型扁平状传感器,通过提前灌注的方案将所需采集的垂向 50mm、100mm、150mm 以及 200mm 温度场分布点固定,并利用现场施工钻孔的方法,有效地实现温度节点的安装,如图 7-16 和图 7-17 所示。

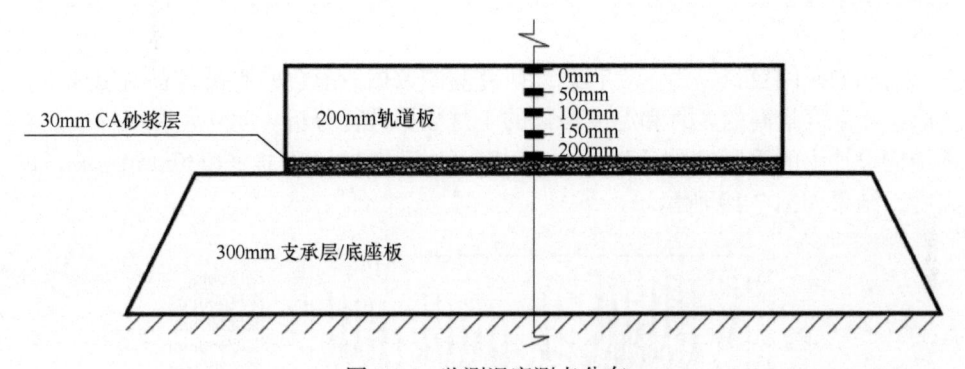

图 7-16 监测温度测点分布

2. 数据的传输及显示

在获取无砟轨道服役性能关键参数的基础上,通过独立开发的主控系统,一方面将监测数据存储于 SD 卡中;另一方面,利用主控系统的 DTU 模块,将数据发送至阿里云服务器进行数据交换。最后,利用本地的 Oracle 数据库对测试数据进行本地化、智能化处理分析,并将相关的结果反馈至云端数

图 7-17 现场轨道板温度测点

据库进行动态数据库管理。此外,为了方便工务人员的管理和使用,同步开发了生成报表系统与预警系统。数据处理模块的功能构架如图 7-18 所示。

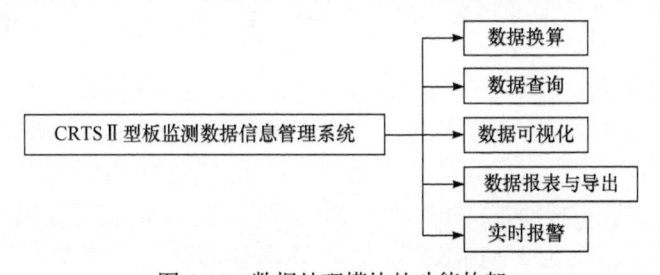

图 7-18 数据处理模块的功能构架

3. 测试结果分析

将上述无砟轨道结构服役性能参数在线监测方案应用于华东地区某 350km/h 纵连式无砟轨道中，基础结构形式为桥梁结构，测试时间为 2018 年 5 月至 2019 年 5 月。位移传感器安装位置为板中、板端离缝与板间接缝。温度传感器测点深度分别为 0mm、50mm、100mm、150mm、200mm。同时，为了说明环境参量对无砟轨道结构服役状态的影响，在现场布设了环境气象站，同步进行数据监测与分析。

监测的时间较长，为了更有效地研究监测数据所蕴含的服役状态演化规律，选取全年温度最高的 8 月和温度最低的 1 月数据进行分析。此外，温度梯度是轨道结构设计中的重要参量，因此给出了相应的板顶(0mm)至板底(230mm)各测点的温度，结果如图 7-19 所示。

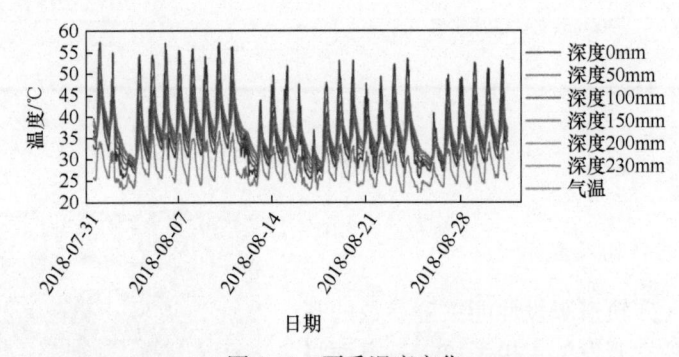

图 7-19 夏季温度变化

由图 7-19 可知，轨道板温度呈现较为显著的周期变化，与气温的变化规律一致，轨道板表面温度较气温约高 20℃；轨道板内部温度随深度的增加而逐渐降低，呈现温度变化的滞后性，深度越大，滞后性越显著。

轨道板内部温度梯度一直处于较高的水平，极端情况下超过了设计值 90℃/m，说明纵连式轨道板内部一直存在较大的纵向温度作用力，这对整个结构的变形协调能力提出了更高的要求。因此，在夏季高温期，线路养护部门需要密切关注轨道板内部温度场的变化，以期高效地维护线路在役服役状态。冬季温度变化如图 7-20 所示。

由图 7-20 可知，在冬季，轨道板温度与气温变化规律同样一致，呈现了周期性变化，但轨道板温度的滞后性较弱，温度梯度符合设计标准的要求，说明冬季的纵连式轨道板内部温度力处于低位水平。对比夏季和冬季的监测结果可知，对高速铁路纵连式轨道板而言，夏季的工作重点应为掌握轨道板温度场的变化，以科学合理地安排应急性维修即状态维修为主，冬季的维修重点应为恢复轨道板设计性能，以长期地保证轨道结构服役状态即预防性维修为主。因此，要求线路养护部

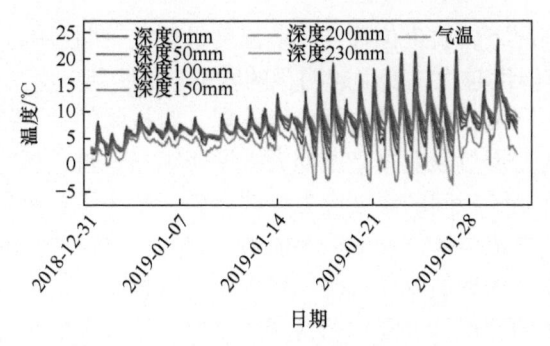

图 7-20　冬季温度变化

门根据季节性变化合理安排维修工作的重点，以便更为合理有效地延长高速铁路基础设施在役服役的高性能和高状态。

纵连式无砟轨道结构纵向温度力作用的外在表征为轨道板的结构变形，而以混凝土材料为主的无砟轨道结构，其结构变形协调能力较弱，因此为了进一步明确无砟轨道服役状态变化规律，同样给出了与温度对应的轨道板结构变形监测结果，如图 7-21 和图 7-22 所示。

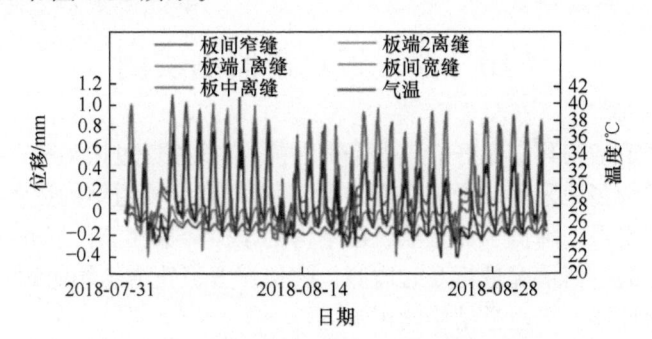

图 7-21　夏季轨道板纵向位移变化曲线

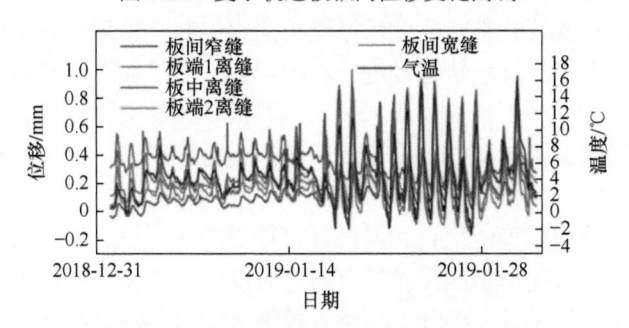

图 7-22　冬季轨道板纵向位移变化曲线

对比分析图 7-21 和图 7-22 可知，在夏季高温期，纵连式无砟轨道位移与环境温度关联度极高，呈现同步周期性变化规律，变形的最大值为 1.1mm；而在冬季，温度较低的情况下，轨道位移与环境温度呈现比较明显的滞后性，最大值为0.9mm，基本具有温度越大，变形越明显的特征。

对比轨道板不同部位的变形数据可以发现，对板间的宽窄接缝整体而言，变形较小，且冬季的变形量较夏季高温期大，说明纵连式轨道板的"植筋"修复性作业措施有效地抑制了板间的温度应力释放行为，减小了宽窄接缝的伤损，在一定程度上恢复无砟轨道整体的变形协调能力。但同样值得关注的是，冬季变形量较夏季大，说明结构内部的温度力没有得到根本性释放，仍存在巨大的温度力。

分析板端和层间的位移可知，在夏季高温期，板端和层间的变形基本一致，而在冬季低温期，板间位移较大，板两端位移变形相对较为一致。因此，在低温期，特别要注意板中的层间离缝病害。由实际的监测数据同样可知，对于"植筋"作业，其在夏季高温期有效抑制了涨板病害，但在低温期需要进一步深入研究。

总之，对于纵连式无砟轨道结构服役状态的修复性措施，需要对其服役状态关键参数进行长期监测，以便为更科学合理地进行线路维修提供技术支撑。

监测时基于阿里云平台对上述监测数据进行实时管理与报表生成，并自动化管理系统报表的生成与输出。

7.10 浮置板轨道监测实例

浮置板轨道结构具有良好的减振降噪性能，在线路通过振动噪声敏感地段时，工程设计部门较多地采用浮置板轨道结构。随着浮置板轨道结构运营时间的延长，一些病害相继出现，降低了浮置板轨道结构的减振降噪性能，工务部门需要对浮置板轨道结构的运营情况进行及时监测，收集浮置板轨道结构的病害信息，及时处理病害，保证浮置板轨道结构的正常运行。

根据现场的观察和巡检，发现浮置板道床区域主要有钢轨波磨、剪力铰固定螺栓折断、螺母松脱等病害。此外，浮置板泡水引起隔振器内筒生锈、阻尼液失效等，最多的病害是浮置板轨道经过一段时间运行后隔振器的受荷不均匀。根据国内外的工程经验，当出现上述病害时，浮置板道床的动力特性、钢轨和扣件的动态特性均表现出异常，隔振效果下降，若病害持续发展，则会影响行车安全和乘坐舒适性。

浮置板道床结构病害的检查和维修具有较强的专业性。人工巡检只是检查浮置板道床结构静态状况，不能反映列车通过时浮置板道床结构的动态特征；轨检车的巡检密度和精度不足以充分了解浮置板道床结构的动态特性。因此，对浮置板轨道地段需要采用智慧维保手段，即通过监测-决策-维保闭环流程解决病害问题，如图7-23所示。

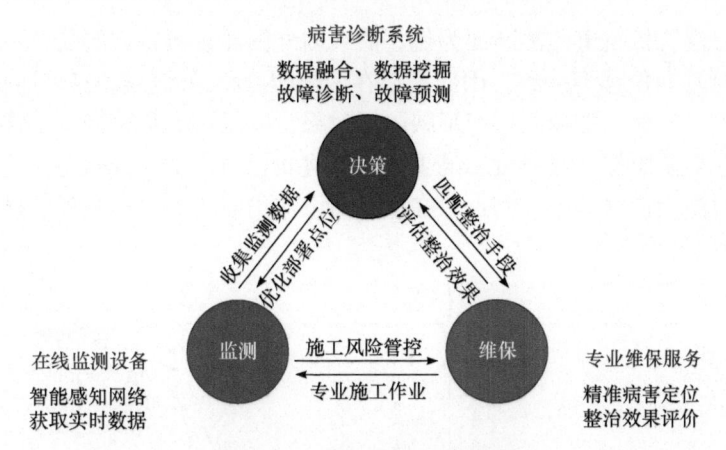

第 7 章 轨道状态监测与智慧工务管理

图 7-23 浮置板智慧维保流程

在浮置板智慧维保作业流程中，首先，对浮置板轨道结构进行监测，即布设监测系统，获取浮置板道床结构的动态响应数据；然后，通过对监测数据进行分析，判断病害位置与严重程度，基于监测数据制订病害整治方案；最后，通过专业数字化设备和维修保养设备，进行专业病害整治作业。

1. 监测系统布设

为明确浮置板轨道结构的病害状况，判断病害发生的位置，布设监测系统的监测项目包括轨头横向位移、浮置板垂向位移、浮置板横向位移、相邻浮置板垂向位移差、浮置板板端转角、道床垂向振动加速度、隧道壁垂向振动加速度，监测结果用于评价钢轨-扣件-浮置板道床的服役状态。浮置板轨道结构边缘智能终端系统架构如图 7-24 所示。

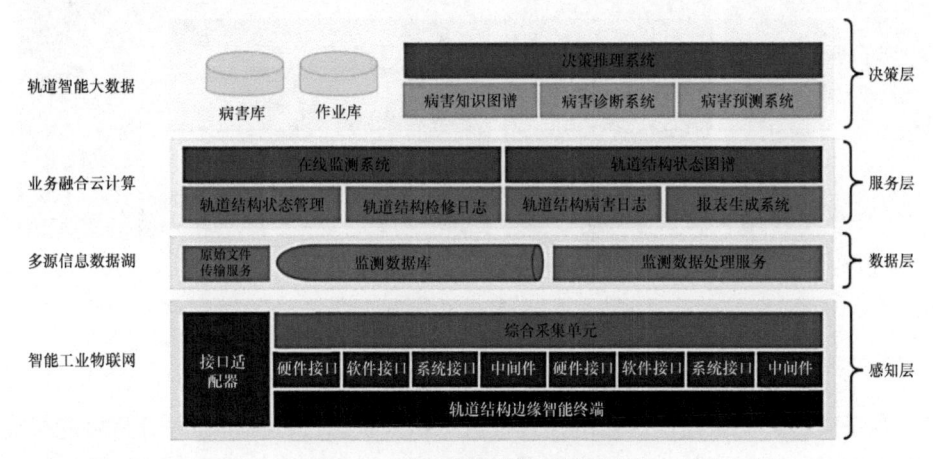

图 7-24 边缘智能终端系统架构

以某一浮置板轨道监测断面为例，曲线内外侧浮置板轨道的受力不一致，导致板的两侧垂向位移不一致，因此需要在两侧(内侧和外侧)监测其垂向位移。浮置板和隧道壁的振动加速度振级反映隔振效果，所以该参数也是一个常规的监测内容，测点布置如图 7-25 所示。若要进一步评价浮置板的工作状态，则需要在两板之间布设两板位移差的监测点，在板端布设转角监测点，还有板的横向位移监测点等。

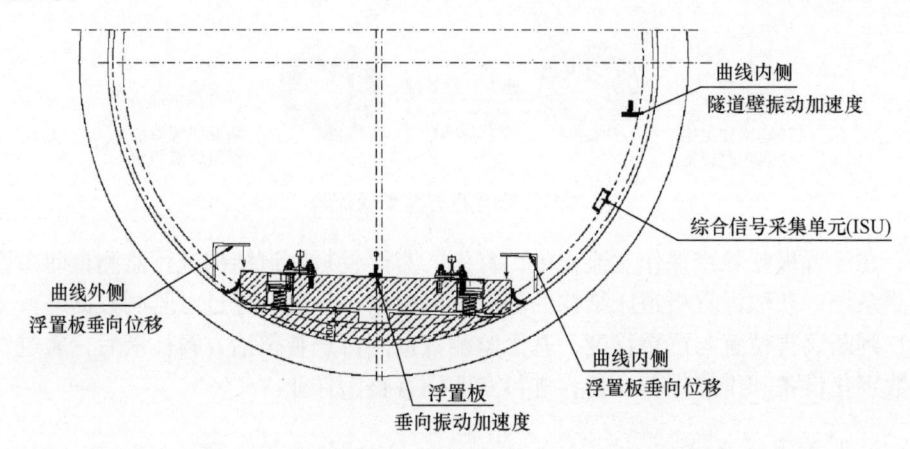

图 7-25 智慧维保试验段监测系统传感器布设示意图

由于监测时间较长，传感器的安装应保证牢固，特别是浮置板面振动加速度传感器，必须有相应的保护装置，以防工作人员走动时碰坏，传感器的安装如图 7-26 所示。

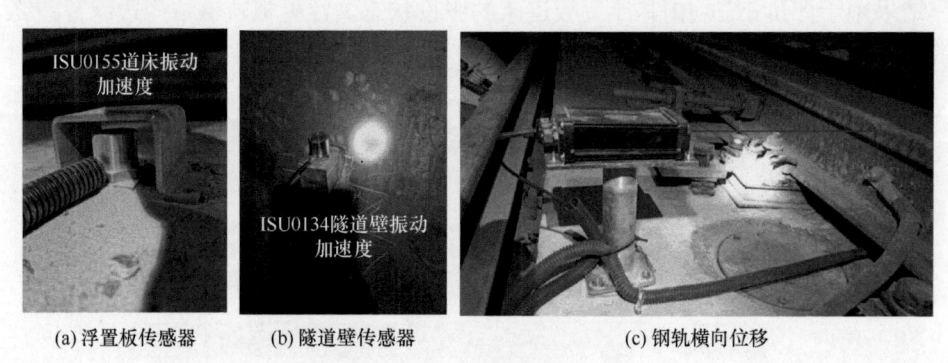

(a) 浮置板传感器　　(b) 隧道壁传感器　　(c) 钢轨横向位移

图 7-26 监测点传感器的安装

2. 监测数据评价体系

基于监测数据对监测区段的浮置板道床结构状态进行评价，并分析可能存在的病害状况，同时增加与轨检车数据对比内容，以提高决策信息的全面性。

目前对于浮置板的动态响应值没有完整的规范可供参考，需要根据已有的一些标准和规范，同时结合现场列车运行的实际情况，制定浮置板道床动态数据Ⅰ级、Ⅱ级、Ⅲ级超限预警管理值及偏差范围，如表 7-5 所示，以对浮置板道床结构健康状态进行评价。表中的数据合理与否，尚需要进一步的实践检验。

表 7-5　弹簧浮置板动态健康状况容许偏差范围管理值与预警级别

序号	监测项目	基准值	Ⅰ级超限	Ⅱ级超限	Ⅲ级超限
1	轨头横向位移/mm	1.0	+0.5	+1.5	+2.0
2	道床垂向位移/mm	3.0	+0.5,−0.5	+1.0,−1.0	+1.5,−1.5
3	浮置板垂向加速度/(m/s^2)	20	+10,−5	+20,−10	+30,−15
4	浮置板振级/dB	109	+3,−3	+6,−6	+9,−9
5	隧道壁垂向加速度/(m/s^2)	0.10	+0.05	+0.10	+0.15
6	隧道壁振级/dB	60	+5	+7	+9

注：此表的管理值要求较高，仅供参考。

3. 监测系统数据分析

在浮置板轨道监测段布设多种监测点，以监测列车运行过程中浮置板道床、钢轨与隧道壁处相应的位移与振动评价指标。取每趟列车通过时浮置板振动加速度、隧道壁振级和浮置板垂向位移的最大值和平均值，以监测 10 天为一个监测周期，将数据绘制成曲线，几条典型曲线如图 7-27 所示。

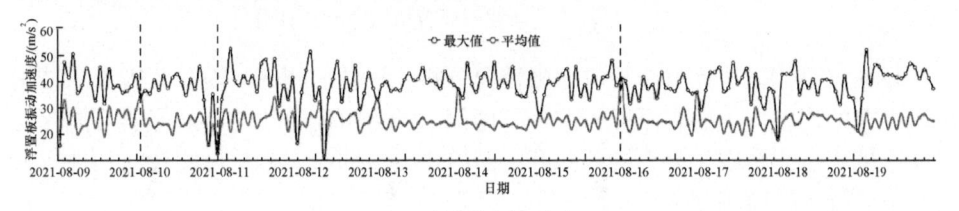

(a) 浮置板振动加速度

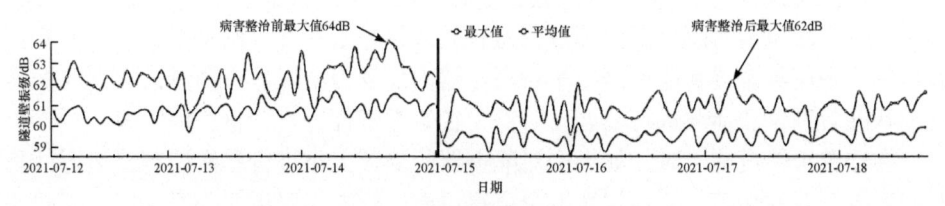

(b) 隧道壁振级

(c) 浮置板垂向位移

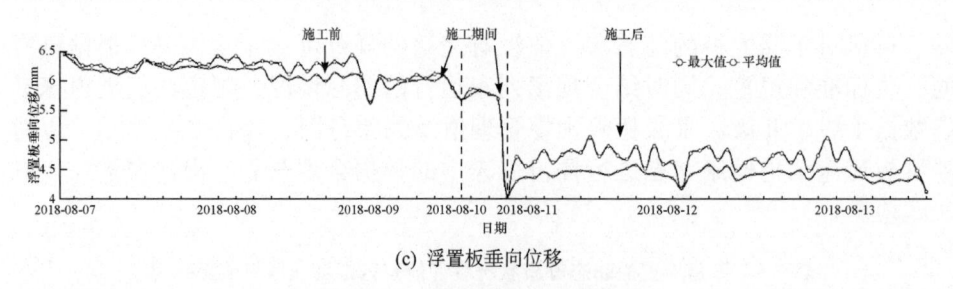

图 7-27　浮置板轨道监测值曲线

通过上述静态检查和动态监测工作，即可建立轨道全线乃至全网的浮置板轨道结构健康状态数字化评估体系。根据表 7-5 及对浮置板的外观目测和隔振器的检查，对一段浮置板线路上的每块浮置板轨道状态进行评估(评分标准尚处于探索阶段)，100 分为满分，75 分以上为Ⅰ级(优良)，60~75 分为Ⅱ级(及格)，60 分以下为Ⅲ级(不及格，警告)。60 分以下的浮置板需要进行及时的维修养护和隔振器荷载调整。图 7-28 为某轨道交通线路上下行每块浮置板的健康状况评估结果。

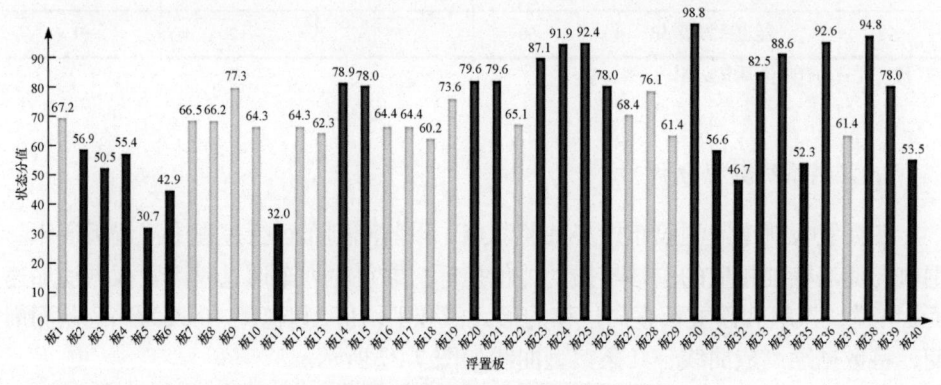

图 7-28　某轨道交通线路浮置板健康状态评分

根据监测数据统计值与相应超限情况分析，评估监测区间内浮置板道床结构可能存在的病害，主要有浮置板左、右两侧承载力可能不均匀，隔振器可能存在垂向刚度不足或吊空，剪力铰可能存在螺栓松动或断裂，钢轨可能存在扣件压力不足或浮置板横向刚度不足。

确定浮置板有病害的区段后，还需要进一步人工检查，进而对病害进行整治。病害整治手段包括对隔振器内部进行检查，调整盖板螺栓、调平钢板、锁紧板及螺杆等；采用隔振器智能精调小车对隔振器内部受力状况进行测量；根据隔振器受力状况对隔振器荷载进行精调；对剪力铰等零配件进行调整、加固等。

在浮置板铺设施工时，如果未对隔振器的受荷大小进行严格控制，运行一段时间后隔振器的受荷大小均匀性就会变得更差，影响浮置板的隔振性能，因此需要对隔振器荷载进行调整。

根据浮置板道床隔振器的荷载测量结果，对每个隔振器荷载采取差异调整，使每个隔振器承受的荷载控制在合理的范围内，从而使整块浮置板受力均匀，改善浮置板道床的减振效果，延长浮置板道床的服役寿命。

在调整隔振器的荷载前，需要对一块浮置板下的每个隔振器荷载进行测试，然后将隔振器的平均荷载作为调整目标，调整需要反复多次进行才能达到目标平均值。隔振器荷载调整液压装置及现场调整如图 7-29 所示，调整目标曲线如图 7-30 所示。

图 7-29　隔振器智能精调小车及作业

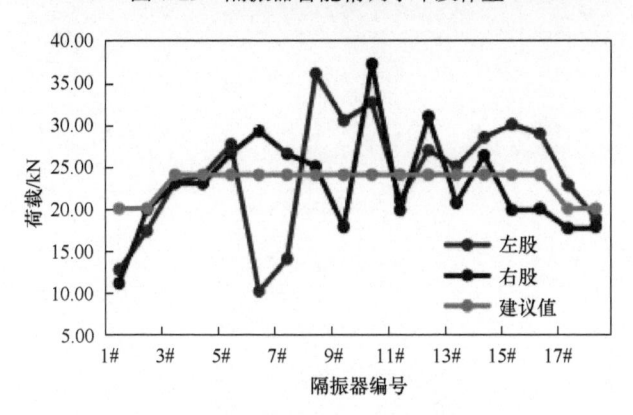

图 7-30　隔振器荷载不均匀及调整目标

若此处浮置板底部短路，浮置板没有位移空间，则会影响浮置板的隔振性能，因此需要对浮置板底部进行检查，去除杂物。

对浮置板整治施工后，其隔振效果得到了明显的提升，隧道壁的振动加速度水平从 64dB 下降为 62dB，如图 7-26(b)所示。

参 考 文 献

[1] 高亮, 江成. 高速铁路轨道[M]. 北京: 中国铁道出版社, 2021.
[2] 杨飞, 曾宪海, 黎国清, 等. 高速铁路工务基础设施状态检测与监测系统的研究[J]. 铁道建筑, 2015, 55(10): 132-135.
[3] 蔡小培, 高亮, 林超, 等. 京沪高速铁路高架站轨道系统长期监测技术[J]. 铁道工程学报, 2015, 32(5): 35-41.
[4] 刘大玲, 黄小钢. 高速铁路无砟轨道系统状态监测及预防性维修[J]. 中国机械工程, 2019, 30(3): 349-353.
[5] 罗海涛. 基于"BIM+GIS"的运营城市轨道交通安全监测与评估[J]. 铁道勘察, 2021, 47(4): 33-36, 47.
[6] 裴林, 郝萌, 肖亮鹏, 等. 轨道交通智能监测系统设计与应用[J]. 数字技术与应用, 2019, 37(4): 154-156.
[7] 赵晨晖, 李再帏, 路宏遥, 等. 一种智慧型无砟轨道在线监测方法及应用研究[J]. 铁道标准设计, 2021, 65(7): 53-58.

第 8 章　试验数据的处理与分析

数据处理技术是试验的重要部分。数据处理就是通过对测试数据的处理与分析，判断试验目标的状态，从而对试验目标的材料、结构形式、几何状态、工作状态等提出相应的技术性建议和措施，提高试验目标的实际服役寿命，使试验目标达到最佳性价比。

数据处理分析理论、技术和经验密不可分，对于同一批数据，不同的人分析得出的结论会有所差异。同样，对于同一批数据，用不同的方法处理，也会产生不同的结果。为了使测试数据中的信息能得到充分的利用，需要采用不同的数学方法对数据进行处理分析。本章介绍一些基本的数据处理方法，更加详细的理论和方法可参考其他数据处理分析方面的专业书籍及文献。

数据处理可分为时域分析和频域分析两大类，有些数据只进行时域分析即可达到试验目标的分析要求，但有些数据必须进行频域分析才能得到更加有效的分析结果，还有一些数据则需要进行时频分析才能得到所需要的信息。

8.1　测试数据的采集

针对不同的测试对象，数据的类型也有所不同，在数据处理时要根据不同类型的数据，采用不同的方法，提取对结构动力性能和强度评价有价值的信息。

对于轮轨垂向力和横向力的信号，如图 4-32 的轮轨垂向力，具有明显的峰值。在设置信号的采样频率时，采样频率不能过低，否则无法取得轮轨力的峰值。根据以往的测试实践，采样频率为 1kHz 可以满足要求，但测试时振动测试信号的频率较高，有时要与振动测试信号的采样频率一致，因此取轮轨的采样频率为 5kHz。在得到轮轨力的测试信号后，一般将列车每个轮位的轮轨力读出，然后进行最大值、平均值、标准差等统计分析。轮轨横向力有时指向轨道外侧，有时指向轨道内侧，且峰值的大小相差较大，因此在读取轮轨横向力时，在垂向力峰值的同一时刻读取轮轨横向力，并以此计算脱轨系数和轮重减载率。

钢轨及其他轨道部件的位移信号与轮轨力的信号相同，具有明显的轮位信息，如图 8-1 所示，但轨下基础，如浮置板的位移，就没有轮位信息，只有转向架的信息，如图 8-2 所示。位移的频率一般较低，实际上采用 500Hz 的采样频率就能满足位移信号数据采集的需要，但有时需要与其他通道信号的采样频率取得一致，因此就高不就低，即取较高的采样频率。如钢轨的位移，可读每个轮位的位移，浮置板的位移和轮位信息不明显，就读转向架通过时的浮置板最大位移。

图 8-1　钢轨垂向位移信号

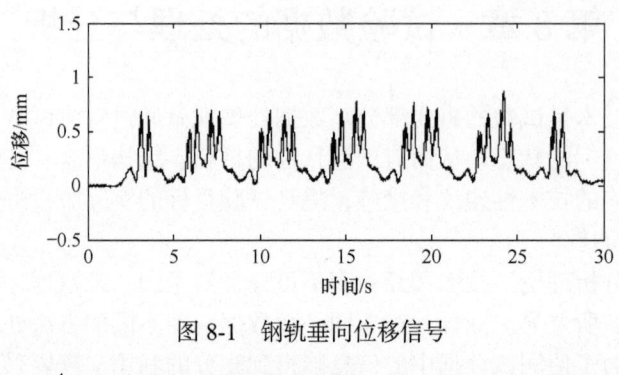

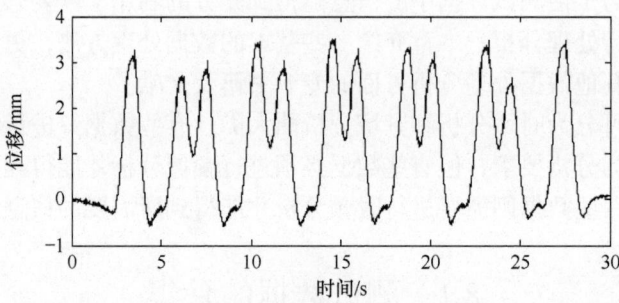

图 8-2　浮置板垂向位移信号

振动加速度信号是一种典型的随机函数信号，如钢轨振动加速度，其所含的频率成分较复杂，如图 5-50 和图 5-51 所示，所以在设置采样频率时，需要以奈奎斯特(Nyquist)信号的模数转换理论为依据，即采样频率要高于信号频率，以保证采集到信号的高频成分。当采样频率 f_{smax} 大于信号中最高频率 f_{max} 的 2 倍时，采样之后的数字信号能完整地保留原始信号中的信息，一般实际应用中保证采样频率为信号最高频率的 2.56~4 倍。对于钢轨振动加速度信号，目前一般分析到 2kHz，最高可分析到 5kHz，因此相应的采样频率应达到 5kHz 和 10kHz 以上。在得到数字信号后，即可分析信号的时域最大值，然后进一步进行频域分析。

对于动态测试信号，存在仪器问题、温度问题、结构本身的问题等，信号的基线要漂离零线，此时应根据数据判读，判断基线零漂的原因，然后考虑是否要消除数据的趋势项后再读数。有时还需要对测试信号进行平稳性检验，方法是将测试信号分为若干段，计算每段信号的平均值、均方值和标准差及功率谱的频率结构，若变化不大，则可认为是随机平稳信号。

对于静态测试信号，不存在采样频率问题，只需要结构达到试验荷载，读取相应的测试值,然后分析荷载与测试值之间的关系。

8.2 测试数据的一般性处理与分析

以地面轮轨力的测试数据为例,对于测试数据集$\{x_i\}$($i=1\sim N$),数据处理就是将此数据集进行处理,并从数据中提取信息,分析测试目标所处的工作状态。如图 4-31 所示,6 节车厢的列车有 24 个轮对,列车通过时,可测得单轨 24 个轮轨力,此时 N=24。

首先对此数据集求最大值,表示该趟列车通过时,在该测点产生的最大轮轨力,从而可进一步分析轮轨力的动力系数。最大值的计算如式(8-1)所示:

$$x_{\max} = \max\{x_1, x_2, \cdots, x_N\} \tag{8-1}$$

平均值是测试中经常要计算的一个数据,其表示该趟列车通过时的轮轨力平均水平,据此也可分析轮轨力平均动力系数。对于时域的随机信号,平均值可看成信号的直流分量。平均值的计算如式(8-2)所示:

$$\bar{x} = \frac{1}{N}\sum_{i=1}^{N} x_i \tag{8-2}$$

均值的平方,表示的是信号中直流分量的功率,计算如式(8-3)所示:

$$\bar{x}^2 = \left(\frac{1}{N}\sum_{i=1}^{N} x_i\right)^2 \tag{8-3}$$

均方值表示信号平方后的均值,表示信号的平均功率。信号的平均功率为信号交流分量功率加信号直流分量功率,计算如式(8-4)所示:

$$\overline{x^2} = \frac{1}{N}\sum_{i=1}^{N} x_i^2 \tag{8-4}$$

均方根,即均方值的开方,在数据处理时称为该组数据的有效值,计算如式(8-5)所示:

$$x_{\text{RMS}} = \sqrt{\overline{x^2}} = \sqrt{\frac{1}{N}\sum_{i=1}^{N} x_i^2} \tag{8-5}$$

均方误差(mean square error, MSE),用 x_{MSE} 表示。均方误差是各数据偏离真实值的距离平方和的平均值,也即误差平方和的平均数,计算如式(8-6)所示:

$$x_{\text{MSE}} = \frac{1}{N}\sum_{i=1}^{N} (x_i - \bar{x})^2 \tag{8-6}$$

均方根误差用 RMSE(root mean square error)表示，计算公式的形式与方差接近，是均方差的开方，均方根误差与标准差形式上接近。均方根误差有时被认为等同于方差或标准差 σ，均方根误差能够很好地反映测量数据的离散度，计算如式(8-7)所示：

$$x_{\mathrm{RMSE}} = \sigma = \sqrt{\frac{1}{N}\sum_{i=1}^{N}(x_i - \bar{x})^2} \tag{8-7}$$

在大多数情况下，考虑测试数据的分布为正态分布，亦称为高斯分布，其概率密度函数计算公式如式(8-8)所示：

$$f(x) = \frac{1}{\sigma\sqrt{2\pi}} e^{-\frac{(x-\mu)^2}{2\sigma^2}} \tag{8-8}$$

式中，μ——数据集的平均值，即 $\mu = \bar{x}$；

σ——数据集的标准差。

μ 和 σ 是概率密度分布的两个参数，记为 $N(\mu, \sigma)$，若 $\mu=0$，$\sigma=1$，则为标准正态分布，记为 $N(0, 1)$。

概率分布是对概率密度函数的积分，计算如式(8-9)所示：

$$F(x) = \frac{1}{\sigma\sqrt{2\pi}} \int_{-\infty}^{x} e^{-\frac{(x-\mu)^2}{2\sigma^2}} \mathrm{d}x \tag{8-9}$$

由概率论计算可知，数据分布在 $[\mu-\sigma, \mu+\sigma]$ 的概率为 68%；分布在 $[\mu-2\sigma, \mu+2\sigma]$ 的概率为 95%；分布在 $[\mu-3\sigma, \mu+3\sigma]$ 的概率为 99%，如图 8-3 所示。因此，一般在确定可能出现最大数据和最小数据时，用 $x_{\min} = \mu - n\sigma$ 和 $x_{\max} = \mu + n\sigma$，取最大值和最小值，当 $n=3$ 时，大于 $x_{\min}$ 或小于 $x_{\max}$ 的数据出现的概率为 99%，从而在结构设计时保证结构具有足够的强度，以满足可能出现的最大荷载。

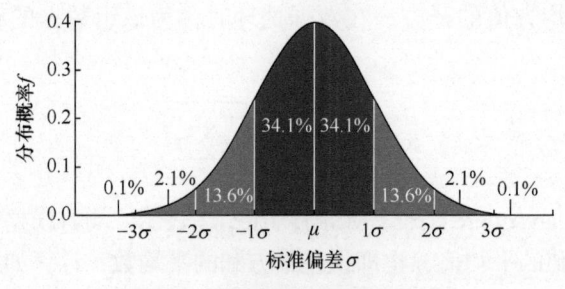

图 8-3 不同标准差范围的概率

8.3 测试数据的相关性分析

数据相关性是指数据之间存在某种关系。在大数据时代，数据相关性分析因具有可以快捷、高效地发现事物间内在关联的优势而受到广泛关注，并有效地应用于推荐系统、商业分析、公共管理、医疗诊断等领域。数据相关性可以采用时序分析、空间分析等方法进行分析。数据相关性分析面临着高维数据、多变量数据、大规模数据、增长性数据及其可计算方面等挑战。

相关是指 2 个或 2 个以上变量取值之间在某种意义上所存在的规律，其目的在于探寻数据集所隐藏的相关关系。从统计学的角度来看，变量之间的关系大体可分为两种，即函数关系和相关关系。一般情况下，数据很难满足严格的函数关系，而相关关系要求宽松，所以被人们广泛接受。需要进一步说明的是，研究变量之间的相关关系主要从两个方向进行：一个是相关分析，即通过引入一定的统计指标量化变量之间的相关程度；另一个是回归分析。回归分析不仅可分析相关关系，更重要的是分析因果关系。

最小二乘法(又称最小平方法)是一种数学优化技术。它通过最小化误差的平方和寻找数据的最佳匹配函数。利用最小二乘法可以简便地求得相应的参数，并使利用这些参数的函数求得的数据与实际数据之间误差的平方和为最小。

最小二乘法用于曲线拟合，其他一些优化问题也可通过最小化能量或最大化熵用最小二乘法来表达。最小二乘法是解决曲线拟合问题最常用的方法。其基本思路是设置一如式(8-10)所示的函数：

$$f(x) = a_1\varphi_1(x) + a_2\varphi_2(x) + \cdots + a_m\varphi_m(x) \tag{8-10}$$

式中，$\varphi_k(x)$——选定的一组线性无关的函数；

a_k——待定系数($k = 1, 2, \cdots, m; m < N$)。

拟合准则是使实际测试值 $y_i(i = 1, 2, \cdots, N)$ 与拟合值 $f(x_i)$ 的距离 ε_i 的平方和最小，称为最小二乘准则。最小二乘法就是从一组等精度测量数据中确定最佳函数关系的方法[1]，利用拟合曲线可外延预测范围外的可能数值。目前最小二乘法的应用范围较广，在测试数据处理分析中得到了广泛的应用。最小二乘法拟合曲线以误差理论为依据，可对线性函数、指数函数、对数函数、多项式函数等进行拟合，但应用最多的还是线性函数的拟合。

在构件的强度试验中，一般可得构件上作用的荷载和测得的应变一组数据，最小二乘法拟合曲线的原理是从此组数据中找出函数关系，使拟合曲线和各测量值之间偏差的平方和为最小。例如，一般线性公式为 $y = ax + b$，试验得到的数据为 $(x_i, y_i)(i = 1, 2, \cdots, N)$，测量总是有误差的，$x_i$ 和 y_i 中都含有误差，但相对来说，

x_i 的误差远比 y_i 的误差小，一般在进行最小二乘法拟合时，考虑 x_i 的误差为零，只有 y_i 存在误差，那么每一个测试数据 y_i 与 $y=ax+b$ 计算的 y 值的偏差如式(8-11)所示：

$$\varepsilon_i = y_i - (ax_i + b) \tag{8-11}$$

根据最小二乘法原理，要求偏差的平方和为最小，偏差的平方和如式(8-12)所示：

$$\sum_{i=1}^{N}\varepsilon_i^2 = \sum_{i=1}^{N}[y_i - (ax_i + b)]^2 \tag{8-12}$$

式中，N——测试数据的个数。

在式(8-12)中，$(x_i, y_i)(i=1,2,\cdots,N)$ 是已知的测量值，a 和 b 是待定的拟合参数。若要得到拟合方程，则要求在使 $\sum_{i=1}^{N}\varepsilon_i^2$ 为最小的条件下计算得到 a 和 b。根据极值计算原理，令 $\sum_{i=1}^{N}\varepsilon_i^2$ 对 a 和 b 的一阶偏导数为零，如式(8-13)所示：

$$\begin{cases} \dfrac{\partial}{\partial a}\sum_{i=1}^{N}\varepsilon_i^2 = -2\sum_{i=1}^{N}x_i(y_i - ax_i - b) = 0 \\ \dfrac{\partial}{\partial b}\sum_{i=1}^{N}\varepsilon_i^2 = -2\sum_{i=1}^{N}(y_i - ax_i - b) = 0 \end{cases} \tag{8-13}$$

化简后得到

$$\begin{cases} \sum_{i=1}^{N}x_i y_i = b\sum_{i=1}^{N}x_i + a\sum_{i=1}^{N}x_i^2 \\ \sum_{i=1}^{N}y_i = Nb + a\sum_{i=1}^{N}x_i \end{cases} \tag{8-14}$$

进而可得出拟合参数 a 和 b，如式(8-15)所示：

$$\begin{cases} a = \dfrac{\overline{xy} - \overline{x}\,\overline{y}}{\overline{x^2} - \overline{x}^2} \\ b = \overline{y} - a\overline{x} \end{cases} \tag{8-15}$$

其中，

$$\overline{x} = \frac{1}{N}\sum_{i=1}^{N}x_i, \qquad \overline{y} = \frac{1}{N}\sum_{i=1}^{N}y_i$$

$$\overline{x^2} = \frac{1}{N}\sum_{i=1}^{N}x_i^2, \qquad \overline{xy} = \frac{1}{N}\sum_{i=1}^{N}x_i y_i$$

对于测试数据的标准差，也可按式(8-16)计算：

$$\sigma_y = \sqrt{\frac{1}{N-2}\sum_{i=1}^{N}(y_i - ax_i - b)^2} \tag{8-16}$$

对于在 $\sum_{i=1}^{N}\varepsilon_i^2$ 为最小的条件下计算得到的 a 和 b，它们的值依然存在误差，标准差如式(8-17)所示：

$$\sigma_a = \frac{\sigma_y}{\sqrt{N(\overline{x^2} - \overline{x}^2)}}, \quad \sigma_b = \frac{\sqrt{\overline{x^2}}\sigma_y}{\sqrt{N(\overline{x^2} - \overline{x}^2)}} \tag{8-17}$$

为了计算得到 a 和 b，还需要分析拟合的相关程度，为此采用相关系数 R 进行评定，相关系数计算如式(8-18)所示：

$$R = \frac{\sum_{i=1}^{N}(x_i - \overline{x})(y_i - \overline{y})}{\sqrt{\sum_{i=1}^{N}(x_i - \overline{x})^2}\sqrt{\sum_{i=1}^{N}(y_i - \overline{y})^2}} = \frac{\overline{xy} - \overline{x}\,\overline{y}}{\sqrt{(\overline{x^2} - \overline{x}^2)(\overline{y^2} - \overline{y}^2)}} \tag{8-18}$$

相关系数 $R \in [-1, +1]$，R 越接近于 1，表明曲线的拟合程度越好，若 R 较小，则说明 x 和 y 之间的相关程度较差，若 $R=0$，则表示 x 和 y 完全不相关，说明曲线拟合意义不大，用此拟合曲线不能预测测试范围以外的 y 值，需要进一步考虑采用其他拟合曲线再进行拟合，然后用 R 进行判断，使 R 接近于 1。当 $R>0$ 时，拟合的直线斜率为正；当 $R<0$ 时，拟合的直线斜率为负，也称为负相关，如图 8-4 所示。

线性拟合曲线计算量较大，多项式和指数曲线拟合计算量更大，但目前一些软件自带拟合曲线计算程序，如 Excel，可方便地使用各种曲线拟合。

需要注意的是，在用最小二乘法处理数据前，需要用 3σ 方法判断数据组中是否存在异常数据，若存在异常数据，则应将异常数据剔除，否则会给计算结果带来较大的误差，使计算结果偏离准确值。

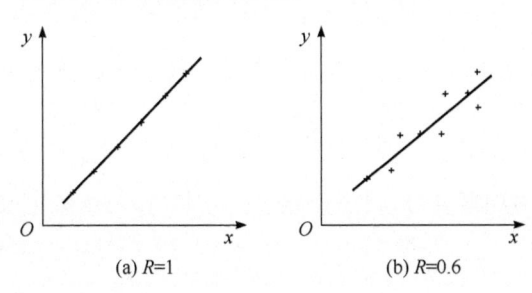

(a) $R=1$ (b) $R=0.6$

(c) $R=-0.8$ (d) $R=0$

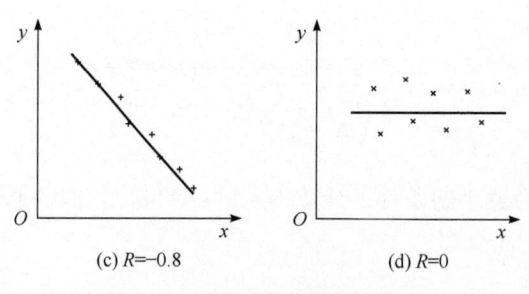

图 8-4 相关系数与数据的关系

8.4 功率谱计算

谱估计与谱分析是信号处理学科的重要内容。通过对信号进行谱分析，可了解信号的频率结构、信号的能量分布，从而为结构动力特性的评估提供信息。经典的谱分析以傅里叶变换为基础，主要内容包括相关函数法和周期图谱法。首先计算信号的相关函数，然后进行傅里叶变换，可求得功率谱估计值，周期图谱法是先对离散数据进行相关函数计算，再利用离散傅里叶变换求得功率谱密度估计值。对于离散傅里叶变换，目前通常用快速傅里叶变换得到频域函数，从而可方便地得到离散数据的信号功率谱密度函数。

8.4.1 相关函数和功率谱的计算

随机过程的信号相关性，可以分别从时域和频域两个方面进行研究[2]，在时域内各过程的相关性用互相关函数(cross-correlation function，CF)描述，本过程的相关性用自相关函数(self-correlation function，SF)描述。

相关函数的基本概念为 $x(t)$ 和 $y(t)$ 分别来自于各态历经的平稳随机过程一个样本函数，互相关函数的定义如式(8-19)所示：

$$\begin{cases} R_{xy}(\tau) = \int_{-\infty}^{\infty} x(t)y(t-\tau)\mathrm{d}t \\ R_{yx}(\tau) = \int_{-\infty}^{\infty} y(t)x(t-\tau)\mathrm{d}t \end{cases} \tag{8-19}$$

若 $x(t) = y(t)$，则 $R_{xx}(\tau)$ 和 R_x 称为自相关函数，计算公式如式(8-20)所示：

$$R_x(\tau) = \int_{-\infty}^{\infty} x(t)x(t-\tau)\mathrm{d}t \tag{8-20}$$

若 $x(t)$ 和 $y(t)$ 为功率信号，且有限时长，则其相关函数定义如式(8-21)所示：

$$\begin{cases} R_{xy}(\tau) = \lim_{T_0 \to \infty} \frac{1}{T_0} \int_{-\frac{T_0}{2}}^{\frac{T_0}{2}} x(t)y(t-\tau)\mathrm{d}t \\ R_{yx}(\tau) = \lim_{T_0 \to \infty} \frac{1}{T_0} \int_{-\frac{T_0}{2}}^{\frac{T_0}{2}} y(t)x(t-\tau)\mathrm{d}t \\ R_{x}(\tau) = \lim_{T_0 \to \infty} \frac{1}{T_0} \int_{-\frac{T_0}{2}}^{\frac{T_0}{2}} x(t)x(t-\tau)\mathrm{d}t \end{cases} \quad (8\text{-}21)$$

$R_{xy}(\tau)$是一个实函数，其值可正可负，$R_{xy}(\tau)$在$\tau=0$时不一定有最大值，$R_{xy}(\tau)$既不是奇函数，也不是偶函数，但它满足$R_{xy}(-\tau)=R_{yx}(\tau)$，自相关函数有$R_x(\tau)=R_x(-\tau)$。

当$\tau=0$时，自相关函数具有最大值，如式(8-22)所示：

$$R_x(\tau=0) = \int_{-\infty}^{\infty} x^2(t)\mathrm{d}t \quad (8\text{-}22)$$

若信号长度有限，则其功率信号如式(8-23)所示：

$$R_x(\tau=0) = \lim_{T_0 \to \infty} \frac{1}{T_0} \int_{-\frac{T_0}{2}}^{\frac{T_0}{2}} x^2(t)\mathrm{d}t \quad (8\text{-}23)$$

此时信号的平均功率、自相关函数、方差都相等。

对于离散数据$\{x_i\}(i=1,2,\cdots,N-1)$，根据其遍历性假设，可以用式(8-24)计算自相关序列的有偏估计。

$$\begin{cases} R_k = \dfrac{1}{N} \sum_{i=0}^{N-|k|-1} x_i x_{i+k}, & |k| \le N-1 \\ R_k = 0, & |k| > N-1 \end{cases} \quad (8\text{-}24)$$

将互相关函数$R_{xy}(\tau)$进行傅里叶变换，即可得到互谱密度函数$S_{xy}(f)$，它表明频域上两个随机过程间的相关性，其表达式如式(8-25)所示：

$$S_{xy}(f) = \int_{-\infty}^{+\infty} R_{xy}(\tau) \mathrm{e}^{-\mathrm{j}2\pi f\tau} \mathrm{d}\tau \quad (8\text{-}25)$$

$S_{xy}(f)$与$R_{xy}(\tau)$构成了一个傅里叶变换对$R_{xy}(\tau) \Leftrightarrow S_{xy}(f)$，$S_{xy}(f)$的逆傅里叶变换如式(8-26)所示：

$$R_{xy}(\tau) = \int_{-\infty}^{+\infty} S_{xy}(f) \mathrm{e}^{\mathrm{j}2\pi f\tau} \mathrm{d}f \quad (8\text{-}26)$$

$S_{xy}(f)$称为双边功率谱密度函数，其反映了信号的频率结构与信号的傅里叶变换函数(幅值谱)的频率结构一致，但是功率谱密度函数所反映的是信号的幅值平方，因此其频域结构特征更明显。实际上，负频率在工程上是没有意义的，因此一般都采用单边功率谱，单边功率谱密度与双边功率谱密度的对比如图 8-5 所示。

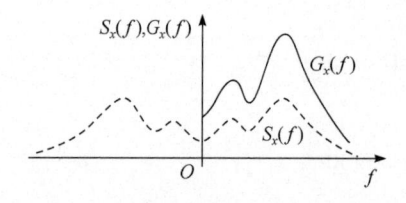

图 8-5 单边功率谱密度与双边功率谱密度对比图

单边功率谱的计算公式如式(8-27)所示：

$$G_{xy}(f) = 2S_{xy}(f), \quad 0 \leqslant f \leqslant \infty \tag{8-27}$$

则自功率谱如式(8-28)所示：

$$G_x(f) = 2S_x(f), \quad 0 \leqslant f \leqslant \infty \tag{8-28}$$

对于离散数据，根据离散计算得到的相关函数，用离散法计算功率谱密度函数，如式(8-29)所示：

$$S_{xx}(f) = \frac{1}{2\pi} \sum_{-N+1}^{N-1} R_k e^{-j2\pi f k} \tag{8-29}$$

利用周期图谱法对离散数据 $\{x_i\}$ 样本进行功率谱密度估计值计算时，一般用式(8-30)计算：

$$S_{xx}(f) = \frac{1}{2\pi N} \left| \sum_{n=0}^{N-1} x(n) e^{-j\frac{2\pi f n}{N}} \right|^2 = \frac{1}{2\pi N} |X(f)|^2 \tag{8-30}$$

$X(f)$ 是离散数据样本 $\{x_i\}$ 的傅里叶变换，其计算公式如式(8-31)所示。在实际计算过程中，大多采用快速傅里叶变换计算，具体可参考相关书籍。

$$X(f) = \sum_{n=0}^{N-1} x(n) e^{-j\frac{2\pi f_k n}{N}} = \sum_{n=0}^{N-1} x(n) \left[\cos\left(\frac{2\pi n f}{N}\right) - j\sin\left(\frac{2\pi n f}{N}\right) \right], \quad k = 0,1,2,\cdots,N-1 \tag{8-31}$$

8.4.2 导纳的计算

单自由度系统在任意激励下的运动微分方程如式(8-32)所示[3]：

$$m\ddot{x} + c\dot{x} + kx = F(t) \tag{8-32}$$

对式(8-32)两边取拉普拉斯变换，则得

$$m[s^2 X(s) - sx(0) - \dot{x}(0)] + c[sX(s) - x(0)] + kX(s) = F(s) \tag{8-33}$$

式中，s ——拉普拉斯变换系数，$s = \alpha + i\omega$；

$X(s)$ ——位移函数的拉普拉斯变换；

$F(s)$ ——荷载激励函数的拉普拉斯变换，计算如式(8-34)所示。

$$\begin{cases} X(s) = \int_0^\infty x(t)\mathrm{e}^{st}\mathrm{d}t \\ F(s) = \int_0^\infty F(t)\mathrm{e}^{st}\mathrm{d}t \end{cases} \tag{8-34}$$

于是可得

$$X(s) = \frac{F(s)}{ms^2 + cs + k} + \frac{(ms+c)x(0) + m\dot{x}(0)}{ms^2 + cs + k} \tag{8-35}$$

式(8-35)中等号右侧第一项是经反拉普拉斯变换对应运动微分方程非齐次部分的特解，第二项是对应齐次部分的特解。考虑到零初始条件下，$\frac{F(s)}{X(s)} = ms^2 + cs + k$ 为输入拉普拉斯变换与输出拉普拉斯变换之比，其倒数 $\frac{X(s)}{F(s)} = \frac{1}{ms^2 + cs + k}$ 称为导纳变换或系统的传递函数。

当 s 为纯虚数时，即 $\alpha = 0$，则有

$$\frac{X(\omega)}{F(\omega)} = \frac{1}{k - m\omega^2 + \mathrm{i}c\omega} \tag{8-36}$$

式(8-36)为输出傅里叶变换与输入傅里叶变换之比，称为系统的频率响应函数，记为 $H(\omega)$。

对振动系统进行系统的分析，主要是通过测试手段获得结构系统的振动位移、速度、加速度信号，从而进一步确定系统的固有频率、阻尼比及振型。机械阻抗测试是振动系统动力学的主要分析内容。

在工程系统中，可测得系统的输入信号和输出信号不同的物理量，通过对测试信号进行傅里叶变换，可得到各种物理量的传递函数，也称为导纳，计算如式(8-37)~式(8-39)所示：

$$\begin{cases} 位移导纳(动柔度): H_d(\omega) = \frac{X(\omega)}{F(\omega)} \\ 速度导纳(机械导纳): H_v(\omega) = \frac{\dot{X}(\omega)}{F(\omega)} \\ 加速度导纳(机械惯性): H_a(\omega) = \frac{\ddot{X}(\omega)}{F(\omega)} \end{cases} \tag{8-37}$$

$$X(\omega) = \int_{-\infty}^\infty x(t)\mathrm{e}^{\mathrm{i}\omega t}\mathrm{d}t, \quad \dot{X}(\omega) = \int_{-\infty}^\infty \dot{x}(t)\mathrm{e}^{\mathrm{i}\omega t}\mathrm{d}t, \quad \ddot{X}(\omega) = \int_{-\infty}^\infty \ddot{x}(t)\mathrm{e}^{\mathrm{i}\omega t}\mathrm{d}t \tag{8-38}$$

$$F(\omega) = \int_{-\infty}^\infty F(t)\mathrm{e}^{\mathrm{i}\omega t}\mathrm{d}t \tag{8-39}$$

式中，$\omega = 2\pi f$；

$x(t)$——系统的振动位移，m；

$\dot{x}(t)$——系统的振动速度，m/s；

$\ddot{x}(t)$——系统的振动加速度，m/s²；

$F(t)$——系统上施加的激振力，N。

大多数测试信号都是数据序列的离散信号，不适宜用连续法积分计算，因此可用式(8-31)对测试信号进行离散傅里叶变换，然后利用此变换函数计算功率谱密度函数和导纳。

8.4.3 相干函数的计算

相干函数又称凝聚函数，是在频域内描述两个信号因果关系的一种无因次比例系数，也是用来说明两个信号在频域内是否相关的一种判别指标。它把两个测点信号之间的互功率谱密度函数和各自的自功率谱密度函数联系起来，用来确定输出信号 $y(t)$ 中有哪些频率成分、多大程度来自输入信号 $x(t)$，通过它可以了解输入信号对输出信号的影响程度。工程上经常用此法分析输入信号和输出信号之间的影响和关联程度，相干函数 $\gamma_{xy}^2(\omega)$ 的计算如式(8-40)所示：

$$\gamma_{xy}^2(\omega) = \frac{\left|G_{xy}(\omega)\right|^2}{G_x(\omega)G_y(\omega)} \tag{8-40}$$

式中，$G_{xy}(\omega)$——输入/输出测点信号数据进行平均后得到的互功率谱密度函数；

$G_x(\omega)$、$G_y(\omega)$——输入/输出测点信号数据各自自功率谱密度进行平均后得到的自功率谱密度函数。

在现场实测中，每次测试都有多个样本数列，且认为各数列的随机信号是各态历经的，因此在数据处理时对每个样本进行功率谱密度计算，然后将几个样本的功率谱密度函数在频域内求取平均值。

相干函数的变化范围是 $0 \leqslant \gamma_{xy}^2(\omega) \leqslant 1$，当 $\gamma_{xy}^2(\omega)=1$ 时，表示该输出信号 $y(t)$ 完全来自于输入信号 $x(t)$，称为完全相干，即 $y(t)$ 完全由 $x(t)$ 所引起，没有其他输入信号或噪声的影响。当 $\gamma_{xy}^2(\omega)=0$ 时，表示该输出信号 $y(t)$ 与输入信号 $x(t)$ 完全不相干，即 $y(t)$ 与 $x(t)$ 完全不相关，此时测试信号的传递函数是没有意义的。当 $0 < \gamma_{xy}^2(\omega) < 1$ 时，表示输出信号 $y(t)$ 在一定程度上依赖于输入信号 $x(t)$，而其余可能是由测量信号中混有外界的干扰信号、系统存在非线性因素和系统中除了输入信号 $x(t)$ 外尚有其他输入信号的混淆所引起的。

图 8-6 为轨道几何形位之间的相关系数。由图可知，左轨和右轨的高低在 10m 以上波长范围的相关系数接近 0.9，在短波长范围，相关系数较小，左轨和右轨的方向相关性也有类似特性。水平与方向、水平与高低的相关性较差，在部分波长范围的最大相关系数在 0.6 以下。

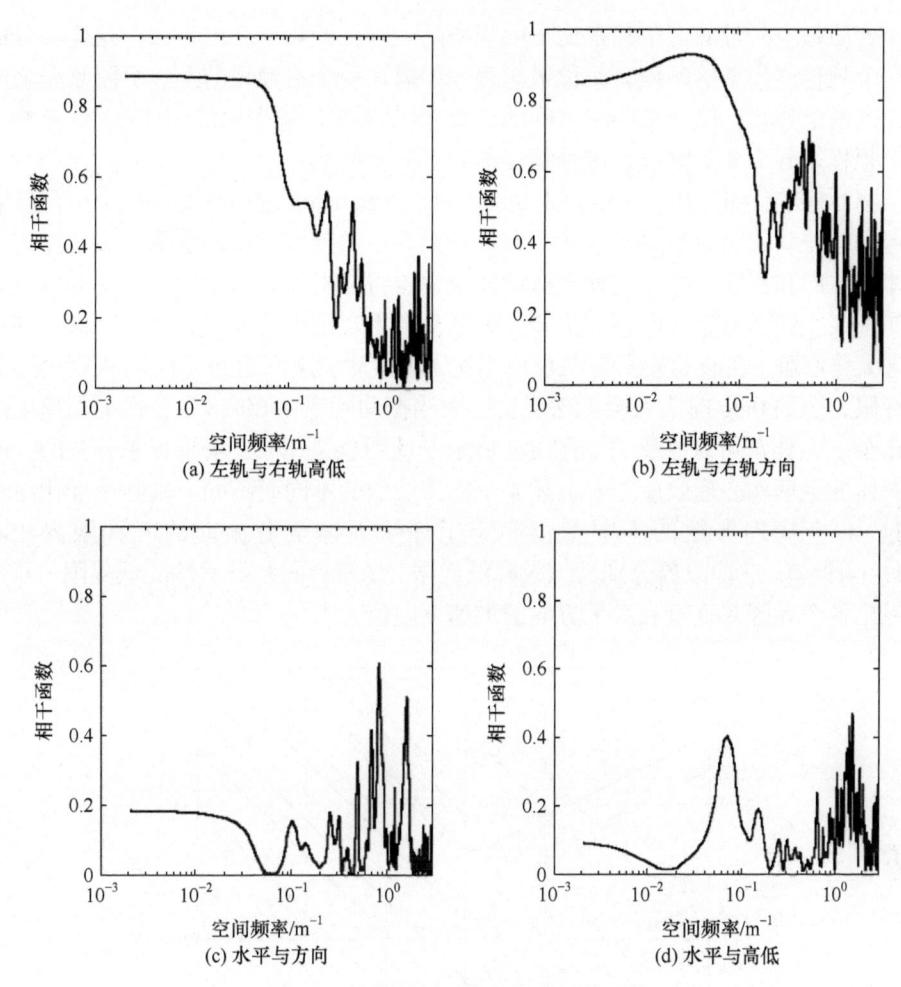

图 8-6 轨道几何形位之间的相关系数

8.5　1/3 倍频程分析

1/3 倍频程用于振动和噪声各频段的强度分析，其主要原理来源于对声音的分析。

由声学理论可知，人耳听声的频率范围为 20Hz～20kHz，低于 20Hz 的声波称为次声波，高于 20kHz 的声波称为超声波。声音信号频谱分析一般不需要对每个频率成分进行具体分析。为了方便，人们把 20Hz～20kHz 的声频范围分为几个段落，每个频带称为一个频程。频程的划分采用恒定带宽比，即保持频带的上、下限频率之比为一常数。

试验证明，当声音的声压级不变而频率提高一倍时，听起来音调也提高了一倍。若使每一频带的上限频率比下限频率高一倍，即频率之比为 2，这样划分的每一个频程称为 1 倍频程，简称倍频程。如果在一个倍频程的上、下限频率之间再插入两个频率，使 4 个频率之间的比值相同(相邻两频率比值=1.26)。这样将一个倍频程划分为 3 个频程，这种频程称为 1/3 倍频程。

国际标准化组织(International Standards Organization,ISO)采用 4 个物理参数规定人对振动的响应限界，这 4 个参数分别为振动频率、振动水平、振动作用于人体的方向和暴露时间。人处于振动环境中，将会引起人体生理和心理的效应。例如，人感到不舒服、麻感、头晕、困倦，严重时出现出汗、头痛、心慌，甚至损害人体心脏。在振动频率为 5Hz 的情况下，振动加速度达到 0.1g 时人就会感到不舒服，达到 0.4g 时人就会无法忍受。而当振动频率为 80Hz 时，振动加速度达到几个 g 人体都可以忍受，如图 8-7 所示。此图也是用 1/3 倍频程来分频的，所以人体的生理和心理效应随着上述 4 个物理参数的不同而不同。国际标准化组织用这 4 个物理参数的不同量值制定了评价人体全身振动的三种限界(ISO 2631-1-1997)。三种限界分别为工效降低界限、暴露界限和舒适性降低界限，并相应提出各个界限在垂直和水平方向的加速度限值。

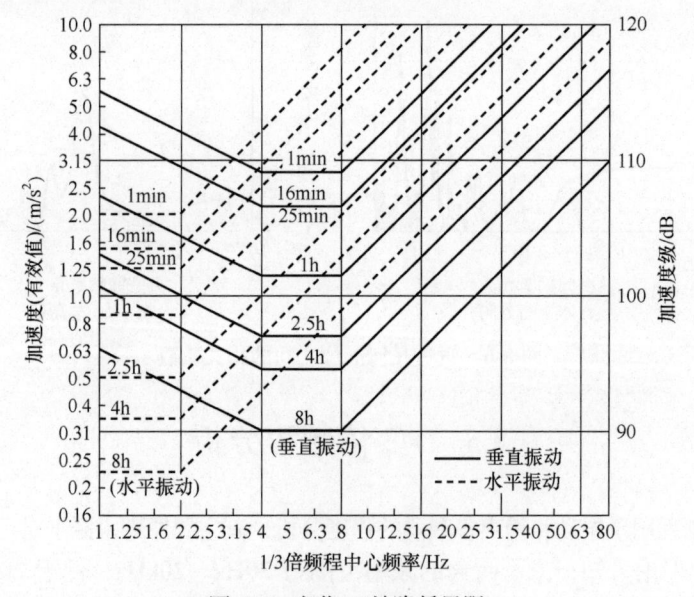

图 8-7 疲劳-工效降低界限

1/3 倍频程的作用主要是分析振动和噪声能量的频率分布[4]。每个 1/3 倍频程的获得是通过带通滤波实现的，但是从总的倍频程或者 1/3 倍频程分析来看，主要是为了研究信号能量在不同频带的分布。

1/3 倍频程分析是环境噪声和振动强度分析中常采用的手段，目前也较多应用于轨道交通的振动强度分析，振级概念较容易为社会公众所接受。通过 1/3 倍频程的分析，可知结构振动强度在各频段的分布状况，从而可进一步分析振动传递特性和对环境的影响，以及对振动源的治理。在 1/3 倍频程分析中，频程中心频率均按照 ISO 标准给出，1/3 倍频程频带的上下频率计算公式为 $f_{i上}/f_{i下}=2^{1/3}$，中心频率为 $f_{中}=\sqrt{f_{i上}\cdot f_{i下}}$，中心频率依次为 1Hz、1.25Hz、1.6Hz、2Hz、2.5Hz、3.15Hz、4Hz、5Hz、6.3Hz、8Hz、10Hz、12.5Hz、16Hz、20Hz、25Hz、31.5Hz、40Hz、50Hz、63Hz、80Hz、100Hz、125Hz、160Hz、200Hz、250Hz、315Hz、400Hz、500Hz、630Hz、800Hz、1000Hz、1250Hz、1600Hz、2000Hz。计算时以 $f_{i上}$ 和 $f_{i下}$ 为带宽对原始信号进行带通滤波，并对各频带的滤波信号进行均方根（RMS）计算，计算如式(8-41)所示：

$$a_{\text{RMS}}=\sqrt{\frac{1}{T}\int_0^T a^2(t)\mathrm{d}t} \tag{8-41}$$

式中，$a(t)$——某频带滤波信号在某时刻 t 的加速度，m/s²；

T——信号时长，也即积分时长，s。

也可由此频带的功率谱求取均方根，如式(8-42)所示：

$$a_{\text{RMS}}=\sqrt{\int_{f_{li}}^{f_{hi}}G_a(f)\mathrm{d}f} \tag{8-42}$$

式中，$G_a(f)$——信号的单边自功率谱密度函数，计算公式如式(8-28)所示；

f_{li}、f_{hi}——某频带滤波信号的 1/3 倍频带的下限频率和上限频率，Hz。

对于离散信号，对信号滤波后，某个频带的均方根可用式(8-43)计算：

$$a_{\text{RMS}}=\sqrt{\frac{1}{N}\sum_{n=0}^{N}x^2(n)} \tag{8-43}$$

式中，$x(n)$——某个频带滤波信号的数据，m/s²。

该频带的振动量级 V_AL_i(dB)一般表达式如式(8-44)所示：

$$V_AL_i=20\lg\frac{a_{\text{RME}}}{a_0} \tag{8-44}$$

式中，a_0——参考加速度，取 10^{-6}m/s²。

典型的钢轨、浮置板和隧道壁 1/3 倍频程如图 5-52～图 5-54 所示，从图中可得知各频带的振级。

信号不加权振级 V_AL 是将各频带的振级相加，计算如式(8-45)所示：

$$V_AL=10\lg\left(10^{\frac{V_AL_1}{10}}+10^{\frac{V_AL_2}{10}}+\cdots\right) \tag{8-45}$$

根据大量调查分析，参照有关国家的评价方法，我国规定采用铅垂向 Z 振级

VL_Z 作为环境振动强度的基本评价量。VL_Z 就是根据 ISO 2631-1-1997 推荐的频率计权网络。在对环境振动 Z 振级分析时,对 1~80Hz 的振动信号计权,其频率响应特性与各轴向人体暴露允许界限的特性相对应,即计权网络的插入损失应符合表 8-1 中的规定。表 8-1 为相对于人体最敏感频率范围(垂向为 4~8Hz、横向为 1~2Hz)的计权系数(参照图 8-7)。网络特性在两个指定的频率(垂向 a_Z 为 6.3Hz 和 31.5Hz,水平 a_X、a_Y 为 1.25Hz 和 31.5Hz)上的允差应不大于 ±1dB,在其他频率范围内应不大于 ±2dB。

表 8-1 相对于人体敏感频率范围的各频带计权系数

序号 i	1/3 倍频程中心频率/Hz	计权系数 W_j a_z /dB	a_X、a_Y /dB
01	1.00	0.50(−6)	1.00(0)
02	1.25	0.56(−5)	1.00(0)
03	1.60	0.63(−4)	1.00(0)
04	2.00	0.71(−3)	1.00(0)
05	2.50	0.80(−2)	0.80(−2)
06	3.15	0.90(−1)	0.63(−4)
07	4.00	1.00(0)	0.5(−6)
08	5.00	1.00(0)	0.4(−8)
09	6.30	1.00(0)	0.315(−10)
10	8.00	1.00(0)	0.25(−12)
11	10.0	0.80(−2)	0.2(−14)
12	12.5	0.63(−4)	0.16(−16)
13	16.0	0.50(−6)	0.125(−18)
14	20.0	0.40(−8)	0.1(−20)
15	25.0	0.315(−10)	0.08(−22)
16	31.5	0.25(−12)	0.063(−24)
17	40.0	0.20(−14)	0.05(−26)
18	50.0	0.16(−16)	0.04(−28)
19	63.0	0.125(−18)	0.0315(−30)
20	80.0	0.10(−20)	0.025(−32)

对 1~80Hz 频率范围的全部信号各频带的振动强度进行加权,得到振级 VL_Z(dB),表 8-1 列出了振动主动权网络的相对频率响应,计算如式(8-46)所示:

$$VL_Z = 10\lg\left(10^{\frac{V_A L_1 + a_1}{10}} + 10^{\frac{V_A L_2 + a_2}{10}} + \cdots\right) \quad (8\text{-}46)$$

式中,VL_Z —— 振动计权加速度级,dB;

$V_A L_i$ —— 每个频带的振动计权加速度级,dB;

a_i—— 各频带的计权因子,见表 8-1 括号内数据。

测量环境振动的仪器,其性能必须符合 ISO 8041:2005 中相关条款的规定,其频率范围仅为 1~80Hz,具有这种频率计权网络的测量仪器,能正确反映环境振动对人体的影响。

Z 振级是考虑人体对振动频率的感受而加权得到的,有时为了评价结构的振动而不需要考虑人体的感受,因此采用不加权的振级,不考虑加权的振级用 V_AL 表示,且计算频率范围也不局限于 1~80Hz。

图 8-8 为城市轨道交通普通无砟轨道和浮置板轨道的车厢内噪声及隧道壁振动加速度的 1/3 倍频程强度对比。由图可知,对于车厢内的噪声,浮置板轨道大于普通轨道。在 12Hz(浮置板的自振频率一般为 8~12.5Hz)以上,浮置板轨道的隧道壁振动强度明显低于普通无砟轨道的隧道壁振动强度。据此分析,可明确浮置板轨道在哪些频段具有较好的减振效果。

(a) 车厢内噪声的 1/3 倍频程

(b) 隧道壁振动加速度的 1/3 倍频程

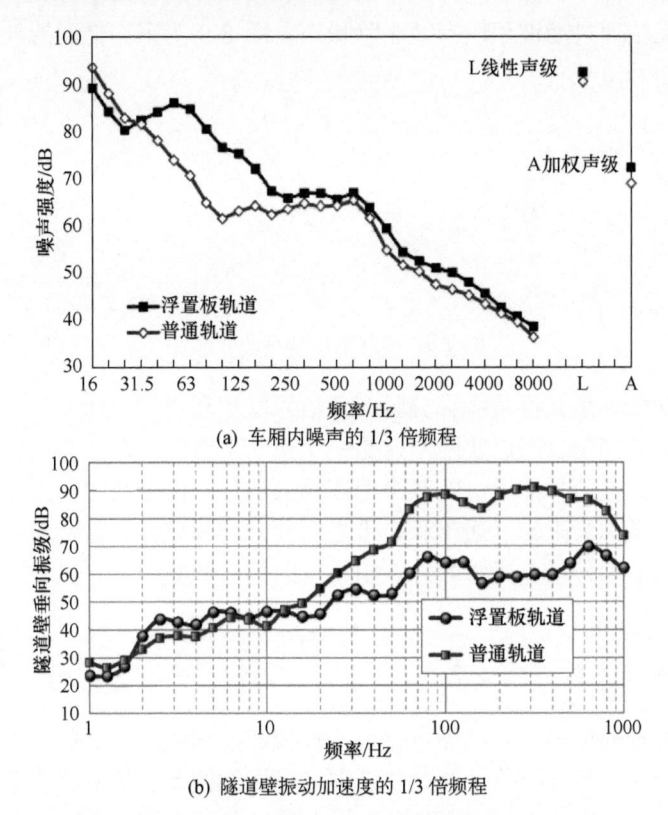

图 8-8 普通无砟轨道和浮置板轨道的车厢内噪声及隧道壁振动加速度的 1/3 倍频程强度对比

8.6　测试信号滤波

信号滤波在信号处理中占有重要的地位，因此滤波的各种理论得到了充分的研究，目前在一些信号分析和数据处理软件中，如 MATLAB、LabVIWE，都有相应的信号滤波软件包可供使用，本节仅对滤波器的基本理论进行叙述，介绍基本的滤波器概念。

传感器工作环境中存在强电及电磁干扰，以及传感器及放大电路本身的影响，被测信号中往往带有多种频率成分的噪声，严重时被测信号被噪声掩埋，以至于无法从信号中提取有用的信息，因此在检测系统中需要采取滤波措施将测试信号的噪声成分去除，以提高系统信噪比。但滤波前需要确定哪些频段是有效信号，哪些频段是噪声信号，然后选择滤波的方法和频段，若有效信号和噪声信号的频段一致，则无法通过滤波手段有效去除噪声。图 8-9 为采用低通滤波去除高频部分噪声后的信号。

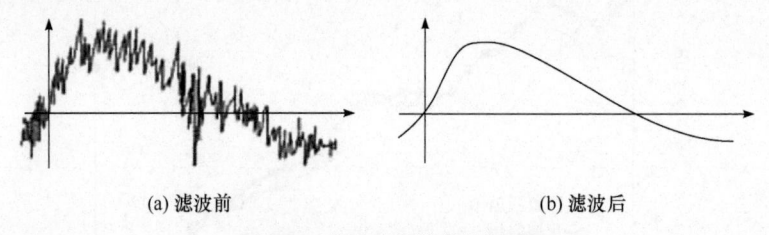

(a) 滤波前　　　　　　　　　(b) 滤波后

图 8-9　滤波前后信号的波形

滤波的功能就是允许某一部分频率的信号能顺利通过，而另外一部分频率的信号受到较大的抑制，所以实际上这是一个选频电路[5]。

滤波器中，把信号能通过的频率范围称为通带；信号受到很大衰减或完全被抑制的频率范围称为阻带，通带和阻带之间的分界频率称为截止频率。理想的滤波器在通带内的信号增益为常数，在阻带内的信号增益为零，但实际上两者之间存在一个过渡带。

1. 滤波器的分类

根据所处理的信号，滤波器可分为模拟滤波器和数字滤波器。根据通带的频段不同，可分为低通滤波器、高通滤波器、带通滤波器和带阻滤波器 4 种。

(1) 低通滤波器：允许信号中低于截止频率和直流信号通过，抑制高于截止频率的信号。

(2) 高通滤波器：允许信号中高于截止频率的信号通过，抑制低于截止频率和直流信号。

(3) 带通滤波器：允许上下截止频率之间的频带信号通过，抑制高于上截止频率和低于下截止频率的信号。

(4) 带阻滤波器：允许高于上截止频率和低于下截止频率的信号通过，抑制上截止频率和下截止频率之间的频带信号。

2. 滤波器的主要特征

通带截止频率 f_p 为通带与过渡带边界点的频率，在该点信号增益下降到一个规定的下限；阻带截止频率 f_r 为阻带与过渡带边界点的频率，在该点信号衰减(增益的倒数)下降到一个规定的下限；转折频率 f_c 为信号衰减至 1/2(约 3dB)时的频率，在很多情况下常以 f_c 作为通带或阻带的截止频率；固有频率 f_0 为电路没有损耗时，滤波器的谐振频率，复杂电路往往有多个固有频率。

滤波器在通带内的增益并非常数。对于低通滤波器的通带增益 K_p，一般是指 $f=0$ 时的增益，高通滤波器的通带增益是指 $f\to\infty$ 时的增益，带通滤波器的通带增益是指中心频率处的增益。对于带阻滤波器，应给出阻带衰减，衰减定义为增益的倒数。通带增益变化量 ΔK_p 是指通带内各点增益的最大变化量，若 ΔK_p 以分贝为单位，则就是指增益分贝值的变化量。

阻尼系数 α 表征滤波器对圆频率 $\omega_0 = 2\pi f_0$ 信号的阻尼作用，是滤波器中表示能量衰减的一项指标，其倒数称为品质因数 $Q = 1/\alpha$，是评价带通与带阻滤波器频率选择特性的一个重要指标，$Q = \omega_0/\Delta\omega$，$\Delta\omega$ 为带通或带阻滤波器的 3dB 带宽，ω_0 为中心频率，很多情况下中心频率与固有频率 ω_c 相等。

滤波器电路由许多元件所构成，每个元件参数值的变化都会影响滤波器的性能。滤波器某一性能指标 y 对某一元件参数 x 变化灵敏度记为 S，则有 $S = (dy/y)/(dx/x)$。此灵敏度与测量仪器或电路系统的灵敏度不是一个概念，此灵敏度越小，标志着电路容错能力越强，稳定性也就越高。

当滤波器的幅频特性满足设计要求时，为保证输出信号的失真度不超过允许范围，对其相频特性 $\phi(\omega)$ 应提出一定的要求。在滤波器设计中，常用群时延函数 $d\phi(\omega)/d\omega$ 评价信号经滤波后相位失真的程度，$d\phi(\omega)/d\omega$ 越接近常数，信号相伴失真越小。

3. 滤波器的传递函数

滤波器的传递函数如式(8-47)所示：

$$G(s) = \frac{b_0 s^m + b_1 s^{m-1} + \cdots + b_{m-1} s + b_m}{s^n + a_1 s^{n-1} + \cdots + a_{n-1} s + a_n} \tag{8-47}$$

式中，s——拉普拉斯变换系数；

b_i、a_j —— 变换函数系数，$i=1\sim m$，$j=1\sim n$。

高阶滤波器的传递函数可以由多个二阶函数(n 为偶数)或一个一阶函数和多个二阶函数(n 为奇数)乘积求得，所以二阶滤波器传递函数为基本滤波器。

令 $a_1 = \alpha\omega_c, a_2 = \omega_c^2$，二阶滤波器传递函数的一般式如式(8-48)所示：

$$G(s) = \frac{b_0 s^2 + b_1 s + b_2}{s^2 + \alpha\omega_c s + \omega_c^2} = \frac{b_0 s^2 + b_1 s + b_2}{s^2 + \dfrac{\omega_c}{Q} s + \omega_c^2} \tag{8-48}$$

式中，α —— 阻尼系数；

ω_c —— 滤波器固有频率，Hz；

Q —— 品质因数，$Q = 1/\alpha$。

根据系数 b_i 的取值，可以求得不同特性的二阶滤波器传递函数，如式(8-49)~式(8-52)所示。

低通滤波器：

$$G(s) = \frac{K_P \omega_c^2}{s^2 + \alpha\omega_c s + \omega_c^2} = \frac{K_P \omega_c^2}{s^2 + \dfrac{\omega_c}{Q} s + \omega_c^2} \tag{8-49}$$

高通滤波器：

$$G(s) = \frac{K_P s^2}{s^2 + \alpha\omega_c s + \omega_c^2} = \frac{K_P s^2}{s^2 + \dfrac{\omega_c}{Q} s + \omega_c^2} \tag{8-50}$$

带通滤波器：

$$G(s) = \frac{K_P \alpha\omega_c s}{s^2 + \alpha\omega_c s + \omega_c^2} = \frac{K_P \alpha\omega_c s}{s^2 + \dfrac{\omega_c}{Q} s + \omega_c^2} \tag{8-51}$$

带阻滤波器：

$$G(s) = \frac{K_P (s^2 + \omega_c^2)}{s^2 + \alpha\omega_c s + \omega_c^2} = \frac{K_P (s^2 + \omega_c^2)}{s^2 + \dfrac{\omega_c}{Q} s + \omega_c^2} \tag{8-52}$$

式中，K_P —— 滤波器增益。

理想滤波器要求幅频特性 $A(\omega)$ 在通带内为一常数，在阻带内为零，没有过渡带，还要求群延时函数在通带内为一常量，实际上是无法实现的。因此，工程实践中往往选择适当逼近方法，以实现对理想滤波器的最佳逼近。

4. 滤波器特性的逼近

测控系统中常用 3 种逼近方法，分别为巴特沃思逼近法、切比雪夫逼近法和贝塞尔逼近法。

巴特沃思逼近法的基本原则是使幅频特性在通带内最平坦，并且单调变化，其幅频特性公式如式(8-53)所示：

$$A(\omega) = \frac{K_P}{\sqrt{1+(\omega/\omega_c)^{2n}}} \tag{8-53}$$

n 阶巴特沃思低通滤波器的传递函数如式(8-54)所示：

$$G(s) = \begin{cases} K_P \prod_{k=1}^{N} \dfrac{\omega_c^2}{s^2 + 2\omega_c \sin\theta_k s + \omega_c^2}, & n = 2N \\ \dfrac{K_P \omega_c}{s + \omega_c} \prod_{k=1}^{N} \dfrac{\omega_c^2}{s^2 + 2\omega_c \sin\theta_k s + \omega_c^2}, & n = 2N+1 \end{cases} \tag{8-54}$$

其中，

$$\theta_k = (2k-1)\pi/(2n)$$

不同阶数的巴特沃思低通滤波器的频率特性曲线如图 8-10 所示。

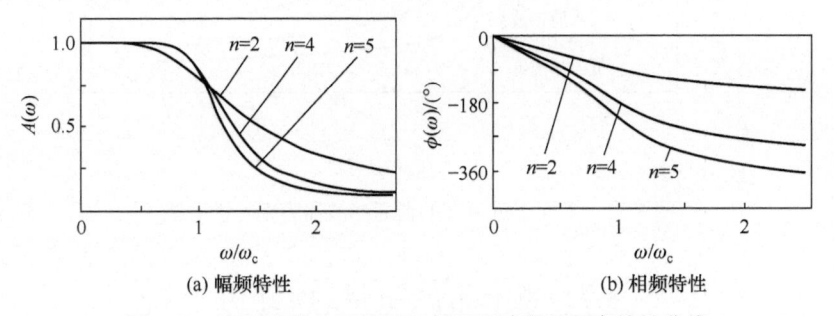

(a) 幅频特性

(b) 相频特性

图 8-10　不同阶数的巴特沃思低通滤波器的频率特性曲线

切比雪夫逼近法的基本原理是允许通带内有一定波动量 ΔK_P，幅频特性公式如式(8-55)所示：

$$A(\omega) = \frac{K_P}{\sqrt{1+\varepsilon^2 c_n^2(\omega/\omega_c)^{2n}}} \tag{8-55}$$

式中，ε —— 切比雪夫滤波器的幅度波动，一般为 3dB；

c_n —— n 阶切比雪夫多项式。

贝塞尔逼近法与巴特沃思逼近法和切比雪夫逼近法不同，它主要侧重于相频特性，基本原则是使通带内相频特性线性度最高，群时延函数最接近于常量，从而使相频特性引起的相位失真最小。

不同逼近函数的低通滤波器的幅频特性和相频特性如图 8-11 所示。

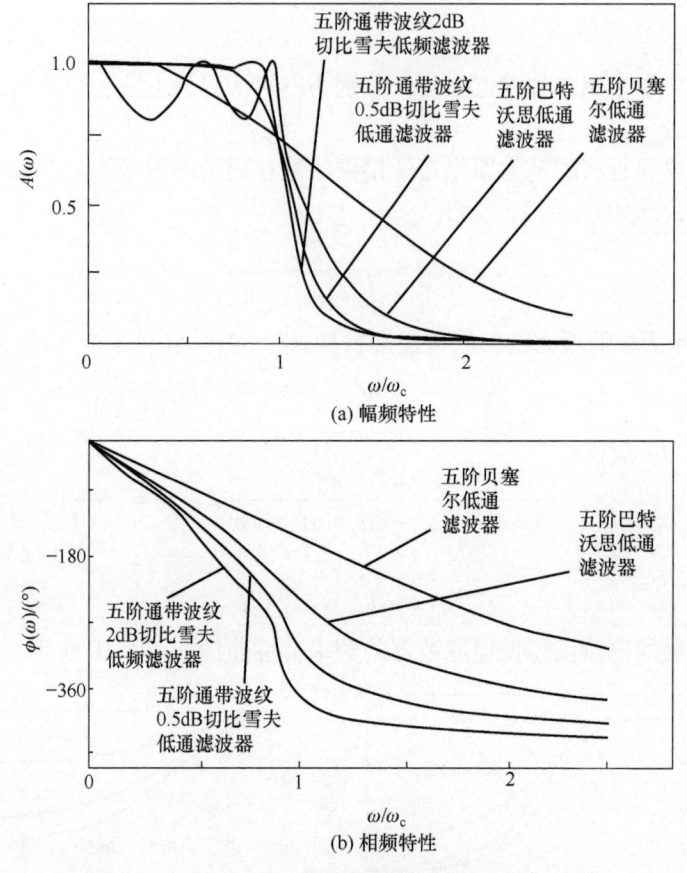

图 8-11 不同逼近函数的低通滤波器频率特性曲线

8.7 测试信号的时频分析

在各个专业的领域中，信号处理技术越来越先进。在轨道工程中，轨道几何形位、振动加速度、轮轨动态作用力等都需要进行信号的时域和频域数据处理。采用先进的分析手段，能从测试信号源中提取更多的有用信息，从而为判断和评价工程结构的工作状态提供更加可靠的依据。本节只进行一般性介绍，更详细的内容可参考其他相关书籍。

8.7.1 短时傅里叶变换

信号在傅里叶变换后的频域函数中，时间特性会消失，为了保证既能在频域分析中得到信号的频率特性，又能保留信号的时间特性，因此出现了短时傅里叶变换(short-time Fourier transform，STFT)。

在信号分析中,经常采用 STFT,从而达到非平稳随机信号的各时段频率结构。如 1h 时长的信号,可根据需要分成不同的时段进行傅里叶变换,如图 8-12 所示,计算公式如式(8-56)所示,从而得到具有时间和频率特性的二维短时傅里叶变换图,为分析不同时段信号的频率结构提供分析手段。

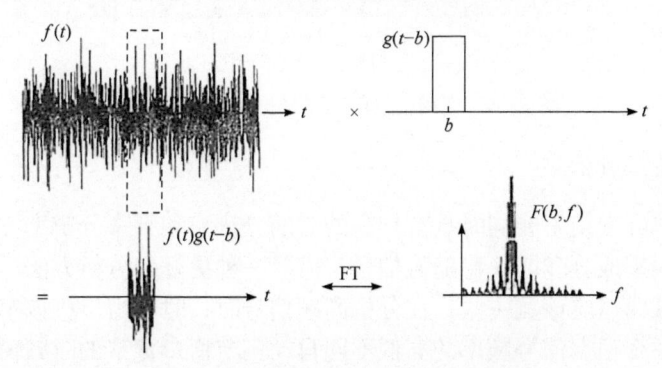

图 8-12 短时傅里叶变换操作示意图

短时傅里叶变换函数为

$$\mathrm{Wf}_g(b,\omega) = \int_{-\infty}^{+\infty} f(t)g(t-b)\mathrm{e}^{-\mathrm{j}\omega t}\mathrm{d}t \tag{8-56}$$

其反变换如式(8-57)所示:

$$f(t) = \int_{-\infty}^{+\infty}\int_{-\infty}^{+\infty} \mathrm{Wf}_g(b,\omega)h(t-b)\mathrm{e}^{\mathrm{j}\omega t}\mathrm{d}b\mathrm{d}\omega \tag{8-57}$$

式中,$g(t-b)$——窗函数,当选择 $g(t) = \mathrm{e}^{-\frac{1}{2}t^2}$ 时,就是 Gabor 变换;

b——时间平移因子,s;

$h(t-b)$——脉冲响应函数。

对于随着时间变化频率而变化的信号,短时傅里叶变换可明确得到信号的频率结构。一个 0~250Hz 二次递增的扫频信号和一个 250~0Hz 二次递减的扫频信号的叠加信号,如图 8-13 所示。通过短时傅里叶变换,可以很容易地得出非平稳信号的时变特性,如图 8-14 所示。

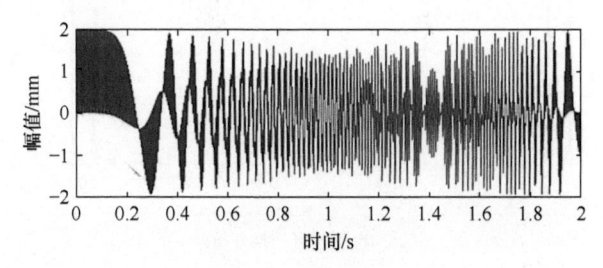

图 8-13 变频信号

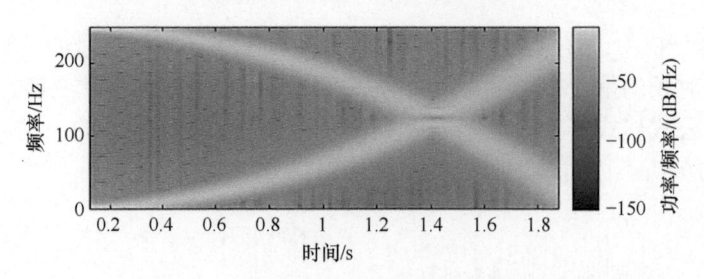

图 8-14 变频信号的短时傅里叶变换时频图

8.7.2 小波变换分析

短时傅里叶变换不能同时具有较高的时间分辨率和频率分辨率，因此对于分析具有较高频率成分和非平稳随机信号，需要一种更好的分析方法。在分析低频信号时，时域窗口应该宽一些；在分析高频信号时，时域窗口应该窄一些，也就是说，能有一个根据信号频率的高低不同自动调节窗口宽窄的时频窗函数，这就是小波变换的出发点。

如图 8-15(a)所示的源信号，傅里叶变换没有时间分辨能力，因此无法检测信号的间断点，如图 8-15(b)所示。在小波分析图中，在信号的小波分解的第一层高频系数 d_1 和第二层高频系数 d_2 中，可以清楚地观察到信号的不连续点，如图 8-16 所示。这个例子也表明小波分析在检测信号的奇异点时具有无法比拟的优越性，利用小波分析可以精确地检测出信号的突变点。

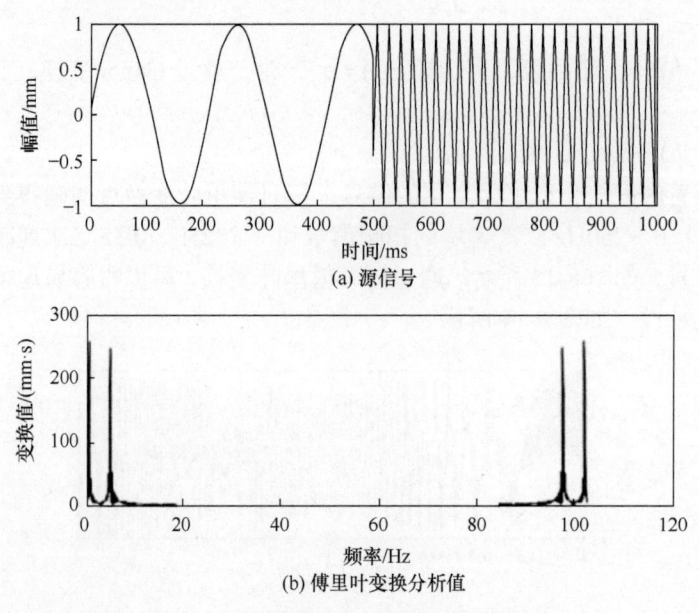

图 8-15 变频源信号及傅里叶变换分析值

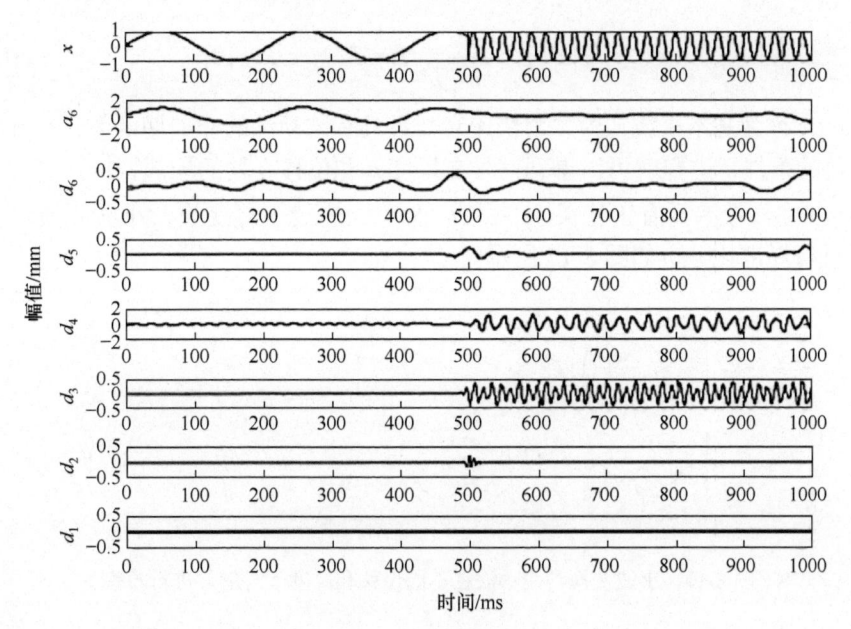

图 8-16 小波分析图

小波分析是目前信号分析中一种十分有效的时频局部化分析方法[6-8]。1910 年 Haar 提出了最早的小波规范正交基，1984 年法国地球物理学家在分析地球物理信号时首次提出"小波分析"这一概念，随后小波分析得到了较大的发展。1986 年，Meyer 创造性地构造出了具有一定衰减性的光滑小波函数——Meyer 小波，其二进伸缩与平移构成 $L^2(R)$(能量有限空间)正交基。1987 年，Mallat 将计算机视觉领域内的多尺度分析方法引入小波分析中的小波函数构造及按小波变换的分解和重构，并提出了离散小波变换的快速算法——Mallat 算法，从而使人们对信号可以进行有效的分解和重构[8]。

1. 连续小波变换

小波分析是把称为基本小波(也称母小波，mother wavelet)的函数 $\psi(t)$ 进行位移 b 后，再在不同尺度 a 下与待分析信号 $f(t)$ 作内积，如式(8-58)所示：

$$\mathrm{WT}_f(a,b) = |a|^{\frac{1}{2}} \int_{-\infty}^{+\infty} f(t) \overline{\psi\left(\frac{t-b}{a}\right)} dt = \langle f(t), \psi_{a,b}(t) \rangle \tag{8-58}$$

式中，$\langle f(t), \psi_{a,b}(t) \rangle$——$f(t)$ 与 $\psi_{a,b}(t)$ 的卷积；

$\overline{\psi\left(\dfrac{t-b}{a}\right)}$——$\psi\left(\dfrac{t-b}{a}\right)$ 的共轭。

$$\psi_{a,b}(t)=|a|^{\frac{1}{2}}\psi\left(\frac{t-b}{a}\right), \quad b\in R, \quad a\in R-\{0\} \tag{8-59}$$

$\psi(t)$ 称为基本小波，为一个快速衰减且具有波动性的非周期函数，而且应满足一定的条件，这样就可以得到信号在尺度 a 和位移 b 处的局部特征，其中尺度的倒数 a^{-1} 与频率具有正比关系，式(8-58)称为连续小波变换。小波变换对信号 $f(t)$ 进行局部化分析如图 8-17 所示。

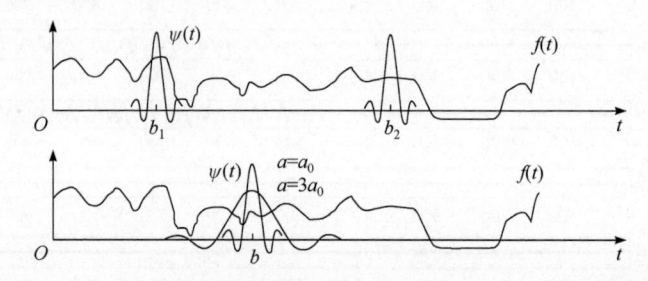

图 8-17　小波变换利用小波在不同位移和尺度下对信号进行观察

基本小波满足"允许"条件(admissible condition)如式(8-60)所示：

$$C_{\psi}=\int_{-\infty}^{+\infty}\frac{|\psi(f)|^{2}}{|f|}\mathrm{d}f<\infty \tag{8-60}$$

$\psi(t)$ 称为允许小波(允许小波一定是基本小波)，此时利用连续小波变换的结构可以重构出原信号，即连续小波变换的逆变换，如式(8-61)所示：

$$f(t)=\frac{1}{C_{\psi}}\int_{-\infty}^{+\infty}\int_{-\infty}^{+\infty}\frac{1}{a^{2}}\mathrm{WT}_{f}(a,b)\psi_{a,b}(t)\mathrm{d}a\mathrm{d}b \tag{8-61}$$

小波的选取具有很大的灵活性，各个领域可以根据各自的特点选取不同的基本小波，因此小波变换比经典的傅里叶变换具有更广泛的适用性，常用的小波有以下几种。

1) Harr 小波

Harr 小波如式(8-62)所示：

$$\psi(t)=\begin{cases}1, & 0\leqslant t\leqslant\frac{1}{2}\\ -1, & \frac{1}{2}<t<1\\ 0, & \text{其他}\end{cases} \tag{8-62}$$

该正交函数是由 Harr 提出的，如图 8-18(a)所示。进一步地有 $\psi_{m,n}(t)=$

$2^{\frac{m}{2}}\psi(2^m t-n)(m,n\in \mathbf{Z})$，构成 $L^2(R)$ 中的一个正交小波基，称为 Harr 基。Harr 基不连续，因此其应用不是很广泛。

2) Shannon 小波

如图 8-18(b)所示，Shannon 小波的公式如式(8-63)所示：

$$\psi(t)=\frac{\sin\left(\dfrac{\pi t}{2}\right)}{\dfrac{\pi t}{2}}\cos\left(\dfrac{3\pi t}{2}\right) \tag{8-63}$$

3) Mexican Hat 小波

如图 8-18(c)所示，Mexican Hat 小波的公式如式(8-64)所示：

$$\psi(t)=e^{j\omega t}e^{-t^2/2} \tag{8-64}$$

4) Morlet 小波

如图 8-18(d)所示，Morlet 小波的公式如式(8-65)所示：

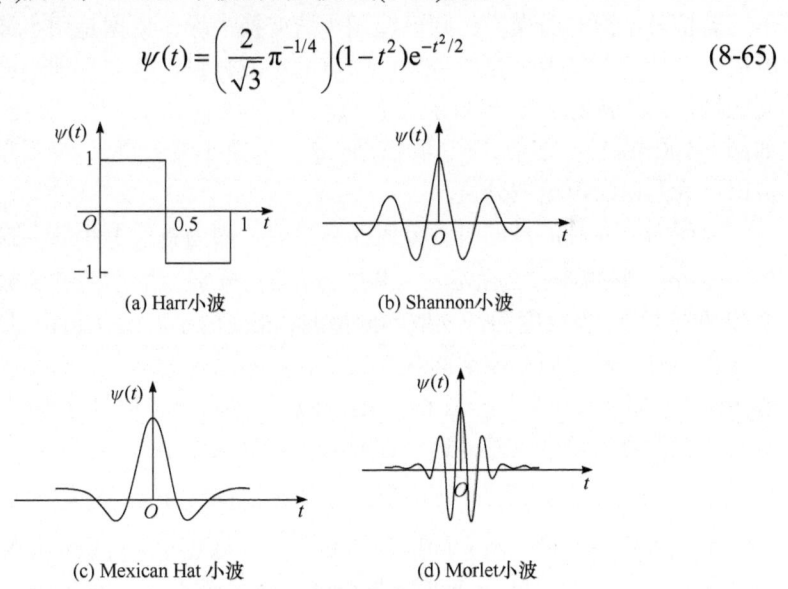

$$\psi(t)=\left(\frac{2}{\sqrt{3}}\pi^{-1/4}\right)(1-t^2)e^{-t^2/2} \tag{8-65}$$

图 8-18　各种类型的小波

小波变换对低频信号(对应较大的 a)有很好的频率分辨率，而时域分辨率较差；反之，小波变换对高频信号(对应较小的 a) 有很好的频率分辨率，而频域分辨率较差，因此小波变换具有多分辨率特性或变焦特性。这种多分辨率特性或变焦特性是小波变换的基本特性，目的是既要看到信号的全貌，又要看到信号的细节。利用小波分解将信号中的微弱信号分离和识别出来，如图 8-19 所示。

(a) 白噪声信号

(b) 去除白噪声后的信号

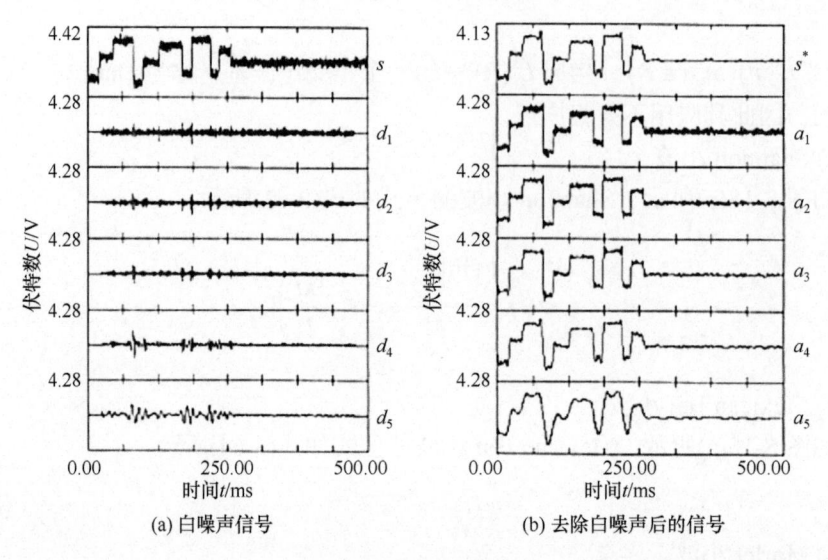

图 8-19 小波去噪

若信号中混有白噪声，则可以用小波变换去噪，依据是用小波分解将信号分解成小波分量，其中主要成分为白噪声的小波分量，其与其他小波分量有明显不同的特征，将满足这些特征的小波分量去除，然后重构信号，就能对原信号消噪，如图 8-19(b)所示。其中，s 是源信号，$d_1 \sim d_5$ 是小波分量，s^* 是除噪后的信号，d_1 可以认为是白噪声小波分量。

尺度因子 a 对信号的时频分析非常重要，因为各尺度小波变换结果的中心频率为 ω^*/a，频带半径为 $\Delta\omega/a$，其中 ω^*、$\Delta\omega$ 分别为由小波基函数确定的中心频率和频带半径。当尺度因子 a 取不同值时，相应的小波变换结构对应不同的频带。当 a 较小时，对应的小波空间频带较高，随着尺度的增大，对应的小波空间频带逐步降低，即通过尺度因子 a 的变化，小波变换可以将信号分解到不同的频带上，从而实现信号的频率分割，这一性质与滤波器功能相仿。

令 $a = 2^{-j}$，则 $\psi_{2^{-j},b}(t)$ 被称为二进小波，$(W_\psi f)(2^{-j}, b) = \langle f, \psi_{2^{-j},b} \rangle$ 称为信号 $f(t)$ 的二进小波变换。由 a 的取值可知，二进小波变换可以将正频率轴划分为邻接的频带，实现信号的无重叠全频分解。例如，设采样得到的信号最高频率为 100Hz，进行一次小波分解($a = 2^0$)后，得到尺度一下的两个频带 50～100Hz(小波空间)和 0～50Hz 的信息；再对低频信号进行小波分解($a = 2^{-1}$)，又得到尺度二下的两个频带 25～50Hz(小波空间)和 0～25Hz 的信息。依次类推，就可以把信号分解到若干个互不重叠的频带中。二进小波对尺度参数 a 进行离散化，而平移参数 b 仍然保持连续变化，因此二进小波变换的另一个重要性质就是具有平移不变性，这一特性使其特别适用于信号的奇异性检验。

小波的基本性质主要有以下两点。

(1) 线性：小波变换是线性变换，它把一维信号分解成不同尺度的分量，设 $W_{f_1}(a,b)$ 为 $f_1(t)$ 的小波变换，若 $f(t) = \alpha f_1(t) + \beta f_2(t)$，则有 $W_f(a,b) = \alpha W_{f_1}(a,b) + \beta W_{f_2}(a,b)$。

(2) 平移和伸缩变换：连续小波变换在任何平移下都是共变的，若 $f(t) \leftrightarrow W_f(a,b)$ 是一对小波变换关系，则 $f(t-b_0) \leftrightarrow W_f(a, b-b_0)$ 也是变换对。

对于伸缩变换，同样有

$$f(a_0 t) \leftrightarrow \frac{1}{\sqrt{a_0}} W_f(a_0 a, a_0 b)$$

另外，小波变换还具有局部正则性、能量守恒性、空间和尺度局部变化等特性。

2. 离散小波变换

在连续小波变换中，伸缩参数和平移参数连续取值，其计算量是相当大的，多用于理论分析。在实际应用中，为了方便计算机运算，采用离散小波变换，即对伸缩参数和平移参数都进行离散化处理。选取 $a = a_0^m$，m 是整数，a_0 是大于 1 的固定伸缩步长，选取 $b = n b_0 a_0^m$，其中 $b_0 > 0$ 且与小波 $\psi(t)$ 的具体形式有关，因此离散小波的计算公式如式(8-66)所示：

$$\psi_{m,n}(t) = \frac{1}{\sqrt{a_0^m}} \psi\left(\frac{t - n b_0 a_0^m}{a_0^m}\right) \tag{8-66}$$

相应的离散小波变换定义如式(8-67)所示：

$$W_f(m,n) = a_0^{-m/2} \int_{-\infty}^{+\infty} f(t) \psi(a_0^{-m} t - n b_0) \mathrm{d}t \tag{8-67}$$

离散小波变换也是一种时频分析，它从集中在某区间上的基本函数开始，以规定步长向左或向右移动基本波形，并用尺度因子来扩张或压缩以构造其函数关系，从而产生一系列小波。

假设伸缩参数 $a_0 = 2$，$b_0 = 1$ 及 $m = j$，将其代入式(8-66)，可得到 $L^2(R)$，该小波正交基为式(8-68)所示的函数族：

$$\psi_{j,n} = \left\{ 2^{-\frac{j}{2}} \psi(2^{-j} t - n), \ (j,n) \in z^2 \right\} \tag{8-68}$$

将此函数族代入小波变换公式，即可得到非常重要的离散正交二进小波变换，如式(8-69)所示：

$$W_j = 2^{-\frac{j}{2}} \int_{-\infty}^{+\infty} f(t)\psi(2^{-j}t-n)\mathrm{d}t = \left\langle f(t), \psi_{2j}(t) \right\rangle \tag{8-69}$$

令 $\widehat{\psi}_{2j}(t) = \psi_{2j}(-t)$，函数 $f(t)$ 可以由它的小波逆变换重构，如式(8-70)所示：

$$f(t) = \sum_{-\infty}^{+\infty} W_{j,n} \widehat{\psi}_{j,n}(t) \tag{8-70}$$

8.7.3 希尔伯特-黄变换

希尔伯特-黄变换(Hilbert-Huang transform, HHT)是由 Huang 等于 1998 年提出的一种新型的适合非线性、非平稳信号自适应性的时频分析方法，它是由经验模态分解(empirical mode decomposition, EMD)法和 Hilbert 谱分析两部分组成的。其分析信号的主要过程为：先将给定信号进行 EMD，得到若干本征模态函数(intrinsic mode function, IMF)，然后对每个 IMF 进行希尔伯特变换，进而得到信号的幅值、频率等信息。HHT 能够克服 FFT 无法将信号频域和时域相结合的缺点，建立信号的时频谱图，同时该方法还具有小波变换无法实现的自适应分解信号和无基函数选择等优点。HHT 是根据信号的局部时变特征进行自适应的时频分解，这就消除了人为的因素，克服了传统方法中用无意义的谐波分量来表示信号的缺陷，并可得到很高的时频分辨力，具有良好的时频聚集性，既适用于非线性、非平稳信号的分析，也适用于线性、平稳信号的分析。HHT 一经提出，就得到了广泛的应用，并在诸多领域中取得了大量的研究成果，然而，HHT 理论和方法尚处于发展阶段，其理论还需要进一步完善。

1. 经验模态分解法

经验模态分解法[9,10]是 HHT 的核心内容，HHT 的本质就是通过经验模态分解法将信号分解为一系列满足单频率分量条件的本征模态函数，使 Hilbert 变换作用在每个本征模态函数上，可求得信号有物理意义的瞬时频率。本征模态函数是由 Huang 等创造性提出的一种新型概念，其目的是在物理上定义一个有意义的瞬时频率。本征模态函数必须满足以下两个条件：

(1) 在整个数据序列内，极值点的数量 N_e（包括极大值和极小值）和过零点 N_z 的数量必须相等或者最多相差不多于一个，即 $N_z - 1 \leqslant N_e \leqslant N_z + 1$。

(2) 在任一时间点 t_i 上，信号的局部极大值确定的上包络线 $f_{\max}(t)$ 与局部极小值确定的下包络线 $f_{\min}(t)$ 的均值必须是零，即 $[f_{\max}(t_i) + f_{\min}(t_i)]/2 = 0$。

IMF 定义中第一个条件是很明显的，它与传统平稳 Gauss 信号的窄带要求相类似，其意义为在 IMF 中不能出现大于零的极小值，也不能出现小于零的极大值；第二个条件是一个全新的思想，它将以前的全局限制修改为局部限制，这个条件是必要的,其目的是防止由波形的不对称所形成的瞬时频率的不必要波动。本征模态函数表达信号的内在波动模式,通过其定义可知,由过零点所定义的本征模态函数的每一个波动周期只有一个波动模式,不会出现多个振动模态叠加的现象,即没有其他复杂的骑波。根据定义,在本征模态函数的每一个周期内,只涉及一种振动模态,这样本征模态函数就可以不受窄带的限制,只要满足条件信号就是本征模态函数。

一个本征模态函数$f(t)$,其 Hilbert 变换$g(t)$如式(8-71)所示:

$$g(t)=\frac{P}{\pi}\int_{-\infty}^{+\infty}\frac{f(\tau)}{t-\tau}\mathrm{d}\tau \tag{8-71}$$

P为 Cauchy 主值,一般取为1,则由$f(t)$和$g(t)$可得$f(t)$的解析信号$z(t)$,如式(8-72)所示:

$$z(t)=f(t)+\mathrm{i}g(t)=a(t)\mathrm{e}^{\mathrm{i}\phi(t)} \tag{8-72}$$

式中,$a(t)$——$f(t)$瞬时幅值,反映信号能量随时间的变化情况;

$\phi(t)$——$f(t)$瞬时相位,两者关系如式(8-73)所示。

$$\begin{cases} a(t)=\sqrt{f^2(t)+g^2(t)} \\ \phi(t)=\arctan\left[\dfrac{g(t)}{f(t)}\right] \end{cases} \tag{8-73}$$

对$z(t)$进行傅里叶变换,如式(8-74)所示:

$$W(\omega)=\int_{-\infty}^{\infty}a(t)\mathrm{e}^{\mathrm{i}\phi(t)}\mathrm{e}^{-\mathrm{i}\omega t}\mathrm{d}t=\int_{-\infty}^{\infty}a(t)\mathrm{e}^{\mathrm{i}[\phi(t)-\omega t]}\mathrm{d}t \tag{8-74}$$

根据稳态相位法,对$W(\omega)$贡献最大的频率将满足式(8-75):

$$\frac{\mathrm{d}}{\mathrm{d}t}[\phi(t)-\omega t]=0 \tag{8-75}$$

由式(8-75)可知,频率是对信号局部波形的最佳正弦逼近,即一个单调函数可以看成一个振荡函数的一部分。因此,为了能把一般信号数据分解成本征模态函数分量,获得有意义的瞬时频率,需要一种特别的分解方法,将信号分解成多个本征模态函数分量。因此,Huang 等创造性地提出了 EMD 法,它能够将一个复杂信号分解成若干个本征模态函数分量之和;与傅里叶分解和小波分解等信号处理方法相比,EMD 法没有确定的基函数,它的基函数是根据原始信号而自适应产生的,这使得它不仅具有很高的分解效率,同时也具有良好的时频分辨能力。

对于任意信号$f(t)$,EMD 过程为:首先找到信号$f(t)$的所有极大值点和极小值点,利用三次样条函数拟合极值点得到该信号的上包络线$f_{\max}(t)$和下包络线$f_{\min}(t)$,使$f(t)$满足$f_{\min}(t) \leqslant f(t) \leqslant f_{\max}(t)$,得到$f(t)$的上、下包络线;然后将上、下包络线的平均值记为 $m_1(t)=[f_{\min}(t)+f_{\max}(t)]/2$，并令 $h_1(t)=f(t)-m_1(t)$，则 $h_1(t)$ 为一个近似的 IMF；再将 $h_1(t)$ 作为新的 $f(t)$，一般地，$h_1(t)$ 不一定满足 IMF 的要求，需将 $h_1(t)$ 作为待分解信号，继续计算 $h_{11}(t)=h_1(t)-m_{11}(t)$，$m_{11}(t)$ 为 $h_1(t)$ 的上下包络线均值。重复以上过程 k 次，则有 $h_{1k}(t)=h_{1(k-1)}(t)-m_{1k}(t)$。

由停止准则得到 $c_1(t)=h_{1k}(t)$，这样 $c_1(t)$ 就是第一个从 $f(t)$ 中获得的本征模态函数。将以上各式累加，可得

$$c_1(t)=f(t)-\sum_{i=1}^{k}m_{1k}(t) \tag{8-76}$$

设 $r_1(t)=f(t)-c_1(t)$，对 $c_1(t)$ 重复上述步骤，有 $r_2(t)=r_1(t)-c_1(t)$，……，$r_n(t)=r_{n-1}(t)-r_n(t)$。经过经验模态分解后，信号变为各 IMF 和一个趋势项之和，得到式(8-77)：

$$f(t)=\sum_{i=1}^{n}c_i(t)+r_n(t) \tag{8-77}$$

式中，$r_n(t)$——残余函数，代表信号的平均趋势。

上述算法中，Huang 等提出了仿柯西收敛的中止准则，通过限制标准差的大小来实现，标准差(SD)通过两个连续的处理结果计算得出，如式(8-78)所示：

$$\text{SD}_i=\sum_{t=0}^{T}\left[\frac{|h_{i(k-1)}(t)-h_{ik}(t)|^2}{h_{i(k-1)}^2(t)}\right] \tag{8-78}$$

实践表明，当 SD 介于 0.2~0.3 时，既能保证本征模态函数的线性和稳定性，又能使所得到的本征模态函数具有相应的物理意义。但此准则过于严格，且以全局的量作为中止准则会造成局部波形的较大波动，因此法国学者 Rilling 等对中止准则进行了修正，定义函数如式(8-79)所示：

$$a(t)=\frac{|e_{\max}+e_{\min}|}{|e_{\max}-e_{\min}|} \tag{8-79}$$

式中，$e_{\max}$、$e_{\min}$——上下包络线的最大值和最小值。

$a(t)$作为判定是否中止筛选过程的依据。设定三个阈值 θ_1、θ_2、α，规定当 $a(t)$ 小于 θ_1 的比例达到 α，且不存在大于 θ_2 的值时，中止筛选过程。

EMD 后得到的各个本征模态函数分量在实践中都是正交的，但目前并不能从理论上进行严格的证明。在实际应用中，可以通过后验的方法对各个 IMF 分量之间的正交性进行验证。将式(8-77)改写为式(8-80)：

$$f(t)=\sum_{i=1}^{n+1}c_i(t) \tag{8-80}$$

式(8-77)中的残余量 $r_n(t)$ 作为式(8-80)的一个附加分量 $c_{n+1}(t)$。对该式等号两边平方可得式(8-81)：

$$f^2(t) = \sum_{j=1}^{n+1} c_j^2(t) + 2\sum_{j=1}^{n+1}\sum_{k=1}^{n+1} c_j(t)c_k(t) \tag{8-81}$$

若分解式为正交的，则式(8-81)等号右侧交叉项必须为 0。这样，对于信号 $f(t)$ 的正交性指数，可以定义为

$$\text{IO} = \sum_{t=0}^{T}\left[\sum_{j=1}^{n+1}\sum_{k=1}^{n+1} c_j(t)c_k(t)/f^2(t)\right] \tag{8-82}$$

式中，T——信号的长度，s。

Huang 等经过大量的数字试验验证指出，一般的数据正交指数不会超过 1%，对于一些很短的数据序列，极限情况下可达到 5%，与传统的傅里叶分解精度在同一数量级上。因此，这也为测试信号预处理中的消噪和滤波提供了技术支撑。

为了验证 EMD 的实际效果，这里设计了含有三种波长成分的轨道不平顺仿真信号，轨面的不平顺采用日本学者 Sata 提出的轨面不平顺函数，如式(8-83)所示：

$$y_i = \frac{1}{2}a\left[1-\cos\left(\frac{2\pi x}{l}\right)\right] \tag{8-83}$$

式中，a——不平顺深度，mm；

l——不平顺长度；mm，波形如图 8-20 所示。

利用上述函数可以得到幅值为 1mm、波长为 2.5m，幅值为 3mm、波长为 15m，以及幅值为 2mm、波长为 40m 的轨道不平顺组合，如式(8-84)所示：

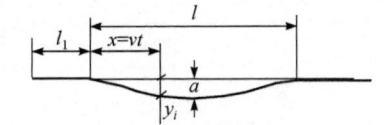

图 8-20 Sata 半车模型计算时采用的轨面不平顺波形

$$f(t) = \frac{1}{2}\left[1-\cos\left(\frac{4}{5}\pi vt\right)\right] + \frac{3}{2}\left[1-\cos\left(\frac{2\pi}{5}vt\right)\right] + \left[1-\cos\left(\frac{\pi}{20}vt\right)\right] \tag{8-84}$$

通过 EMD 对长度为 200m 的仿真信号进行分解，分解结果如图 8-21 所示。由图可知，波长为 2.5m、15m 和 40m 的 IMF 按照其频率高低依次从原始信号中分解出来，对应的分量依次为 IMF_1、IMF_2 和 IMF_3，r 为分解的残余变量；对比分解的幅值可知，其幅值分布较为准确，依次为 0.5mm、1.5mm 和 1mm，表明 EMD 具有准确性。由图 8-21 还可以发现，在各个 IMF 分量的边缘处，信号都发生了不同程度的变形，此为 EMD 中的关键问题，即端点效应问题，在后面的章节中将对此进行详细的论述。总之，通过上述仿真信号范例可知，EMD 法可以有效、准确地提取信号中的各个频率分量。

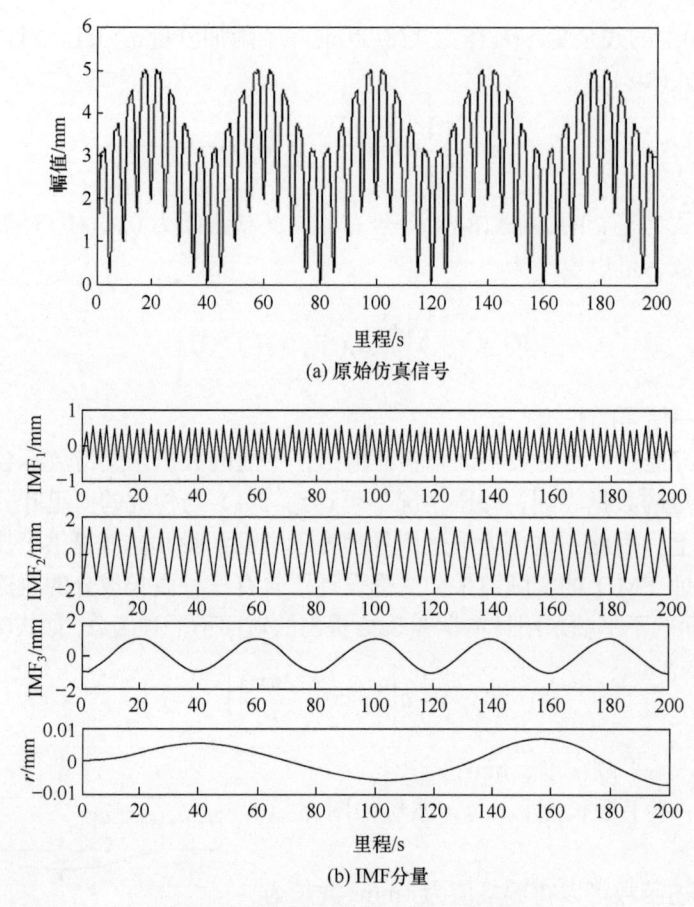

图 8-21 原始仿真信号和 IMF 分量波形

2. Hilbert 变换与 Hilbert 谱

通过对信号 $f(t)$ 进行 EMD 后可得到 n 个 IMF 的组合,如式(8-77)所示;对每个 IMF 分量进行 Hilbert 变换如式(8-85)所示:

$$\hat{c}_i(t) = \frac{1}{\pi}\int_{-\infty}^{\infty}\frac{c_i(\tau)}{t-\tau}\mathrm{d}\tau \tag{8-85}$$

因此,构造解析信号 $z_i(t)$ 如式(8-86)所示:

$$z_i(t) = c_i(t) + \mathrm{j}\hat{c}_i(t) = a_i(t)\mathrm{e}^{\mathrm{j}\phi_i(t)} \tag{8-86}$$

式中,$a_i(t)$ ——幅值函数;
$\phi_i(t)$ ——相位函数。

$$\begin{cases} a_i(t) = \sqrt{c_i^2(t) + \hat{c}_i^2(t)} \\ \phi_i(t) = \arctan\left[\dfrac{\hat{c}_i(t)}{c_i(t)}\right] \end{cases} \quad (8\text{-}87)$$

瞬时频率如式(8-88)所示：

$$f_{\text{rei}}(t) = \frac{1}{2\pi}\frac{\mathrm{d}\phi_i(t)}{\mathrm{d}t} \quad (8\text{-}88)$$

因此，原始信号可以表示为

$$f(t) = \operatorname{Re}\sum_{i=1}^{n} a_i(t)\mathrm{e}^{\mathrm{j}\phi_i(t)} = \operatorname{Re}\sum_{i=1}^{n} a_i(t)\mathrm{e}^{\mathrm{j}\int \omega_i(t)\mathrm{d}t} \quad (8\text{-}89)$$

式(8-89)中省略了残余变量 $r_n(t)$，Re 表示取实数。展开式(8-89)称为 Hilbert 幅值谱，简称为 Hilbert 时频谱，记为

$$H(\omega,t) = \operatorname{Re}\sum_{i=1}^{n} a_i(t)\mathrm{e}^{\mathrm{j}\int \omega_i(t)\mathrm{d}t} \quad (8\text{-}90)$$

利用式(8-90)可以将幅值与瞬时频率随时间的变化表示在一个三维图中，即 Hilbert 幅值谱描述了信号的振幅在整个频率段上和时间跨度内随频率及时间的变化规律。将 $H(\omega,t)$ 对时间进行积分，即可得到 Hilbert 边际谱，如式(8-91)所示：

$$h(\omega) = \int_0^T H(\omega,t)\mathrm{d}t \quad (8\text{-}91)$$

式中，T——信号的采样总时间长度，s。

Hilbert 边际谱表示每个频率在全局中的能量，代表在统计意义上的全部累加幅度。振幅的平方对时间进行积分，可以得到 Hilbert 能量谱，能量函数如式(8-92)所示：

$$\operatorname{ES}(\omega) = \int_0^T H^2(\omega,t)\mathrm{d}t \quad (8\text{-}92)$$

Hilbert 能量谱提供了每个频率的能量计算公式，表示每个频率在整个信号长度内所积累的能量。

EMD 和与之对应的 Hilbert 谱统称为 HHT，EMD 是自适应性的，因此分解非常快速有效。与 FFT 相比，HHT 得到的每个本征模态函数的幅值和频率是随时间而变化的，消除多余的、无意义的简谐波；与小波分析相比，HHT 具有小波分析的优点，在分辨率上消除了小波分析的模糊和不清晰。此外，HHT 理论和方法的实现相对简单，易于掌握，因此 HHT 在信号分析和处理中具有很高的应用价值。

3. HHT 端点效应问题

端点效应是指在计算本征模态函数的筛分过程中，当用三次样条函数拟合原信号数据序列的上、下包络线时，信号端点处极值具有不确定性，使拟合得到的包络线在端点附近会出现偏离原信号的实际包络线的现象。在小波变换、卷积滤波和傅里叶频谱等使用卷积滤波的信号分析方法中，只需采用加窗函数等简单措施即可解决端点效应问题，且其端点处的影响最多波及距边界一个窗宽的范围，而不会影响信号内部的分析结果。但是，在经验模态分解法中，其端点效应问题处理相对更加复杂和困难，因为它需要确定端点处的局部极值，这是简单加窗函数等处理方法所不能解决的问题，并且 EMD 信号需要进行多次筛选，由于端点处极值具有不确定性，每一次样条插值都具有拟合误差，因此每一次的拟合均会产生误差并不断积累，分解出来的第一个本征模态函数端点处就会有较大的误差。而第二个本征模态函数的分解是建立在原数据减去第一个本征模态函数的残余项的基础上进行的，第一个本征模态函数具有误差，使残余项也产生误差，导致分解的第二个本征模态函数产生更大的误差。依此类推，随着分解的进行，误差就会由端点处向信号的内部传播，这就使 EMD 中的端点问题处理显得尤为重要。国内外学者提出了诸多解决方法，如镜像延拓法、神经网络延拓法、速率延拓法等。

目前，研究端点效应抑制方法有两个着手点，一是延长数据序列或者在数据两端增加极值点；二是采用其他的样条函数。后者虽然可以在一定程度上解决端点效应问题，但其插值性能比三次样条函数差；前者则是得到普遍认可的一种方法，对于随机性很强的信号，完全准确地延拓数据序列是不可能也是不合理的，但是可使延拓后得到的平均包络线与真实平均包络线更加接近，而这正是经验模态分解法所需要的。本节将针对国内外学者提出的解决方法，根据其延拓原理分别展开论述。

1) 基于端点极值的数据延拓法——直接极值延拓法

直接极值延拓法的基本思路是通过端点附近的极值点位置和大小，向数据外增加一定数量的极值。

此算法的基本思路是在端点延拓只需对信号中的极大值和极小值进行延拓，而不必对信号本身进行延拓；极大值和极小值是相间分布的，并根据三次样条插值的要求，只需要对信号两端延拓出两个极大值和两个极小值即可。设离散信号为 $t \in [t_1, t_2, \cdots, t_n]$，$f(t) \in [f(t_1), f(t_2), \cdots, f(t_n)]$，其采样步长为 Δt，$f(t)$ 有 M 个极大值和 N 个极小值，将序列下标 (I_{max}, I_{min})、时间 (T_{max}, T_{min}) 和函数值 (U, V) 记为

$$\begin{cases} I_{\max} = [I_{\max}(1), I_{\max}(2), \cdots, I_{\max}(M)] \\ I_{\min} = [I_{\min}(1), I_{\min}(2), \cdots, I_{\min}(N)] \\ T_{\max}(i) = t_{I_{\max}}, \quad U(i) = f(t_{I_{\max}}), \quad i = 1, 2, \cdots, M \\ T_{\min}(i) = t_{I_{\min}}, \quad V(i) = f(t_{I_{\min}}), \quad i = 1, 2, \cdots, N \end{cases} \tag{8-93}$$

假设信号左端第一个特征波形包含的信号点数为 k_1，则有

$$k_1 = \begin{cases} I_{\max}(2) - I_{\max}(1), & I_{\max}(1) < I_{\min}(1) \\ I_{\min}(2) - I_{\min}(1), & I_{\max}(1) > I_{\min}(1) \\ 2|I_{\max}(1) - I_{\min}(1)|, & M = N = 1 \end{cases} \tag{8-94}$$

向外延拓的两个极值的位置 $(T_{\max}, T_{\min})$ 和数值 (U, V)，如式(8-95)所示：

$$\begin{cases} T_{\max}(0) = T_{\max}(1) - k_1 \Delta t, & U(0) = U(1) \\ T_{\max}(-1) = T_{\max}(1) - 2k_1 \Delta t, & U(-1) = U(1) \\ T_{\min}(0) = T_{\min}(1) - k_1 \Delta t, & V(0) = V(1) \\ T_{\min}(-1) = T_{\min}(1) - 2k_1 \Delta t, & V(-1) = V(1) \end{cases} \tag{8-95}$$

假设信号右端第一个特征波形包含的信号点数为 k_2，则有

$$k_2 = \begin{cases} I_{\max}(M) - I_{\max}(M-1), & I_{\max}(1) < I_{\min}(1) \\ I_{\min}(N) - I_{\min}(N-1), & I_{\max}(1) > I_{\min}(1) \\ 2|I_{\max}(M) - I_{\min}(N)|, & M = N = 1 \end{cases} \tag{8-96}$$

向外延拓的两个极值的位置 $(T_{\max}, T_{\min})$ 和数值 (U, V)，如式(8-97)所示：

$$\begin{cases} T_{\max}(M+1) = T_{\max}(M) + k_2 \Delta t, & U(M+1) = U(M) \\ T_{\max}(M+2) = T_{\max}(M) + 2k_2 \Delta t, & U(M+2) = U(M) \\ T_{\min}(N+1) = T_{\min}(N) + k_2 \Delta t, & V(M+1) = V(M) \\ T_{\min}(N+2) = T_{\min}(N) + 2k_2 \Delta t, & V(M+2) = V(M) \end{cases} \tag{8-97}$$

当端点的数值比近端点的第一个极大值大或极小值小时，将端点作为延拓点，以避免信号落到包络线之外。此方法具有计算简单、直观和快速等特点，但其对信号的依赖程度较大，即对某些信号效果较好，而对另外一些信号效果不佳。

2) 基于端点极值的数据延拓法二——正交多项式延拓法

正交多项式延拓法的基本思路是提取由 EMD 得到的极值点序列左端的若干个极值点，对所提取的极值点求出拟合多项式，计算出多项式对应数据序列左端点处的函数值，把此函数值作为极值点序列在该端点处的近似取值；同理求出极值点序列在右端点处的近似取值。最后利用三次样条函数对新极值点序列进行插

值得到上包络线，同理可以求出下包络线。以左端点处极大值(序列对应为 $(x_1,y_1),(x_2,y_2),\cdots,(x_N,y_N)$)为例，算法具体步骤如下。

(1) 取左端点处极大值三个正交多项式，如式(8-98)所示：

$$\begin{cases} I_0(x) = 1 \\ I_1(x) = x - \dfrac{1}{N}\sum_{i=1}^{N} x_i \\ I_2(x) = x^2 - \left[\sum_{i=1}^{N} x_i^2 I_1(x_i) \Big/ \sum_{i=1}^{N} I_1^2(x_i)\right] I_1(x) \end{cases} \tag{8-98}$$

则左侧极大值序列点的变化规律如式(8-99)所示：

$$y(x) = r_0 I_0(x) + r_1 I_1(x) + r_2 I_2(x) \tag{8-99}$$

式中，r_0、r_1、r_2——拟合系数。

(2) 计算正交多项式拟合系数，如式(8-100)所示：

$$\begin{cases} r_0 = \sum_{i=1}^{N} y_i I_0(x_i) \Big/ \sum_{i=1}^{N} I_0^2(x_i) \\ r_1 = \sum_{i=1}^{N} y_i I_1(x_i) \Big/ \sum_{i=1}^{N} I_1^2(x_i) \\ r_2 = \sum_{i=1}^{N} y_i I_2(x_i) \Big/ \sum_{i=1}^{N} I_2^2(x_i) \end{cases} \tag{8-100}$$

经过试验，一般 N 取 3~5 较为合适。

(3) 计算向左延拓第 i 个值，如式(8-101)所示：

$$y_i(x) = r_0 I_0(x_i) + r_1 I_1(x_i) + r_2 I_2(x_i) \tag{8-101}$$

正交多项式延拓法对准周期信号延拓效果比较好，但对随机信号等变化规律不强的信号在端点效应抑制方面效果不是很好，且在拟合过程中拟合中心点随正交多项式系数的改变会导致拟合不够准确。

3) 基于数据预测的数据延拓法——神经网络预测延拓法

此类算法的基本思路是利用信号的特征，采用数据预测的方法对信号进行预测延拓；比较有代表性的算法为神经网络预测延拓法和支持向量机(support vector machines,SVM)预测延拓法。

利用神经网络进行预测延拓的基本原理是基于神经网络对集合间复杂关系的强映射能力，神经网络根据其函数逼近功能可分为全局逼近神经网络和局部逼近神经网络，其中应用最为广泛的网络结构为逆传播(back propagation, BP)神经网络。这种网络计算简单，容错性好，应用较广，其网络结构如图 8-22 所示。

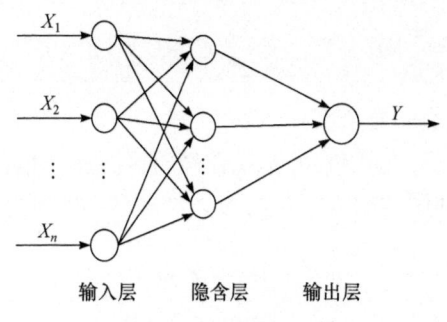

图 8-22　BP 神经网络结构

图 8-22 是具有单隐层的三层前馈型结构,第一层为由端点处信号组成的输入层;第二层为具有 S 型传递函数的隐含层;第三层为预测结果的输出层。对信号进行边界延拓的算法具体步骤如下。

(1) 根据信号两端的数据样本,设定延拓数据长度为 m,以 s 为数据长度依次向内推进一个点建立训练样本,其中 $s=L-m$,L 为信号长度。

(2) 分别建立反向和前向相应的 BP 神经网络。

(3) 利用训练样本对神经网络进行训练,以预测右端点数据为例,利用前向神经网络预测第一个样本点;将预测的第一个样本点作为输入信号重新训练前向网络,并预测下一个样本点。为了保持信号输入长度的一致,每加 1 列输入向量,就删除原信号第 1 列。反向训练过程类似。

(4) 重复步骤(2)和步骤(3),直至第 d 个数据点预测完成。

采用神经网络预测方法对信号两端进行延拓可以有效地减少 EMD 中的端点效应,但是其存在效率低、训练耗时长等缺点,因此对于实时性要求比较严格的场合,该方法不是很适用。

4) 基于数据预测的数据延拓法二——支持向量机预测延拓法

利用支持向量机进行预测的基本思想与神经网络预测的基本思想相类似,均是通过非线性映射将数据映射到高维特征空间中,并在这个特征空间中进行线性回归。对于给定的信号数据 $(x_i,y_i)_{i=1 \sim l}$,其中,x_i 为样本输入,y_i 为样本输出,则样本的 SVM 估计如式(8-102)所示:

$$f(x)=\omega \cdot \phi(x)+b \tag{8-102}$$

式中,$\phi(x)$——从输入空间到高维特征空间的非线性映射;

ω——权值向量;

b——阈值。

根据结构最小化原理,函数估计问题可以转化为求解如下优化问题,如式(8-103)所示:

$$R = \frac{1}{2}\|\omega\|^2 + R_{\text{emp}} = \frac{1}{2}\|\omega\|^2 + C\sum_{i=1}^{l}[f(x_i) - y_i] \qquad (8\text{-}103)$$

式中，$\|\omega\|$——控制模型的复杂度；

C——惩罚因子，利用其可实现在经验风险和置信范围内的折中。

最小化 R 即可得到用数据点表示的 ω，如式(8-104)所示：

$$\omega = \sum_{i=1}^{l}(\alpha_i - \alpha_i^\circ)\phi(x_i) \qquad (8\text{-}104)$$

式中，α_i、α_i°——最小化 R 的解。

将式(8-104)代入式(8-102)，则有

$$f(x) = \sum_{i=1}^{l}(\alpha_i - \alpha_i^\circ) \cdot [\phi(x_i) \cdot \phi(x)] + b = \sum_{i=1}^{l}(\alpha_i - \alpha_i^\circ) \cdot k(x_i, x) + b \qquad (8\text{-}105)$$

其中，

$$k(x_i, x) = [\phi(x_i) \cdot \phi(x)]$$

这是一个核函数，满足 Mercer 条件下任何对称的核函数对应于特征空间的点积。综上可知，SVM 结构如图 8-23 所示。

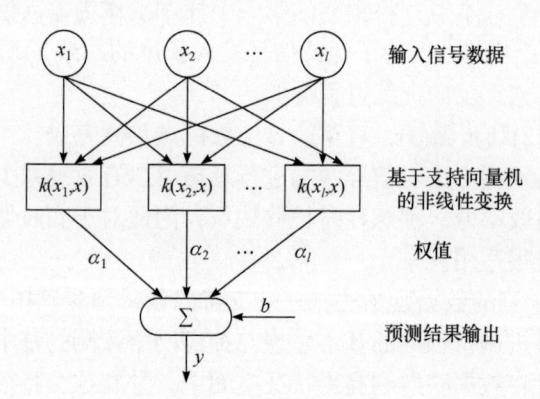

图 8-23　SVM 结构

在构造 SVM 模型后，就可以利用它对信号数据点分别向前和向后进行延拓，具体步骤如下。

(1) 对待处理的信号数据进行归一化处理，从而建立训练样本集如式(8-106)所示：

$$T = \{(x_1, y_1), (x_2, y_2), \cdots, (x_l, y_l)\} \qquad (8\text{-}106)$$

式中，l——训练样本数；

x_i——采样点，$1 \leqslant i \leqslant l$；

y_i——采样值，$1 \leqslant i \leqslant l$。

(2) 计算模型初始化，选择相应的惩罚因子 C 和核函数 k，并设定相应的支持向量机的参数。

(3) 利用训练样本集对支持向量机进行训练，并利用 $f(x) = \sum_{i=1}^{l}(\alpha_i - \alpha_i^\circ) \cdot k(x_i, x) + b$ 进行预测。

(4) 将预测出的第一个值作为新的边界点，对下一个边界点进行预测，以此类推，直至第 d 个数据点预测完成。

支持向量机预测延拓法可以有效地改善端点效应，具有非常优异的预测推广能力。但是，SVM 理论还不够完善，如何选择不同的参数(如损失函数、核函数及其参数、精度参数和惩罚参数等)及不同的参数对延拓效果的影响等，这些都有待作进一步的研究。

5) 基于原始波形的数据延拓法——波形匹配法

此类算法的基本思路是利用信号内部波形的自然波动特征对信号进行延拓，从而使延拓出的波形符合原始信号在端点处的变化趋势，其代表的算法为波形匹配法和闭合镜像延拓法。

波形匹配法的基本思想是寻找原始信号内部与端点处波形变化趋势最相似的子波进行数据延拓，从而获得采样区间外若干信号局部极值点。通过此种算法延拓可以有效地保持原始信号的变化趋势，在具体实现中，主要通过计算波形匹配度来量化波形的变化趋势。

设 $x_1(t)$ 和 $x_2(t)$ 为两组长度相同的信号数据，它们的匹配度在直观上反映为信号波形的相似程度。设 $P_1(x_0, y_1)$ 和 $P_2(x_0, y_2)$ 分别是 $x_1(t)$ 和 $x_2(t)$ 上的两点，则 $x_1(t)$ 和 $x_2(t)$ 相对于 $P_1(x_0, y_1)$ 和 $P_2(x_0, y_2)$ 的匹配度按以下方法计算。

对 $x_1(t)$ 进行波形平移，使 P_1 和 $x_2(t)$ 的 P_2 重合，这个过程是两段波形在坐标轴上依照参考点的一个对齐过程；对齐后，即 $x_1(t)$ 平移之后得到的新波形为 $x_1'(t)$，按照式(8-107)计算 $x_1(t)$ 和 $x_2(t)$ 针对参考点 P_1 的匹配度。

$$m(x, y, P_1) = \sum_{i=1}^{l}[x_2(i) - x_1'(i)]^2 \tag{8-107}$$

式中，l——信号长度。

以原始信号为 $x(t)$ 向右延拓为例说明本算法的具体过程。

(1) 设信号的左端点为 m_0，以 m_0 为起点，向右取一段波形，使之至少包含一个局部极大值点和局部极小值点，分别记为 k_0 和 k_1，其数据长度为 l_0。

(2) 设 $I_{\max}$ 为 $x(t)$ 的极大值点集合，以 $I_{\max} - \{P_0\}$ 中每一个极大值点 P_i 作为参考点，计算该段相同长度的波形 ω_i 和 ω_0 的匹配度 $m(\omega_0, \omega_i, P_i)$。

(3) 令 $m(\omega_0, \omega_{i_0}, P_{i_0}) = \min\{m(\omega_0, \omega_{i_0}, P_{i_0}), i=1,2,\cdots\}$，若 $m(\omega_0, \omega_{i_0}, P_{i_0}) < \alpha \cdot l$，其中 α 为常数，则取右侧包含一个极小值和极大值的子波波形作为原始 $X(t)$ 左端的延拓，延拓完毕；否则转步骤(4)。

(4) 若信号内部没有任何一段子波的变化趋势与边缘处相似，则直接指定端点处的极大值和极小值，取原始信号最右端的两个相邻极大值点的均值作为右端点的极大值，取信号最右端的两个相邻极小值点的均值作为右端点的极小值。

波形匹配法在处理波形呈一定规律的信号时效果较好，但其运算速度较慢；在处理波形内部变化无规律的信号时，本方法效果不是很好。

6) 基于原始波形的数据延拓法二——闭合镜像延拓法

闭合镜像延拓法的基本思想是在信号的左右两侧具有对称性的极值点上各放置一个镜像点，通过镜像原始信号可以得到一个周期性信号，其长度是原始信号长度的 2 倍。取一周期信号，将其首尾相接，即可得到一个环形的闭合曲线，因此经过镜像延拓后的信号就具有周期性且不含有端点。因此，从理论上来看，该方法延拓的闭合信号无端点性，只需要对端点进行一次延拓处理即可，避免了端点处理问题，是一种理想的算法，具体如下。

左侧镜像点设置于信号左起向右的第 a 个极值处，其相应的序列号如式(8-108)所示：

$$I_1 = \begin{cases} I_{\max}(a), & \text{镜像点位于极大值点} \\ I_{\min}(a), & \text{镜像点位于极小值点} \end{cases} \qquad (8\text{-}108)$$

右侧镜像点设置于信号右起向左的第 b 个极值处，其相应的序列号如式(8-109)所示：

$$I_2 = \begin{cases} I_{\max}(M+1-b), & \text{镜像点位于极大值点} \\ I_{\min}(N+1-b), & \text{镜像点位于极小值点} \end{cases} \qquad (8\text{-}109)$$

新的数据序列 (t', x') 如式(8-110)和式(8-111)所示：

$$t'(i) = \begin{cases} t_{I_1} + (i-1)\Delta t, & i=1,2,\cdots,K \\ t_{I_2} + (i-K)\Delta t, & i=K+1, K+2, \cdots, 2K \end{cases} \qquad (8\text{-}110)$$

$$x'(i) = \begin{cases} x_{I_1+i-1}, & i=1,2,\cdots,K \\ x_{I_2+K-i}, & i=K+1, K+2, \cdots, 2K \end{cases} \qquad (8\text{-}111)$$

延拓后序列的长度如式(8-112)所示：

$$K = I_2 - I_1 + 1 \qquad (8\text{-}112)$$

对延拓后的数据序列 (t', x') 搜索其极值，可得到极值相对应的序列下标 $(I'_{\max}, I'_{\min})$、时间 $(T'_{\max}, T'_{\min})$ 和函数值 (U', V') 如式(8-113)所示：

$$\begin{cases} T'_{\max}(i) = t_{I'_{\max}(i)}, & U'(i) = x_{I'_{\max}(i)}, & i = 1, 2, \cdots, M' \\ T'_{\min}(i) = t_{I'_n(i)}, & V'(i) = x_{I'_{\min}(i)}, & i = 1, 2, \cdots, N' \end{cases} \qquad (8\text{-}113)$$

对端点进行延拓不是为了给出准确的端点以外的数据,而是提供一种条件,使包络完全由端点以内的数据确定。闭合镜像延拓法就满足这一条件,所以闭合镜像延拓法是一种理想的延拓算法。但是,闭合镜像延拓法一般要求把镜像点放于极值点处,当无法确定一个数据序列的端点数据是否是极值点时,其处理效果就会欠佳。

4. 实例分析

利用 HHT 对提速干线铁路和客运专线铁路实测的轨道不平顺信号进行初步研究,以此来说明此方法在轨道检测信号分析中的应用。

轨道不平顺检测信号选用 2010 年 10 月高速综合检测列车检测的数据,采样间隔为 0.25m,分析线路选取以下两种:

(1) 京广提速干线左线轨道轨向不平顺数据,检测速度为 160km/h,样本长度为 1024m(里程为下行 K681+0m～K682+24m)。

(2) 武广高速铁路左线轨道轨向不平顺数据,检测速度为 220km/h,样本长度为 1024m(里程为下行 K1240+0m～K1241+24m),如图 8-24 所示。

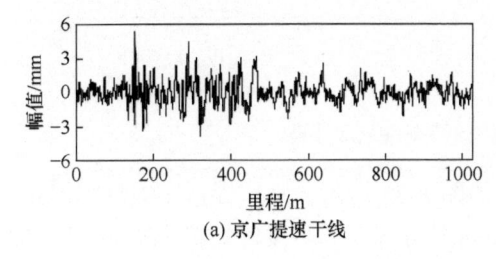

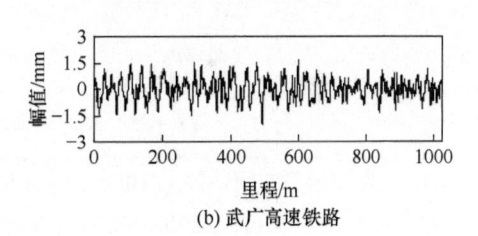

图 8-24 轨检车测得的左线轨道轨向不平顺样本函数

对比两者的样本函数可知,两条线路的不平顺幅值差异性较大,无砟轨道的武广高速铁路的轨道平顺性远高于有砟轨道的提速干线,说明无砟轨道结构易于保持轨道几何形位的优良特性。

利用 EMD 法对轨向不平顺信号进行分解,结果如图 8-25 所示。由图可知,共得到了 7 阶 IMF 分量,c_1 是从实际信号中分解出来的波长最短的频率成分,依次各阶 IMF 的波长逐渐升高,这是由 EMD 法本身所决定的。对京广提速干线样本段而言,其波长在 1～3.5m 幅值较大,而此范围内的波长多是由钢轨轧制过程中形成的周期性成分和严重的波浪形磨耗等造成的,且在里程为 153m、287m、424m、795m、980m 等处存在不同程度的轨道方向不良病害。对武广高速铁路而言,其波长在 18.9～36.6m 幅值较大,说明轨道中长波不平顺为此样本段轨向不良病害的主要频段；而随着列车运行速度的提高，中长波不平顺对行车安全和舒适度的影响越来越显著，所以高速铁路工务部门应加强对轨道中长波不平顺的维修，此外还可知，其在 40m、288m、594m、754m、851m 等处也存在不同程度的轨道方向不良病害。

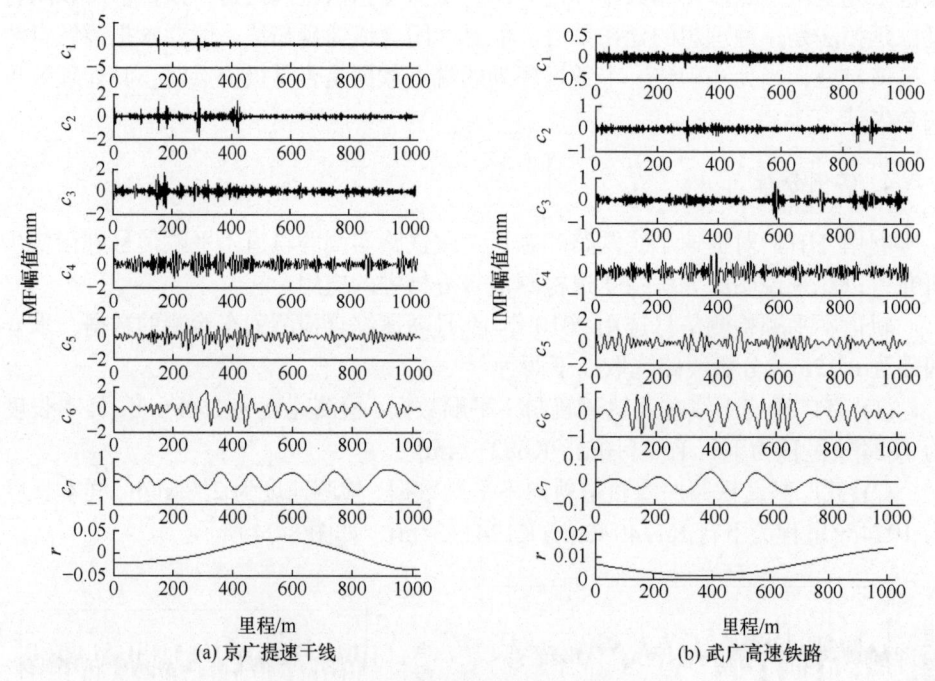

图 8-25 左线轨道轨向不平顺 EMD 结果

(a) 京广提速干线　　(b) 武广高速铁路

左线轨道轨向不平顺 Hilbert 时频谱如图 8-26 所示。京广提速干线样本段在里程为 10m、153m、320m、627m、969m 等处存在不同程度的短波不平顺，特别是在里程为 153m 处其峰值较为显著，对应的波长为 2.7m，在图 8-24(a) 中也有所体现，所以此处应为该段轨道工务维修的重点，此外在里程为 154m、310m、448m 等处也存在不同程度的长波不平顺。对武广高速铁路而言，其短波不平顺情况较好，存在的里程仅为 1m、1021m 附近，而中长波轨道不平顺分布的里程范围较广，如 12m、80m、150m、390m、460m、745m、831m、980m 等处，且对应的幅值较大。对比两种线路可知，两者轨道不平顺分布的特点有较大的差别，应根据不同的线路类型提出各自的养护维修重点。对京广提速干线而言，其轨道不平顺的幅值较大，波长多分布于短波频率，且存在一定程度的中长波不平顺；对武广高速铁路而言，其轨道不平顺幅值较小，且波长主要分布在中长波区段。

(a) 京广提速干线　　　　　　　　(b) 武广高速铁路

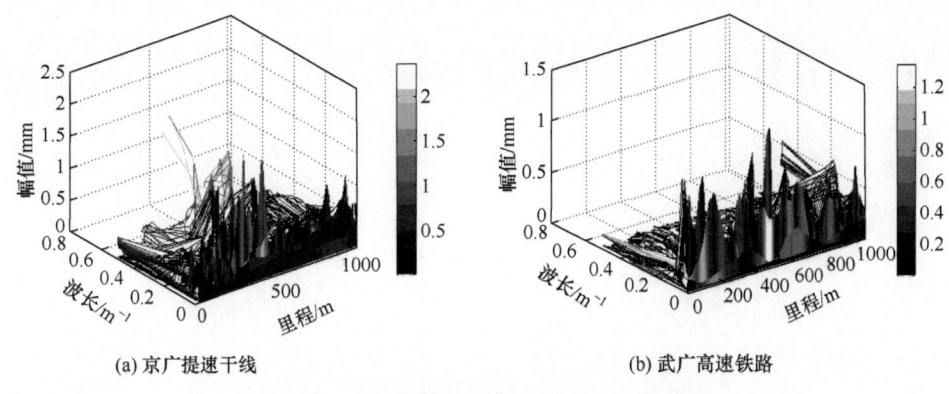

图 8-26　左线轨道轨向不平顺 Hilbert 时频谱

综上可知，利用 EMD 法对轨道不平顺信号进行分解可以有效地对轨道局部发生的病害进行检测；利用 Hilbert 时频谱可以有效地刻画信号的幅值-波长-里程的分布，这有利于工务部门掌握线路轨道不平顺的幅值、波长分布情况，可以有针对性地对轨道不平顺进行养护维修，提高作业效率，减少线路养护维修成本，从而为提高铁路运行的安全性提供一种新的技术分析途径。

参 考 文 献

[1] 吴世春. 普通物理实验(第一册)[M]. 重庆: 重庆大学出版社, 2015.
[2] 王经. 气液两相流动态特性的研究[M]. 上海: 上海交通大学出版社, 2012.
[3] 卢文祥, 杜润生. 工程测试与信息处理[M]. 2 版. 武汉: 华中科技大学出版社, 2002.
[4] 韩广才, 李宏亮, 董宇欣. 一般力学及其计算机模拟[M]. 哈尔滨: 哈尔滨工程大学出版社, 2007.
[5] 金伟, 齐世清, 吴朝霞. 现代检测技术[M]. 3 版. 北京: 北京邮电大学出版社, 2012.
[6] 周传德. 传感器与测试技术[M]. 重庆: 重庆大学出版社, 2009.
[7] 张恩惠, 殷金英, 邢书仁. 噪声与振动控制[M]. 北京: 冶金工业出版社, 2012.
[8] 彭真明, 雍杨, 杨先明. 光电图像处理及应用[M]. 成都: 电子科技大学出版社, 2013.
[9] 刘德利, 曲延滨. 改进的希尔伯特-黄变换在电力谐波中的应用研究[J]. 电力系统保护与控制, 2012, 40(6): 69-73.
[10] 李再帏. 基于 HHT 的轨道不平顺与车辆动力响应关系及轨道质量评价研究[D]. 上海: 同济大学, 2012.